Bretagne

Manfred Görgens

Gratis-Download: Updates & aktuelle Extratipps des Autors

Unsere Autoren recherchieren auch nach Redaktionsschluss für Sie weiter. Auf unserer Homepage finden Sie Updates und persönliche Zusatztipps zu diesem Reiseführer.

Zum Ausdrucken und Mitnehmen oder als kostenloser Download für Smartphone, Tablet und E-Reader.
Besuchen Sie uns jetzt!
www.dumontreise.de/bretagne

short.travel/zrsd8

DUMONT

Reise-Taschenbuch

Unterwegs in der Bretagne

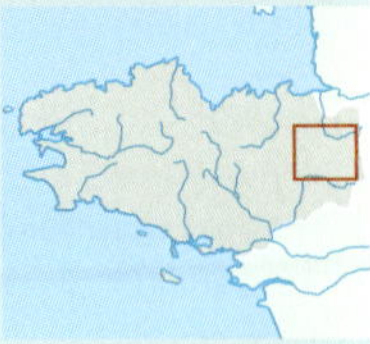

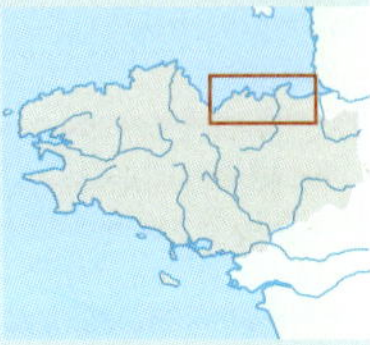

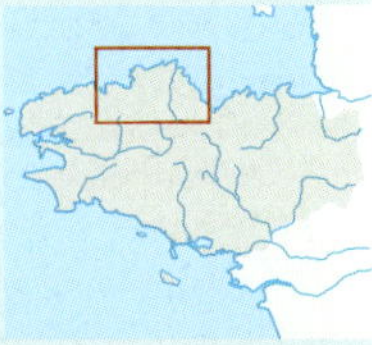

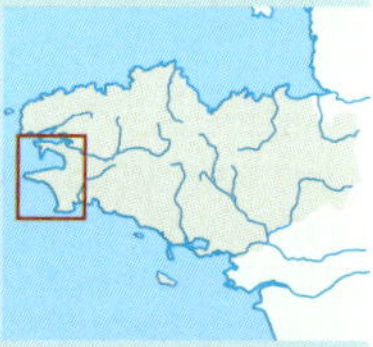

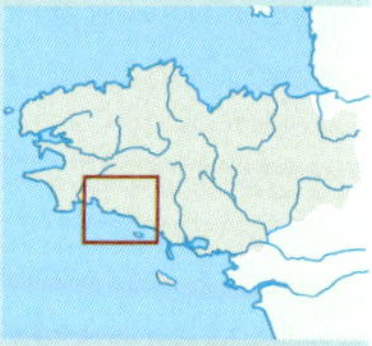

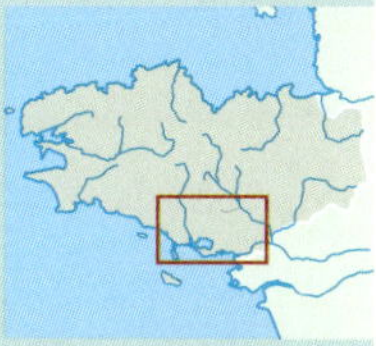

Auf Entdeckungstour

Karten und Pläne

s. hintere Umschlagklappe

▶ Dieses Symbol im Buch verweist auf die Extra-Reisekarte Bretagne

Liebe Leserin, lieber Leser,

meine Erinnerung versagt, wenn ich mich frage, ob ich »immer schon« gewusst habe, wo die Bretagne liegt. Allerdings treffe ich gelegentlich Menschen, die es nicht wissen. Meine Standardantwort »im Nordwesten von Frankreich« erscheint mir selbst wie ein Verrat, denn das ist nur ein kleiner Teil der Wahrheit. Die Bretagne liegt am Ende der Welt, dort wo man meilenweit über das blaue oder grüne Meer blickt und von Sturmwinden umtost wird, wo der graue Himmel binnen Sekunden aufreißen kann und der plötzlich strahlende Sonnenschein uralte Felsen in Kunstwerke verwandelt, wo man mit Buchweizenmehl und Apfelwein das Paradies erfindet und nach ein paar Gläsern Cidre darauf schwört, Avalon liege direkt vor der Haustür.

Erstaunlich an alledem ist für mich, dass sich zwischen meinem deutschen Alltag und dem bretonischen Faszinosum gerade mal 1000 Kilometer erstrecken. Dieser Katzensprung erlaubt es mir, immer mal wieder in das Herz der Region hineinzuhorchen, bei Events wie der Tour de Bretagne dabei zu sein oder kurzfristig Spezialthemen zu recherchieren, wie zuletzt ein Besuch bei meiner Freundin Katja Krüger, als sie in Rennes zur Dezernentin gewählt wurde. Wann immer ich mir solche Kurzbesuche gestatte, empfinde ich Mitleid mit den Kollegen, die eine Weltreise auf sich nehmen müssen, bevor sie an ihren Ort der Träume gelangen.

Für uns Freunde der Bretagne liegt dagegen das exotisch Ferne zum Greifen nah: die Granitwunder von Perros-Guirec, die in Zimbabwe kaum anders aussehen, die Fischbuden von Douarnenez, die aus Singapur importiert sein könnten, die Leuchttürme, die wie für Kap Hoorn erfunden scheinen, oder die Sandstrände bei Portsall, wo das Meer geradezu karibisch funkelt. All diesen Verlockungen ist eines gemein: Sie befinden sich »im Nordwesten von Frankreich«, dort wo die Sehnsucht selbst auf die Meereswogen schaut und sich in ihrem eigenen Verlangen vollauf genug ist.

Ich wünsche Ihnen einen erlebnisreichen Aufenthalt und freue mich auf Ihre Rückmeldung!

Ihr

Schroffe Küsten, wildes Meer – an der Pointe du Van ganz im Westen der Bretagne

Leser fragen, Autoren antworten

Bretagne persönlich – meine Tipps

Nur wenig Zeit? – Die Bretagne zum Kennenlernen

Das ideale Ziel für den Einstieg ist die **Côte de Granit Rose,** die Rosa Granitküste, und hier der Ort **Perros-Guirec.** Herrlich blaues Meer, feiner Sand und bizarre Felsen vereinen sich zu einem Gesamtkunstwerk, das niemals mehr aus dem Gedächtnis schwinden wird. Eine kleine Wanderung entlang des alten Zöllnerpfades kann zugleich Start in einen erholsamen Aktivurlaub sein. Wer eine längere Autofahrt nicht scheut, gelangt von Perros-Guirec aus in zwei Stunden zum berühmten Klosterfelsen **Mont St-Michel.**

Welche Sehenswürdigkeiten sollte man nicht verpassen?

Obwohl knapp außerhalb der Bretagne gelegen, gehört der **Mont St-Michel** als eine Art französisches Nationalheiligtum zu jeder Rundreise. Nicht weit von dort lockt die *Ville close* der ehemaligen Piratenhochburg **St-Malo,** in der man heute gepflegte Gastlichkeit erlebt. Wilder wird die Landschaft an der **Côte de Granit Rose,** die sich niemand entgehen lassen sollte. Das gilt nicht minder für die äußerste Westküste mit ihren Leuchttürmen und der **Pointe de St-Mathieu** als absolutem Höhepunkt der spektakulären Szenerie. Für Architektur- und

Die Bretagne zum Kennenlernen

Kunstfreunde sind die umfriedeten Pfarrbezirke rings um **St-Thégonnec** und **Guimiliau** ebenso verpflichtend wie die Megalithdenkmäler von **Carnac.** Kultur- und Shopping-Paradies zugleich ist die Altstadt von **Concarneau,** und wer dort Station macht, sollte das alte Künstlerdorf **Pont-Aven** gleich nebenan auf keinen Fall ignorieren.

Gibt es überlaufene Touristenhochburgen?

Im Vergleich zu den Sommerzielen am Mittelmeer wird man sämtliche bretonischen Urlaubszentren als geruhsam empfinden. Der Reiseverkehr verteilt sich in die Fläche, nur wenige Orte – unter ihnen Perros-Guirec, Quiberon, Carnac, Mont St-Michel, St-Malo oder Concarneau – wirken überlaufen. Die meisten Sommertouristen sind zudem Franzosen. Auf jeden Fall verfügt die Bretagne nach wie vor über zahlreiche sehr einsame Flecken. Das gilt sogar für viele Strandabschnitte.

Welcher Strand ist der richtige?

Dinard im Norden zählt zwar zu den Badeorten, die früh mit einem mondänen Angebot lockten, aber die Strände in diesem Küstenabschnitt sind noch sehr vom enormen Gezeitenunterschied geprägt. Bei Ebbe zieht sich das Wasser also weit zurück, während bei Flut kaum ein Sandstreifen als Liegefläche verbleibt. Sehr schöne kleine Buchten gibt es an der **Côte de Granit Rose.** Richtung Westen wird es dann immer einsamer. Dort besitzen einige traumhafte Küstenbereiche, etwa bei **Portsall,** Flair und Farben der Karibik, nur dass Temperaturen und Vegetation keineswegs tropisch anmuten. Wegen ihrer wunderbaren Sandstrände empfehlen sich die **Crozon-Halbinsel,** die **Baie d'Audierne** und die Küste bei **Concarneau.** Im Westen, aber auch im Süden gilt die Faustregel, dass die Wetterseite zumeist windumtoste Steilküsten bietet, die sich eher für den Wassersport als für geruhsamen Badeurlaub eignen. Dort sollten gerade Familien mit Kindern darauf achten, dass der Strandurlaub in eine ruhige Bucht verlegt wird, die möglichst nach Osten ausgerichtet ist. Das trifft etwa für die östlichen Strände der **Halbinsel Quiberon** zu.

Sommer am Strand von Dinard

Strände und Küstenwanderungen

Tipps zum Wandern und Radfahren?

Unter den Wanderwegen ist der alte **Zöllnerpfad,** der im Norden von St-Brieuc nach Morlaix führt, besonders zu empfehlen. Das schönste Stück des pittoresken Küstenabschnitts liegt zwischen Perros-Guirec und Ploumanac'h. Aber auch Wanderungen an der Westküste, am **Cap de la Chèvre** oder am **Cap Sizun,** haben ihren Reiz, nicht zu vergessen eine Fußtour entlang der wilden Westküste der Halbinsel **Quiberon** im Süden.

Wind, Wetter und Steigungen machen das Radfahren in der Bretagne oft recht beschwerlich. Das Paradies der Radfahrer ist die **Belle-Île,** die man auf reizvollen 45 Kilometern umradeln kann.

Gibt es in der Bretagne ein quirliges Nachtleben?

In dieser Hinsicht muss man gestehen, dass die Urlaubsregion ein wenig enttäuscht. **Rennes** besitzt trotz Universität und einiger guter Kulturangebote nicht die Aura einer echten Großstadt. Es gibt dort ein paar Plätze, auf denen man im Sommer immerhin recht gesellig im Freien speisen kann, aber ab Mitternacht wird es zu ruhig für einen Nachtschwärmer. Das gilt umso mehr für die bretonischen Städte, die noch kleiner als Rennes sind. Der Massentourismus hat dort noch nicht so weit Fuß gefasst, dass ihm mit einer nennenswerten Nachtszene Rechnung getragen würde. Selbst Campingplätze halten da nur wenige Angebote bereit.

Kommt man mit öffentlichen Verkehrsmitteln zurecht?

Kleinere Touren von einem festen Standort aus können recht gut mit Bussen und Bahnen durchgeführt werden. Für Rundreisen durch die Bretagne sind öffentliche Verkehrsmittel jedoch zu schwerfällig und das Netz zu weitmaschig. Und an den bretonischen Küsten ist man auf ein eigenes Automobil oder ein Motorrad angewiesen, wenn man auch einsamere Buchten

Wind und Wetter im Visier – an der Pointe de Penhir

erkunden möchte. Mit Bus oder Bahn kommt man nicht überall hin.

Gibt es besondere Tipps für Gourmets?

Crêpes, Galettes, Cidre an jeder Straßenecke – es gibt aber auch weniger augenfällige Spezialitäten, darunter die Austern von **Cancale,** die deftigen Fischgerichte in **Douarnenez,** die köstlichen Erdbeeren von der Halbinsel **Plougastel** oder diverse Süßspeisen wie der Butterkuchen namens *Kouign amann*. Ein erstaunlich hohes Niveau erreicht der Cidre. Wer es nicht glaubt, möge in **Fouesnant** den Bio-Cidre von François Séhédic oder den Cornouaille AOP vom Manoir Kinkiz kosten.

Apropos Cancale: Zwar hängte Drei-Sterne-Koch Olivier Roellinger, der dort einst das »Les Maisons de Bricourt« betrieb, 2008 Sterne und Restaurant an den Nagel, aber seine Dépendence im Château Richeux bei Cancale hat er behalten. Vor allem aber: ehemalige Schüler des großen Meisters haben inzwischen ihre eigenen Häuser in Cancale und Umgebung eröffnet.

Sind Sturm und Regen ständige Reisebegleiter?

›Four seasons in one day‹ sind ein Charakteristikum der britischen Wetterlage: vier Jahreszeiten an einem Tag. Ganz so drastisch sind die bretonischen Verhältnisse nicht, aber auch dort gilt, dass die Nähe zum offenen Meer viel Wind und entsprechend rasche Wechsel bringt. Gänzlich verregnete oder bedeckte Tage sind also selten. Kräftiger Wind gehört da schon eher zum gängigen Repertoire, je weiter man nach Westen kommt. An besonders rauen Tagen ergibt dies an den Küsten dramatische Schauspiele, wenn Gischt über die Strände fegt und sich hohe Wellen an den Leuchttürmen brechen. Was für Autofahrer ein durchaus willkommenes Szenario sein kann, wird für Radfahrer zur Qual. Deshalb auch ist die Bretagne trotz ihrer eher gemäßigten Topographie kein Paradies für Biker.

In der Herstellung von Crêpes und Galettes sind die Bretonen Meister

Cancale, einst ein berüchtigtes Piratennest, ist heute für seine Austernbänke bekannt

Was gibt es Neues in der Region?

Deutlich spürbaren Aufwind erfährt zurzeit die westbretonische Stadt **Brest.** Mit einem Freudenfest empfingen dort die Bürger im Juni 2012 ihre neue Tramway. Von 1898 bis 1944 hatte es schon einmal eine Straßenbahn in der Stadt gegeben, doch war sie Opfer des Krieges geworden. Insofern wird die neue Tram als ein Wiederaufleben von Traditionen in verändertem Gewand empfunden. Parallel dazu entstehen an der Peripherie von Brest viele Beispiele einer anspruchsvollen modernen Architektur, die das Stadtbild erheblich aufwerten. Entlang der Straßenbahnlinie A bilden sich einige attraktive neue Treffpunkte, vor allem an der Hebebrücke über den Fluss Penfeld. Linie A, die von West nach Ost verläuft, ist bislang die einzige Strecke, doch befindet sich eine kreuzende Linie B in Planung.

Gibt es neue kulturelle Trends?

Die keltischen Wurzeln verpflichten die Region seit langem zu Musik und Tanz, aber es ist deutlich zu sehen, dass sich in diesem Bereich vieles sehr rasant entwickelt. ›Bain de Blues‹ etwa ist ein Festival, das im April immer mehr Enthusiasten in die Gegend von Rennes lockt (www.baindeblues.com). Hörenswerten keltischen Pop bieten die bretonischen Sängerinnen Nolenn Leroy und Gwennyn, die derzeit ihre Fangemeinden erweitern. Auch der Karneval in Douarnenez, eigentlich schon seit 1835 gefeiert, gewinnt zunehmend an Popularität.

Noch ein persönlicher Tipp

2012 wurden die nächtlichen Volksfeste ›Fest-Noz‹ von der UNESCO zum ›Weltkulturerbe der Meisterwerke des mündlichen und immateriellen Erbes der Menschheit‹ erklärt. Das größte ›Fest-Noz‹ heißt Yaouank, es findet im November in Rennes statt.

NOCH FRAGEN?

Die können Sie gern per E-Mail stellen, wenn Sie die von Ihnen gesuchten Infos im Buch nicht finden:
goergens@dumontreise.de
info@dumontreise.de
Auch über eine Lesermail von Ihnen nach der Reise mit Hinweisen, was Ihnen gefallen hat oder welche Korrekturen Sie anbringen möchten, würden wir uns freuen.

Fluchtpunkt Café:
La Terrasse in Morlaix, S. 172

Maler der Unterwelt:
Chapelle Kermaria-an-Isquit, S. 149

Lieblingsorte!

Steinalt:
Chapelle Notre-Dame-de-Tronoën, S. 229

Versteck im Parc Floral de Haute Bretagne, S. 103

Beim Nachfahren der Piraten:
Café La Java in St-Malo, S. 125

Einfach nur abhängen:
Bar Atao-Aman in Morgat, S. 214

Die Reiseführer von DuMont werden von Autoren geschrieben, die ihr Buch ständig aktualisieren und daher immer wieder dieselben Orte besuchen. Irgendwann entdeckt dabei jeder Autor und jede Autorin seine oder ihre ganz persönlichen Lieblingsorte. Dörfer, die abseits des touristischen Mainstream liegen, eine ganz besondere Strandbucht, Plätze, die zum Entspannen einladen, ein Stückchen ursprünglicher Natur – eben Wohlfühlorte, an die man immer wieder zurückkehren möchte.

Kleine Ewigkeit am Kirchplatz von
Tréguier, S. 156

Schweigsam und eisern:
Venus de Quinipily, S. 244

Schnellüberblick

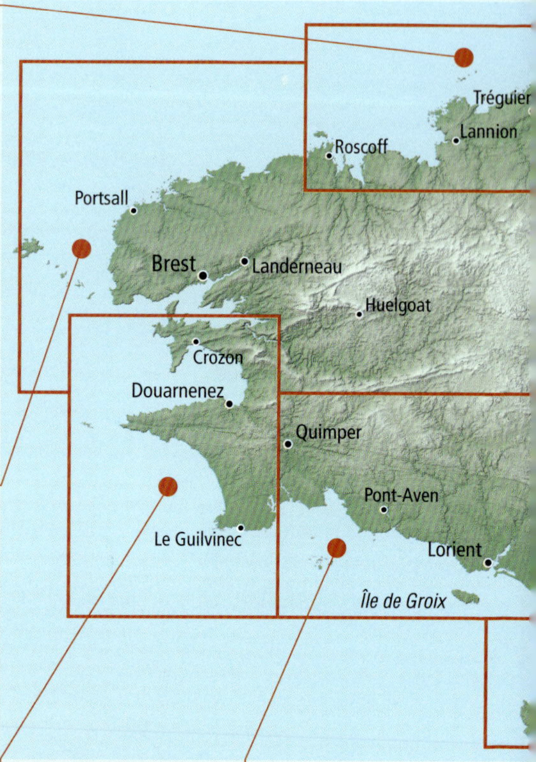

Côte de Granit Rose und Côte de Bruyère
Nicht weit hinter dem Fischereihafen Paimpol und dem ebenso malerischen Pilgerort Tréguier beginnt die spektakulärste Küste der Bretagne, die ihren Namen nach den bizarren Felsen aus rosa Granit trägt. Richtung Westen werden die Strände zahmer. Das milde Klima begünstigt dort den Gemüseanbau, hat aber auch zur Anlage exotischer Gärten geführt. S. 142

Nordwestküste und Hochland
Leuchttürme und schwere Brandung – im wilden Westen findet die Bretagne einen spektakulären Abschluss. Die Hafenstadt Brest wurde im Zweiten Weltkrieg zerbombt. Doch im Landesinnern blieben Meisterwerke sakraler Kunst erhalten: die umfriedeten Pfarrbezirke. Viel Natur für Wanderfreunde bieten die Hügel um Huelgoat. S. 182

Der Südwesten
Sehr abgeschieden und doch ein Touristenmagnet ist die Halbinsel Crozon mit ihren blauen Meeresgrotten. Jenseits des Hafens Douarnenez beginnt die Einsamkeit, die vor allem ein Paradies für Meeresvögel ist. In den Dörfern und kleinen Städten haben sich Traditionen in größter Reinheit erhalten. S. 206

La Cornouaille
Ein liebliches Land um die hübsche Stadt Quimper liegt zwischen den Flüssen Odet und Blavet. Die Festungsstadt Concarneau lockt heutige Touristen an, wie einst das Dorf Pont-Aven die Impressionisten. Lorient, im Zweiten Weltkrieg zerstört, sieht aus wie ein Freilichtmuseum der 1950er-Jahre. S. 230

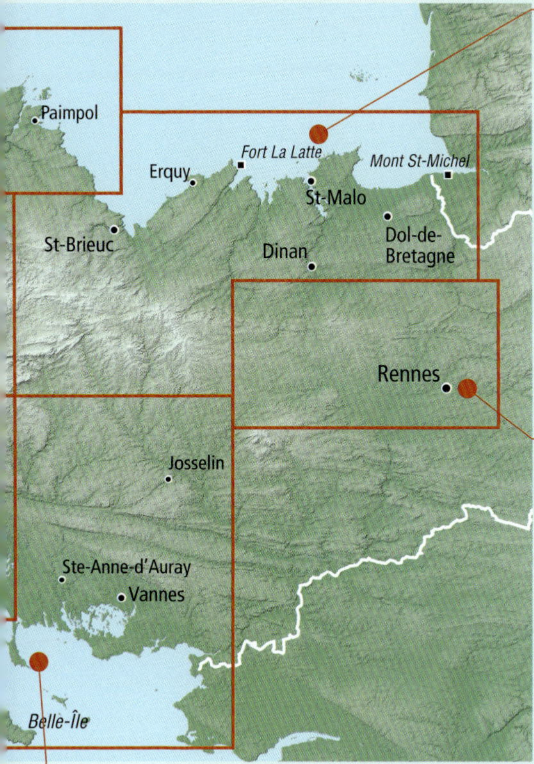

Mont St-Michel und Côte d'Émeraude
Dem gigantischen Auftakt am Klosterberg Mont St-Michel folgt eine Kette reizvoller Badeorte, allen voran das ehrwürdige Dinard. Das ehemalige Piratennest Cancale ist heute bedeutendes Zentrum der Austernzucht. Die Korsarenhochburg St-Malo besitzt als ummauerte Festungsstadt noch die Aura alter Zeiten. S. 110

Rennes und Umgebung
Ein Gürtel imposanter Festungen erinnert an die Zeit, als Rennes gegen die Normannen geschützt werden musste. Dem Feuer als innerem Feind fiel aber das Fachwerk der Hauptstadt zum Opfer. Ihr schönster Schatz sind heute die Museen und ein Hinterland, in dessen Wäldern die Sage um König Artus spielt. S. 82

Quiberon und der Morbihan
Die sonnenreiche Halbinsel Quiberon und die Belle-Île besitzen eine wilde Westseite für Surfer und einen ruhigen Oststrand für Familien. Ganz in der Nähe befinden sich die weltberühmten Megalithdenkmäler von Carnac, während der benachbarte Golf von Morbihan wie eine riesige Badewanne anmutet und Wassersport aller Art ermöglicht. Zwischen Vannes und Rennes entdeckt man so manche Stadt mit hübschem Fachwerk. S. 252

Reiseinfos, Adressen, Websites

Hauchdünne Pfannkuchen mit Schoko-Spitzenhäubchen: Crêperie in Cancale

Informationsquellen

Infos im Internet

www.bretagne.bzh
Grunddaten zur Region und aktuelle Nachrichten zu allen relevanten Aspekten des öffentlichen Lebens: Tourismus, Transport, Sprachen, Sport, Kultur, Wirtschaft und Umwelt.

www.eau-loire-bretagne.fr
Dokumentiert die Wasserqualität in der Bretagne, liefert aber auch umfangreiche weitere Informationen, die die Öffentlichkeit für bestehende Umweltprobleme sensibilisieren.

www.vpah.culture.fr
Bretonische sowie andere französische Städte laden ein zu virtuellen Rundgängen und erzählen ihre Geschichte.

http://trouver-en-bretagne.com
Einen bretonischen Schriftsteller, Maler oder Musiker finden oder eine Wallfahrt (Pardon) an einem bestimmten Wochenende aufspüren, alle Crêperien rund um Brest auflisten oder ein Hotel bei St-Malo nach eng eingegrenzten Kriterien suchen. Die Website erweist sich als auskunftsfreudige Suchmaschine für die Bretagne.

www.bretagne.tips/forum-bzh
Mit anderen quatschen über dies und jenes rund um die Bretagne, ausnahmsweise mal in deutscher Sprache.

www.aureliebastian.de
Online das kaufen, was die Region an kulinarischen Spezialitäten zu bieten hat. Die Seite bietet Produkte aus ganz Frankreich, widmet der Bretagne aber eine eigene Rubrik.

Fremdenverkehrsämter

Atout France – Französische Zentrale für Tourismus
http://de.france.fr/

... in Deutschland
Postfach 100128
60001 Frankfurt/M.
info.de@france.fr

... in Österreich
Prinz-Eugen-Str. 72/2.3
1040 Wien
Tel. 01 5 03 28 92
info.at@france.fr

... in der Schweiz
Rennweg 42
8001 Zürich
Tel. 044 217 46 00
info.ch@atout-france.fr

Regionale Fremdenverkehrsbüros in Frankreich

Comité Régional du Tourisme (CRT) de Bretagne
1, rue Raoul Ponchon, F-35069 Rennes Cédex, Tel. 02 99 28 44 30, www.tourismebretagne.com

Comités Départementals de Tourisme (CDT)
Côtes d'Armor: 7, rue St-Benoît, F-22046 St-Brieuc Cédex 2, Tel. 02 96 58 06 58, www.cotesdarmor.com
Finistère: 4, rue du 19 Mars 1962, F-29018 Quimper Cédex, Tel. 02 98 76 20 70, www.finisteretourisme.com
Ille-et-Vilaine: 5, rue du Pré Botté, F-35101 Rennes Cédex 3, Tel. 02 99 78 47 47, www.bretagne35.com
Morbihan: Allée Nicolas Le Blanc,

F-56010 Vannes Cédex, Tel. 02 97 54 06 56, www.morbihan.com

Die Frage der Zuständigkeit

Auskünfte zu Fragen, die den Tourismus in ganz Frankreich betreffen, erteilt Atout France. Für die Region Bretagne ist das Comité Régional du Tourisme (CRT) zuständig, für die einzelnen Départements hingegen die regionalen Comités Départementals de Tourisme (CDT).

Wer bereits im Land ist, wendet sich an das jeweilige Office de Tourisme (OT) oder Syndicat d'Initiative (SI), das in jedem größeren Ort zu finden ist. OTs sind mit ein bis vier Sternen klassifiziert; je höher die Anzahl der Sterne, desto länger die Öffnungszeiten und desto mehr Sprachen werden im Büro gesprochen. Zugleich steigt mit den Sternen in der Regel die Qualität der Auskünfte. Angaben zu allen Offices de Tourisme unter www.tourisme.fr.

Lesetipps

Belletristik

Jean-Luc Bannalec: Bretonische Verhältnisse: Ein Fall für Kommissar Dupin, Kiepenheuer & Witsch 2012. Das Künstlerdorf Pont Aven wird Schauplatz eines Mordes. Ermittler Dupin reist aus Paris in die Provinz und erlebt dort allerlei Seltsames. 2014 wurde der Bestseller verfilmt, längst gibt es weitere Folgen.

Jean Genet: Querelle, Rowohlt 2003. Homosexuelle Verstrickungen in der halbseidenen Welt von Brest.

Lis Vibeke Kristensen: Ein bretonischer Sommer, Piper 2002. Die Liebe einer Dänin und eines Bretonen endet mit dem Tod des Mannes und den Erinnerungen, denen die Frau in einem bretonischen Dorf nachhängt.

Tessa Hennig: Alles außer Austern. Kindle Edition 2015. Drei Ü50-Damen suchen ihr Urlaubsglück wie gewohnt in der Bretagne, doch für Anne ist das nach dem Tod ihres Mannes keine leichte Aufgabe. Es gelingt ihr durch eine neue Liebe – zu einem Blinden, mit dem sie auf einem Tandem die Region erkundet.

Marie-Anne Le Pezennec, Nicole Jamet: Dolmen ... vergessen sollst du nie, Droemer-Knaur 2007. Eine junge Frau, die in der Bretagne heiraten will, gerät in den Sog eines rätselhaften Mordes.

Susanne Mischke: Das dunkle Haus am Meer, Piper 2008. Ein deutsches Aussteigerpärchen zieht in ein mysteriöses bretonisches Haus und durchlebt dessen gruselige Geschichte.

Georges Simenon: Maigret und der geheimnisvolle Kapitän, Diogenes 2005. Der Serien-Kommissar folgt einem Mörder bis ins bretonische Fischerdorf.

Sachbücher

DuMont Bildatlas Bretagne: Perfekte Tage am Meer. MAIRDUMONT 2016. Zum Einlesen und zur optischen Einstimmung.

Hervé Kerourédan: Crêpes und Galettes: C'est bon. 99pages 2015. In 50 Rezepten die Welt der Pfannkuchen entdecken. Mit dem Autor geht das auf abwechslungsreiche Weise.

Thomas Rettstatt: Bretagne, Rother Wanderführer 2016. 50 Wanderungen, von denen die meisten die Küste entlangführen.

René van Royen und Sunnyva van der Vegt: Asterix. Die ganze Wahrheit, Beck 2008. Zwei Altphilologen enthüllen die historische Wahrheit, die hinter den Asterix-Comics steckt.

Karten

Für Autofahrer eignet sich die Marco-Polo-Karte Frankreich Blatt 2, Bretagne/Normandie (Maßstab 1 : 300 000). Völlig ausreichend ist aber auch die Reisekarte in diesem Band. Gute Stadtpläne erhält man gratis in den Touristenämtern.

Wetter und Reisezeit

Klima

Bis zu 2200 Sonnenstunden sind in der Bretagne Jahr für Jahr zu erwarten, zumindest an der milderen Südküste, wo im Golfe du Morbihan selbst die Winter fast so sonnig ausfallen wie an der Côte d'Azur. Doch auch in den anderen Regionen sorgt der Golfstrom für gemäßigte, allerdings feuchte Wintermonate. Mit dem Klimawandel steigt die Niederschlagsmenge mittlerweile allmählich an.

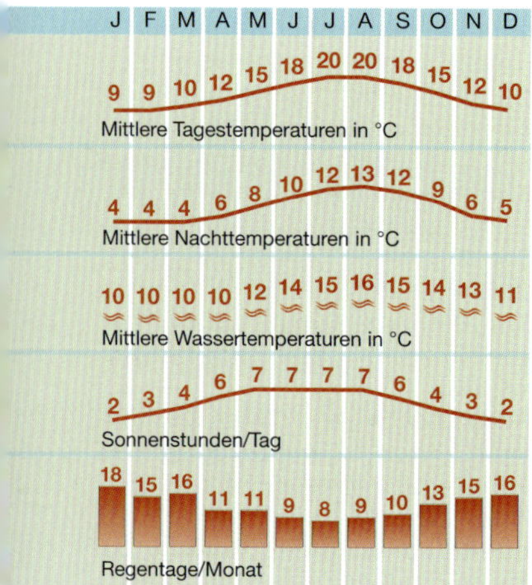

Klimadiagramm Brest

Frosteinbrüche und Schnee sind selten, sie treten nur bei Ost- und Nordostwinden ein. Kältester Monat ist der Februar und im Landesinneren der Januar mit durchschnittlich 6,3 °C, wärmster Monat ist der August mit 16 °C an der Nordküste und 18 °C an der Südküste. Die Hauptreisezeit reicht von Juni bis September.

Der beständige Westwind sorgt dafür, dass auch heiße Wetterperioden stets als angenehm empfunden werden. Wolken und Sonnenschein wechseln einander schnell ab, die Luft ist relativ feucht. An Niederschlägen fallen an den Küsten im Jahresmittel 800–900 mm, im westlichen Inland 1500 mm, im Osten sind es lediglich bis 800 mm.

Wann ist Hochsaison?

Um den Reiseverkehr zu regulieren, ist Frankreich in drei Zonen mit geringfügig abweichenden Schulferienterminen unterteilt. Die Sommerferien, gleichbedeutend mit der Hochsaison, liegen in den Monaten Juli und August. Hinzu kommen je zwei Wochen Weihnachts-, Winter- (Februar/März) und Frühlingsferien (April/Mai) sowie zehn Tage Ferien um Allerheiligen.

Die beste Zeit für …

Badeurlaub

Die Bretagne besucht man ihrer reizvollen Küsten wegen, was aber nicht bedeutet, dass jeder Urlaub am Strand auch gleich Badefreuden bereiten würde. Die Wassertemperatur beträgt meistens nur um 17 °C, Spitzenwerte liegen bei 22 °C. Reine Badetouristen müssen sich also auf die Monate Juni bis September beschränken. Für ein Sonnenbad in einer geschützten Bucht reicht es aber oftmals auch im Frühjahr und Herbst.

Städtereisen

Richtig große Städte gibt es in der Bretagne nicht. Auch Rennes bleibt in seinem Kern ein ziemlich überschaubares Terrain mit beschränkten Einkaufsmöglichkeiten. Da die Altstadt schon früh niederbrannte, haben sich auch nur wenige Architekturschätze erhalten. Die großen Attraktionen, darunter die Museen, locken ganzjährig zum Besuch. Ähnliches gilt für Brest und Lorient, die im Zweiten Weltkrieg zerstört wurden. Derweil warten viele kleinere Städte, etwa Vannes, Quimper oder St-Malo, mit schönen Kulissen auf, die man möglichst an einem Sonnentag im Sommer erleben sollte. Auch die meisten Pardons, die Wallfahrten, mit denen zahlreiche kleine Ortschaften aufleben, finden zwischen Juni und September statt.

Wanderungen und Aktivurlaub

Das Frühjahr eignet sich für Naturfreunde, die Pflanzen und Vögel beobachten wollen. In dieser Zeit, aber auch im Herbst, wenn imposante Stürme herrschen, tost an der Küste die Brandung, wodurch hinreißende Fotomotive entstehen. Wanderer werden angesichts der durchweg milden Temperaturen sogar ganzjährig auf ihre Kosten kommen. Viele Wassersportarten können außerhalb der Hochsaison ausgeübt werden. Meer und Binnengewässer kann man im Frühjahr und Herbst auch zu Bootstouren nutzen. Vor allem Fahrten im Hausboot über die Kanäle können auch außerhalb der Hochsaison sehr reizvoll sein, zumal dann die Mietpreise deutlich fallen.

Kleidung und Ausrüstung

Wer tatsächlich in den Wintermonaten in die Bretagne reist, benötigt Pullover und eine dicke Jacke, die auch gegen Wind und Regen schützt. Ein leichter Schutz gegen die manchmal stürmische Witterung ist für alle Fälle sogar im Sommer ratsam, ebenso ein Pullover für frischere Abende. Normalerweise aber genügt in der Hochsaison luftige Sommerbekleidung. Plastiksandalen leisten an felsigen Stränden gute Dienste, Gummistiefel erleichtern Wattwanderungen. Sonnenschutzcreme sollte man von daheim mitbringen, da sie in Frankreich ziemlich teuer ist. Feine Garderobe ist für gehobenere Hotels und Restaurants, für den Besuch von Casinos und manchen Diskotheken zu empfehlen.

Bei kühleren Temperaturen laden die bretonischen Küsten zum Strandspaziergang ein

Anreise und Verkehrsmittel

Einreisebestimmungen

EU-Bürger werden zwar an den Grenzen kaum noch kontrolliert, dennoch sollten sie einen Personalausweis mitführen, da er in Notfällen nützlich sein kann. Auch Schweizer müssen lediglich die Identitätskarte dabei haben. Kinder benötigen unabhängig vom Alter einen eigenen Ausweis.

Zollvorschriften

Im privaten Reiseverkehr innerhalb der EU dürfen Waren zum eigenen Verbrauch unbegrenzt mitgeführt werden. Zur Abgrenzung zwischen privater und gewerblicher Verwendung wurden folgende Richtmengen festgelegt: 800 Zigaretten, 400 Zigarillos, 200 Zigarren, 1 kg Rauchtabak, 10 l Spirituosen, 20 l andere alkoholische Getränke bis 22 % Alkoholgehalt, 90 l Wein (davon max. 60 l Schaumwein) und 110 l Bier. Nicht-EU-Mitglieder dürfen u. a. 200 Zigaretten, 1 l Spirituosen und 2 l Wein mitführen.

Bei Vorlage einer Tollwutimpfbescheinigung dürfen Haustiere ab einem Alter von drei Monaten mitgenommen werden.

Anreise

… mit dem Flugzeug

Die Air France fliegt von mehreren deutschen Flughäfen über Paris (Flughafen Charles de Gaulle) in ca. drei Stunden nach Rennes. Hin- und Rückflug ab 200 €. Von Zürich gelangt man über Paris (mit Flughafenwechsel von Charles de Gaulle nach Orly) oder Lyon in die bretonische Hauptstadt. Information und Reservierungen Deutschland: Tel. 069 29 99 37 72, Österreich: Tel. 01 502 22 24 00, Schweiz: Tel. 08 48 74 71 00, www.airfrance.com. Neben Rennes (s. S. 95) sind weitere Flughäfen in der Bretagne: Pleurtuit bei Dinard bzw. St-Malo (s. S. 127), Guipavas bei Brest (s. S. 196), Lorient (s. S. 248) und Monterblanc bei Vannes (s. S. 275).

… mit der Bahn

Drehscheibe für die Anreise mit dem Zug ist Paris. Fahrgäste aus der nördlichen Hälfte Deutschlands gelangen zur Gare du Nord (Köln–Paris ca. 4 Std.), Reisende aus dem Süden, Österreich und der Schweiz zur Gare de l'Est. Anschluss in die Bretagne ab Gare Montparnasse; für den Bahnhofswechsel mit Métro, Bus oder Taxi ist etwa 1 Stunde zu kalkulieren.

Die Weiterfahrt erfolgt vorzugsweise mit dem Hochgeschwindigkeitszug TGV (train à grande vitesse), der mehr als doppelt so schnell (ab Herbst 2017 wird der TGV noch schneller sein als heute) zum Ziel gelangt wie normale Schnellzüge. TGV-Stationen in der Bretagne sind Vitré, Rennes (1,5 Std. ab Paris), St-Brieuc, Morlaix, Brest, Quimper, Lorient und Vannes. Reservierung ist erforderlich. Die einfache Strecke Paris–Rennes gibt es ab 10 € in der 2. Klasse. Etwa 40 € zahlt man für die Strecke Köln–Paris. Buchung, Infos zu Zugfahrplan, Fahrtkosten und Preisermäßigungen: Thalys Store, Am Bahnhofsvorplatz 1, 50667 Köln, Tel. 018 07 07 07 07, Mo–Fr 8–18.45, Sa 10–17 Uhr; www.sncf.com und www.tgv.com.

… mit dem Bus

Ab Deutschland bestehen Direktverbindungen in die Bretagne. Für die Strecke Köln–Rennes benötigen die Busse mindestens 11 Stunden. Die einfache

Strecke kostet ab ca. 50 €. Fahrplan und weitere Verbindungen unter www.goeuro.de. Über Pauschalreisen mit dem Bus informieren Reisebüros und die französischen Fremdenverkehrsämter.

... mit dem Auto

Reisende aus dem Norden sollten Paris umgehen und die fast vollständig als Autobahn ausgebaute Strecke über Amiens, Rouen und Caen nach Rennes wählen. Von Süden kommend, muss man sich zwischen Nationalstraßen und dem Weg über Paris entscheiden. Im letzteren Fall folgt man auf dem Umgehungskreisel (Boulevard Périphérique) den Wegweisern nach Nantes. Etwa 30 km hinter Paris geht es auf die A 11 Richtung Le Mans und dort auf die A 81 nach Vitré (Köln–Rennes etwa 1000 km).

Mit Ausnahme der Stadtumgehungen ist auf fast allen Autobahnen eine Gebühr zu entrichten *(péage)*. Für einen PKW beträgt sie etwa 35 € von Lille nach Rennes. An den Zahlstationen befinden sich gesonderte Schalter, an denen man mit der Kreditkarte zahlen kann. Gebühren, Routenplaner und Informationen über Bauabschnitte unter www.autoroutes.fr.

Neben dem nationalen Führerschein und KFZ-Schein sollte man die Grüne Versicherungskarte (für Schweizer Pflicht) und einen Auslandsschutzbrief mitführen.

Verkehrsmittel im Land

Autofahren/Verkehrsregeln

In Frankreich herrscht Anschnallpflicht. Fahrzeuge im Kreisverkehr haben Vorfahrt. Einige Vergehen werden streng geahndet, so das Überschreiten der Promillegrenze (0,5) und der zulässigen Höchstgeschwindigkeit: 130 km/h auf Autobahnen, 110 km/h auf vierspurigen, 90 km/h auf anderen Straßen, 50 km/h in Ortschaften. Geringere Geschwindigkeiten gelten bei Nässe sowie für Fahranfänger (Autobahnen 110 km/h, Schnellstraßen 100 km/h, sonst 80 km/h) und für Motorradfahrer (90 km/h auf Autobahnen, sonst 80 km/h). Sturzhelm und Abblendlicht sind Pflicht für Motorradfahrer. Strafen sind an Ort und Stelle zu zahlen, in schweren Fällen droht die Beschlagnahme des Fahrzeugs.

Parken: Auch bei Übertreten der Parkverbote muss man mit hohen Geldbußen rechnen. In der *Zone bleue* (blaue

Küstenstraße mit Riviera-Flair: Côte d'Émeraude bei Cancale

Linie oder blaues Schild mit P und Viereck darunter) ist das Parken für die Dauer von 1,5 Stunden, in der Mittagszeit für 2,5 Stunden mit Parkscheibe erlaubt. Die erforderliche *disque de stationnement* erhält man in Supermärkten und an Tankstellen. Auf gebührenpflichtigen Plätzen parkt man zwischen 12 und 14 sowie nach 19 Uhr kostenlos. Für Wohnmobile und Wohnwagen gilt in vielen Orten ein nächtliches Parkverbot.

Untersagt ist generell das Parken vor Krankenhäusern, Polizeirevieren, Postämtern und Bushaltestellen. Gelb markierte Bordsteine bedeuten ebenfalls, dass Parken verboten ist. Wer sichergehen will, stellt das Auto in der Hotelgarage oder im Parkhaus ab.

Kraftstoffe: (Normal = *essence ordinaire,* Super = *supercarburant,* Diesel = *gaz-oil,* bleifrei = *sans plomb)* sind etwa so teuer wie in Deutschland. Das günstigste Benzin erhält man an den Tankstellen großer Supermärkte.

Notruf für Autofahrer: Auf Autobahnen findet man alle 2 km Notrufsäulen *(refuge);* ihre Benutzung im Fall einer Panne ist Pflicht, wogegen man auf anderen Straßen rund um die Uhr die kostenlose Rufnummer 08 00 08 92 22 der AIT-Assistance nutzen kann (auch in deutscher Sprache). Weitere Notrufnummern: Polizei Tel. 17. ADAC in Frankreich 04 72 17 12 22 (deutschsprachig), in München 0049 89 22 22 22 (auch für Nichtmitglieder).

Bus, Bahn und Fähren

Das Bahnnetz der staatlichen SNCF (Societé Nationale des Chemins de Fer) ist zumindest im Hinterland nicht sonderlich engmaschig. Große Bedeutung für den Fernverkehr besitzt der Hochgeschwindigkeitszug TGV. Fahrkarten muss man vor der Abfahrt in den *composteurs* (orangefarbene Automaten) entwerten. Fahrpläne verteilen u. a. die Offices de Tourisme. Bahnauskünfte unter Tel. 08 36 35 35 35.

Die SNCF unterhält auch Fernbusse, die ebenfalls in ihrem Fahrplan aufgeführt sind. Daneben existieren private Busgesellschaften, deren Fahrpläne jeweils nur für ein Département am Busbahnhof (Gare Routière) und bei einigen Touristenämtern erhältlich sind. Zwischen größeren Städten verkehren die Busse recht häufig, in abgelegenen Regionen ist oft nur ein Bus pro Tag oder gar pro Woche unterwegs.

St-Malo ist der größte Passagierhafen der Bretagne, von hier verkehren Schiffe nach Plymouth, Portsmouth und auf die Kanalinseln. Ab Roscoff geht es nach Plymouth und Cork. Daneben existieren Fähren zu den bretonischen Inseln. Generell ist im Sommer eine Vorausbuchung anzuraten.

Mietwagen

Sommergäste sollten schon daheim bei den internationalen Firmen ein Fahrzeug vorbestellen, wogegen man in der Nebensaison auch ohne Vorausbuchung das geeignete Automobil findet. In größeren Orten sind die Hauptanbieter z. B. am Bahnhof und am Flughafen vertreten. Der Mieter muss mindestens 21 Jahre, sein Führerschein mindestens ein Jahr alt sein. Der Vermieter verlangt eine Kaution oder eine Kreditkartennummer.

Vermieter: www.avis.com, www.europcar.de, www.hertz.de, www.sixt. de

Taxi

Taxis wird man nur selten benötigen. In größeren Orten findet man sie an Flughäfen, Bahnhöfen und öffentlichen Plätzen. Der Kilometerpreis liegt je nach Tageszeit bei 1,50–2,50 € (nur Hinweg) oder 0,80–1,20 € (Nutzung auf Hin- und Rückweg). Grundgebühr 2,50 €. Gepäckstücke werden gegen Aufpreis befördert.

Übernachten

Hotels

In Frankreich unterscheidet man je nach Ausstattung fünf Hotelkategorien (1–4 Sterne und Luxus), die allerdings nicht als Indiz für den Preis und selten für das Ambiente zu verstehen sind. Manche Hotels sind keiner Kategorie zugeordnet und dennoch überaus empfehlenswert. Die Internetseite www.bretagne-reisen.de gibt einen ersten Überblick. Beim regionalen Fremdenverkehrsamt (CRT) oder örtlichen Office de Tourisme (OT) erhält man kostenlose, jährlich aktualisierte Hotellisten.

Viele Hotels haben sich unter einer Dachorganisation zusammengeschlossen, deren Listen man ebenfalls über die Informationsbüros bestellen kann. Schlosshotels mit teilweise erschwinglichen Preisen enthalten z.B. die Broschüren von »Relais & Châteaux«, »Château Accueil« und »Hôtels du Patrimoine«. »Logis de France« nennt sich ein Verbund von Mittelklassehotels mit gutem Preis-Leistungs-Verhältnis, landestypischer Atmosphäre und regionaler Küche. Man erkennt die Häuser am Signet des grün-gelben Kamins. Jährlich aktualisierter Hotelführer bei:

Fédération Nationale des Logis de France
83, av. d'Italie, 75013 Paris,
www.logishotels.com;
Reservierungszentrale:
Tel. 01 45 84 83 84

An Autobahnen, in Industriegebieten und an Durchgangsstraßen findet man Hotels der Niedrigpreiskette Formule 1, die mit immer gleicher Ausstattung aufwarten: Waschbecken und TV im Zimmer, WC und Dusche auf der Etage. Weitere Ketten mit oft sehr günstigen Preisen sind Novotel, Campanile und das zu Accor gehörende Ibis Budget. Die teurere Variante Ibis bietet oftmals sehr günstige Übernachtungsmöglichkeiten direkt im Stadtzentrum.

Preise

Die Preise im Buch beziehen sich auf ein Doppelzimmer ohne Frühstück. Einzelzimmer sind kaum erhältlich, Alleinreisende belegen meist ein Doppelzimmer zum fast vollen Preis. Oft wird eine günstige Halb- oder Vollpension angeboten, die im Hotel genannten Tarife gelten dann pro Person. Zwischen Haupt- und Nebensaison liegen erhebliche Preisunterschiede. Reservierung ist nur im Juli/August sowie an Wochenenden und Feiertagen unumgänglich. Im Winter sind viele Hotels geschlossen.

Bewertung und Buchung online

Der schnelle Klick im Netz kann zu üblen wie auch erfreulichen Überraschungen führen. Denn einerseits peppen wahre Website-Zauberer einfache Herbergen optisch zu Gala-Adressen auf, andererseits fehlt es charmanten Häusern am Know-how, um sich im Internet angemessen zu präsentieren.

Surfer genießen den Vorzug, dass sie nicht nur den sekundenschnellen Zugriff auf eine Vielzahl an Hotels haben, sondern auch virtuelle Reisebüros in Anspruch nehmen können, darunter www.expedia.de, www.hotel.de und www.weg.de. Deren Angebot ist oftmals sogar preiswerter als die Direktbuchung beim Hotel. Zudem enthalten diese Seiten eine Rubrik, in der frühere Kunden eine Bewertung hinterlassen können.

Für Hotels in der Bretagne liegen leider oft keine Daten vor. Faustregel: Je weiter westlich, desto geringer die Chance, zuverlässige Angaben zu erhalten. Die zweifellos tauglichsten Seiten sind www.linternaute.com und vor allem www.tripadvisor.fr, beide in französischer Sprache.

Jede Online-Buchung beginnt mit der Prüfung, ob das gewählte Haus überhaupt verfügbar ist. Danach trägt man auf einer Formularseite seine Kontaktdaten und eine Kreditkartennummer ein. Zur Bestätigung erhält man eine E-Mail mit dem Buchungsnachweis, der bei der Ankunft vorgelegt wird. Die Zahlung erfolgt meist am Ende des Aufenthalts. Achten Sie darauf, welche Belege Sie unterschreiben, denn gelegentlich kommt es bei Kreditkartenzahlung zu Missbrauch.

Chambres d'hôte

Privatunterkunft mit Frühstück, häufig bei Bauern, erhält man in der *Chambre d'hôte,* dem Gästezimmer. Der Preis einschließlich eines guten Frühstücks kann bis zu 50 % unter dem eines vergleichbaren Hotelzimmers liegen. Hinweisschilder hängen vielerorts an der Straße. Wer sich früh am Tag bemüht, wird ohne Vorausbuchung eine solche Bleibe finden. Sicherer ist es, über das nächste Fremdenverkehrsamt zu buchen. Die meisten *Chambres d'hôte* sind den Gîtes de France angeschlossen. Diese Dachorganisation verschickt gegen Gebühr Kataloge für das gewünsch-

Übernachten im Zentrum des Geschehens – kleines Hotel auf dem Mont St-Michel

te Reiseziel. Adressen für Urlaub auf dem Bauernhof gibt es bei der Organisation Bienvenue à la Ferme:

Gîtes de France
59, rue St-Lazare, 75439 Paris Cédex
Tel. 08 26 10 44 44
www.gites-de-france.com

Bienvenue à la Ferme
Chambre Régionale d'Agriculture de Bretagne / ZAC Atalante-Champeaux
Rond-Point Maurice Le Lannou
35042 Rennes Cédex
Tel. 02 23 48 27 50
www.bretagne.synagri.com

Ferienhäuser und -wohnungen

Zu den staatlich überprüften Gîtes de France zählen auch viele Ferienhäuser und -wohnungen, die je nach Ausstattung mit ein bis drei Kornähren klassifiziert werden. Die Vermietung erfolgt wochenweise. Alle erforderlichen Utensilien sind vorhanden, nur die Bettwäsche muss oft mitgebracht werden. Sehr günstige Offerten werden außerhalb der Hauptsaison unterbreitet. Angebote sind in den Katalogen der Fremdenverkehrsbüros (CDT), bei Reiseveranstaltern wie TUI, bei Frankreichspezialisten wie Pierre & Vacances oder in den Kleinanzeigen der Tageszeitung zu finden. Eine sehr nützliche Internet-Adresse in deutscher Sprache ist www.reiselinks.de/ferienwohnungen.

Jugendherbergen

Frankreichs *auberges de jeunesse* gehören entweder zur Fédération Unie des Auberges de Jeunesse oder zur Ligue Française pour les Auberges de la Jeunesse. Anfragen richtet man möglichst früh direkt an das jeweilige Haus. Maximal drei Übernachtungen (zu je ca. 15 €) sind pro Herberge möglich, allerdings nur für die Inhaber eines internationalen Jugendherbergsausweises. Weitere Infos bei:

Fédération Unie des Auberges de Jeunesse
27, rue Pajol, 75018 Paris
Tel. 01 44 89 87 27
www.fuaj.org

Ligue Française pour les Auberges de la Jeunesse
67, rue Vergniaud, Bat. K.,
75013 Paris
Tel. 01 44 16 78 78
www.auberges-de-jeunesse.com

Jugendherbergsausweise stellen die nationalen Dachorganisationen aus: das Deutsche Jugendherbergswerk (www.djh.de), der Österreichische Jugendherbergsverband (www.oejhv.at) und die Schweizer Jugendherbergen (www.youthhostel.ch).

Campingplätze

Die Bretagne ist Fraynkreichs Region mit dem größten Angebot an Campingplätzen. Viele Anlagen verfügen nicht nur über Stellplätze, sondern auch über Bungalows und Mietzelte. Die örtlichen Touristenbüros sowie CRT und CDT geben Listen mit allen nötigen Hinweisen heraus. In der Hochsaison ist eine Reservierung erforderlich, wogegen man in der Nebensaison auch ohne Buchung unterkommen wird. Allerdings schließen viele Plätze im Winterhalbjahr ihre Pforten. Meist idyllisch gelegen, preiswert und oft ganzjährig geöffnet sind die Plätze der Kommunen *(camping municipal)*, die jedoch nur wenig Komfort bieten.

Essen und Trinken

Wo isst man was und wann?

Vom französischen Frühstück, wohl jeder Feriengast weiß es, ist nicht viel zu erwarten: ein paar Stücke Baguette, ein Croissant, Konfitüre, Kaffee. Deftig daran ist einzig der Preis, mit 15 € muss man rechnen. Da lohnt es sich, das Hotel zu verlassen und sich in der nächsten Bäckerei ein paar Köstlichkeiten zu kaufen, um sie zu einem Kaffee in einer Bar zu verzehren. Die meisten Wirte haben nichts dagegen, wenn die Gäste ihre Knabbereien mitbringen, sofern das Lokal kein Frühstück anbietet.

Dem faden Frühstück folgt dann mit dem *déjeuner* ein erster Hochgenuss. Gereicht wird es zur Mittagszeit zwischen 12 und 14 Uhr, wenn die Städte geradezu aussterben, weil ein jeder sich zum ausgiebigen Mahl zu Tisch begibt. Nicht wenige Bretonen suchen dazu ein Restaurant auf, dort gibt es häufig ein preiswertes Menü (ab ca. 10 €) mit Salat oder Suppe, Hauptgericht und Dessert. Für Kinder wird in der Regel ein *menu enfant* zum halben Preis angeboten. Kleine Speisen wie *steak haché frites* (Hacksteak mit Pommes frites) oder *moules frites* (Miesmuscheln mit Pommes frites) und ein Tagesgericht *(plat du jour)* sind in Cafés, Bars und Brasserien erhältlich. Dort gibt es mitunter auch nach 14 Uhr noch eine Zwischenmahlzeit.

Kulinarischer Höhepunkt ist dann das Abendessen, das ab ca. 19.30 Uhr serviert wird. In der Saison sollte man einen Tisch reservieren. Außerhalb der Hauptreisezeit wird man jedoch keine Schwierigkeiten haben, einen Platz zu bekommen. Den Tisch wählt man nicht selbst aus, sondern wartet, bis der Kellner ihn zuweist. Nur selten wird noch à la carte bestellt, beliebter sind die durchweg günstigeren Menüs mit Vorspeise, Hauptgericht und süßem Nachtisch oder Käse. Getränke und Kaffee sind nur bei teuren Menüs im Preis inbegriffen, Brot und Wasser werden dagegen in beliebiger Menge kostenlos gereicht.

Das *diner* ist eine wahre Zeremonie und kann gut zwei Stunden dauern. Weniger feierlich geht es in Pizzerien und Crêperien zu. Letztere offerieren ebenfalls Menüs mit herzhaften und süßen Pfannkuchen. Handfestere Speisen gibt es in den Ferme-Auberges, Bauernhöfen oder Landgaststätten, die landwirtschaftliche Erzeugnisse und lokale Spezialitäten anbieten.

Wirklich preiswert ist das Essen in Frankreich nicht, doch in der Regel entschädigt dafür die gute Qualität. Wer außerhalb der Saison reist, muss damit rechnen, dass in den Ferienorten manche Restaurants geschlossen sind. Überdies wird am Sonntag oder Montag oft ein Ruhetag eingelegt.

Crêpe und Cidre

Nicht ohne meinen Pfannkuchen

War in einem Haus jemand gestorben, stellte man Milch und Crêpes in die Küche, damit der Tote, so er denn Heimweh hatte, Labsal fand. Selbst in der bretonischen Variante des Märchens von Satans drei goldenen Haaren vertilgt der Teufel die dünnen Pfannkuchen, die längst ihren Siegeszug durch Europa angetreten haben.

Der Teig für die süßen Crêpes wird aus Weizenmehl, Milch, Wasser, Eiern, Zucker und Vanille hergestellt und auf dem heißen Blech knusprig

Bretonischer Pfundskerl
Ein typisches Gericht der Bretagne, das man zumindest einmal probiert haben sollte, heißt Kig ha farz und ist ein Fleischtopf mit Ochsenschwanz und anderem Rindfleisch sowie Schweinebauch, zu dem ein Weizenmehlkloß und Gemüse gereicht werden.

ausgebacken. Weizenmehl war einst rar und teuer, deshalb existiert eine ältere Variante aus Buchweizenmehl *(farine de sarrasin* oder *blé noir)*, die weich und dünn gebackenen Galettes, die vor der Entdeckung der Kartoffel das tägliche Brot darstellten. Galettes werden nicht süß, sondern herzhaft belegt, früher zumeist mit Resten vom Vortag. Die einfachsten Varianten werden mit Eiern, Käse oder Schinken gereicht, die *complète* mit allen drei Zutaten. Daneben existiert eine Vielzahl raffinierter Galettes, die sich von Restaurant zu Restaurant deutlich in Qualität und optischer Aufbereitung unterscheiden. Üblicherweise offerieren die Crêperien eine Menüfolge aus zwei Galettes und einer Crêpe.

Alkoholisches aus dem Steinkrug

Traditionelles Getränk zum bretonischen Pfannkuchen ist Buttermilch *(lait baratté)*, häufiger aber der im Steingut servierte Cidre, den es als *brut* (trocken), *demi-sec* (halbtrocken) und *doux* (lieblich) zu kaufen gibt. Der bretonische Cidre ist nicht so herb und spritzig wie der normannische und dabei schwach alkoholisch. Bedeutende Erzeugerregionen sind Doëlon, Fouesnant, Beg-Meil, Messac und Domagnié. Wer Vorräte für den heimischen Keller erstehen möchte, sollte sich für einen *cidre bouché* entscheiden, der mit Pfropfkorken und Draht in bauchiger Flasche in den Handel kommt. Für den Freund hochprozentiger Getränke wird in der Bucht von Audierne ein Eau-de-Vie-de-Cidre gebrannt, der dem berühmteren Calvados ähnelt.

Austern

Austern von der Atlantikküste waren seit Römerzeiten eine Delikatesse und wurden später in Massen dem Hof von Versailles kredenzt. 30 000 t lieferte die Bretagne jährlich, bis gegen Ende des 19. Jh. die natürlichen Vorkommen der typisch bretonischen Huître plate (Ostrea edulis) fast erschöpft waren. Ein Gesetz von 1759, das den Verkauf zwischen April und Oktober untersagte, hat die Bestände nicht mehr retten können, wohl aber zu der Irrlehre geführt, Austern seien in diesen Monaten ungenießbar.

Ostrea edulis ist ein seltenes und begehrtes Gut geworden. Den Garaus machte ihr ein Pilz, der 1920 die gesamte Atlantikküste befiel. Im Anschluss wurde die *Portugaise* (Crassostrea angulata) eingeführt, mit der man zuvor in Aquitaine Erfolge erzielt hatte, doch 1970 rückte auch ihr ein Parasit zu Leibe. So experimentierte man seit 1974 mit der *Huître creuse* (Crassostrea giga), die zunächst aus Kanada, dann aus Japan importiert wurde. Die Jahresproduktion stieg auf 3000 t, doch nach fünf Jahren nahte mit dem Virus *Bonamia ostreae* abermals ein Schädling, der fast alle Austernbestände dahinraffte. Verschont blieb nur Cancale, das neben Quiberon bis heute einen glänzenden Ruf für die Qualität seiner Austern genießt, auch wenn mit zunehmender Wasserverschmutzung neue Gefahren drohen.

1859 war eine Methode entwickelt worden, Austernlarven im Sommer an gekalkten Tonziegeln zu fangen, sie im nächsten Frühjahr abzulösen und hernach für drei weitere Jahre in Austernbänken auszusetzen. Mit dieser Idee begann die Geschichte der Zucht, die den Fang aus natürlichen Beständen ersetzte. Da die Larven eine Wassertemperatur von 17 °C benötigen, wird Cancale aus der milderen Südbretagne mit Jungtieren versorgt. Nach der dreijährigen Mast erfolgt die Reinigung der Austern in Klärbecken, aus denen regelmäßig Wasser abgelassen wird. Die Weichtiere lernen so, ihre Klappen zu schließen und das überlebensnotwendige Wasser im Innern zu speichern. Diese Lehre wird ihnen zum Verhängnis, denn erst dadurch ist es möglich, Austern frisch an ihren Zielort zu transportieren.

Weitere bretonische Spezialitäten

Fisch und Meeresfrüchte

Die bretonische Küche (s. auch Kulinarisches Lexikon S. 286) ist nicht gar so raffiniert wie die französische, garantiert aber gute Qualität und Frische und ist sehr sättigend. Zur leichteren Kost zählen Fisch *(poisson)*, Muscheln *(coquillages)* und Krustentiere *(crustacés)*. Besonders beliebte Meeresfrüchte sind Krabben *(crabes)*, Garnelen *(crevettes)*, Langusten *(langoustes)*, kleine und große Taschenkrebse *(étrille* bzw. *tourteau)*, Miesmuscheln *(moules)*, Jakobsmuscheln *(coquilles St-Jacques)* und Austern *(huîtres)*.

Austern bestellt man meist im Dutzend *(une douzaine)* und verzehrt sie roh mit Zitronensaft oder Vinaigrette, man bekommt Austern aber auch gratiniert oder überbacken. Hummer *(homard)* wird gern *à l'armoricaine* mit scharfer Tomaten-Wein-Sauce zubereitet. Aus den Hafenstädten kommen viele erlesene Fischgerichte. Brest etwa ist bekannt für *daurade aux crevettes et échalotes* (Goldbrasse mit Crevetten und Schalotten) oder *morue au poireau* (Stockfisch mit Porree). Aus Concarneau stammt *thon au riz, carottes et vin blanc* (Thunfisch mit Reis, Karotten und Weißwein), aus Douarnenez *soupe aux sardines et à l'oseille* (Sardinensuppe mit Sauerampfer) und aus St-Nazaire die *cotriade* (Fischsuppe mit Brot). Weitere empfehlenswerte Fischspezialitäten sind *harengs grillés à la moutarde* (gegrillte Heringe in Senf), *loup de mer au fenouil* (Wolfsbarsch auf Fenchel), *maquereau au cidre* (Makrelen in Apfelwein) und *raie au câpres* (Rochen in Kapernsauce).

Fleisch, Geflügel, Wurstwaren

Die Fleischspeisen lassen deutlich die bäuerlichen Wurzeln der bretonischen Küche erkennen. *Andouillettes* (Würste aus Schweinemagen und -darm) sind eine Spezialität aus dem Tal des Scorff, und *boudins blancs* (Weißwürste) aus Rennes sind beliebte Sattmacher. *Tripes au cidre* (Kaldaunen in Apfelwein) werden nicht jedem Gast munden, zumal sie recht unappetitlich aussehen. Für den feineren Gaumen empfehlen sich Spezialitäten wie *agneau pré salé* (Lamm von den Salzwiesen beim Mont St-Michel), *pigeons farcis* (gefüllte Tauben) oder *poularde au vin blanc* (Poularde in Weißwein).

Gemüse und Nachtisch

Neben Geflügel aus dem Landesinnern sind auch die heimischen Gemüse- und Obstsorten überaus köstlich, etwa Artischocken und Blumenkohl aus Quimperlé, St-Pol-de-Léon und Roscoff, Erdbeeren von der Halbinsel Plougastel sowie Melonen und Spargel aus der Gegend um Rennes. Mit ihnen werden z. B. *artichauts au lard* (Artischocken mit Speck), *patatez gan ougnon* (Kartoffeln mit Zwiebeln) und *potée aux choux* (Kohlsuppe) zubereitet.

Prächtig anzusehen und ein Genuss, der Zeit erfordert: eine Meeresfrüchte-Platte

Zum Nachtisch serviert man *crêpes* oder den *far,* einen festen Pudding, der beispielsweise mit Dörrpflaumen gereicht wird. Ein weiteres süßes Regionalgericht ist der *gâteau breton,* ein Kuchen mit Rumrosinen, Orangenschale, Apfelschnitzen und reichlich Butter. Für süßes Backwerk ist die Bretagne berühmt: Dazu zählt auch der trockene Hefekuchen *kouign amann.*

Getränke

Frankreich und seine Weine – das Kapitel ist schier endlos. Die Bretagne hat allerdings geringen Anteil an dieser Kultur. Ein paar Weinbaugebiete finden sich am Südrand der Region, hier werden die leichten Sorten Gamay, Muscadet und Gros Plant ausgebaut. Natürlich bietet aber jedes gute Restaurant eine Auswahl an überregionalen Qualitätsweinen in Flaschen und für den schmaleren Geldbeutel offene Land- oder Tafelweine im Krug *(pichet)* bzw. in der Karaffe *(carafe).* Leitungswasser, das stets gratis, allerdings oft erst auf Anfrage gereicht wird, dient zum Durstlöschen wie auch zum Verdünnen des Weines.

Mineralwasser kann als *gazeuse* mit mehr (z. B. Perrier) oder weniger Kohlensäure (z. B. Badoit, St-Yorre) sowie als stille Quelle *(non gazeuse)* bestellt werden. Bier vom Fass *(à la pression)* ist günstiger als Flaschenbier, dennoch im Vergleich zu deutschen Gaststättenpreisen recht teuer. Übliches Maß ist das demi (0,25 l). Beliebt ist das bretonische Nationalgetränk Cidre, ein Apfelmost. Breit gefächert zeigt sich das Angebot an Aperitifs. Typisch sind etwa *hydromel* (aus Wasser und Honig), *kir breton* (Kir mit Cidre statt mit Sekt), *fine armorique* (Erdbeerlikör) oder *couchen* (Met).

Aktivurlaub, Sport und Wellness

Angeln, Hochseefischen

Am Meer

Das Sammeln von Meeresgetier im Watt und zwischen Felsen, *pêche à pied* genannt, ist ein Vergnügen für Erwachsene und Kinder gleichermaßen. Spinnangeln können von Felsen, Kai und Ufer aus legal ausgeworfen werden, zum Fischen mit dem Netz benötigt man eine Genehmigung. Ein besonderes Erlebnis ist eine Ausfahrt auf klassischen Fischerbooten. Pauschalarrangements gibt es u. a. in Dinard, Perros-Guirec, Roscoff, Camaret, Douarnenez, Concarneau und Paimpol.

Flüsse und Seen

An Flüssen und Seen gelten örtliche Bestimmungen. Angelscheine sind in Fachgeschäften, Tabakläden und Fremdenverkehrsbüros erhältlich. Atout France (s. S. 18) gibt ein Gratisheft »Fischen in Frankreich« heraus.

Golf

Das bretonische Klima bekommt dem Rasen besonders gut, entsprechend gepflegt sind die vielen Golfplätze der Region. Die meisten von ihnen befinden sich an der Küste, so auch Dinard, Frankreichs zweitältester Golfplatz. Weitere Plätze sind im Routenteil des Buches aufgeführt. Informationen bei Ligue de Golf de Bretagne, 104, rue Eugène Pottier, F-35000 Rennes, Tel. 02 99 31 68 80, www.liguebretagnegolf.org.

Preiswert Golfen mit Pass

Der Pass Formule Golf gewährt für einen Zeitraum von drei und mehr Tagen unbegrenzten Zugang zu 23 Golfplätzen in Frankreich, 30 % davon in der Bretagne. Der Pass ist auch auf andere Personen übertragbar und kostet zwischen 85 € für drei Tage in der Nebensaison und 470 € für zehn Tage in der Hauptsaison). Infos: http://de.rendezvousenfrance.com/de/info/golf-pass.

Kanu und Kajak

Für eine Tour im Seekajak seien die geschützten Gewässer im Golf von Morbihan, bei Paimpol und im Archipel von Bréhat empfohlen. Im bretonischen Inland sind das Oust-Tal und der untere Odet geeignete Reviere für Kanu und Kajak.

Radfahren, Mountainbiking

Die beschaulichen Höhen von maximal 400 m täuschen: Steigungen und zudem kräftiger Wind begegnen jedem, der in der Bretagne in die Pedale tritt. Nach einer kurzen Eingewöhnungszeit wird man aber seine helle Freude am Radeln haben, vor allem im Frühsommer und Herbst. Auf einigen autofreien Inseln werden selbst eingefleischte Motorenthusiasten auf den Sattel umsteigen. Dagegen ist den Radfahrern von der Benutzung der Nationalstraßen nur abzuraten.

Fahrräder – ob Tourenräder (VTC) oder Mountainbikes (VTT) – kann man an vielen Bahnhöfen und über Fremdenverkehrsämter ausleihen. In französischen Linienbussen ist für die Mitnahme eines Fahrrads eine Gebühr zu entrichten. Die staatliche

Eisenbahn SNCF befördert Räder in den meisten Regionalzügen (TER) kostenlos; im TGV oder Intercité jedoch nur nach Reservierung und gegen Gebühr. Ein Verzeichnis der Radwege schließlich findet sich in einem Guide der Fédération Française de Cyclisme, 1, rue Laurent Fignon, 78180 Montigny le Bretonneux, Tel. 08 11 04 05 55, www.ffc.fr.

Reiten

2000 km markierte Reitwege locken Urlauber auf den Rücken der Pferde. Ein Topo-Guide (mit Karte im Maßstab 1 : 50 000) zu dem in 25–30 km lange Etappen eingeteilten Wegnetz Equibreizh versendet: Comité Régional pour le Tourisme Équestre en Bretagne (CRTEB), 5 bis, rue Waldeck Rousseau, F-56103 Lorient-Cédex, Tel. 02 97 84 44 00, www.equibreizh.com.

Urlaub im Planwagen

Für Familien mit Kindern bieten sich die mit vier Schlafplätzen und Küche ausgestatteten Pferdewagen an (Juni–Sept. ab ca. 475 € pro Woche). Auf einem ausgewiesenen Rundweg können pro Tag etwa 8 km zurückgelegt werden. Informationen dazu bei: Roulottes et calèches de Bretagne, La gare de Locmaria-Berrien, F-29690 Huelgoat, Tel. 02 98 99 73 28, http://konkouest.free.fr.

Segeln und Bootstouren

Zahlreiche geschützte Häfen bieten ideale Bedingungen fürs Segeln. Bedeutende Jachthäfen sind St-Malo, Dinard, Perros-Guirec, Roscoff, Morgat, Douarnenez, Bénodet, Concarneau und Le Palais auf der Belle-Île. Viele Wassersportclubs verfügen über Segelschulen, ein großes Schulungszentrum befindet sich auf den Îles de Glénan. Die Nordküste eignet sich eher für Fortgeschrittene, für Anfänger empfehlen sich neben der Südküste die Bucht von Douarnenez und die Rade de Brest. Zum Segeln und für Motorboote unter 10 PS ist keine Lizenz erforderlich, aber Ortskenntnis. Nähere Informationen beim Dachverband Fédération Française de Voile, 17, rue Henri Bocquillon, F-75015 Paris, Tel. 01 40 60 37 00, www.ffvoile.fr.

Urlaub im Hausboot

Flussabschnitte und Kanäle von insgesamt etwa 600 km Länge kann man im Hausboot befahren (s. S. 53). Als Hauptwasserstraße steht der Canal de Nantes à Brest zur Verfügung, daneben der Canal d'Ille et Rance von Redon nach Dinan sowie der Fluss Blavet zwischen Pontivy und Lorient. Ein spezialisierter Anbieter ist Locaboat Holidays, Postfach 867, D-79008 Freiburg, Tel. 0761 207 37 37, www.locaboat.com.

Strände

Strömungen, Riffe unter der Wasseroberfläche und eine schnell steigende Flut erfordern äußerste Vorsicht beim Baden. Es ist ratsam, die in der Saison bewachten und mit blauen Fähnchen abgesteckten Strandabschnitte zu wählen und auf die Warnflaggen zu achten: Rot steht für absolutes Badeverbot, Gelb für gesteigerte Vorsicht, Grün für geringe Gefahr.

Generell gilt: An der Südküste findet man ausgedehnte, flache Sandstrände, geeignet für Familien mit Kindern, im Norden überwiegen kleine, aber weniger überlaufene Sandbuchten.

Nord- und Nordwestküste

Der hohe Gezeitenunterschied lässt viele Strände an der Côte d'Émeraude bei Flut gänzlich unter Wasser tauchen. Das trifft vor allem auf die Sandstrände östlich von St-Malo zu, während sie westlich der Stadt, etwa bei Dinard, Sables-d'Or-les-Pins und St-Quay-Portrieux, zumindest sehr schmal werden. Die Côte de Granit Rose wartet mit malerischen Kiesel- und Sandbuchten zwischen bizarren Felsbrocken auf, leider ist sie aber auch stark frequentiert, vor allem die Abschnitte bei Trégastel, Ploumanac'h und Perros-Guirec. Zum Baden weniger geeignet sind die Wattgebiete an der Côte des Abers, doch gibt es hier einige schöne Sandstrände, etwa bei Keremma, Le Conquet, Brignogan-Plages und Roscoff.

Karten für Radler und Wanderer
Für Radfahrer und Wanderer eignen sich die Karten der Série Verte (Grüne Reihe, 1 : 100 000) oder der Série Bleue (Blaue Reihe, 1 : 25 000) vom Institut Géographique National (www.ign.fr). Stadtpläne in ausreichender Qualität erhält man gratis in den Touristenämtern.

Küste im Südwesten und Süden

Sand im Überfluss bietet die Côte Sud du Finistère et de Cornouaille im Südwesten, hier empfehlen sich die Crozon-Halbinsel (Camaret, Morgat), die Bucht von Audierne (wild-romantische Abschnitte zwischen Pointe du Raz und Pointe du Van, sanfte Dünen bei Audierne) und die Kette von Stränden zwischen Concarneau und La Forêt-Fouesnant. Im Süden, an der Côte des Mégalithes et du Morbihan, lädt die Halbinsel Quiberon zum Baden, jedenfalls ihre sandige Ostseite. Der Westen gilt generell als zu gefährlich. Schöne Strände gibt es auch auf der Halbinsel Rhuys (Dünen bei La Trinité-sur-Mer und St-Gildas) und auf der Belle-Île.

Surfen, Strandsegeln

An allen größeren Stränden können Bretter zum Surfen ausgeliehen und Kurse belegt werden. Die besten Bedingungen für den Sport herrschen im Frühjahr und ab September. Zu den Hochburgen zählen St-Malo, die Bucht von Audierne, Douarnenez, Carnac und die Halbinsel Quiberon. Abermals gilt: Für Anfänger eignet sich eher die ruhigere Südküste. Könner werden dagegen die starke Brandung der Nord- und Westküste vorziehen. Allerdings sind hier die Gefahren der Strömung und der enorme Gezeitenunterschied zu beachten. Fürs Windsurfen gelten die gleichen Hinweise. Mitte Mai werden in der Rade de Brest Meisterschaften in dieser Sportart ausgetragen.

Das Strandsegeln, vorzugsweise bei Ebbe und Wind, erfordert breite Strände, wie sie in der Bucht von Mont St-Michel, bei St-Malo (Grande Plage du Sillon), in Penthièvre auf der Halbinsel Quiberon und in der Bucht von Goulven anzutreffen sind. Bei Sonne und warmem Wetter müssen sich die Fans auf ausgewiesene Pisten beschränken.

Tauchen

An der gesamten Küste belebt eine abwechslungsreiche Flora und Fauna die Unterwasserwelt. Viele Tauchschulen geben Einführungen. Besonders attraktive Reviere liegen zwischen der Île de Groix und der Bucht von Lorient wie auch vor St-Malo, denn dort sind Schiffswracks zu besichtigen. Gezeitenwechsel und Strömung bergen Gefahren, man sollte sich also ortskundigen Führern anvertrauen. Vor jedem Tauchgang ist eine Anmeldung bei der Hafenbehörde erforderlich. Tauchorganisationen: Centre International de Plongée des Glénan, B. P. 525, F-29185 Concarneau, Tel. 06 84 46 84 82, www.cip-glenan.fr; Comité interrégional Bretagne-Pays de la Loire de la Fédération Française d'Études et de Sports sous-marins, 39, rue de la Villeneuve, F-56100 Lorient, Tel. 02 97 31 51 51, www.ffessm.fr.

Vogelbeobachtung

Bedeutende Vogelschutzgebiete gibt es am Cap Fréhel (auch seltene maritime Flora), Cap Sizun, bei den Falaises de Plouha, in der Baie de Goulven oder im Golf von Morbihan. Die Réserve Naturelle des Sept-Îles ist Frankreichs wichtigstes Zugvogelgebiet. Die beste Zeit für die Beobachtung von Brutvögeln ist im April/Mai, etwa 10–11.30 sowie 17–18 Uhr. Fernglas, Gummistiefel bzw. Wanderschuhe seien allen Naturfreunden empfohlen.

Wandern

Mit rund 5000 km Wanderwegen ist die Bretagne ein beliebtes Ziel für sportliche Naturfreunde. An den Strecken sind Gîtes d'étape eingerichtet, Unterkünfte, in denen man für jeweils maximal zwei Nächte schlicht und preiswert übernachten kann.

Man unterscheidet Fernwanderwege *(Sentiers de Grande Randonnée* = GR, weiß-rot markiert) und weniger anspruchsvolle Themenwege *(Sentiers de Grande Randonnée de Pays* = GRP, gelb-rot). Besonders beliebt ist der Fernwanderweg GR 34, der den alten Zöllnerpfaden entspricht und entlang der Küste von St-Brieuc nach Morlaix verläuft. Das schönste Stück, der Abschnitt zwischen Perros-Guirec und Ploumanac'h, wird von ungewöhnlich vielen Touristen begangen. Zu empfehlen sind aber auch die Wege auf der Île de Groix, der Belle-Île, der Halbinsel Quiberon und rund um Carnac.

Im Inland sind ehemalige Pilgerpfade zu Wanderwegen ausgebaut. Hier geht es z. B. durch die Forêt de Paimpont, die Montagnes Noires und die Monts d'Arrée. Der 225 km lange Rundwanderweg GR 380 ab Morlaix führt u. a. nach St-Thégonnec und Guimiliau und damit zu den schönsten umfriedeten Pfarrbezirken der Region. Außerdem verfügt die Bretagne über 1500 km Treidelpfade, die dem Canal Nantes–Brest oder dem Blavet folgen. Weitere Informationen sowie ausführliche Topo-Guides bei: Fédération Française de la Randonnée Pédestre, 64, rue du Dessous des Berges, F-75013 Paris, Tel. 01 44 89 93 90, www.ffrandonnee.fr.

Wellness

Hydromassagen, Sprudelbäder und Wassergymnastik – die wohltuende Therapie mit dem Meeresnass wird von den Krankenkassen nicht anerkannt und muss deshalb aus eigener Tasche finanziert werden. Anwendungsbereiche sind u. a. Rheuma, Arthrose, Kreislauf- und Stoffwechselstörungen, Stress und Alterserscheinungen. Da das Wasser spätestens 24 Stunden nach Entnahme zu verwenden ist, befinden sich alle Thalassotherapiezentren an der Küste. Das erste Zentrum der Bretagne wurde Anfang der 1960er-Jahre in Quiberon von dem Radprofi Louison Bobet gegründet. Weitere Anlagen befinden sich u. a. in Carnac, Douarnenez, Perros-Guirec, Roscoff, St-Malo und auf der Belle-Île. Auskünfte: Maison de la Thalassothérapie, 10, rue Littre, F-75006 Paris, Tel. 08 90 02 50 50, www.thalasso-thermale.com.

Feste und Unterhaltung

Für jeden Heiligen ein Pardon

Naiver Volksglaube vermenschlicht das Göttliche. So nimmt es nicht Wunder, dass die Bretonen z. B. gern zur Peitsche griffen, um eine Statue dafür zu strafen, dass der dargestellte Heilige partout nicht auf Bitten hören wollte. Zu prügeln oder auch zu danken gab es reichlich. Immerhin soll es in der Bretagne 7777 Ortsheilige geben. Die einen sind für Bauchschmerzen, die anderen für Kopfweh oder Kinderwunsch zuständig. Die wenigsten wurden jemals in Rom heiliggesprochen, weit größer ist die Zahl derer, die gerade mal in ihrem Dorf Furore machen.

Einer der populärsten Heiligen der Bretagne ist St-Ivo, Rächer des Unrechts und Tröster der Armen. Der Priester, Richter und Anwalt im Bistum Tréguier starb 1303 und wurde 1347 in Rom heiliggesprochen. Seine Grabstätte ist – wie viele andere – Ziel eines Pardons, wie man in der Bretagne die Wallfahrten nennt. Kraftspiele und andere Wettbewerbe, die früher bei diesen Festlichkeiten aufgeführt wurden, sind Indiz für vorchristliche Riten, die in das katholische Brauchtum eingeflossen waren.

An einem Pardon nimmt man teil, um ein Gelübde zu erfüllen, um Vergebung der Sünden zu bitten oder dem verehrten Heiligen einen Wunsch vorzutragen. Bei dieser Gelegenheit werden auch die alten Trachten getragen, die ansonsten aus dem Straßenbild verschwunden sind. Die Frauen hüllen sich in schwarze Kleider mit bestickten Schürzen und Samtbändern und setzen weiße Hauben auf. Die Männer tragen schwarze Anzüge und breitkrempige Hüte. Im 16. Jh., einer Zeit des Wohlstands durch den Tuchhandel, war in den Dörfern ein regelrechter Wettstreit um die kostbarsten Trachten entbrannt, sodass man von Region zu Region unterschiedliche Spielarten vorfindet.

Tro-Breiz – die große Wallfahrt

Bis ins 16. Jh. war es Brauch, mindestens einmal im Leben an der Tro-Breiz teilzunehmen. In 30 Tagen wurden 550 km zu den sieben ältesten Bischofsstädten St-Brieuc, St-Malo, Dol-de-Bretagne, Vannes, Quimper, St-Pol-de-Léon und Tréguier zurückgelegt. In diesen Orten wirkten zwischen 450 und 640 die heiligen Gründerväter, die der Bretagne das Christentum brachten. Die Tro-Breiz hatte so große Bedeutung, dass sie notfalls auch nach dem Tod im Sarg absolviert wurde. Der uralte Brauch wurde in unseren Tagen neu belebt, sodass es durchaus wieder Wallfahrer zur Tro-Breiz zieht.

Festoù-noz

Mit dem Wiederaufleben, vielleicht gar der Verklärung, keltischer Wurzeln wurden in den 1960er-Jahren die Festoù-noz wieder modern, nächtliche Feiern mit bretonischer Musik, Ess- und Trinkgelagen, die auch Elemente der Rock-, Pop- und Jazz-Szene aufgenommen haben. Ebenfalls in dieser Zeit erinnerte man sich des Kann ha Diskan, eines Sprechgesangs von zwei oder mehr Männern, die mit Variationen um ein Grundthema zum Tanz einladen. Populär sind daneben der Hochzeitstanz Jabadao, der von Frauen auf Märkten getanzte Reigen Sabotée oder der Piller-Lann aus dem Léon. Letzterer war einer der wenigen Tänze, die vom Klerus geduldet wurden, da männliche und weibliche Tänzer einander nicht berühren.

Feste im Jahresablauf

Februar

Les Flambées Celtik: Erste Woche des Monats, aus Jazz wurde in Fougères inzwischen ein Fest keltischer Musik.

La Route du Rock: Monatsmitte, ein weiteres Mal Mitte Aug., Rockfestival in St-Malo, teils sehr bekannte Bands.

März/April

Carnaval des Gais Lurons: Um den Monatswechsel, in Vitré mehrtägiger Karneval mit Musikveranstaltungen, Kostümumzug und nächtlicher Prozession mit illuminierten Festwagen.

Mai

Pardon de St-Yves: Dritter So, Wallfahrt von Minihy nach Tréguier.

Juni

Fête des Fraises: Zweiter So, Erdbeerfest in Plougastel-Daoulas mit Umzug, Trachten, traditioneller Musik.

Juli

Tombées de la nuit: Anfang des Monats, Open-Air-Festival der zeitgenössischen Künste in Rennes.

Petite Troménie: Zweiter So, Prozession in Locronan, alle sechs Jahre als Grande Troménie ausgetragen.

Les Joutes Nautiques: Monatsmitte, Ruderwettstreit in Dinan.

Brest Festival: Mitte Juli alle vier Jahre (nächstes Mal 2020), Windjammer-Treffen in Brest.

Festival de Cornouaille: Woche vor dem vierten So, Festwoche in Quimper zur bretonischen Kultur.

August

Fête des Fleurs d'Ajonc: Erstes Wochenende, Ginsterfest in Pont-Aven.

Festival Interceltique: Erste Monatshälfte, zweiwöchiges Fest in Lorient mit keltischer Musik, Tanz, Theater.

Festival des Filets bleus: Vorletzter bis letzter So Aug., in Concarneau Fischerfest mit Tanz, Musik und Wahl einer Königin.

September

Pardon: Erster Sa, zweitgrößte Wallfahrt der Bretagne in Le Folgoët.

Rando Baie sur les Chemins de St-Michel: Rund um den Namenstag des Heiligen (29. Sept.), dreitägiges Fest am Mont St-Michel, als Schlusspunkt der Pilgerfahrt aus ganz Frankreich zum Klosterfelsen.

Dezember

Transmusicales: Monatsanfang, dreitägiges Festival der Rockmusik in Rennes.

Reiseinfos von A bis Z

Apotheken

Ein grünes Neonkreuz weist auf eine Apotheke *(pharmacie)* hin (geöffnet 9–12, 14–18.30 Uhr). In der Lokalpresse und an den Eingangstüren der Apotheken sind Bereitschaftsdienste angezeigt.

Ärztliche Versorgung

Französische Ärzte und Krankenhäuser verlangen in der Regel Bargeld bzw. fragen nach einer Kreditkarte. Gesetzlich versicherte Deutsche und Österreicher haben gemäß EU-Vereinbarung Anspruch auf Rückerstattung der Regelsätze gegen Vorlage der Arztrechnung. Dabei erleichtert die Europäische Krankenversicherungskarte EHIC die Abrechnung. Eine zusätzliche Reisekrankenversicherung übernimmt weiterreichende Forderungen sowie Kosten eines Rücktransports. Für Schweizer ist dieser Schutz unumgänglich, da sie ansonsten selbst bezahlen müssen. Die Versicherung ist im Leistungsumfang vieler Kreditkarten enthalten. Ärztlicher Bereitschaftsdienst in Städten: Tel. 15.

Diplomatische Vertretungen

Botschaft der Bundesrepublik Deutschland
24 rue Marbeau
75364 Paris
Tel. 01 44 17 31 31
www.allemagne.diplo.de

Honorarkonsulate Deutschlands
105, rue de Siam
29200 Brest
Tel. 06 81 08 14 79
http://maison-allemagne-brest.fr

2, av. de la Préfecture
35042 Rennes Cédex 1
Tel. 02 99 33 66 95
rennes@hk-diplo.de

Österreichische Botschaft
6, rue Fabert
75007 Paris
Tel. 01 40 63 30 63
www.bmeia.gv.at/oeb-paris

Schweizer Botschaft
142, rue de Grenelle
75007 Paris
Tel. 08 00 24 73 65
www.eda.admin.ch/paris

Elektrizität

Stromspannung 220 V. Flachstecker passen problemlos, Schukostecker nur, wenn sie zwischen den Steckkontakten ein Loch besitzen. Für manch ein Laptop-Ladegerät wird ein Adapter benötigt (dieser ist im Elektrofachhandel erhältlich).

Feiertage

1. Jan. Neujahr (Jour de l'An); Ostermontag (Lundi de Pâques); 1. Mai Tag der Arbeit (Fête du Travail); 8. Mai Waffenstillstand 1945 (Armistice 1945); Christi Himmelfahrt (Ascension); Pfingstmontag (Lundi de Pentecôte); 14. Juli Nationalfeiertag, Sturm auf die Bastille (Quatorze Juillet); 15. Aug. Mariä Himmelfahrt (Assomption); 1. Nov. Allerheiligen (Toussaint); 11. Nov. Waffenstillstand 1918 (Armistice 1918); 25. Dez. Weihnachten (Noël).

FKK

Hüllenloses Schwimmen und Sonnenbaden ist nur an den wenigen Stränden gestattet, die als ›naturisme‹ ausgewiesen sind. ›Oben ohne‹ ist überall an der Küste verbreitet.

Fotografieren

Die letzten Anhänger der Analogfotografie müssen sich darauf einrichten, dass Filme in Frankreich sehr teuer sind. Man sollte also genügend Material mitbringen. Blitzlicht ist in Kirchen, Schlössern und Museen zumeist untersagt, oft darf man dort überhaupt nicht oder nur gegen Zahlung einer Gebühr fotografieren.

Geld

Zahlungsmittel ist der Euro. Mit der Bankkarte kann man an Bankautomaten Geld ziehen und vielerorts bargeldlos zahlen. Kreditkarten sind sehr verbreitet und nützlich bei der Miete von Fahrzeugen und Booten, da meist keine Kaution verlangt wird. Auch die Autobahngebühr *(péage)* kann man an den Automaten mit der Kreditkarte entrichten.

Kinder

Manche Unterkünfte warten mit preiswerten Familienangeboten auf, im Restaurant findet man meist ein Kindermenü *(menu enfant)*. Im Sommer werden in Ferienorten oft Spiele, Wettbewerbe oder Shows mit Clowns und Zauberern organisiert. Um bei den Veranstaltungen mitmachen zu können, müssen die Kinder nicht unbedingt Französisch sprechen.

Eine Fahrt im Pferdewagen oder mit dem Hausboot löst meistens Begeisterung aus, ebenso ein Urlaub auf dem Bauernhof oder das Wattfischen *(pêche à pied)*. Ein Schloss wie das von Vitré oder Josselin imponiert auch Kindern. Ein Spaziergang durch den Wald von Paimpont zu den Schauplätzen der Artussage ist bester Anlass, Kultur und Vergnügen zu kombinieren. Auch einige Museen bieten Anreize für jüngeres Publikum, etwa das Hafenmuseum von Douarnenez. Ferner locken Aquarien und zoologische Gärten: in Brest Frankreichs größtes Hochseeaquarium und Meeresmuseum Océanopolis mit Pflegestation für gestrandete Seehunde und Streichelzoo, in St-Malo das Grand Aquarium, in Trégomeur der Jardin Zoologique. Kurzweil bereiten das Planetarium im Wissenschaftspark Cosmopolis bei Pleumeur-Bodou und das angeschlossene Gallierdorf (Village Gaulois). Lehrreich und interessant sind zudem Wanderungen zu den Leuchttürmen an der Côte des Abers oder Fahrten auf historischen Schiffen.

Medien

Radio und Fernsehen

Auch viele Hotelzimmer der unteren Preisklasse besitzen einen Fernseher, über den man mehrere französische Sender empfangen kann. TV- und Radioprogramme über Satellit strahlt die Deutsche Welle aus. Lokale Radiosender bieten Hits und Neuigkeiten auf UKW. Radio France Armorique sendet im Sommer Nachrichten in deutscher Sprache.

Zeitungen

Deutsche Presse ist in den Sommermonaten in allen Touristenorten erhältlich. Bedeutendste französische Tageszeitung der Region ist Ouest-France, u. a. mit Veranstaltungskalender. Auf der Internetseite (nur in französischer

Reisekosten & Spartipps
Das Preisniveau in der Bretagne ist etwa dem in Deutschland vergleichbar. Recht hoch liegen die Eintrittspreise. Kinder, Schüler und Studenten mit internationalem Ausweis erhalten bis zu 50 % Ermäßigung. In touristischen Zentren steigen die Hotelpreise in der Hochsaison um 10–20 %. In Restaurants gibt es keine saisonalen Preisschwankungen. Hier können eher die Portionen kleiner ausfallen sowie Service und Qualität nachlassen.

Sprache) kann man die jeweiligen lokalen Ausgaben ansteuern und sich so über sein spezielles Reisegebiet informieren: www.ouest-france.fr.

Notruf

Notruf per Handy europaweit: Tel. 112
Erste Hilfe: Tel. 15
Polizei: Tel. 17
Feuerwehr: Tel. 18
ADAC-Notruf: Tel. 04 72 17 12 22 (deutschsprachig)
Sperrung von Handys, Bank- und Kreditkarten: Tel. +49 116 116

Öffnungszeiten

Banken: Mo–Fr 9.30–12.30, 14–16.30 Uhr.
Fremdenverkehrsämter: Mo–Fr 9–12, 14–16, Sa 9–12 Uhr, in großen Städten durchgehend und auch So geöffnet.
Geschäfte: Di–Sa 9–12, 14–19 Uhr. Bäckereien sind auch So vormittags geöffnet, Mo geschlossen. Supermärkte öffnen Mo–Sa 9–20 Uhr oder länger, gelegentlich auch So morgens. Märkte schließen um 13/14 Uhr.
Museen: Die meisten Museen sind am Montag und über Mittag geschlossen.
Post: Mo–Fr 9–18, Sa 9–12 Uhr.
Restaurants: 11.30–14.30, 19–23 Uhr, So oder Mo meist Ruhetag.

Post

Standardbriefe und Postkarten ins europäische Ausland sind mit 0,90 € zu frankieren. Briefmarken *(timbres)* und Telefonkarten *(télécartes)* erhält man nicht nur bei der Post, sondern auch in Tabakläden *(bureau de tabac)* und Bars mit Zigarettenverkauf.

Rauchen

In allen öffentlichen Gebäuden, Hotels, Restaurants, Bars und Discos ist das Rauchen verboten. Wer die Vorschrift missachtet, riskiert Geldstrafen um 70 €.

Reisen mit Handicap

Moderne Hotels, Campingplätze und Restaurants verfügen oft über behindertengerechte Einrichtungen, die man in älteren Häusern meist vermisst. Ein Verzeichnis enthält die gebührenpflichtige Broschüre »Où ferons nous étape« der Association des Paralysés de France (APF) erhältlich bei:

APF
17, bd. Auguste-Blanqui
F-75013 Paris
Tel. 01 40 78 69 00
www.apf.asso.fr

Sicherheit

Obwohl die Bretagne ein sicheres Reiseziel ist, sollte man in Touristenzentren erhöhte Vorsicht walten lassen. An der Küste kommt es gelegentlich zu Einbrüchen in Ferienhäuser oder Autos. Auch Fahrräder sollten dort gut gesichert werden.

Souvenirs

Als Mitbringsel ist Kulinarisches zu empfehlen: Cidre, Calvados, Artischocken, Makronen aus St-Brieuc, Pralinen aus Rennes, Buttergebäck aus dem Bigoudenland, Schinken aus Morlaix oder Fischkonserven, deren Design sie fast zu Sammlerstücken macht.

Daneben bieten sich Fayencen aus Quimper an, Glas und Töpferwaren aus Locronan, Spitzendecken aus dem Bigoudenland, Keramik aus Dinan sowie wetterfeste Freizeitkleidung aus den Hafenstädten.

Auch bretonische Musik ist ein beliebtes Souvenir. Trödel *(brocante)* kann man von Frühjahr bis Herbst auf speziellen Märkten erstehen. Antiquitäten sind oft günstiger als in Deutschland.

Telefon und Internet

Die öffentlichen Fernsprecher sind Kartentelefone. Eine *télécarte* zu 50 oder 120 Einheiten erhält man in Tabakgeschäften, Bars, an Tankstellen oder bei der Post. Billigtarife im Inland gelten 22.30–6 Uhr, ins Ausland Mo–Fr 21.30–8 und Sa 14–Mo 8 Uhr.

Auskunft: Tel. 12.

Internationale Vorwahlen

Frankreich: 0033
Deutschland: 0049
Schweiz: 0041
Österreich: 0043

Gespräche nach Frankreich

Landesvorwahl plus Rufnummer ohne die Anfangs-Null.

Telefonieren im Land

Die vollständige zehnstellige Teilnehmernummer wählen.

Mobil telefonieren

Mitte Juni 2017 sind die Roaminggebühren in Europa entfallen. Über Gebühren und Datenobergrenzen informieren sich Reisende am besten bei ihrem Provider. Für längere Aufenthalte in Frankreich kann es sich weiterhin lohnen, vor Ort, z. B. im Supermarkt, im *tabac* oder bei der Post, eine Prepaid-Karte zu kaufen. Mit der Karte wird eine Nummer zugewiesen, unter der man erreichbar ist.

WLAN

Hier finden Surfer Hotspots für WLAN (WiFi):
www.hotspot-locations.de

Trinkgeld

Obwohl das Bedienungsgeld in Restaurants oft im Rechnungsbetrag inbegriffen ist *(service inclus)*, wird ein Trinkgeld *(pourboire)* von 5–10 % erwartet.

Umgangsformen

Höflichkeitsformeln sind wichtiger Bestandteil der französischen Sprache. Wer auf »s'il-vous-plaît« und »excusez-moi« verzichtet, gilt als ungehobelt. Doch kommt man mit diesen Phrasen allein auch nicht weit – Franzosen legen großen Wert auf ihre Sprache und zeigen dem Ausländer, der das Französische nicht beherrscht, oft die kalte Schulter. Deutsch wird selten gesprochen, Englisch schon eher.

Der rücksichtsvolle Gast wird auf keinen Fall die Mittagszeit oder das Abendessen stören.

Shorts sind in guten Restaurants fehl am Platz. In Diskotheken, Casinos und bei feierlichen Anlässen sollte man feinere Kleidung und möglichst eine Krawatte tragen.

Panorama – Daten, Essays, Hintergründe

Nicht immer ist die See so ruhig – die Küste der Bretagne trotzt den Atlantikwellen

Steckbrief Bretagne

Daten und Fakten

Lage: Die Bretagne wird im Norden vom Ärmelkanal, im Westen vom Atlantik begrenzt. Nachbar im Osten ist die Normandie, im Süden das Pays de la Loire.
Größe: Die Ost–West-Ausdehnung beträgt 250 km, von Nord nach Süd sind es maximal 150 km. Die Gesamtfläche beläuft sich auf 27 208 km^2.
Einwohner: Etwa 3 Mio., 67 % von ihnen leben in Städten.
Größte Städte: Rennes 209 900 Einw. (mit Agglomeration 307 500), Brest 141 000 (221 600), Lorient 61 500 (185 000), Quimper 63 300 (124 000). 35 Städte mit über 10 000 Einw.
Zeitzone: MEZ (wie Deutschland)
Vorwahl: 00 33

Geografie und Natur

Durch Hebung des urzeitlichen Meeresbodens entstand in der heutigen Bretagne das Armorikanische Massiv, das durch Erosion und erneute Auffaltungen mancherlei Wandel erfuhr. Im Zuge der Alpenauffaltung vor 65 Mio. Jahren bildeten sich die eindrucksvollen Bruchkanten an den Küsten. Von den einst imposanten Urgebirgen blieben nur die in Ost-West-Richtung verlaufenden, bis 384 m hohen Montagnes Noires und Monts d'Arrée. Von hier fließen kurze, wasserreiche Flüsse in bis zu 80 m tiefen Schluchten nach Norden oder Süden. Die Küsten weisen wegen ihrer starken Gliederung eine Gesamtlänge von 2500 km auf, als Gerade gemessen hingegen nur 600 km. Vor der Küste liegen etwa 800 Inseln, rund ein Dutzend sind bewohnt. 17 % der Küsten sind Naturschutzgebiete. Größtes Schutzgebiet ist mit 172 000 ha der 1969 gegründete Parc Naturel

Régional d'Armorique zwischen den Monts d'Arrée und der Île d'Ouessant. Die Inseln Île Molène und Sept-Îles zählen neben zahlreichen Seevögeln auch Robben zu ihren Bewohnern. Wind und salzhaltige Gischt führen dazu, dass nur hochspezialisierte Pflanzen an den Küsten wachsen: Auf den Dünen und im angrenzenden Hinterland wird mit Strandkiefern, weiter im Landesinnern mit Monterey-Zypressen aufgeforstet. Von dem einst fast flächendeckenden Wald ist wenig geblieben: Mit nur 5 % liegt die Bretagne unter den Werten aller anderen französischen Regionen. In den Flüssen leben Otter sowie Lachse, Aale und Forellen.

Staat und Politik

Der französische Staatspräsident wird vom Volk direkt mit absoluter Mehrheit auf fünf Jahre gewählt. Er ernennt einen Premierminister, der die Spitze der Regierung bildet. Ihr obliegt die Exekutive. Ein Zweikammerparlament, bestehend aus der Nationalversammlung mit 577 direkt auf fünf Jahre gewählten Abgeordneten und dem Senat mit 321 indirekt von Wahlmännern aus den Départements gewählten Mitgliedern, hat die Legislative inne.

Die Bretagne ist unterteilt in die vier etwa gleich großen Départements Côtes d'Armor (Hauptstadt St-Brieuc),

Finistère (Quimper), Ille-et-Vilaine (Rennes) und Morbihan (Vannes). Sitz des Regionalrats (Conseil régional) ist Rennes. Zur historischen Landschaft zählt auch das Département Loire-Atlantique, das heute zur Region Pays de la Loire gehört.

Wirtschaft und Tourismus

Nach dem Zweiten Weltkrieg war die Bretagne das Armenhaus der Nation. Mit steigendem Unmut der Bevölkerung wurden in den 1960er-Jahren staatliche Förderprogramme vorangetrieben. Zur besseren Vermarktung der Agrarprodukte wurden Straßen gebaut, in den Hafenstädten entstanden Industrien. Die allseits in Frankreich durchgeführte Dezentralisierungspolitik schließlich legte die Planung verstärkt in die Hand der Region, sodass stützende Maßnahmen besser auf die tatsächlichen Bedürfnisse abgestimmt werden konnten.

Das wirtschaftliche Gefälle zum Landesinnern blieb trotz allem bestehen, zumal die schlechten Böden kaum Ausweitung der Landwirtschaft gestatten. Viehweiden und Getreidefelder bestimmen das Bild, vielerorts gedeihen auch Futterpflanzen. Dagegen entwickelte sich im Küstenhinterland mit dem ›Goldenen Gürtel‹ Frankreichs bedeutendste Region für den Gemüseanbau. Insgesamt bietet die Landwirtschaft aber nur 14 % der Arbeitsplätze.

An den Küsten sind neben dem Fischfang auch Austern- und Muschelzucht sowie Algenabbau bedeutende Erwerbszweige. Mengen- und wertmäßig stehen die bretonischen Fänge an oberster Stelle in Frankreich. Die bretonische Fischkonservenindustrie liefert zwei Drittel der französischen Gesamtproduktion. Nach Boulogne sind Lorient und Concarneau die wichtigsten Häfen Frankreichs, während über Brest ein Großteil des Frachtverkehrs nach Übersee abgewickelt wird.

Eisenhütten und Textilverarbeitung, einst gut entwickelt, erlitten im Zuge der zweiten Industriellen Revolution ihren Einbruch. Heute sind nur 20 % der Arbeitnehmer in der Industrie tätig (u. a. Telekommunikation, Elektronik, Kosmetik, Holzverarbeitung, Kleidung, Düngemittel, Papier, Kunststoffe), 60 % sind es hingegen im Dienstleistungsgewerbe, vor allem im Tourismus, der kräftige Zuwächse verbuchen kann. Die Bretagne empfängt jährlich über 3,5 Mio. Besucher, davon bis zu 90 % Franzosen. Bei den ausländischen Gästen liegen Engländer und Iren an der Spitze, es folgen Deutsche und Belgier.

Bevölkerung und Sprache

Die Bevölkerungsdichte der Bretagne entspricht mit 103 Einw./km² knapp dem französischen Durchschnitt, verteilt sich aber sehr ungleich (50 Einw. pro km² im Landesinneren, bis 200 Einw. pro km² an der Küste). Offizielle Sprache ist Französisch. Vor allem in der westlichen Bretagne wird mitunter noch Bretonisch gesprochen oder zumindest verstanden.

Geschichte im Überblick

	Vor- und Frühgeschichte
um 4600–2000 v. Chr.	Dolmen zeugen von der Megalithkultur. Ihren Höhepunkt erreicht die jungsteinzeitliche Kultur mit den Denkmälern in der südlichen Bretagne, vor allem in Carnac und Locmariaquer.
ca. 1850 v. Chr.	Die Megalithbauten werden aufgegeben, auf veränderte Bestattungssitten deuten einfache Hügelgräber mit Beigaben von Gegenständen aus Bronze und Kupfer.
ab ca. 600 v. Chr.	Mit der Hallstatt-Kultur beginnt ab 700 v. Chr. die keltische Eisenzeit in Mitteleuropa; sie setzt sich auch in der Bretagne durch, so bei den Redonen um das heutige Rennes, den Venetern um Vannes, den Osismiern um Carhaix und den Coriosoliten um St-Brieuc und Dinan.
56 v. Chr.	Im Golf von Morbihan siegen die Römer über eine keltische Flotte der Veneter.
260–310	Germaneneinfälle, die römische Herrschaft verliert an Macht und zieht sich nach und nach zurück.
	Auf dem Weg zum Herzogtum
5.–7. Jh.	Auf der Flucht vor den heidnischen Angeln und Sachsen lassen sich christliche Kelten von den Britischen Inseln in der Bretagne nieder. Ihre geistigen Führer organisieren Klöster, Pfarreien und Bistümer.
um 600	In der Cornouaille entsteht das bretonische Königreich unter dem Herrscher Gradlon.
799	Karl der Große verleibt die Bretagne seinem Frankenreich ein.
818	Karls Nachfolger ernennt Fürst Nominoë zum Herzog der Bretagne.
845	Nach einer Niederlage gegen Nominoë erkennen die Franken die Unabhängigkeit der Bretagne an.
851	Karl der Kahle tritt Rennes, Nantes und Retz an die Bretagne ab.
ab 875	Die Normannen fallen an der bretonischen Nordküste ein.
1156	Herzog Conan IV knüpft Bande zu England, um den französischen Einfluss zu schwächen.
1166	Nach der Abdankung von Conan IV verwaltet Englands König Heinrich II. Plantagenet die Bretagne.

1213 Der Kapetinger Pierre de Dreux wird durch Heirat mit Conans Tochter Herzog der Bretagne. Er und seine Nachfolger widersetzen sich den Ansprüchen der französischen Krone.

Vom Erbfolgekrieg zum Verlust der Unabhängigkeit

1337–1453 In Frankreich tobt der Hundertjährige Krieg zwischen England und Frankreich.

1341 Nach dem Tod des kinderlosen Yann III bricht der bretonische Erbfolgekrieg aus. Frankreich unterstützt den Neffen des Königs, Charles de Blois, England den Bruder des Verstorbenen, Yann de Montfort.

1364 Yann de Montfort, Sohn des vorherigen Yann, siegt bei Auray über die Franzosen unter Bertrand du Guesclin.

1365 Yann IV de Montfort wird als Herzog anerkannt, muss aber nach England fliehen. 1379 kehrt er zurück und vertreibt Du Guesclin.

1399–1457 Die Bretagne erlebt eine Blütezeit unter den Herzögen Yann V, François I, Pierre II und Arzhur III.

1488–1491 Nach ihrem Sieg bei St-Aubin-du-Cormier machen die Franzosen zur Auflage, dass Anne, die Tochter des bretonischen Herzogs, nicht ohne

Die christliche Mission ließ auch den Menhir in St-Uzec nicht unberührt

Einwilligung des französischen Königs heiraten darf. Anne bricht die Vereinbarung, woraufhin Charles VIII in die Bretagne einmarschiert.

1532 Die bretonischen Stände proklamieren in Vannes die Vereinigung mit Frankreich. Die Bretagne bleibt jedoch teilautonom.

Aufstieg und Fall unter französischer Herrschaft

1534 Jacques Cartier aus St-Malo entdeckt den Sankt-Lorenz-Strom und legt damit den Grundstein für die französische Kolonisierung von Kanada.

1550–1650 Der aufblühende Tuchhandel leitet eine Periode des Wohlstands in der Bretagne ein.

1561 Rennes wird Sitz des bretonischen Parlaments.

1598 Das Edikt von Nantes beendet die seit 1562 anhaltenden Religionskämpfe zwischen Katholiken und Hugenotten.

1664 Staatsminister Colbert gründet die Ostindische Kompanie in Port-Louis bei Lorient.

1675 Aufstand gegen das von Staatsminister Colbert eingeführte ›Stempelpapier‹, das die Privilegien von 1532 beendet.

1685 Nach der Aufhebung des Edikts von Nantes Massenflucht von Hugenotten. Die Aufgabe ihrer Textilindustrien führt zum wirtschaftlichen Niedergang.

1688 Die oft aufsässige Bretagne erhält einen königlichen Statthalter.

1711 Der Korsar René Duguay-Trouin aus St-Malo erobert Rio de Janeiro.

1789 Am 14. Juli Ausbruch der Französischen Revolution. Rennes stellt sich zunächst auf die Seite der Revolutionäre. Als jedoch die Autonomie beschnitten und die Bretagne in Départements eingeteilt wird, schwinden die Sympathien.

1792–1799 Aufstände der Chouans.

1804 Napoléon krönt sich zum Kaiser. Sein Credo zur freien Religionsausübung sichert ihm zunächst Wohlwollen bei den Bretonen. Zwangsrekrutierungen und Steuern zur Finanzierung der Kriege lassen die Stimmung jedoch umschlagen.

1806	Die Kontinentalsperre gegen England schadet letztlich dem eigenen Land, vor allem auch der bretonischen Wirtschaft.
1840	Eröffnung des Kanals Nantes–Brest.
19. Jh.	Die Bretagne hat an der Industrialisierung des Landes keinen Anteil. Verarmung und Massenabwanderung.
	Der Weg in die Moderne
1898–1928	Neue nationale Parteien fordern eine unabhängige Bretagne.
1921	Douarnenez wird Frankreichs erste kommunistisch regierte Stadt.
1932–39	Anschläge der für die Unabhängigkeit der Bretagne kämpfenden Geheimorganisation *Gwen-ha-du* (›Weiß und Schwarz‹).
1940–1944	Deutsche Truppen besetzen die Bretagne.
1944/1945	Zerstörung verschiedener Städte bei der Befreiung der Bretagne.
1960/1961	›Artischockenkrieg‹ der Bauern im Finistère gegen marktbeherrschende Gemüsehändler. Die Bauern siegen und gründen eine Genossenschaft.
1964	Bildung der Region Bretagne, wobei die alte bretonische Hauptstadt Nantes der Region Pays de la Loire zugeschlagen wird.
1978	Der Tanker Amoco Cadiz strandet vor Portsall und verursacht eine Ölpest an der westbretonischen Küste.
1994	Brand des Parlaments in Rennes bei einer Demonstration unzufriedener Fischer, die gegen Billigimporte und EG-Quoten rebellieren.
2011	Die Bretagne präsentiert sich unter dem neuen Slogan »Be Breizh«.
2015	Der Mont St-Michel erhält nach Beendigung eines riesigen Bauprojekts seinen maritimen Charakter zurück. Gegen Preisverfall und Billigimporte protestieren Viehzüchter mit Straßenblockaden.
2017	Bei der Präsidentschaftswahl im Mai setzt sich der parteilose Emmanuel Macron gegen Marine Le Pen vom rechtsextremen Front National durch. Um regieren zu können, benötigt der erst 39 Jahre alte neue Mann im Élyséepalast jedoch eine Mehrheit in der Nationalversammlung, die am 11. und 18. Juni gewählt wird. Seine noch junge Bewegung En Marche ist dort bislang nicht vertreten.

Das bizarre Werk erweckt nicht den Eindruck von purem Zufall, scheint aber auch kein Gebilde von Menschenhand. Dazu ist es schlichtweg zu groß. Kilometer um Kilometer ziehen sich die merkwürdigen Steinformationen entlang der Côte de Granit Rose und regen dazu an, den Brocken Namen zu geben: Pfannkuchenstapel oder Schildkröte, Totenkopf oder Korkenzieher. Doch angesichts der schieren Menge an seltsam geformten Steinen blieben die meisten Gebilde namenlos. Immerhin hat die Natur ein paar Millionen Jahre gebraucht, um diese Landschaft zu gestalten.

Irgendwo zwischen Mont St-Michel und der schieren Weite des Ozeans hat der Tourismus sein Fähnchen gesteckt und Perros-Guirec zur Badehochburg an der nordbretonischen Küste erklärt. Die Gründe dafür sind aus Granit.

Ein Chaos in bester Ordnung

Was an dieser Küste herrscht, ist für Franzosen das schlichte ›chaos‹. So nennt man in Frankreich eindrucksvolle Felsformationen, aber das Chaos aus Granit hat seine Ordnung. Die

Auf Granit gestoßen – Urlaub zwischen Felsbrocken

Östlich der Rosa Granitküste bestimmt Smaragdgrün die Optik. Aber das verführerisch schillernde Wasser des Ärmelkanals an der Côte d'Émeraude hat seine Tücken. Schließlich zählt die Bretagne weltweit zu den Gebieten mit dem höchsten Tidenhub und wird in der Hinsicht nur von Japan übertroffen. Beim Mont St-Michel beträgt der Unterschied zwischen Ebbe und Flut 14 m, wobei das Meer bei Niedrigwasser bis zu 18 km zurückweicht. An Badefreuden ist da nicht zu denken. Selbst am offenen Atlantik beläuft sich die Differenz immerhin noch auf 6 m.

Im warmen Sonnenlicht verschmilzt das Werk des Menschen mit dem der Natur: Leuchtturm an der Côte de Granit Rose bei Ploumanac'h

schweren Brocken erwecken in ihrer Regelmäßigkeit oft gar den Eindruck, als hätten Riesen sie zu Festungen und Pfeilern aufgetürmt, weshalb mitunter von Felsburgen die Rede ist. Ihre Geschichte hat aber mit Rittern rein gar nichts zu tun.

Im Altertum unserer Erde, vor rund 650 Mio. Jahren, war Westeuropa vom Meer bedeckt. Durch Hebung des Meeresbodens entstand in der heutigen Bretagne das Armorikanische Massiv, das in den folgenden Jahrmillionen durch Wind und Wetter abgeflacht wurde. Vor etwa 345 Mio. Jahren schob die variskische Faltung das Gebirge abermals auf, immerhin bis in Höhen von 4000 m. Dieses Gebirge erodierte und wurde vor 65 Mio. Jahren erneut angehoben, begleitet

Ein Haus aus Stein für den Stein
Was andernorts kaum bezahlbar wäre, kostet an der Granitküste eine Kleinigkeit: imposantes Baumaterial. Aus Granit besteht daher auch die kantige **Maison du Littoral in Ploumanac'h,** ein unübersehbares Gebäude am Zöllnerpfad, auf dem Scharen von Touristen an der steinernen Pracht zwischen Perros-Guirec und Ploumanac'h vorbeischreiten. Wer gar nicht genug erfahren kann über die seltsame Gesteinsbildung und die Nutzung von Granit, erhält dort von Fachleuten Auskunft und kann Sonderausstellungen besichtigen (Tel. 02 96 91 62 77, Mitte Juni–Mitte Sept. Mo–Sa 10–13, 14–18 Uhr, ansonsten in den französischen Schulferien Mo–Fr 14–17, in der übrigen Zeit Mi 14–17 Uhr, Eintritt frei).

von dramatischen Vulkanausbrüchen. Bei dieser letzten Hebung wurden die heute so eindrucksvollen Küstenlinien geformt.

Wie die Steine entstehen

Wer es genau nimmt, muss in der Bretagne drei Gesteinsgruppen unterscheiden. Bei Sedimentgesteinen handelt es sich um Ablagerungen des Meeres, aber auch um Erosionsmaterial von Gebirgen, vor allem Sandstein, Kalkstein und Ton. Metamorphe Gesteine sind Sediment- oder Magmagesteine, die unter Druck und Temperatur zu Schiefer, Quarzit, Gneis oder Marmor umgewandelt wurden. Erstarrtes Magma schließlich bildet die dritte Gesteinsgruppe. Hierzu zählt eben der Granit, dem an der Küste bei Perros-Guirec rosa Feldspat die zarte Tönung verleiht.

Gebrochen von Sonne, Wind und Wasser

So viel zur Farbe. Doch wie kam es zu den seltsamen Formen? Das aufsteigende Magma begann in 6 km Tiefe zu erkalten. Je nach Dauer der Erkaltung bildete sich beim Granit ein feineres oder gröberes Korn. Später wurden die darüber liegenden Erdschichten durch Erosion abgetragen, der Granit lag nun frei. Als nach der letzten Eiszeit das Meer anstieg, war der Fuß des Gesteins von Wasser umspült. Er bot durch seine grobe Struktur viele Angriffsflächen. Bodenwasser zirkulierte in Spalten, wo eine Vergrusung stattfand, während sich abseits der Spalten lediglich die Kanten durch Verwitterung rundeten. Wurde Gestein auf diese Weise abgetragen, so verminderte sich der Druck auf tiefere Schichten. Durch diese Entlastung klüftete sich das Material, indem oberflächenparallele Schichten absprangen. Genau dieser Prozess führte zu den eindrucksvollen Formationen, die beim ersten Anblick wie von Menschenhand erschaffen scheinen.

Dass auf den nackten Klippen kein Gras wachsen würde, wäre das Urteil eines oberflächlichen Betrachters. Immerhin findet sich in einigen Nischen die Gemeine Grasnelke *(Armeria maritima)*, die außerdem noch einen Farbakzent setzt: Von Mai bis September blüht sie rosaviolett. Aber ihre Signale sind schwach gegen die knallbunten Badelaken, die je nach Gusto ihrer Besitzer um die Granitblöcke drapiert werden.

Canal Grande bretonischer Art – im Hausboot durchs Hinterland

Weit und flach, Feld um Feld. Das bretonische Hinterland besitzt wenig Reize und würde wohl von den meisten Touristen gemieden, wenn da nicht die Wasserstraßen wären. Ihre Existenz verdanken sie dem Kriegsgeschehen im 19. Jh.

Der englische Admiral Horatio Nelson hatte die französisch-spanische Flotte bei Trafalgar geschlagen. Im Folgejahr, 1806, verhängte Kaiser Napoleon gegen England die Kontinentalsperre. Doch die Briten ihrerseits kontrollierten die Passage durch den Ärmelkanal und große Teile des Atlantiks. Um in dieser Situation die Städte Brest und Nantes sicher mit Nachschub versorgen zu können, entwarf Bonaparte Pläne für einen Kanal durch die Bretagne, den Canal de Nantes à Brest – heute beliebtes Revier von Freizeitkapitänen.

Von der Leichtigkeit des Seins

Hortensien und Rhododendren stehen in den Gärten, hier und da auch Mimosen, Agaven, Feigenbäume, Myrten, Oleander oder Palmen. Das milde Klima lässt manche Kapriolen zu, aber den wenigsten Reisenden genügt es, wenn sie den Bretonen bei der Gartenarbeit zuschauen und deren Zuchterfolge bestaunen können. Anders sieht es aus, wenn man solche Farbtupfer als Beiwerk einer Haus-

Urlaub im Hausboot auf dem Kanal – beschaulicher geht's kaum

Beratung aus erster Hand
Eine offizielle Stelle betreut alle bretonischen Kanäle. Das **Comité des Canaux bretons** versorgt interessierte Freizeitkapitäne und solche, die es werden wollen, mit Informationen und Argumenten für eine Kanalfahrt: Canaux de Bretagne, 1, rue Raoul Ponchon, 35069 Rennes, Tel. 02 23 47 02 09, http://canauxdebretagne.org/.

bootfahrt erlebt, von der Anlegestelle aus mit dem Fahrrad seine Einkäufe im Dorf tätigt und den schwitzenden Hobbygärtnern ein Bonjour zuwirft.

Das Netz der Möglichkeiten

Napoleons gutem Willen waren zunächst keine Taten gefolgt. Erst 1824–40 wurde der von ihm geplante Versorgungskanal gebaut. Gut ein Jahrhundert lang transportierte man auf dieser Wasserstraße u. a. Baumaterialien und Getreide. Doch die Eisenbahn lief dem Kanal den Rang ab. Neue Perspektiven ergaben sich aber mit dem aufkeimenden Fremdenverkehr.

Freizeitkapitäne können ihre Tour in Nantes beginnen und über Redon und Josselin zunächst bis Pontivy fahren, wobei sie immerhin 204 Schleusen überwinden müssen. Seit dem Bau des Staudamms von Guerlédan ist der Abschnitt Pontivy–Port de Carhaix nicht mehr schiffbar, denn hier fehlen die seit langem geplanten Schleusen. Dafür wurde mit dem See und den umliegenden Naturschönheiten ein Freizeitrevier hinzugewonnen.

Weiter geht es dann ab Carhaix über die Aulne bis zur 85 km entfernten Rade de Brest. Wer dagegen gen Ärmelkanal strebt, kann bereits in Redon auf den 1833 eröffneten Canal d'Ille et Rance abbiegen, der La Roche-Bernard über Hédé mit Dinan verbindet. In Pontivy schließlich ist ein Abzweig auf den Fluss Blavet nach Lorient möglich.

Ohnehin verschwimmen Fluss und Kanal, denn die Erbauer hatten einen großen Teil ihrer Arbeit einfach der Natur überlassen. Wildromantische Abschnitte liegen deshalb am Weg, die man mit dem Auto niemals erreichen würde. Schwäne und Teichhühner blinzeln ungläubig herüber, bevor man in die grüne Finsternis eines dichten Blätterwaldes eintaucht oder verträumt auf die Spiegelungen einer schroffen Felswand schaut.

Und so wird es gemacht

Interessierte Kanalschiffer können Boote u. a. in Messac, Redon, Sucé-sur-Erdre, La Roche-Bernard und Rohan mieten. Bequemer aber ist es, wenn man sich gleich daheim um eine Buchung kümmert. Die Pénichette, das Boot für zwei, ist in der Nebensaison ab 850 € pro Woche zu haben. Kleinkinder unter zwei Jahren reisen gratis mit. Zum Einstieg wird eine kurze Unterweisung vom Skipper geboten, der mit der Gauloise im Mundwinkel und in einem schwer verdaulichen Französisch erklärt, worauf es beim Fahren eines Motorbootes ankommt. Um eine Wissenschaft handelt es sich dabei nicht, sonst würde das Verkehrsministerium ja auch nicht auf einen Führerschein verzichten. Man sollte aber bei der Planung daran denken, für Landgänge Fahrräder mitzunehmen, denn mit öffentlichen Verkehrsmitteln lassen sich die schönsten Ziele entlang der Strecke kaum erreichen.

Carnac sehen und verstehen – die Megalithkultur

Ein Hinkelstein ist kleidsam, das wusste Uderzo, der seinen Obelix nicht ohne einen solchen Brocken aus dem Haus schickte. Die bretonischen Steine verleihen den Küsten einen großen Teil der Dramatik und haben nicht nur die Fantasie moderner Urlauber angeregt. Vielmehr sind sie seit frühester Menschheitsgeschichte ein Mahnmal dafür, dass Homo sapiens sapiens eine klügere Macht über sich weiß. Deshalb versuchte er sich an ihnen als Gestalter, Transporteur und Deuter. Der wohl beeindruckendste Coup gelang ihm dabei in Carnac.

10 000 Jahre sind vergangen, seit die letzte Eiszeit die Bretagne freigab und die Menschen dort wieder sesshaft werden konnten. Funde aus dieser Ära verweisen auf die Kulturstufe des Mesolithikums, als sich bereits Frühformen eines Bestattungskultes entwickelten. Die Natur brauchte freilich weitere gut 3000 Jahre, bis sich dichte Wälder über die ehemalige Tundra breiteten. Der Boden besaß jetzt genügend Fruchtbarkeit für den Ackerbau und damit die Voraussetzung für eine höhere Kulturstufe des Menschen: das Neolithikum, die Jungsteinzeit.

Kein Kulturimport

Um 4600 v. Chr. – und damit früher als auf Malta – entstanden in der Bretagne die ersten Steinsetzungen. Diese Datierung hat eine große Bedeutung, ist doch die Megalithkultur offensichtlich kein Import vom Mittelmeer. Damit erübrigen sich auch die älteren, teils abenteuerlichen Deutungsversuche ihrer Symbolik.

Megalithe, von Menschenhand gesetzte ›große Steine‹, sind aus dem gesamten riesigen Gebiet zwischen Zweistromland und Westeuropa bekannt. Der Kult um diese Male wurde offenbar nicht von einem Volk verbreitet. Vielmehr scheint heute sicher, dass mehrere Völker nebeneinander von der gleichen Idee beseelt waren. Gleichwohl besteht eine gewisse Berechtigung, sie wegen ihrer Gemeinsamkeiten als eine Kultur zu verstehen. Sie bestand bis zum Beginn der Metallzeit vor etwa 4000 Jahren. Der heutige Brauch Grabsteine zu setzen deutet indessen darauf hin, dass einige Glaubensvorstellungen der Megalithkultur lange nachlebten.

Der Mensch und seine Prüfsteine

Die neolithischen Großbauten warfen viele Fragen auf. So rätselte man lange Zeit, wie mit damaliger Technik die schweren Steine transportiert und aufgerichtet werden konnten. Anfangs gingen die Forscher davon aus, dass enorm viele Menschenhände bei dem gigantischen Werk mithalfen. Längst weiß man aber, dass sich die Einwohnerzahl der Bretagne in der Jungsteinzeit auf lediglich etwa 25 000 oder 30 000 belief. Auch gegen Ende der Megalithkultur um 2000 v. Chr. waren es gerade mal 150 000. Mithilfe von empirischen Forschungen konnte schließlich nachgewiesen werden, dass so ein Steintransport durchaus mit einer relativ kleinen Mannschaft zu bewältigen ist. Selbst der mit 20 m größte und mit 280 t schwerste Menhir der Bretagne, der heute zerbrochen auf dem Boden liegende Men-er-Hroëc'h bei Locmariaquer, konnte so bewegt werden.

Steine für jeden Zweck

Auch über den Verwendungszweck der Megalithe wurde und wird gerätselt. Umstritten ist die Theorie, dass die Steine Teil von Observatorien waren. Bei Menhiren (bretonisch *men* = Stein, *hir* = lang), die oft an Hängen, Wasserstellen oder Zusammenflüssen aufgestellt wurden, handelt es sich möglicherweise um einfache Landmarken oder Gedenksteine. Anscheinend rankten sich um sie auch Fruchtbarkeitsriten, doch war das wohl nicht ihr ursprünglicher Zweck und eine ›Errungenschaft‹ späterer Epochen.

Menhire sind aus unterschiedlichen Gesteinsarten gefertigt und zu unterschiedlichen Formen gehauen. Mal wurden sie einzeln, dann auch wieder in Gruppen gesetzt. Eine ganze Nomenklatur widmet sich der Aufgabe, Ordnung in die Anordnung der Megalithe zu bringen. So unterscheidet man *alignements* (geradlinige Steinalleen), *lignes* (eine oder zwei Steinreihen), *cromlechs* (Kreise oder Halbkreise) oder *quadrilatères* (Vierecke). Doch warum die Menschen der Jungsteinzeit eine solche Vielfalt an Formen ersannen, ist bislang unklar. Eine Theorie geht davon aus, dass die Steinbauten als Kalender dienten und Bezug auf den Wandel der Natur nahmen.

Schwere Brocken zum Totengedenken

Wer an die Pyramiden im Reich der Pharaonen und andere Großtaten zur Erinnerung an Verstorbene denkt, der wird in der Megalithkultur Vorläufer für derlei Monumente suchen. Sie existieren in der Tat und werden zur Unterscheidung vom Menhir unter der Sammelbezeichnung Dolmen (Tischsteine) geführt. Gegenüber dem Mesolithikum waren in der frühen Jungsteinzeit neue Bestattungsformen entwickelt worden. In einer ersten Phase wurden die Toten unter ovalen oder rechteckigen Erdaufschüttungen beigesetzt, die eine Höhe von 1–2 m, eine Länge von bis zu 100 m und eine Breite von maximal 35 m besaßen. Außen waren die Hügel von senkrecht gestellten Steinen gefestigt, innen befanden sich mehrere Steinkisten als Gräber, die durch eine Überdeckung abgeschlossen wurden.

Dolmen stellen eine Fortentwicklung dieses Typs dar. Hier stützen aufrecht stehende Steine einen großen Deckstein. Manchmal gewährt ein Gang Zutritt zu einem so gebildeten Grab- oder Kultraum (deshalb ›Ganggrab‹), über dem sich einst ein Erdhügel befand. Bei einem Langgrab *(allée couverte)* handelt es sich um einen lang gestreckten unterirdischen Raum mit parallel aufrecht gestellten Trag- und horizontal darüber gelegten Decksteinen. Die Dolmen der Bretagne zeichnen sich dadurch aus, dass sie besonders zahlreich, groß und vielgestaltig sind.

Ein Weltwunder und sein Zaun
Gewaltige Steine im üppigen Grün – etwa so präsentierten sich die Alignements de Carnac in den 1980er-Jahren. Der Staat wollte Profit aus ihnen schlagen, ebnete den Boden mit Traktoren und Unkrautvernichtern, erklärte den nun wackeligen Stand der Steine als Konsequenz aus dem großen Touristenaufkommen und errichtete Zäune um das Gelände. Das alles mit der Absicht, die eigentliche Besichtigung auf Gebäude in der Randzone zu verlagern, in denen Eintrittsgelder kassiert werden können. So jedenfalls sieht es eine Protestbewegung, die sich **Menhirs Libres** nennt und nur eines will: Freiheit für die dicken Brocken.

Rätselhafte Symbole

Die Kulte um die prähistorischen Steine haben die Ära ihrer Errichtung noch lange überdauert. Bei den Konzilien von Tours (567), Nantes (658) und Toledo (681/2) wurden ›Steinkulte‹ verboten. 789 gab Karl der Große Befehl zur Zerstörung der Steinmale, doch sind in der Bretagne heidnische Kulte um diese Stätten noch aus dem 16. Jh. bezeugt. Da Landwirtschaft hier nicht so intensiv betrieben wurde, haben sich besonders viele Megalithe erhalten. Etliche wurden absichtlich zerstört, um Baumaterial zu gewinnen oder den Anweisungen der christlichen Missionare Folge zu leisten. Vielfach sind auch christliche Symbole angebracht worden, die den uralten Zauber brechen sollten.

Daneben existieren Gravierungen aus der Zeit, als die Steine errichtet wurden. Eine Deutung dieser Einritzungen ist bislang nicht annähernd gelungen, sehr wohl aber finden sich abstruse Erklärungsversuche, die allerlei Mysterien um die Megalithkultur weben möchten.

Asterix und Obelix bei den Bretonen

Ipso facto, in der Tat, posaunt der Legionär und ist kurz darauf mit seinem Latein am Ende, denn ein kleiner Gallier mit blonden Zöpfen hat ihm den Marsch geblasen. Mit diesem Auftakt hatte das Jugendmagazin »Pilote« am 29. Oktober 1959 die Weichen für einen Kassenschlager gestellt.

Was später als Comicheft »Asterix der Gallier« in den Handel kam, war zunächst eine Fortsetzungsgeschichte in 38 Folgen, deren letzte am 14. Juli 1960, dem französischen Nationalfeiertag, erschien. Für Bretagne-Reisende wäre das eine magere Erkenntnis, gäbe es nicht in jedem Asterix-Vorspann die Lupe über dem kleinen Dorf in Aremorica.

Gewürzt mit Anachronismen

Die Lupe zählt zu jenen Anachronismen, die den Geschichten von Autor René Goscinny und Zeichner Albert Uderzo Würze verleihen. Dass sie über der Bretagne schwebt, hat keine historische Bewandtnis. Goscinny

Für Obelix ist nichts zu schwer

wollte nur, dass die widerspenstigen Gallier das Meer als Tor zur Welt nutzen konnten. Weil Uderzo, Sohn italienischer Eltern, außer Paris kaum etwas von Frankreich kannte, griff er auf eine Jugenderinnerung zurück: In den Kriegsjahren 1942/43 hatte er bei seinem Bruder Bruno in der Bretagne gelebt.

Lupenrein geflunkert

Die Lupe gewährt keinen echten Durchblick, sie zeigt einen bretonischen Landstrich mit einem Dorf, um das sich römische Zelte in Bonbonfarben scharen. Solcher Art sind Jugenderinnerungen. Aber die Fans ließen nicht locker und versuchten, das Dorf zu orten. Heute schwören sie, dass nur der Strand von Le Moulin de la Rive bei Locquirec gemeint sein kann – eine abenteuerliche These, wenn man den Maßstab der Karte bedenkt. Dem Comic-Gespann Goscinny und Uderzo blieben da nur die Beteuerungen, sie hätten eigentlich rein gar nichts im Sinn gehabt, nicht einmal politische Anspielungen. Das freilich erscheint ebenso wenig glaubhaft. Allein die Hose von Obelix verweist patriotisch auf bretonische Erkennungsfarben, nur dass sie von den berühmten blau-weißen Quer- zu Längsstreifen übergeht, weil das nun mal schlank macht.

Rebellisch aus Gewohnheit

Ansonsten umweht die Bretagne durchaus eine Vorahnung der Résistance. Caesars Feldherr Crassus hatte die Region im Sturm eingenommen, geriet aber in Versorgungsschwierigkeiten und musste die soeben unterworfenen Veneter um Proviant bitten. Die Verhandlungspartner setzten kurzerhand die römische Delegation gefangen. Caesar eilte persönlich zu Crassus und pochte auf Unnachgiebigkeit, denn das Beispiel könne leicht in ganz Gallien Schule machen. Ipso facto! Nun war es für die Besatzer schwierig, die bretonischen Hafenstädte zu belagern, denn bei Ebbe gab es kein Fahrwasser für angreifende Schiffe, während bei Flut der Landgang schwierig wurde. Erst eine Seeschlacht vor der Küste des Morbihan brachte die Entscheidung zugunsten der Römer. Caesar selbst soll den Verlauf der Kriegshandlungen von einem Tumulus bei Arzon aus verfolgt haben. 220 Segelschiffe hatten die Veneter aufgeboten, doch Windstille verdammte die gallische Flotte zur Unbeweglichkeit und begünstigte zugleich die Manöver der römischen Galeeren. Aus der Traum – nur nicht für Asterix.

Mit König Artus nach Avalon

Wer es so betrachtet wie die Franzosen, der hat einen Vorteil: Er kann von der Bretagne sprechen, ohne die Grande Bretagne, also Großbritannien, auszuschließen. Das hilft ungemein bei der Verortung eines mythischen Königs, denn ob Artus Brite oder Bretone war, lässt sich heute schwer sagen. Da er heldenhaft gegen Angeln und Sachsen kämpfte, wird er eine Weile als Insulaner zugebracht haben. Zugleich heißt es, er habe in Gallien die Römer besiegt, dort geheiratet und den Riesen vom Mont St-Michel erschlagen. Falls ihm alle Schauplätze vertraut waren, in die man ihn hineindichtete, dann wird Artus Siebenmeilenstiefel besessen oder ein übermenschlich langes Leben geführt haben. Dass er sich jenseits der Naturgesetze bewegte, dürfte ohnehin jedem klar sein, der Marion Zimmer Bradleys »Die Nebel von Avalon« gelesen hat.

Wenn sie nicht gestorben sind, so heißt es, dann leben sie noch heute. Das aber kann man ausschließen, denn in Glastonbury Abbey, Somerset, erinnert eine Gedenktafel an das Grab von »King Arthur and his Queen«. Die Leichname sollen in einer Kapelle gelegen haben, bis König Edward I. sie 1278 unter schwarzem Marmor beisetzen ließ. Erreicht war damit zumindest ein gewisser Seelenfrieden für den ewig Wandernden, der seine letzte Reise auf einer Barke zur nebelverhangenen Insel Avalon angetreten hatte. Auch dabei bewies Artus Qualitäten als Grenzgänger, der an beiden Ufern des Ärmelkanals seine Schleichwege kannte.

Artus als Alibi

Anders als der Held selbst fühlt sich der Leser seiner Abenteuer, denn ihn kann das Dickicht der Legenden zur Verzweiflung treiben. Am Ende will es so scheinen, als habe Artus einfach jeder Form von Tugend und Hoffnung eine Gestalt geben sollen, wobei es gleichgültig war, ob ein Schauplatz zum anderen passte, ein Charakterzug den anderen ausschloss. Über die Artus-Epik hat der Recke sogar noch seinen Weg durch ganz Europa gefunden.

Ein besonders umtriebiger Artus-Dichter namens Wace lebte im 12. Jh. am englischen Hof; wie der König stammte er aus der Normandie. Sein »Roman de Brut« in altfranzösischer Sprache verwebt unterschiedlichste Vorlagen bis hin zum Troja-Mythos und erstellt so ein britannisches Geschichtsbuch ohne Anspruch auf historische Wahrheit. Artus ist in diesem leicht versponnenen Werk der eigentliche Glanzpunkt und dient vor allem einem Zweck: Er sollte dem König von England einen soliden Stammbaum verschaffen.

Sagenhaftes Brocéliande? Im Wald von Huelgoat

Der Wald der unbegrenzten Wunder

Nichts könnte diesem Zweck dienlicher sein als Brocéliande, der riesige Wald, der einst das Landesinnere der Bretagne bedeckte. Geister und Unholde, edle Ritter und Feen, sie alle haben dort ihr Zuhause – ein gefundenes Fressen für Wace, der schlichtweg alles in diesen Wald stopfte, was sich ohne den spukigen Rahmen nicht erklären ließ.

Excalibur für die Vitrine
Der Ort Tréhorenteuc hat sich so sehr auf Artus eingeschossen, dass es dort sogar ein Café für eingefleischte Mystiker gibt. In der »Morgane Taverne« treffen sich Fans vieler Nationen, um über ihre Sicht der Dinge zu plaudern. In Werbeschriften der Taverne erscheint Morgane als eine sexy Hexy in aufreizender Pose. Nicht unbedingt seriöser ist das breit gestreute Angebot an Artuseriana für Setzkasten, Fensterbank oder Küchenregal.

So ergab sich auch die Logik für folgende Geschichte: Einst soll Joseph von Arimathäa einen Blutstropfen Christi aus Palästina in die Bretagne gebracht haben. Joseph und der Kelch mit dem Blut verschwanden spurlos in Brocéliande. Artus und 50 Gefolgsleute machten sich auf die Suche nach diesem Heiligen Gral. Zu Beratungen trafen sich die Ritter stets an einer runden Tafel, denn keiner sollte im Rang höher als die anderen stehen. Um noch mehr Würze in die Sage zu bringen, erhielten die Gralssucher Unterstützung durch den Zauberer Merlin und bekamen mit dem Schwert Excalibur eine Waffe in die Hand, die selbst James Bond erfreut hätte.

Nicht totzukriegen

Wace lieferte mit der Vermengung diverser Mythen eine Steilvorlage für Generationen von Artus-Fabulierern – der größte Teil der modernen Fantasy-Literatur wäre ohne das mittelalterliche Gespinst und seine keltischen Quellen undenkbar. Dabei besaß die Sage eigentlich eine Notbremse. In der Schlacht von Camlann war Artus tödlich verwundet worden. Drei Priesterinnen nahmen ihn an Bord einer Barke, um ihn nach Avalon zu bringen. Weil man sich aber so schwer von einem Helden trennt, stiegen Hoffnungen auf, der König werde die Reise überleben und eines Tages wiederkehren. Das tat er dann auch, allerdings als Roman- und Leinwandstar.

Wer heute durchs bretonische Hinterland streift, entdeckt nur an wenigen Stellen Relikte der lauschigen Gefilde, in denen das Rittervolk nach dem Heiligen Gral gesucht haben soll. Außer dem waldreichen Wandergebiet um Huelgoat vermag nur die Forêt de Paimpont eine Vorstellung von der sagenhaften Brocéliande zu geben. So verwundert es nicht, dass gerade dort, in dem Dorf Tréhorenteuc, ein Pfarrer auf die Idee kam, die Kirche mit Motiven der Artussage auszuschmücken. Dass damit der Startschuss für eine regelrechte Paimpont-Wallfahrt der Esoteriker fiel, konnte der Geistliche nicht ahnen. So hatte die Gegend zwar keinen Gral entdeckt, aber doch noch zu einem Schatz gefunden, der sich versilbern ließ.

Bildreich umfriedet – Pfarrbezirke zwischen Renaissance und Barock

Naiv, aber eindrucksvoll: Calvaire in Plougastel-Daoulas

Mit quietschenden Reifen kommt der Sportwagen aus Paris vor der Dorfkirche zum Stehen, ihm entsteigt ein Pärchen mit Kamera und Reiseführer im Anschlag. Monsieur erspäht ein Café und blickt auf die Uhr. »Ich schau mal, ob ich eine Zeitung finde.« Madame schüttelt den Kopf. »Lass uns doch erst mal ›ce truc là‹ anschauen.« ›Le truc‹, das Dings, hat Geduld mit Touristen, die eher verwirrt als interessiert scheinen. Schließlich steht es schon ein paar Jahrhunderte hier. »So, also das ist ein Calvaire.« Für Monsieur ist es eher ein Ding der Unmöglichkeit: »Fabuleux – unglaublich.«

Die Ansicht teilt so manch einer, denn ein *Calvaire,* ein Kalvarienberg, ist vieles, aber mit Sicherheit kein Berg. »Schau doch, Chéri, sind die nicht süß?« Na ja, süß nicht, eher – eh – impressionnant, eindrucksvoll. »Hier steht aber was von expressiv. Bäuerlich-derb und naiv, genau. Und sie bestechen durch ihre Ausdruckskraft.« Monsieur überlegt. Darauf wäre er mit Sicherheit nicht gekommen. Also schaut er noch einmal auf die Uhr. »Wir treffen uns im Café.« Madame nimmt ihr Buch und folgt den Spuren einer anderen Zeit.

Mauer zwischen Diesseits und Jenseits

Der Triumphbogen, wo war er noch gleich? Richtig, das Tor dort mit den vielen Verzierungen. Das Diesseits ist da, wo der Sportwagen steht, Madame dagegen befindet sich im

Sortierte Pfarrbezirke
Einen Überblick über die **Enclos paroissiaux** der Bretagne mit ausführlichen Beschreibungen (auf Französisch) und historischen Abbildungen erhält man im Internet unter: www.infobretagne.com/enclos-paroissiaux.htm.

Jenseits. Die Mauer trennt das eine vom anderen, sie ist ein *Enclos* und das Ganze ein *Enclos paroissial,* ein umfriedeter Pfarrbezirk. Welche Mühen sich der Mensch doch macht. Die Bretonen wussten, warum sie das taten. Vor der Mauer, da wo Monsieur seinen Petit Café schlürft, lauerten die Dämonen, all die Geister und Untoten aus der keltischen Sagenwelt, die den Frieden eines gläubigen Katholiken stören. Um die Seelen Verstorbener zu schützen, bereiteten ihnen die Lebenden eine letzte Ruhestätte inmitten ihrer Dörfer. Ganz gefahrlos war das nicht, denn die Miasmen der Grabstätten sind nicht eben förderlich für das leibliche Wohl der Hinterbliebenen.

Äußerst kleinwüchsig seien die Dämonen gewesen. Also besitzt jeder Triumphbogen eine besonders hohe Türschwelle, um den Gnomen den Eintritt zu erschweren. Die beiden seitlichen Zugänge wurden außerdem durch Steine versperrt, denn der Gerechte findet nur einen Weg in die Unsterblichkeit.

Die Kunst und der Tuchhandel

Wehendes Sommerkleid und ein Strohhut, den nur die Hand auf dem Kopf halten kann. Hier im Westen der Bretagne pustet der Wind über den Friedhof. Der *Calvaire* dagegen trotzt mit

Calvaire in Guimiliau: Die Szene zeigt den Einzug Jesu auf einem Esel in Jerusalem

Leichtigkeit allen Wettern. Als Mittelpunkt des Friedhofs ist er keineswegs der uns bekannte Kalvarienberg, sondern ein Bildstock aus Stein, in den die Passionsgeschichte und das Wirken des Dorfheiligen eingemeißelt sind. Dem Pfarrer kam solcher Überfluss durchaus gelegen. Bei Gottesdiensten im Freien konnte er wie ein Moritatensänger auf die jeweils angesprochene Szene zeigen. So fanden auch des Lesens unkundige Menschen seelischen Trost und moralische Stütze.

Die Kunst des Morbiden

Bescheiden waren die Anfänge solcher Schaubilder, in denen man sich schnell verliert. Erhalten haben sich Beispiele aus der Zeit um 1450 (Tronoën bei Plomeur, Kerbreudeur bei St-Hernin). Damals war nicht abzusehen, dass die Region bald einen wirtschaftlichen Aufschwung erfahren würde. Schon 1475 hatten Frankreich und England ein Handelsabkommen getroffen, das der Bretagne als Tuchlieferant die Märkte auf den Britischen Inseln erschloss. Wenige Jahrzehnte später eröffneten die Dörfer einen wahren Wettbewerb um den schönsten Pfarrbezirk, in dessen Zentrum imposante Kirchen mit hohen Türmen standen.

Die Schauseite der Gotteshäuser war den Gräbern zugewandt, so als sei das Morbide ein Lebenssinn. Da auf den kleinen Grabfeldern meist Platznot herrschte, wurden die Gebeine nach maximal zwölf Jahren in ein Beinhaus *(ossuaire)* umgebettet. 1758, als der Tuchhandel zum Erliegen kam, unterband ein Gesetz diese Tradition. Die Beinhäuser wurden in Kapellen umgewandelt, heute dienen sie sehr profan als Souvenirshop.

Pardon ist mehr als ein Wort – Wallfahrt auf Bretonisch

Pardon, die nasale Entschuldigung hat es auch bis Deutschland geschafft – pardon, verzeihen Sie, wenn ich mich über Sie lustig mache. Ansonsten kann man über das Pardon auch begnadigen oder Strafe erlassen. So etwas haben vor allem Bretonen im Sinn, wenn sie sich in Schale werfen und höchst feierlich zum Pardon, zur Pilgerfahrt, ausholen. Ich bitte um Vergebung für meine Sünden, meinen lasterhaften Lebenswandel, meine Ungeduld und für alles, bei dem ich nicht erwischt wurde. Weil der Himmel vielleicht schon eine Strafe verhängt hat, kann das Pardon auch ersatzhalber absolviert werden: lieber kurze Wallfahrt als lebenslanges Leiden.

Lange vor der ersten Tour de France, im Mittelalter, begaben sich Bretonen auf großen Rundgang durch ihr Land, sprachen aber nicht von einer Tour de Bretagne, weil das nun mal was Französisches gewesen wäre, sondern von Tro-Breiz, auch Breizh oder Breiz'h. Der Rundumschlag dauerte etwa einen Monat und führte über nahezu 600 km zu sieben Stationen: St-Pol-de-Léon, Tréguier, St-Brieuc, St-Malo, Dol-de-Bretagne, Vannes und Quimper. Zwischen den Etappenzielen gab es ausgetretene Pfade, aber auch abgeschiedene Wegvarianten. Entscheidend war, dass und nicht auf welchem Pfad man die sieben Stationen erreichte. Zur Belohnung lockte dann die Aussicht auf das Paradies.

Die Wahrheit zur großen Wallfahrt Tro-Breiz
Oft heißt es, die **Tro-Breiz** gehöre der Vergangenheit an. Unter www.trobreiz.com findet sich ein Indiz, dass ein verschworener Zirkel daran arbeitet, die Tradition Jahr für Jahr neu anzufachen. Selbst aktuelle Bücher zum Thema sind auf der Internetseite gelistet.

Sieben heilige Gründerväter

Wenn es ausgerechnet die Sieben sein soll, dann dürfte klar sein, dass die Pilger eine Symbolzahl ansteuerten. Sie steht in Verbindung mit dem Glauben an sieben heilige Missionare, die auf der Flucht vor Angeln und Sachsen von den Britischen Inseln kamen, jene sieben Städte gründeten und von dort aus das Christentum verbreiteten. Belege für diese Überlieferung existieren zwar nicht, doch wird sie in der Bretagne todernst genommen.

Der innerbretonische Pilgerzirkel wird sich kaum ohne den Einfluss der sehr viel bedeutenderen Jakobspilgerschaft nach Santiago de Compostela entwickelt haben. Da aber die Bretagne allzu weitab vom Wallfahrerstrom Richtung Spanien lag, um davon profitieren zu können, bemühte sie sich um ein internes Pilgerszenario. Es überlebte bis ins 19. Jh. und wurde 1994 zaghaft wieder ans Tageslicht geholt.

Christliche Kelten, keltische Christen

Es wäre falsch, wollte man das Wiederaufleben der großen Bretagne-Wallfahrt und die Vielzahl der Pardons als puren Ausdruck tiefverwurzelter Religiosität verstehen. Es steckt mehr dahinter, vor allem das Bekenntnis zur Heimat, das auch im Celtisme Gestalt annimmt. Hier wie dort dienen die bretonischen Trachten als äußeres Signal für die Konfession. Aber tut sich da nicht ein Bruch auf? Kann man christlich sein und keltisch leben oder umgekehrt? Wie soll sich überhaupt die Vorstellung von Druidenzauber in eine biblische Überlieferung fügen?

Geradezu als Fügung des Schicksals, zumindest als Zeichen missionarischer Weitsicht, erweist es sich da, dass die Gründerväter, die das Christentum mitbrachten, aus den Reihen der inselkeltischen Brüder und Schwestern kamen. Was sie im Gepäck hatten, vermag nicht jeder christlichen Glaubensprüfung standzuhalten. Allein die Vorstellung von 7777 Heiligen lässt so manchen Verdacht aufkommen. Sieben Tage, sieben Todsünden, sieben Schmerzen, sieben Sakramente – den abendländischen Drang zur Zahlensymbolik haben die Bretonen lediglich auf die Spitze getrieben, ohne ernsthaft die Absicht zu hegen, jedem der angeblich fast achttausend Heiligen einen Namen zu geben.

Und wenn alles fauler, unchristlicher Zauber sein sollte, dann bleibt immer noch die große Vergebung beim Pardon. Wo es doch so viele Heilige gibt, können die Gemeinden aus dem Vollen schöpfen, jedem seine Zuständigkeit zuweisen und ihm eine ganz eigene Wallfahrt widmen. Letztlich ist das auch der Wirtschaft nur zuträglich, denn so können sich Touristen je nach Jahreszeit ihren eigenen Pardon-Mix zusammenstellen und den Trachtenzauber mit der Kamera begleiten.

Glasfenster in der Kathedrale von St-Malo: Thema ist die Wallfahrt Tro-Breiz oder -Brez

Das Volk mit dem Breiz'h-Reiz – die bretonische Sprache

Walisisch, Gälisch, aber mit dem Französischen hat die Sprache der Bretagne, Brezhoneg, nichts zu tun. Schließlich handelt es sich nicht um ein gebeugtes Latein, sondern um ein Erbe aus vorrömischer Zeit. Aber die sonderbaren Worte lösen Berührungsängste aus. Allein dieser wiederkehrende Apostroph scheint sich wie ein lästiger Widerhaken in jedes Gespräch zu bohren.

Dabei hat es mit dem Apostroph eine einfache Bewandtnis. Das Neubretonische zerfällt in vier Dialekte. Einer davon, das Vannetais, tanzt aus der Reihe, denn dort spricht man statt des ›z‹ der drei anderen Dialekte ein ›h‹. Das merkwürdige ›z'h‹ bemüht sich also nur, ein Wort wie *Breiz'h* (Bretagne) in eine gesamtbretonische Form zu gießen.

Als Teil der keltischen Sprachfamilie hat sich das Bretonische relativ unverfälscht erhalten. Dennoch unterscheidet man drei Sprachepochen: Altbretonisch wurde zwischen 800 und 1100 gesprochen, ihm folgte bis etwa 1700 das Mittelbretonische und schließlich das noch heute weitgehend gültige Neubretonische.

Man hat ihnen den Mund verboten

Sprachgeschichtlich markiert das 12. Jh. einen wichtigen Einschnitt, denn damals übernahm die bretonische Oberschicht das Französische. Bretonisch,

Bretonisch im Aufwind – die keltische Sprache darf wieder gesprochen werden

seither die Sprache des einfachen Volkes, wurde während der Französischen Revolution verboten und nahm damit seinen Kampf ums Überleben auf. Zwar erschien 1807 eine erste bretonische Grammatik und 1821 ein Wörterbuch, doch bedeutete die Einführung der allgemeinen Schulpflicht Ende des 19. Jh. einen weiteren Einbruch. Bretonisch war nicht als Unterrichtssprache zugelassen und durfte z. B. nicht einmal auf dem Schulhof gesprochen werden. In einem Erlass des Präfekten vom Département Finistère heißt es 1831: »Der bretonische Dialekt, barbarisches Überbleibsel einer vergangenen Zeit, ist auszurotten. Fördern Sie mit allen zur Verfügung stehenden Mitteln die Verarmung und Korruption der bretonischen Sprache, bis man sich von einer Gemeinde zur anderen nicht mehr verständigen kann.«

Renaissance einer Weltanschauung

Eine aktive Bewegung zur Förderung der heimischen Sprache setzte im frühen 20. Jh. ein. 1951 wurden in ganz Frankreich die Regionalsprachen anerkannt, 1965 wurde das Bretonische bei Abiturprüfungen zugelassen. Der 1977 gegründete Verein Diwan (Keim) eröffnete schließlich private Vorschulen, in denen nur Bretonisch gesprochen wird, während es an herkömmlichen Schulen als Wahlfach zur Verfügung steht. Zweisprachige Straßenschilder wurden 1985 aufgestellt. Drei Jahre später wurde auf Betreiben von Diwan in Le Relecq-Kerhuon eine staatlich anerkannte bretonisch-französische Mittelschule errichtet, an der 1997 die ersten Schüler das Abitur ablegten.

Heute zieht sich eine Sprachgrenze von St-Brieuc nach Vannes. Westlich davon, in der Nieder-Bretagne, ist mitunter noch das Bretonische zu hören, während im Osten, der Hoch-Bretagne, ein französischer Dialekt gesprochen wird. Man geht davon aus, dass mindestens 600 000 Menschen Bretonisch zumindest verstehen, wenn nicht sprechen, doch exakte Erhebungen hierzu existieren nicht.

Mehrere Verlage geben Zeitschriften und Bücher heraus – 20 % der Publikationen in der Bretagne erscheinen in bretonischer Sprache. Fernsehen (FR3) und Rundfunkanstalten (R.F.B.O, Radio-Armorique und verschiedene freie Sender) bieten zweisprachige Programme an.

Bretonische Begriffe
(gesprochen wie geschrieben, Betonung auf der vorletzten Silbe)

auf Wiedersehen	kenavo
bitte	mar plij
Boot	bag
Brot	bara
danke	trugarez
groß	bras
gut	mat
guten Tag	mont a ra mat
Haus	ti
ja	ya
Jahr	bloaz
Land	bro, douar
lang	hir
Meer	mor
Nacht	noz
nein	nann
schwarz	du
Sohn	mab
Stadt	ker
Stein	men
Tag	deiz
viel	kalz
Wasser	dour
weiß	gwenn

Ein Steak und ein Schriftsteller – Chateaubriand

Bis 14 Minuten ›saignant‹ (blutig), bis 18 Minuten ›à point‹ (rosa) – über Garzeiten für ein saftiges Chateaubriand lässt sich philosophieren, nur eines wäre empörend: ›bien cuit‹, gut durchgebraten. Um so ein Doppelsteak vom besten Rinderfilet mit Kräuterbutter, Gemüseplatte und gebratenen Kartoffeln zu erfinden, bedurfte es keines Geniestreichs. Wohl aber war dazu einst ein gut gefülltes Bankkonto erforderlich. Der Küchenmeister Montmirel, der es erstmals servierte, bediente einen Herrn, der es sich leisten konnte.

François-René Chateaubriand wurde am 4. September 1768 geboren. Der Vater, ein Abenteurer, hatte als Kabeljaufischer, Sklavenhändler und Korsar ein ansehnliches Vermögen angehäuft und sich damit als Reeder in St-Malo niedergelassen. 1777 zog die Familie ins Schloss Combourg, das François-René später als düster-romantisch beschrieb. 1786 wurde er Soldat, emigrierte beim Ausbruch der Revolution aus Frankreich und verbrachte das Jahr 1791 bei Indianern in Nordamerika. Nach der Gefangennahme des Königs kehrte François-René nach Europa zurück, um sich dem royalistischen Emigrantenheer anzuschließen. 1793–1800 blieb er im Exil in England, wo er mit dem »Essai sur les Révolutions« erstmals Bekanntheit erlangte.

Mit Schwermut zurück zum Christentum

Die Französische Revolution hatte die Gegner des Klerus auf den Plan gerufen und einen ungeahnten Bildersturm ausgelöst. 1802 veröffentlichte der katholisch geprägte Chateaubriand »Le génie du Christianisme«, in dem er die Rückkehr zum Christentum propagierte. Von 1803 bis 1828 engagierte er sich als Politiker gegen Napoleon und war zwischen 1822 und 1824 sogar französischer Außenminister. Nach dem Rückzug aus dem Amt widmete er sich den »Mémoires d'outre-tombe« (Von jenseits des Grabes. Denkwürdigkeiten), historisch nicht immer korrekten Erinnerungen, die den Weg zur französischen Romantik bereiteten. Chateaubriands Werk ist geprägt von typisch bretonischer Schwermut, von Fantasie und poetischer Prosa, in denen sich die Stimmungen der Landschaft widerspiegeln. Gelesen wird es zwar kaum noch, doch folgt manch ein Reisender seinen Spuren durch die Bretagne.

Ein Grab am Ende der Welt

Erkenntnis am Wegesrand ist die Tatsache, dass die Familie Chateaubriand bis heute nicht ausgestorben ist. Die Nachfahren verwalten immer noch Schloss Combourg, einen uralten Rittersitz, den François-Renés Vater erworben hatte. Das Geburtshaus des Schriftstellers und ein weiterer Wohnsitz befinden sich in St-Malo, während die Reise zu seinem wichtigsten Arbeitsplatz und zu seinem Sterbebett nach Paris führen würde. Beigesetzt wurde Chateaubriand 1848 auf der Insel Grand-Bé.

»Unter Wilden ein Wilder«, so sah sich Chateaubriand in dem autobiografisch geprägten Roman »René«, der um die ewige Suche heraus aus der Melancholie kreist. Dass der Schriftsteller ein anonymes Grab auf einer abgeschiedenen Insel wünschte, belegt seinen bescheidenen Erfolg im Mühen um die Überwindung von Weltschmerz.

Drei lesenswerte Literaten

Maler und Schriftsteller war Max Jacob, der 1876 in Quimper geboren wurde und 1944 in einem KZ der Deutschen starb. Der Surrealist hinterließ Gedichte, Romane, Gebete und Dramen, deren Schauplatz oft die Kais des Odet sind. Von der bretonischen Heimat inspiriert sind auch die Romane von Henri Queffélec (1910–92) wie »Ein Königreich unter dem Meer«. In bretonischer Sprache schrieb Pierre-Jakez Héliaz (1915–95) u. a. den Bestseller »Le cheval d'orgueil« (1974, ›Das Pferd des Stolzes‹), den Claude Chabrol 1980 unter dem Titel »Traumpferd« verfilmte.

Der letzte Chouan – Georges Cadoudal

»Allons enfants de la patrie« – dann mal los, ihr Kinder des Vaterlandes. Als Hauptmann Rouget de Lisle 1792 die künftige französische Nationalhymne komponierte, wusste keiner mehr so recht, was für ein Vaterland das eigentlich war und wohin es marschieren würde. Drei Jahre zuvor, am 14. Juli 1789, war mit dem Sturm auf die Bastille die Französische Revolution ausgebrochen. Damals jubelten auch viele Bretonen, hofften sie doch, dass die Regionen stärkere Autonomie erhielten. Doch an die Stelle einer neuen Ordnung traten zunächst Chaos, Blutvergießen und eine oft noch üblere Unterdrückung als einst die durch das Königshaus.

Die Revolutionäre in Paris beargwöhnten den Regionalismus als möglichen Unruheherd. In einem ersten Handstreich schufen sie mit den Départements neue Verwaltungseinheiten, um alte Machtzentren aufzubrechen. So verschwanden gewachsene Grenzen, und manch ein Gang zur Behörde – und die Republikaner waren Meister der Bürokratie – war nun mit ganzen Tagesreisen verbunden. Zwar endete für die unteren Schichten die Abhängigkeit vom Adel, doch wurde kein Wohlstand auf breiter Ebene geschaffen. Der verhasste Bildersturm und die Rekrutierung der Bretonen für den Kriegsdienst ließen die Stimmung vor allem der Landbevölkerung weiter

Jung und ungestüm – so verklärt die zeitgenössische Büste Georges Cadoudal

umschlagen. 1793 kam es zu ersten Aufständen bewaffneter Königstreuer gegen die Republikaner.

Chouannerie – Rebellion mit leisem Schlachtruf

Die Rebellen verständigten sich untereinander mit dem imitierten Ruf des Käuzchens *(chouette)* und nannten sich deshalb Chouans. Begründer der Bewegung war der Marquis Armand Tuffin de la Rouërie (1751–93), ein Abenteurer aus Fougères, der in Amerika im Unabhängigkeitskrieg gekämpft hatte. Vor Ausbruch seines geplanten Partisanenkrieges verraten, war er fortan verfolgt. Doch gelang es den Chouans immerhin, die Grenzfesten Vitré und Fougères einzunehmen.

1795 war das Jahr einer zweiten Chouannerie. In England und Deutschland lebten etwa 100 000 ausgewanderte Royalisten, die sich einen Umsturz des republikanischen Regimes herbeiwünschten. Einem Aufruf zur Invasion folgten rund 10 000 Königstreue, die mit Schiffen aus England an der Küste der bretonischen Halbinsel Quiberon landeten. Sie fielen durch Verrat in die Hände der Republikaner und wurden aufgerieben. 952 gefangene Chouans wurden anschließend in Vannes exekutiert.

Erst nach dem Tod geehrt

Als letzter Chouan wurde der 1771 in Auray geborene Georges Cadoudal zur Legende. Schon im Alter von 22 Jahren schloss sich der Bauernsohn der Widerstandsbewegung an und führte den Kampf im Morbihan fort, als die Rebellen in der benachbarten Vendée bereits geschlagen waren. Er wurde gefangen und in Brest inhaftiert, konnte jedoch entkommen. 1796 ergab er sich, nur um drei Jahre später erneut den Widerstand aufzunehmen. Zwar stand er zunächst auf der Seite Napoléon Bonapartes, als dieser die Erste Republik stürzte. Bonaparte bot Cadoudal gar den Generalsrang an. Doch letztlich zerschlugen sich die Hoffnungen des Rebellen, dass der Korse der Bretagne Selbstverwaltungsrechte einräumen würde. Am Heiligabend 1800 führte Cadoudal ein Attentat auf den ›Ersten Konsul der Republik‹ durch, das jedoch misslang. Er entkam nach England und entwarf Pläne zur Entführung Napoleons.

Cadoudal scheiterte abermals, er wurde festgenommen und am 25. Juni 1804 hingerichtet. »Vive le roi«, soll er gesagt haben, bevor die Guillotine den Kopf vom Rumpf trennte. Cadoudals Leichnam stand hernach Medizinstudenten zum Sezieren frei. Die letzten Überreste des Widerstandskämpfers wurden schließlich in einem Mausoleum auf dem Hügel Kerléano bei Auray beigesetzt. Die Restauration der Bourbonen (1814/15–30) erhob den Rebellen posthum zum Marschall von Frankreich.

Konterrevolutionäre bei Victor Hugo
»Quatre-vingt-treize« ist heute ein Ladenhüter, die deutsche Ausgabe vergriffen. Dabei hatte der Autor des Romans, Victor Hugo, an alles gedacht, was den Leser anspricht – Blut und Kampf, Ungerechtigkeit und Sühne. Spannende Lektüre zu den Ereignissen im Jahr 1793, die sich vor allem im äußersten Westen Frankreichs abspielten.

Da die Kelten keine eigenen Schriften hinterließen, prägten sie sich erst einmal als das ein, was ihre Feinde über sie berichteten. Je mehr aber diese Feinde selbst ins Zwielicht gerieten, desto geläufiger wurde eine heroisierende Sicht der Kelten. Weil sich mit dem Bretonischen ein Teil der keltischen Sprachfamilie erhalten hat, lebte in der wirtschaftlich vernachlässigten Bretagne eine Bewegung auf, die sich zwecks Identitätsfindung genau diese verklärende Sicht auf die Fahnen schrieb. Damit war das Feuer des Celtisme (Keltismus) entfacht.

Celtisme – die Idee von einer Identität

Galatasaray Istanbul heißt ein Fußballverein, der Furore machte. Seinen Namen trägt er nach dem Stadtteil Galata, der wiederum eine überraschende Verbindung zur Bretagne andeutet. Der Name nämlich ist nur eine Variante dessen, was als *galli, galati, keltoi* oder *celtae* durch die Hochsprachen des Altertums geisterte und Volksgruppen meinte, die weder griechisch noch römisch oder germanisch waren, eben die Kelten. Von der ursprünglichen Wortbedeutung, »die Tapferen«, rückten die Autoren schnell ab und setzten – kaum war Rom von Kelten überfallen worden – keltisch gleich mit barbarisch. So wurden im Handstreich verschiedenste Ethnien unter einem Schimpfwort vereint.

Geheimniskrämer als Sympathieträger

Die Archäologie hat keltische Kulturen dingfest machen und damit einende Elemente für jene Volksgruppen bestimmen können, die nie ein Staatsgebilde schufen. Man weiß nicht genau, ob die Kulturen auch das hervorbrachten, was wir als keltische Sprachen bezeichnen. Zumindest dürften die Völker, die heute Keltisch sprechen, keine biologischen Abkömmlinge der antiken Kelten sein. Zu dieser verwirrenden Situation gesellt sich die Tatsache, dass über Verbindungen zwischen Festland- und Inselkelten, also zwischen Briten und Bretonen, eher spekuliert als sachlich informiert wird. König Artus darf da geradezu als Galionsfigur gelten. Apropos: Auch dieses Galion rührt von den Kelten.

Quell der Verwirrung, aber gewiss auch der Faszination ist der keltische Hang zum Mythos. Weil es sich bei den Lehren um Geheimwissen handelte, hatten die Druiden schriftliche Aufzeichnungen verboten. Über Jahrhunderte erhielt sich daher die

Minirock und Dudelsack, Handy und Spitzenhaube: Celtisme lebt von ausgeprägten Kontrasten

Netz nach Noten: www.triskell.de
Ein Tor zur keltischen Musikszene ist die Internet-Adresse www.triskell.de. In deutscher Sprache informiert sie über Bands, CDs, aktuelle Veranstaltungen, neue Trends und nennt weiterführende Links.

mündliche Tradition und lieferte beste Überlebenschancen für Feen, Zwerge, Zauberer und Dämonen. Ebenso verständlich, dass in einer Welt des übersteigerten Rationalismus gerade der Glaube an Übersinnliches und Unheimliches auf fruchtbaren Boden fiel.

Künstler als Wegbereiter

Literaten und Maler zählten zu den Ersten, die dem Spuk wie auch der bretonischen Natur erlagen. Sie griffen die malerischen Trachten und Feste als Motiv ihrer Bilder auf und machten sie damit über die Grenzen Frankreichs hinaus bekannt. Licht, Landschaft und Himmel waren Anregung für Gustave Courbet. Auf der Belle-Île malte Claude Monet, in St-Malo Paula Modersohn-Becker, in Pont-Aven Paul Gauguin. Die Popularität führte umgekehrt zu einer Belebung des Brauchtums und förderte die Idee des Celtisme. Er lebt von der Überzeugung einer kulturellen Eigenständigkeit, geknüpft an Sprache, Tanz, Musik und Religiosität.

Musiker als Traumtänzer

Vom Eifer des Celtisme beseelt, formierten sich bald nach dem Zweiten Weltkrieg Musikgruppen (Bagadoù), die mit bretonischen Instrumenten auftraten: *Biniou* (Dudelsack), *Bombarde* (Klarinette) und *Tambour* (Trommel). Die keltische Harfe, nach historischen Beschreibungen rekonstruiert, wurde durch Alan Stivell auch über die Grenzen Frankreichs hinaus bekannt. Freilich ist Stivell eher Vertreter einer Weichspül-Musik, die ihre inselkeltische Entsprechung bei Loreena McKennitt oder Enya findet.

Kelten aller Länder, vereinigt euch

Ein Stück näher an der bretonischen Wahrheit ist Asterix, vor allem bei seinem Abenteuer mit den Normannen. Wenn sich darin der musikalische Avantgardist Grautvornix prächtig mit dem Barden Troubadix versteht, so scheint das ein überaus treffendes Bild für das Geschehen auf dem Festival Interceltiques. Das Großereignis versammelt seit 1960 alljährlich nationalstolze Keltomanen nicht nur aus der Bretagne in Lorient. Das Festival trifft auf reges Interesse in Irland, Schottland, Wales, Cornwall und der Isle of Man sowie in Galicien und Asturien, deren Vertreter mit ihren Barden und Fans anrücken. Sie alle fühlen sich der keltischen Idee ebenso verbunden wie die Abkömmlinge irischer Siedler in Australien und französischer Pioniere in Kanada und hegen nur einen Wunsch: sie selbst, also Kelten sein. Weil darauf ausgiebig mit *Cervisia* (Bier) angestoßen wird, rücken die Gelage zu später Stunde als *Fest-Noz* stramm in Richtung der berühmten Schlussszene des Asterix-Films. Nur dass Troubadix in der Realität nicht irgendwo geknebelt am Baum hängt, sondern dudelt, was das Zeug hält. Wie man weiß, lehrt so etwas die Angst, die Flügel verleiht.

Tanker auf Kollisionskurs – Amoco Cadiz

Einmal so richtig abtauchen, das empfiehlt das Comité Régional de Tourisme in Rennes und meint den Rat ebenso ernst wie wortwörtlich. Das Ziel liegt 15 Bootsminuten vor der Hafenstadt Portsall und gilt als große Herausforderung für Wrack-Enthusiasten.

CMAS, AOWD, Nitrox-Brevet? Die Checkliste für den Tauchgang vor Portsall verdeutlicht, dass Stümper dort draußen nichts verloren haben. Auf Könner wartet dagegen ein grandioses Erlebnis, verbunden mit der Hoffnung, so etwas wie das Missing Link zu entdecken. Denn von dem gesunkenen Schiff, das einst in drei Teile zerbrochen war, wurden bislang nur Heck und Mittelstück gefunden.

Der Tanker fuhr unter libanesischer Flagge und befand sich auf der Reise vom Persischen Golf nach Rotterdam. Bei Windstärke 7, die sich später zum Orkan aufblähte, war die Fahrt kein Vergnügen. Sie war aber zunächst auch kein ungewöhnliches Ereignis für die Mannschaft, die sich bestens in der Gegend auskannte. Schließlich ist die Tour um die Nordwestspitze der Bretagne mit Kurs auf den Ärmelkanal eine der meistbefahrenen Seerouten der Welt. Die größten Gefahren lauern dort auf einer beliebten Abkürzung, den Passagen Chenal du Four und Chenal de la Helle zwischen der Insel Ouessant und dem Festland.

Auch das hätte die Besatzung der Amoco Cadiz wie gewohnt meistern können, doch an diesem Tag, dem

Tankerhavarie mit Folgen: 1978 sank die Amoco Cadiz vor der bretonischen Küste

16. März 1978, fiel gegen 9.45 Uhr in dem gefahrvollen Nadelöhr die Ruderanlage aus. Kapitän Pasquali Bardari ließ das Schiff daraufhin stoppen und als manövrierunfähig kennzeichnen. Später sollte man ihm vorwerfen, dass er nicht sogleich einen Schlepper anforderte, sondern zwei Stunden lang vergeblich versuchte, die Schadensursache, eine gebrochene Hydraulikleitung, auf offener See zu reparieren.

Chronik der Havarien

Das viel zu spät begonnene Rettungsmanöver misslang, die Amoco Cadiz lief auf einen Felsen und zerbrach. 250 000 t leichtes Rohöl verseuchten mehr als 300 km der bretonischen Küste. Vergleichsweise wenig, etwa 3000 t Heizöl, liefen aus, als der Tanker Tanio fast genau zwei Jahre später vor der Île de Batz sank. Zuvor schon war am 28. April 1979 bei der Kollision zweier Schiffe vor der Insel Ouessant Asphaltöl aus dem sinkenden Frachter Gino ins Meer geraten. Im Dezember 1999 schlug dann schwerer Seegang ein Leck in den maroden Tanker Erika, der schließlich südlich von Penmarc'h zerbrach und 12 000 t Schweröl sowie toxische Raffinerierückstände verlor. Bei diesem Inferno war fast die gesamte bretonische Südküste betroffen.

Obwohl die Erika weitaus größeren Schaden bei der Vogelpopulation anrichtete, gilt der Fall Amoco Cadiz bis heute als schwerstes Tankerunglück in der bretonischen Geschichte. Als Folge der Havarie verordnete der französische Staat Tankern und Frachtern einen Mindestabstand von 13 km vor der Küste. Regierung und betroffene Gemeinden verklagten die American Oil Company (Amoco) auf umgerechnet 400 Mio. Euro Schadenersatz. Gezahlt wurden, nach 14 Verhandlungsjahren, 190 Mio. Euro – immerhin wurden erstmals in der Justizgeschichte die Verursacher einer solchen Katastrophe zur Verantwortung gezogen.

Versunken in den ewigen Tauchgründen
Wracks – im Französischen heißen sie *épaves* – säumen die bretonische Küste. Besonders ergiebige Tauchgründe liegen vor Brest und Lorient, wo im Zweiten Weltkrieg Schiffe versenkt wurden. Auch Camaret erweist sich als Eldorado. Taucher unter sich findet man unter www.taucher.net, einer Seite mit Tauchfotos, Tauchvideos, Tauchführern, Tauchforen, Tauchlinks, Tauchdolmetschern, Tauchjobs und sogar Tauchimmobilien.

Abenteuerliche Tauchgründe bieten die Wracks vor der bretonischen Küste

Seelenverkäufer und Piraten

Dagegen erscheint geradezu harmlos, was einst die Bretonen erdachten, um aus dem Schiffsverkehr vor ihren Küsten ein wenig Kapital zu schlagen. Gemäß uraltem Grundrecht durften angelandete Schiffe geplündert werden. In manchen Orten half man nach, indem die Bewohner durch falsche Signale überhaupt erst eine Seenot einfädelten. Nicht einmal das staatliche Verbot des Strandraubs im Jahre 1681 vermochte den einträglichen Brauch gänzlich zu stoppen. Erfolgreicher war da schon der königliche Beschluss, die Bretonen als Korsaren auf die Jagd nach fremden Schiffen zu schicken.

Nahezu unbehelligt umschiffen heutige Frachter die bretonischen Küsten, dirigiert von einer ganzen Armada an Leuchttürmen, und dennoch nie gänzlich sicher. Auf dem Spiel steht vieles. Immerhin 13 Jahre hatte nach der Havarie der Amoco Cadiz die Natur gebraucht, um sich gänzlich zu regenerieren. Neben den direkten Kosten für die Bekämpfung der Ölpest entstanden durch Tankerunglücke hohe Verluste für die Fischerei und vor allem für den Tourismus. So bereisten in der Saison 2000 immerhin 20 % weniger Urlauber die Bretagne. Der Staat zog die erfreuliche Konsequenz, dass er vor der Küste die Kriegsmarine patrouillieren lässt, um die Verklappung von Altöl zu unterbinden. Auch höhere EU-Auflagen, verbesserte Reinigungsmethoden und ein effizienterer Einsatz von Rettungsschleppern tragen zur Minimierung der Gefahren bei. Dennoch kreuzen im Auftrag profitgieriger Gesellschaften auf den Weltmeeren weiterhin Seelenverkäufer, die Öl, Giftmüll und anderes Gefahrengut mit nicht immer adäquater Vorsicht transportieren.

Unterwegs in der Bretagne

Runden drehen für die beste Aussicht: im Leuchtturm Phare d'Eckmühl bei Penmarc'h

Das Beste auf einen Blick

Rennes und Umgebung

Highlight!

Vitré: Windschiefe Fachwerkbauten lehnen sich in dem Festungsstädtchen an das trutzige Mauerwerk einer Burg, die sich den Normannen und dem König in den Weg stellte. S. 96

Auf Entdeckungstour

Am Puls der Zeit – moderne Architektur in Rennes: Durch den Schacht der U-Bahn geht es zu Stationen zeitgenössischer Architektur in der bretonischen Hauptstadt, immer am Puls des heutigen Lebens und auf Tuchfühlung mit dem Alltag. S. 92

Bei der Literatin – auf Château des Rochers-Sévigné: Sie wuchs in Burgund auf, verbrachte Jahre in Paris und schrieb unzählige Briefe an ihre Tochter in der Provence. Inspiration und Ruhe fand Madame de Sévigné im weitläufigen Park ihres Anwesens bei Vitré. S. 98

Kultur & Sehenswertes

Musée de Bretagne in Rennes: Im musealen Rundumschlag serviert das Haus Einblicke in die bretonische Geschichte. Erlebnis für sich ist das moderne Kulturzentrum, der Sitz der Sammlung. S. 90

Château de Combourg: In dem imposanten Schloss verbrachte der Schriftsteller François-René Chateaubriand zwei Kindheitsjahre. S. 108

Cathédrale St-Samson in Dol-de-Bretagne: Aus gotischer Zeit stammt das Chorfenster der Kirche, das sich der Legende um Samson widmet. S. 109

Zu Fuß unterwegs

Wanderung durch das Vals sans Retour: Die Forêt de Paimpont gilt als die Heimat von König Artus und Zauberer Merlin. Zaubersam mutet auch die Natur im Tal ohne Wiederkehr an. S. 105

Genießen & Atmosphäre

Marché des Lices in Rennes: Frankreichs drittgrößter Markt ist mehr als ein Umschlagplatz. S. 86

Parc du Thabor in Rennes: Vom Rosengarten zum Springbrunnen und wieder zurück – 10 ha Park für Träumer. S. 87

Hotel Le Coq-Gadby in Rennes: Wohnen wie die Reichen und Schönen. S. 90

Abends & Nachts

Le Musikhall in Bruz bei Rennes: Die Kultadresse beim Flughafen. Besucher benötigen keine Sprachkenntnisse, denn auf den Bühnen stehen internationale Stars der U-Musik-Szene. S. 95

Festungsgürtel an der normannischen Grenze

Trutzige Burgen, verwinkelte Gassen, vom Alter gebeugtes Fachwerk – an ihrer Ostgrenze empfängt die Bretagne den Reisenden mit einem ganzen Arsenal mittelalterlicher Romantik. Hier an der Nahtstelle zur Normandie focht das Herzogtum so manche Schlacht gegen Normannen und Franzosen, die den Bretonen ihre Unabhängigkeit streitig machten. Rennes, die heutige Hauptstadt der Bretagne, war nach mittelalterlichen Kriterien ein weit vorgeschobener Posten, der sich gefährlich nah am damaligen Feindesland befand. Zeugen der stürmischen Zeiten sind heute allerdings eher in der Umgebung von Rennes zu besichtigen, während die Hauptstadt selbst, nach einem Brand 1720, vor allem mit klassizistischer Architektur aufwartet. Im Verwaltungszentrum der Region tritt inzwischen an die Stelle des alten Charmes ein neuer, zukunftsorientierter Charakter.

Wer eher die Spuren der Geschichte, den Müßiggang verträumter Dörfer oder Erholung in dichten Wäldern sucht, findet sein Paradies in einem engen Gürtel rund um Rennes. Um die bretonische Hauptstadt vor Übergriffen zu schützen, wurde im Osten ein engmaschiges Netz von Festungen gelegt. Am ehesten vermittelt die Festung Vitré noch einen Eindruck von den Jubeljahren der einst unabhängigen Bretagne. Beeindruckend ist auch Fougères, das eine mit Türmen bestückte imposante Ringmauer besitzt.

Richtung Westen hingegen hat sich mit dem Wald von Paimpont ein Stück jener Wildnis erhalten, der die Artussage ihre Mystik verdankt.

Infobox

Internet
www.bretagne35.com (Informationen über das Département Ille-et-Vilaine).

Verkehr
Züge von Rennes Richtung St-Malo, St-Brieuc, Redon/Vannes, Châteaubriant, Paris. Busse der Gesellschaft Illenoo (www.illenoo-services.fr) bedienen das Département Ille-et-Vilaine.

Rennes ▸ L 4

Dass Rennes von einem Fluss durchschnitten wird, fällt dem Besucher frühestens auf den zweiten Blick auf. Schließlich wurde die Vilaine 1840 kanalisiert und weitgehend überbaut, sodass ihre Wasser nur stellenweise ans Tageslicht treten. Die Bezeichnung ›Quai‹ deutet aber allenthalben den Flussverlauf an.

Mit knapp 210 000 Einwohnern ist Rennes nicht nur die Hauptstadt der Region Bretagne, sondern zugleich des Départements Ille-et-Vilaine. Verwaltung, Justiz, Industrien (Autos, Nahrungsmittel, Papier, Rüstung) und Forschung (Elektronik, Kommunikationstechnologie) sorgen für wirtschaftliches Wachstum. Auch die »Ouest-France«, Frankreichs auflagenstärkste Tageszeitung, ist in Rennes beheimatet, und es existieren zwei Universitäten, die der Stadt freilich kein lässiges Flair verleihen. Rennes' Erscheinungsbild ist eher kühl und auf den ersten Blick wenig einladend.

Um die Zeitenwende war aus einem Sitz der keltischen Redonen die römische Provinzmetropole Condate (Zusammenfluss) hervorgegangen. Als Grenzfeste gegen die Normannen im 11. Jh. wurde sie zur bretonischen Hauptstadt erklärt, doch ein nennenswerter Aufstieg folgte erst im 14. Jh. Die aufstrebende Stadt weckte die Begehrlichkeit der französischen Könige, denen 1491 durch die erzwungene Hochzeit zwischen Anne de Bretagne und Charles VIII der große Wurf gelang. Nach Annes Tod ging die Bretagne in den Besitz der Krone über, erhielt aber 1561 ein fast souveränes Parlament. 1675 und 1762 kam es zu schweren Konfrontationen mit Paris, die sogar eine vorübergehende Verlegung des Hauptsitzes nach Vannes erforderlich machten. Während der Französischen Revolution zeigte sich Rennes im Vergleich zum benachbarten Nantes gemäßigt. Offenbar schaute die Stadt bereits weit über die Zeiten der blutigen Umwälzungen hinaus und nahm tatsächlich schneller als andere bretonische Zentren die Entwicklungen der Moderne auf. Für den Reisenden hat die Weitsicht eine Kehrseite, liegen doch die Schätze der Stadt verborgen hinter den viel markanteren Zeichen neuzeitlicher Progression.

Die Altstadt rund um die Kathedrale

Rue St-Guillaume

Wenn ausgerechnet in der bretonischen Hauptstadt nicht die typischen Fachwerkhäuser, sondern vor allem strenger Klassizismus den Reisenden empfängt, so hat es damit seine plausible Bewandtnis. Am 22. Dezember 1720 war in einer Mühle ein Brand ausgebrochen, dem rund 900 alte Häuser zum Opfer fielen. Die Innenstadt am rechten Vilaine-Ufer wurde hernach unter Leitung des Architekten Jacques Gabriel (1666–1742) feuersicher aus Tuffstein und Granit neu aufgebaut, wobei die Straßen nicht

Wenn es Nacht wird in der bretonischen Hauptstadt …

mehr dem Verlauf der mittelalterlichen Gassen folgten, sondern – wie einst im römischen Condate – im Schachbrettmuster angelegt wurden. Rings um die Kathedrale haben sich indessen einige Architekturschätze der Spätgotik und Renaissance erhalten, so in der Rue St-Guillaume das mit reichem Schnitzwerk versehene einstige Wohnhaus des Feldherrn im Hundertjährigen Krieg Bertrand du Guesclin.

Rue du Chapître

In der Rue du Chapître beachte man u. a. die Häuser Nr. 8 und 22, aber auch das 1728, also nach dem Brand, für den Gouverneur der Bretagne gebaute **Hôtel de Blossac** (Haus Nr. 6) mit französischem Garten und einem schmiedeeisernen Geländer im Treppenhaus.

Basilique St-Sauveur 1

Rue St-Sauveur

Umringt von weiterem Fachwerk, lohnt die Basilique St-Sauveur (1703–1728) einen Blick. Ihr Barockportal weist nach Osten statt wie üblich nach Westen. Der Grund: Die vor dem Brand geplante Kirche musste sich bei der Fertigstellung den neuen Gegebenheiten fügen und ihren Chor aus Platzgründen nach Westen verlegen.

Sparsam durch Rennes

An Wochenenden hält Rennes für seine Gäste den **Métropole City Pass** bereit. Er umfasst teils kostenlosen, teils ermäßigten Eintritt zu bedeutenden Sehenswürdigkeiten der Stadt sowie Ermäßigungen im öffentlichen Nahverkehr, zu Freizeiteinrichtungen und Konzerten. Buchungen online unter www.tourisme-rennes.com oder vor Ort im Office de Tourisme (s. S. 95). Preis pro Person 15 € für zwei Tage.

Ein viel besuchtes Kultbild im Innern des Gotteshauses ist das der Madonna-des-Miracles, die im Hundertjährigen Krieg die Stadt vor den Engländern bewahrt haben soll.

Rue de la Psalette

Auch diese Straße weist einige Fachwerkhäuser auf. Sie besitzen hinter ihren Holzportalen verschachtelte Innenhöfe (ilôts), etwa das Haus Nr. 8, die einstige Chorschule.

Cathédrale St-Pierre 2

12, rue de la Monnaie, Mo–Sa 9.30–12, 15–18, So 9.30–10.30 Uhr, Eintritt frei

Ursprünglich eine Gründung des 6. Jh., wurde die Kathedrale von Rennes ab 1560 ausgebaut. 1762 stürzte das alte Gotteshaus ein, es entstand 1787–1844 neu nach Plänen von Mathurin Crucy. Mit Ausnahme des gotischen Flügelaltars im südlichen Seitenschiff, ein Werk flämischer Schnitzkunst, bietet die Kathedrale keine herausragenden Sehenswürdigkeiten.

Portes Mordelaises 3

Eine kurze Gasse führt nordwestlich weiter zur Ruine des mittelalterlichen Haupttors (15. Jh.), durch das einst die bretonischen Herzöge zur Krönung in die Kathedrale schritten. Hier sind Reste der Stadtmauer (14. Jh.) zu sehen.

Place des Lices

Weitere mittelalterliche Mauerreste entdeckt man an der Place des Lices, wo einst die Ritter ihre Turniere ausfochten. Später etablierte sich hier ein Markt, für den 1865 der Architekt Jean-Baptiste Martenot zwei Hallen aus Gusseisen baute. Mit über 300 Ständen auf 15 ha ist dieser **Marché des Lices** 1 der drittgrößte Markt Frankreichs. Östlich davon haben sich in den Fachwerkhäusern zwischen Rue des Innocents und Place du Champ-Jacquet zahlreiche Cafés und Bars eingerichtet, die zu einer Pause während des Stadtrundgangs einladen.

Église St-Aubin 4

Place Ste-Anne

Weiter nördlich liegt die Place Ste-Anne, die von der neogotischen Kirche St-Aubin beherrscht wird. In der Kapelle an der Westseite der Kirche, einst Teil eines Franziskanerklosters, fand am 6. Dezember 1491 die von König Charles VIII erzwungene Trauung mit Anne de Bretagne statt. Zwar soll es sich keineswegs um ein reines Vernunftbündnis gehandelt haben, doch erlitt Charles später bei einem Ehestreit eine tödliche Kopfverletzung, angeblich ein Unfall. Per Vertrag musste Anne nach dem Tod des Gatten den Nachfolger Louis XII heiraten. Von den fünf Kindern aus dieser Ehe überlebte nur Tochter Claude die Mutter, die 1514 starb. Zu beachten ist an der Place Ste-Anne auch das Haus Nr. 19, in dem im frühen 19. Jh. der couragierte Bürgermeister Leperdit wohnte.

Église Notre Dame en St-Mélaine 5

Place St-Mélaine

Richtung Osten fällt der Blick auf die Barockkirche St-Mélaine, die im 17. Jh. für den Benediktinerorden errichtet wurde. Teile des Turms und das Querschiff stammen von einer romanischen Vorgängerkirche. Sehenswert ist vor allem der restaurierte Kreuzgang aus dem Jahre 1663.

Parc du Thabor 6

Anf. April–Ende Sept. tgl. 7.30–20.30, Anf. Okt.–Ende März tgl. 7.30–18.30 Uhr, Eintritt frei

Der einstige Obstgarten der Benediktinerabtei, der sich hinter der Kirche St-Mélaine am Mont Thabor erstreckte, wurde im 19. Jh. in einen Park mit botanischem Garten umgestaltet. Teiche mit Fontänen, seltene Bäume, Skulpturen und ein Rosengarten machen den Reiz der 10 ha großen Anlage aus.

Palais de Justice 7

Pl. du Palais, Tel. 02 99 67 11 66, www.parlementdebretagne.org, Besichtigung nur über das Office de Tourisme, 7,20 €

An der arkadengesäumten Place du Palais tagte im heutigen Palais de Justice einst das bretonische Parlament. Das Gebäude entstand zwischen 1618 und 1655 nach Entwürfen von Germain Gaultier und Salomon de Brosse und erhielt 1726, nach dem großen Brand, eine neue Fassade von Jacques Gabriel. 1994 ging der Palais bei Demonstrationen unzufriedener Fischer noch einmal in Flammen auf, wobei kostbare Schätze in den beiden Sitzungssälen verloren gingen. Ein Großteil der bemalten Täfelungen im Premier Chambre Civil aus dem 17. Jh. konnte glücklicherweise gerettet werden.

Place de la Mairie

Rathaus: Mo–Fr 8.30–17, Sa 9.30–12 Uhr, Eintritt frei

Südlich der Rue St-Georges (mit weiteren Fachwerkhäusern) erstreckt sich die Place de la Mairie mit dem Opernhaus **Opéra de Rennes** 4 von 1832 und dem zweiflügeligen Rathaus **Hôtel de Ville** 8, das 1734–43 von Jacques Gabriel gestaltet wurde. Vestibül, Monumentaltreppe und Bankettsäle können besichtigt werden. Der Uhrenturm des Rathauses – liebevoll *le gros*, ›der Dicke‹, genannt – weist eine leere Mauernische auf, in der sich einst eine Skulptur befand. Sie symbolisierte die Union Frankreichs (König auf Sessel sitzend) mit der Bretagne (kniende Frau, die die Hand des Monarchen hält) und war den breto-

St-Malo 17
Caen 1
Ligne B
Ligne A
Rue d'Antrain
R. de la Borderie
Bd. du Mar. de Lattre de Tassigny
Canal d'Ille-et-Rance
Boulevard de Chézy
Rue d'Echange
Ste-Anne
Place Hoche
Rue St-Mélaine
Pl. Ste-Anne
R. de la Visitation
R. Pont-à-Foulons
Square Fergent
R. St-Michel
Pl. St-Michel
R. Bertrand
Rue Hoche
R. des Fossés
Contour de la Motte
Rue St-Louis
R. des Innocents
Pl. des Lices
Pl. du Champ-Jacquet
R. Le Bastard Estrées
Pl. Bas des Lices
Rue de la Monnaie
Rue Nationale
R. Victor Hugo
Rue de Brest
Quai St-Cast
R. St-Guillaume
R. St-Sauveur
R. du Château
Pl. du Parlement de Bretagne
R. St-Georges
Rue Gambetta
Quai d'Ille-et-Rance
R. de la Monnaie
R. de la Psalette
Rue de l'Horloge
R. Cavell
R. d. Corbin
R. du Chapître
Pl. du Calvaire
Pl. de la Mairie
Rue du Vau St-Germain
St-Germain
Pl. du Mar. Foch
Chapelle St-Yves
Rue St-Yves
Rue Rohan
R. J. Jaurès
Le Mail
Pont de Bretagne
Quai Duguay-Trouin
Quai Lamartine
Quai Châteaubriand
Quai Lamennais
Quai Émile Zola
Vannes 1
Quai St-Cyr
Vilaine
Quai de la Prévalaye
Place de Bretagne
Rue de Chalotais
République
Rue Poullain Duparc
Rue de Nemours
Rue Simon
Rue Vasselot
R. du Mar. Joffre
Lycée Émile Zola
Rue St-Thomas
Boulevard de la Liberté
Boulevard de la Liberté
Place Rotonde
Rue du Pré Perche
Rue Tronjolly
Boulevard de la Tour d'Auvergne
Station Colombier
Rue de Plélo
Rue d'Isly
Esplanade Gén. de Gaulle
Charles de Gaulle
Rue Pierre Abélard
Rue du Puits-Mauger
Place du Général Kœnig
Place Maréchal Juin
Cours des Alliés
Les Champs Libres
Centre Commercial Colombia
LE COLOMBIER
Rue du Capitaine Maignan
Rue de l'Alma
Bd. de Beaumont
R. Dautry
Square des Martyrs
Bd. du Colombier
Rue
Flughafen 12 2

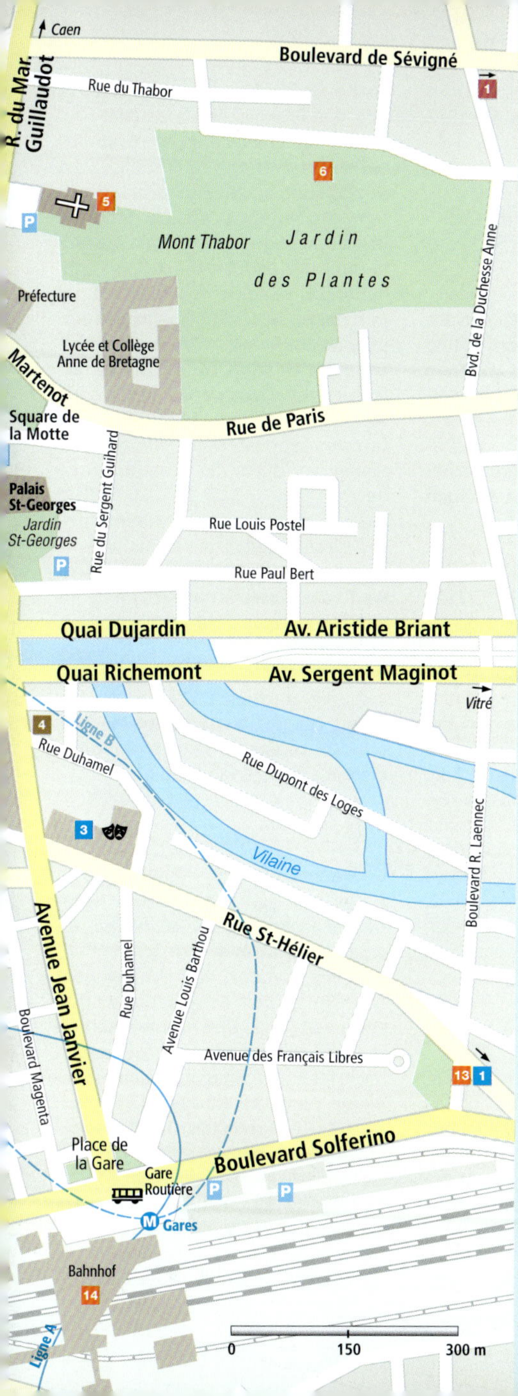

Rennes

Sehenswert

- 1 Basilique St-Sauveur
- 2 Cathédrale St-Pierre
- 3 Portes Mordelaises
- 4 Église St-Aubin
- 5 Église Notre Dame en St-Mélaine
- 6 Parc du Thabor
- 7 Palais de Justice
- 8 Rathaus (Hôtel de Ville)
- 9 Palais de Commerce
- 10 Musée des Beaux-Arts
- 11 Musée de Bretagne
- 12 Écomusée du Pays de Rennes
- 13 Station La Poterie
- 14 Gare SNCF
- 15 Cité Judiciaire
- 16 Tour Les Horizons
- 17 Université Villejean

Übernachten

- 1 Le Coq-Gadby
- 2 Anne de Bretagne
- 3 Nemours
- 4 Garden Hotel

Essen & Trinken

- 1 L'Escu de Runfao
- 2 Saint Germain des Champs
- 3 Le Quatre B
- 4 India
- 5 Le Breton Voyageur

Einkaufen

- 1 Marché des Lices
- 2 Marché aux antiquaires
- 3 Marché Ste-Anne

Aktiv

- 1 Golf de La Freslonnière

Abends & Nachts

- 1 Le Triangle
- 2 Le Musikhall
- 3 Théâtre National
- 4 Opéra de Rennes

nischen Separatisten ein solcher Dorn im Auge, dass sie das Denkmal 1932 sprengten.

Am Südufer der Vilaine

Palais de Commerce 9

Place de la République

Vom Quai Lamartine erblickt man am Südufer der hier überbauten Vilaine den Palais de Commerce, der zwischen 1886 und 1932 von Jean-Baptiste Martenot gestaltet wurde und heute das Hauptpostamt beherbergt. Weiter südlich haben sich in der verkehrsberuhigten Rue Vasselot einige Kneipen etabliert.

Musée des Beaux-Arts 10

20, quai Émile Zola, Tel. 02 23 62 17 45, www.mbar.org, Di–Fr 10–17, Sa, So 10–18 Uhr, 6 €

Im ehemaligen Universitätspalast ist seit 1855 das **Musée des Beaux-Arts** untergebracht. Neben Werken der ägyptischen und griechischen Antike sind vor allem Gemälde ab dem 14. Jh. ausgestellt. Zu den wichtigsten Exponaten zählen »Das Neugeborene« von Georges de la Tour (1593–1652), »Die Tigerjagd« von Peter Paul Rubens (1577–1640) sowie Gemälde der Schule von Pont-Aven. Seit dem großzügigen Umbau in den Jahren 2008 und 2009 ist der Besuch ein lohnendes Erlebnis.

Musée de Bretagne 11

10, cours des Alliés, Tel. 02 23 40 66 00, www.musee-bretagne.fr, Di–Fr 12–19, Sa, So 14–19 Uhr, 6 €

Seit 2006 ist das Museum zusammen mit der Stadtbibliothek und dem Wissenschaftszentrum Espace des Sciences im hypermodernen Kulturzentrum Les Champs Libres des Architekten Christian de Portzamparc beheimatet. Themenschwerpunkt ist die bretonische Geschichte. Die Abteilung für Vor- und Frühgeschichte umfasst u. a. Modelle von megalithischen Grabstätten sowie Waffen und Keramik vom Neolithikum bis zur Eisenzeit. Inschriften, Meilensteine, Gläser, Schmuck und Bronzefigurinen belegen die gallo-römische Epoche (57 v. Chr.–5. Jh. n. Chr.). Ein Bereich dokumentiert das Mittelalter, u. a. mit romanischen Kapitellen aus Rennes' Abteien St-Mélaine und St-Georges. Möbel und sakrale Schnitzereien illustrieren die Bretagne des Ancien Régime (1532–1789). Unter den Exponaten der Neuzeit verdienen vor allem die Bauerntrachten Beachtung.

Eine Sonderkollektion widmet sich der Affäre Dreyfus, die in Rennes eine ungeahnte Wandlung erfuhr. Nicht weit vom Museum nämlich, im heutigen Lycée Émile Zola (2, av. Janvier), fand im August 1899 auf Drängen des Schriftstellers Zola der zweite Prozess gegen Alfred Dreyfus statt. Der bereits als Hochverräter auf die Teufelsinsel verbannte Offizier wurde in diesem Verfahren begnadigt.

Übernachten

Da Rennes nicht zu einem längeren Aufenthalt verführt und die Randbezirke wenig zu bieten haben, erscheint es ratsam, im Zentrum zu wohnen. Von dort lässt sich die Stadt bequem binnen eines Tages zu Fuß erkunden. Gute Übernachtungsadressen sind dort dünn gesät. Außer den nachstehenden Empfehlungen gibt es einige taugliche Häuser, die großen Hotelketten (etwa Ibis, Ibis Styles) angeschlossen sind.

Traditionshaus der Luxusklasse – **Le Coq-Gadby** 1: 156, rue d'Antrain, Tel. 02 99 38 05 55, www.lecoq-gadby.com, etwa 1 km nördlich vom Parc du Thabor gelegen, Bus: Linie 15

Mein Tipp

Écomusée du Pays de Rennes – auf Tuchfühlung mit Haustieren 12
Seit den 1980er-Jahren zählt das Areal am südlichen Stadtrand zu den beliebten Ausflugsadressen von Rennes. Auf 15 ha werden die Landwirtschaft und das Landleben seit dem 16. Jh. dokumentiert. Besucher können vom Aussterben bedrohte Haustiere der Bretagne kennenlernen und gelegentlich an Sondervorführungen, etwa der Schafschur, teilnehmen (Route de Châtillon-sur-Seiche, Tel. 02 99 51 38 15, www.ecomusee-rennes-metropole.fr, Métro bis Station Triangle, von dort etwa 1 km zu Fuß über die Rue des Pays-Bas, April–Sept. Di–Fr 9–18, Sa 14–18, So 14–19, Okt.–März Di–Fr 9–12, 14–18, Sa 14–18, So 14–19 Uhr, 6 €).

und 19, Privatparkplatz, 23 Zimmer und Suiten, DZ ab 102 €. Gäste wie Vanessa Paradis und Johnny Depp bürgen dafür, dass dies keine Adresse für sparsame Naturen ist. Das Haus selbst stammt aus dem 18. Jh., ein Teil der Möbel ist nur wenig jünger, das übrige Interieur modern gehalten. Im Angebot sind Suiten bis 60 m², ein traumhafter Garten und ein Pool. Die Zimmer im unteren Preissegment sind leider recht eng, das gilt insbesondere für deren Bad. Ein separates Holzhaus beherbergt einen großzügigen Wellness-Bereich, wo einstündige Anwendungen um 100 € kosten. Gastro-Küche im erlesenen Restaurant (So, Mo geschl., Menü ab 35 €, im Bistro ab 20 €). Zur Philosophie des Hauses zählt der Einsatz erneuerbarer Energien.

Zentral und praktisch – **Anne de Bretagne** 2: 12, rue Tronjolly, Tel. 02 99 31 49 49, www.hotel-rennes.com, 42 Zimmer, DZ 68–185 €. Nicht weit vom Stadtkern gelegenes Haus mit klimatisierten, funktional eingerichteten Zimmern und Tiefgarage. Vor allem für Kurzaufenthalte gut geeignet. WLAN gratis, günstige Wochenendangebote.

Preiswerte Eleganz – **Nemours** 3: 5, rue des Nemours, Tel. 02 99 78 26 26, www.hotelnemours.com, 41 Zimmer, DZ 69–119 €. Stilvolles altes Haus mit elegant-moderner Einrichtung. Die sehr zentrale Lage in der Nähe der Post überzeugt ebenso wie der freundliche Service. Dank der Isolierverglasung stört der Straßenlärm nicht allzu sehr. Allerdings ohne Hotelparkplatz. WLAN gratis.

Zentrale Lage, kleine Tücken – **Garden Hotel** 4: 3, rue Duhamel, Tel. 02 99 65 45 06, www.hotel-garden.fr, 25 Zimmer, DZ ab 50 €. Sehr zentral gelegenes Haus, das den Logis de France angeschlossen ist. Zu empfehlen sind einzig die nach hinten gelegenen Zimmer mit Terrasse. Dort befindet sich der im Hotelnamen erscheinende Garten, ein Innenhof mit Kletterpflanzen. Eigener Parkplatz.

Essen & Trinken

Nettes Ambiente – **L'Escu de Runfao** 1: Domaine de la Reposée, La Quinte, Liffré, Tel. 02 99 68 31 51, www.escu-de-runfao.com, Sa mittags und So abends geschl., Menü 26–58 €. Nathalie und Alain Duhoux haben die altgediente Adresse in der Altstadt verlassen und sind an den Stadtrand ▷ S. 94

Auf Entdeckungstour: Am Puls der Zeit – moderne Architektur in Rennes

Durch den Schacht der U-Bahn geht es zu Stationen zeitgenössischer Architektur in der bretonischen Hauptstadt, immer am Puls des heutigen Lebens und auf Tuchfühlung mit dem Alltag.

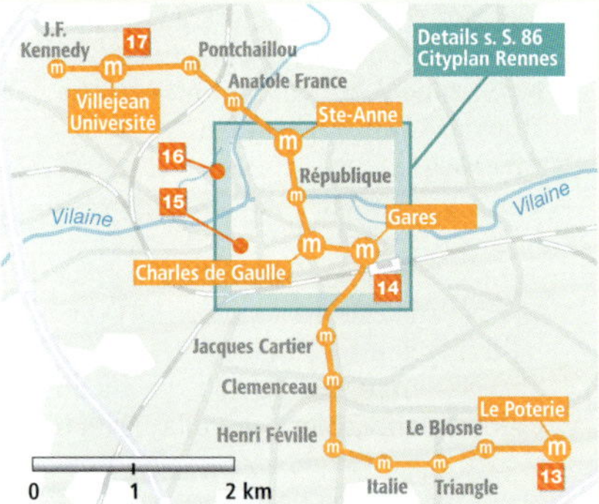

Cityplan: S. 89; Reisekarte:
▶ Karte 2, **Métro Rennes**

Start: An der Endstation der Métro La Poterie. Anfahrt dorthin über die Rocade (N 136) bis Ausfahrt Porte du Blosne, dann Rue de Vern (D 163) Richtung Innenstadt. An der Station Poterie Gratisparkplatz für U-Bahn-Nutzer
Tagesticket: *(Ticket journée)* 4,10 € gültig für U-Bahn und Stadtbusse
Dauer: 3–4 Std.

Die Stadt der Träume sieht anders aus, aber Rennes ist auch keine Stadt der Traumata. Wer sich davon überzeugen möchte, sollte für ein paar Stunden die Position des Touristen gegen die des Pendlers tauschen. Einstieg in den simulierten Arbeitstag ist **La Poterie** 13, die südöstliche Endstation der Metro (Abb.), gebaut vom renommierten britischen Architekten Sir Norman Foster. Was die einen als riesigen Schmetterling beschreiben, erscheint anderen als Krake, der mit seinen Armen weit über den Kreisverkehr unter ihm ausgreift. Denn, richtig, die U-Bahn startet oberirdisch und taucht erst hinter La Poterie ins Dunkel ab – gespenstisch, weil ohne Fahrer.

Zug der Zeit am Bahnhof

Sieben Stationen bleiben dem Touristen, um sich unterirdisch zu erholen. Dann kündigt eine Stimme die Haltestelle »Gares« an und meint damit die Gare Routière, die Buszentrale, und die **Gare SNCF** 14, den modernen Bahnhof des Architekten Thierry Le Berre (derzeit großer Umbau).

»Surfez en Terrasse«, steht im Café gegenüber. Wer wie ein echter Pendler seinen Laptop dabei hat, nutzt die Gelegenheit und surft gratis, um mal kurz zu schauen, welches Kulturangebot die Stadt heute auf dem Plan hat. Alle anderen schlürfen ihren Espresso mitten im geschäftigen Treiben und betrachten dabei die Wasserspiele vor dem Bahnhof oder die Glasfassade, die abends vortrefflich erleuchtet wird.

Zeitgenössische Urbanität

Mit dem Strom der Pendler geht es dann wieder in den Bauch der Erde und eine U-Bahn-Station weiter zum Haltepunkt **Charles de Gaulle,** wo das riesige Centre Commercial Colombia jeden Einkaufswunsch zu erfüllen weiß. Am Westende des ausladenden Shoppingcenters steht inmitten von Grünflächen die **Cité Judiciaire** 15, 1982 vom Architektenteam Brajon, Nicolas und Ressaussière für die Justiz errichtet. Metall und Beton prägen das Gebäude, vor allem aber große Glasflächen. Die darin erscheinenden Spiegelbilder der Altstadt verweisen auf die Forderung an eine Metropole, sich immer wieder neu abzubilden und auch in der Moderne unverwechselbare Gesichter auszuprägen.

Einem Stück des alten, sehr alten Rennes begegnet der Besucher, der nun zu Fuß Richtung Norden zur Place de Bretagne schlendert, denn dort taucht die Vilaine wieder unter Kanaldeckeln hervor, dümpeln gar noch Kähne auf dem trüben Wasser. Unweit an der Rue de Brest ragt der 1970 von Georges Maillols errichtete Wohnturm **Les Horizons** 16 100 m hoch auf: Platz für 1000 Menschen in 480 Appartements, dazu Parkfläche für 440 Autos. Pro Woche wurde damals eines der 35 Stockwerke gebaut, eine reife Leistung für Frankreichs ältestes Wohnhochhaus.

Endstation Studium

Die nächstgelegene U-Bahn-Station heißt **Ste-Anne** und befindet sich mitten in der Altstadt. Während dort Touristenschwärme an Resten von Fachwerk und damit auch ein wenig am Puls der modernen Stadt vorbeistolpern, steigen wir erneut in die Metro mit dem Ziel **Villejean Université** 17. Es ist eine von zwei Unis der Stadt mit 17 000 Studenten der Geisteswissenschaften; die größere, Rennes 1, widmet sich den Naturwissenschaften. Villejean kommt eher salopp daher, ein netter Abschluss der Tour und eine Gelegenheit, in der Uni-Bibliothek zu stöbern oder im Auditorium ein Konzert junger Rockmusiker zu hören.

gezogen. Die Qualität bleibt. Das hochpreisige *Menu dégustation* läuft auf pure Völlerei hinaus, während das Angebot im unteren Preissegment nicht so recht sättigt. Zu empfehlen ist das Escu also für Gäste, die das gehobene Mittelfeld wünschen. Terrasse und Garten.

Biokost vegetarisch – **Saint Germain des Champs** 2: 12, rue Vau-St-Germain, Tel. 02 99 79 25 52, Di–Sa 12–15 Uhr, abends nur für Gruppen nach Voranmeldung, Aug. geschl., Menü ab 17 €. Seit 1994 betreibt Dominique Fournier das Restaurant, in dem er Fisch und vegetarische Gerichte aus Bio-Produkten zubereitet. Lange Schlangen vor der Tür zeigen an, dass es die Speisen auch zum Mitnehmen gibt. Täglich steht ein glutenfreies Gericht auf der Karte.

Zünftig – **Le Quatre B** 3: 4, pl. de Bretagne, Tel. 02 99 30 42 01, www.quatreb.fr, Di–Fr 24 Std. lang, Sa mittags und So abends geschl., Menü 13–33 €. Sehr gute traditionelle Küche.

Mein Tipp

Le Breton Voyageur – manchmal muss es eben Crêpe sein 5

Süße Crêpes und herzhafte Galettes sind die bretonische Leib- und Magenspeise. Eine sehr große Auswahl zum Einstieg in die Welt der dünnen Pfannkuchen bietet das Breton Voyageur, das auch vielen Bürgern von Rennes als Top-Crêpe-Adresse gilt, was das schlichte Äußere des kleinen Restaurants keineswegs vermuten lässt. Einfache Varianten sind um 3 € zu haben, eine Menüfolge aus zwei Galettes und einer Crêpe ab etwa 10 € (2, rue St-Thomas, Tel. 02 99 78 23 49, www.lebretonvoyageur.com, So geschl.).

Die Atmosphäre erinnert eher an ein Bistro, was sich auch in den Öffnungszeiten niederschlägt: Wer sehr spät noch Hunger hat, wird hier fündig.

Exotisch – **India** 4: 41, rue St-Georges, Tel. 02 99 87 09 01, www.restaurant-india.fr, tgl. bis 23.30 Uhr geöffnet, Menü 14–18 €. Die hervorragende indische Küche mit vielen vegetarischen Gerichten wird von den meisten Besuchern des Hauses gelobt. Die Preise sind äußerst moderat. Mitunter ist Livemusik zu erleben.

Crêpes als Augenweide – **Le Breton Voyageur** 5: s. u. Mein Tipp S. 94.

Einkaufen

Als Einkaufsparadies kann man Rennes nicht bezeichnen, mit 17 einschlägigen Adressen wohl aber als Stadt der Märkte. Eine Auswahl:

Überdachter Markt – **Marché des Lices** 1: Pl. des Lices, Sa 7–13.30 Uhr. Lebensmittel.

Antiquitäten – **Marché aux antiquaires** 2: Rue Jules Simon, Do 8–14 Uhr. Das Antike weicht leider immer mehr dem Trödel.

Von allem etwas – **Marché Ste-Anne** 3: Pl. Ste-Anne. Do 15–19 Uhr Lebensmittel, Mi und Sa 9–18 Uhr antiquarische Bücher, erster und dritter Sa im Monat 9–18 Uhr Kunsthandwerk.

Aktiv

Golferparadies – **Golf de La Freslonnière** 1: Le Rheu, Tel. 02 99 14 84 09, www.golfdelafreslonniere.com, 7 km westlich vom Zentrum (zu erreichen über die N 24 Richtung Lorient, Bus Linie 54), Greenfees je nach Saison 25–35 € auf dem 9-Loch-Übungsplatz, 32–60 € für 18 Löcher. Gepflegte alte Anlage mit Rhododendren auf dem Gelände von Château de La Freslonnière, dessen Ursprünge ins 12. Jh.

Fachwerk in Varianten: Die Fassaden der Altstadt sind ein Muster für sich

zurückreichen. Restaurant, Bar und Pro-Shop vorhanden. Im Château mit Garten und Pool werden sehr komfortable Zimmer vermietet (DZ ab 86 €).

Abends & Nachts

Tanz, Musik, Literatur – **Le Triangle** 1: Bd. de Yougoslavie, Tel. 02 99 22 27 27, www.letriangle.org. Ein junges Team organisiert Lesungen und ausgefallene Shows im Bereich darstellende Künste.

Starauftritte – **Le Musikhall** 2: Parc Expo Rennes Aéroport La Haie Gautrais, Bruz, 7 km südwestlich, Tel. 08 92 35 05 45, www.leliberte.fr. Bei Konzerten Zubringerbusse ab Métro-Haltestelle République. Die große Bühne für die Megastars der U-Musik.

Theater modern – **Théâtre National de Bretagne** 3: 1, rue St-Hélier, Tel. 02 99 31 12 31, www.t-n-b.fr. Das größte Schauspielhaus der Region Bretagne ist ein modernes Gebäude, das bekannt wurde für die originelle Ausleuchtung der Fassade. Abwechslung und Mut zur Avantgarde zeichnen das Bühnenprogramm aus.

Stilvoller Konzertsaal – **Opéra de Rennes** 4: Pl. de la Mairie, Tel. 02 23 62 28 28, www.opera-rennes.fr. Eine ideale Abendadresse für kulturinteressierte Reisende mit geringen Sprachkenntnissen. Geboten werden Oper, Konzert und Tanz von gehobenem Niveau.

Infos & Termine

Information

Office de Tourisme: 11, rue St-Yves, 35064 Rennes-Cedex, Tel. 02 99 67 11 11, www.tourisme-rennes.com. Sehr informativ, wenn auch nur in französischer Sprache, ist zudem die Internetseite der Stadt: http://metropole.rennes.fr.

Verkehr

Flug: Der Flughafen befindet sich 7 km südwestlich in St-Jacques-de-la-Lande (Tel. 02 99 29 60 00, www.rennes.

aeroport.fr). Zu erreichen ist er mit Bus Linie 57 (Ticket 1,50 €), z. B. ab Place de la Mairie, der Bahn oder auf der D 177 Richtung Lohéac und Redon.
Bahn: Mit dem TGV erreicht man Rennes von Paris-Montparnasse in etwa 1,5 Std. Weitere Ziele ab Rennes mit dem TGV: Brest (2 Std.), Redon (30 Min.), St-Brieuc (40 Min.) und Vitré (20 Min.). Bahnhof: Gare SNCF, 19, pl. de la Gare, Tel. 08 99 65 99 60.
Bus: Illenoo bedient u. a. Paimpont (Linie 1), Combourg (11), Dinard (7a), St-Malo (8), Fougères (9a). Buszentrale: Gare routière, 16, pl. de la Gare, Tel. 02 99 30 87 80.
Stadtbusse: Angesichts der geringen Entfernungen wird man den öffentlichen Personennahverkehr für eine normale Stadtbesichtigung kaum benötigen. Wer jedoch Ziele am Stadtrand aufsuchen möchte, kann auf gut 30 Buslinien zurückgreifen. Preise s. Métro. Kontakt: STAR, Tel. 09 70 82 18 00, www.star.fr.
Métro (▶ Karte 2): Zwischen Villejean (Universität) im Nordwesten und Le Blosne im Südosten verläuft die Métro mit 15 Stationen. Haltestellen im Zentrum sind Ste-Anne, République, Charles-de-Gaulle und Gares (s. auch Entdeckungstour S. 92). Kombiticket für Métro und Busse 4,10 €/Tag. Eine Métro-Linie B ist im Bau.
Taxi: Alló Taxi, am Bahnhof, Tel. 06 64 84 00 54.
Auto: Sehr zentrale, aber begehrte Parkplätze in Rennes befinden sich an den Quais der Vilaine.
Autovermietung: Vertretungen der großen Anbieter findet man am Flughafen und am Bahnhof. In der Stadt kann man Buchungen bequem über die Touristeninformation vornehmen.

Termine

Tombées de la nuit: Anfang Juli. Open-Air-Festival der zeitgenössischen Künste mit diversen Aktionen im Stadtgebiet (www.lestombeesdelanuit.com).
Transmusicales: Anfang Dez. Dreitägiges Festival der Rockmusik sowie parallel das Gegenfestival **Folies rennaises** mit Nachwuchsbands. Rennes ist nach Paris Frankreichs wichtigstes Zentrum für neue Musikströmungen (www.lestrans.com).

Châteaugiron ▶ M 5

Der 17 km südöstlich von Rennes gelegene Ort wurde als Hochburg der Protestanten 1589 während der Religionskriege verwüstet. Auch die Festung (13.–18. Jh.) erlitt damals schwere Schäden, doch haben sich aus dem Mittelalter noch zwei Türme erhalten. Vom späteren Aufschwung durch den Handel mit Segeltuch zeugen stattliche Fachwerkhäuser vom 16.–19. Jh.

Roche-aux-Fées ▶ M 5

13 km südöstlich von Châteaugiron
Bei dem ›Feenfels‹ 2 km südlich von Essé handelt es sich um einen 22 m langen und 6 m breiten Dolmen, in dieser lang gestreckten Form *Allée couverte* genannt. 41 Steine, die bis zu 45 t wiegen, bilden eine niedrige Vorhalle und eine Hauptkammer. Das eindrucksvolle Megalithdenkmal, dessen rötlicher Schiefer in hübschem Kontrast zu Eichen und Kastanien steht, entstand etwa 2500 v. Chr.

Vitré! ▶ M 4

Ein Zentrum der Landwirtschaft, des Maschinenbaus, der Lebensmittel- und Textilindustrie – nach touristischem Reiz klingt das nicht. Doch Vitré ist ein Bilderbuchort, der sich um seine eindrucksvolle Festung schmiegt. Einen herrlichen **Ausblick** über die Anlage gibt die Place de l'Hermitage am Ende des Chemin des Tertres Noirs.

Im Unterschied zu Rennes erkennt man im ummauerten Stadtkern noch den Verlauf der mittelalterlichen Gassen und entdeckt dort eine Vielzahl gut erhaltener Fachwerkhäuser, vor allem in der **Rue d'Embas** (dort u. a. das Hôtel Bol d'Or, 15./16. Jh.), der **Rue de Sévigné** (Stadthaus der Marquise de Sévigné, s. Entdeckungstour S. 98), der **Rue de la Beaudrairie** und an der **Place St-Yves**. Dieses Ensemble gruppiert sich um die spätgotische **Kirche Notre-Dame** (15./16. Jh.), deren Innenausstattung Anklänge der Renaissance ahnen lässt. Bemerkenswert ist die Außenkanzel an der Südseite, von der die Prediger Streitgespräche mit Protestanten führten. Wie in Châteaugiron, war auch hier der Adel im 16. Jh. zur reformierten Kirche übergetreten, eine Seltenheit in der ansonsten streng katholischen Bretagne.

Berühmtheit erlangte der aus Vitré stammende Stadtherr Gaspar II de Coligny, der in der berüchtigten Bartholomäusnacht (23./24. August 1572) von Katholiken umgebracht wurde. 17 Jahre später – die Religionskriege dauerten an – versammelten sich katholische Heere zu einer fünfmonatigen Belagerung Vitrés. Die Feste trotzte den Angreifern und erlebte anschließend einen Aufschwung des Handels mit Stoffen aus Hanf und Wolle.

Musée du Château

In der Festung, Juli, Aug. tgl. 10–18, April–Juni, Sept. 10–12.30, 14–18, Okt.–März Mo, Mi–Fr 10.30–12.30, 14–17, Sa, So 14–17 Uhr, 6 € (Ticket gilt auch für Château des Rochers-Sévigné, Musée St-Nicolas und Musée de la Faucillonnaie, ein Herrenhaus aus dem 17. Jh., 5 km nördlich von Vitré)

Bereits um 1000 war in Vitré nach Überfällen der Normannen ein Fort aus Holz entstanden, 1060 ersetzt durch einen Bau aus Bruchstein, der im 13.–15. Jh. erweitert wurde. Doch erst der romantisch verklärten Restaurierung im 19. Jh. verdankt die Festung ihre heutige Beliebtheit. Drei der sieben trutzigen Türme be- ▷ S. 100

Die Festung Vitré sicherte die Grenze der Bretagne ab dem Mittelalter

Auf Entdeckungstour: Bei der Literatin – auf Château des Rochers-Sevigné

Sie wuchs in Burgund auf, verbrachte Jahre in Paris und schrieb unzählige Briefe an ihre Tochter in der Provence, die sie zu der wohl berühmtesten Briefeschreiberin der Literaturgeschichte machten. Inspiration und Ruhe fand Madame de Sévigné im Park ihres Anwesens bei Vitré.

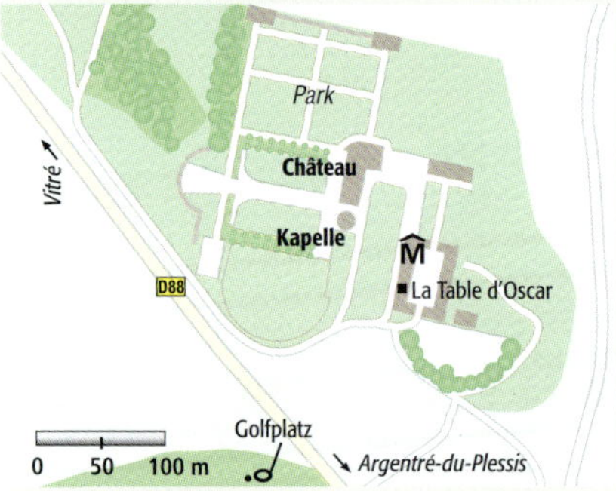

Reisekarte: ▶ N 5
Château des Rochers-Sévigné: D 88, 2 km südlich von Vitré
Öffnungszeiten: April–Sept. tgl. 10–12.30, 14–18, März, Okt. Mi–Mo 10–12.30, 14–18 Uhr, obligatorische Führungen 11, 14.30, 16.30 Uhr, Juli, Aug. 11, 14.30, 15.45, 17 Uhr, 6 €
Dauer: 2 Std.
Restaurant: La Table d'Oscar, im Clubhaus des Golf des Rochers Sévigné (s. S. 100)

»Le Guide«, so steht es am Eingang, sei gerade nicht da, im Schloss unterwegs mit einer Reisegruppe. Da bleibt nur, sich die Zeit zu vertreiben mit einem Spaziergang durch den **Park** von Château des Rochers-Sévigné. Das hat auch sie oft genug getan: Marie de Rabutin-Chantal, Marquise de Sévigné. Die Dame hatte die Eigenart, Blitzgedanken in Baumrinden zu ritzen. In solcher Verträumtheit wandelte sie durch ihren Park und schrieb darüber, vor allem an ihre Tochter Françoise Marguerite in der Provence. Über 1500 Briefe haben sich erhalten, Lesestoff von literarisch höchstem Niveau. Ein Teil der Korrespondenz beleuchtet kritisch bis amüsiert den Alltag der besseren bretonischen Gesellschaft. Mit der stand Madame ein wenig auf Kriegsfuß. 1626 als Spross burgundischen Adels in Paris geboren, hatte sie früh ihre Eltern verloren und galt mit ihrem Erbe als gute Partie. Die Heirat mit Henri de Sévigné aus Vitré hatte sie sich selbst in den Kopf gesetzt. Dass Henri bei einem Duell starb, in dem es um die Ehre seiner Mätresse ging, spricht Bände.

Eine schöne Frau

Mal füllig, mal gertenschlank sieht Madame de Sévigné auf den Porträts aus, die im **Schloss** hängen. Eine schöne Frau, falls die Maler nicht gehörig mit Kunstgriffen nachgeholfen haben. Über das Feminine hinaus war Marie leicht frivol, vielleicht auch ansatzweise feministisch. Noch als Ehefrau und nicht erst als Witwe ließ sie sich von Provinzadligen und Kunstfreunden umschwärmen, in Gedichten verehren, um mit koketten bis anzüglichen Versen zu antworten. Nichts weist darauf hin, dass jemals mehr als Platonisches im Spiel war. Als Madames Briefe an Finanzminister Fouquet in die Hände von Ludwig XIV. gelangten, war der König begeistert und öffnete ihr den Weg nach Versailles.

Die meisten Räume von Marie de Sévignés Schloss wurden ab dem 18. Jh. verändert und können, da in Privatbesitz, heute nicht mehr besichtigt werden. Eine Reihe von bleibenden Stücken und Zimmern aber erzählen Geschichten, so auch das **Schlafzimmer der Marquise.** Es befindet sich im Erdgeschoss des Turmes und galt damit als unschicklich. Denn hätte Madame bei offenen Fenstern und Türen geschlafen und wären Nachbarn durch den Garten spaziert, dann wären sie es gewesen, die lange Briefe hätten schreiben können: über den Lebenswandel einer Dame, die manches tat, was als ruchlos galt.

Frivole Dinge

Ein Stockwerk höher im **Turm** hängt das Porträt von Charles de Sévigné, dem 1648 im Schloss geborenen Sohn. Auch er schrieb etliche Briefe, gerne an seine Mutter, um ihr von seinen unglücklichen Liebesaffären zu erzählen. »Mein Sohn liest uns frivole Dinge vor, Komödien nach Art von Molière«, schrieb die Marquise 1671, als sie bei ihrem Schloss die **Kapelle** stiftete, die man heute noch besichtigen kann. 13 Jahre später war Charles – weitab des Frivolen – in religiösen Studien versunken.

Ein Echo wie aus alten Zeiten

Beim Gartentor gegenüber der Kapelle endet der Rundgang. Zu jeder Schlossführung gehört ein Ritual: *Le Guide* dirigiert die Besucher auf eine Markierung und stellt sich selbst auf einen zweiten markierten Punkt, um von dort etwas zu flüstern. Verstärkt hallt der Satz von den Mauern wider, so als wolle die 1696 verstorbene Marquise ihren Gästen noch etwas mitteilen.

herbergen ein Museum. Es zeigt u. a. einen dreiflügeligen Altar (1544) mit 32 Emailbildern aus Limoges, Gobelins (16./17. Jh.) aus Flandern sowie Kostüme, Möbel und eine naturkundliche Sammlung.

Musée St-Nicolas
15, rue Pasteur, Mai–Sept. Mi–Mo 10–12.45, 14–18, Okt.–April Mi–Sa, Mo 10–12.15, 14–17.30, So 14–17.30 Uhr, 4 €
In der Kapelle eines einstigen Augustinerklosters am nördlichen Vilaine-Ufer befindet sich das Museum zur sakralen Kunst. Dort sind u. a. Fresken aus dem 15./16. Jh. zu sehen.

Übernachten

Man spricht deutsch – **Le Minotel**: 47, rue de la Poterie, Tel. 02 99 75 11 11, www.leminotel.fr, 15 Zimmer, DZ 55–75 €. Zentral in der Nähe der Festung gelegenes Haus, das sein Interieur auf Liebhaber des Golfsports ausgerichtet hat. Hotelgäste erhalten einen Preisnachlass für den Golfplatz von Vitré (s. u.), aber auch 10 % Rabatt im benachbarten Restaurant Au Vieux Vitré (Crêpes, Pizza, So und Mo geschl.). Die Zimmer sind jedoch klein und sehr einfach ausgestattet. WLAN gratis.
Mit Schlossblick – **Du Château:** 5, rue Rallon, Tel. 02 99 74 58 59, www.hotelduchateauvitre.com, 23 Zimmer, DZ 57–70 €. Äußerlich schönes Haus unterhalb des Schlosses mit altertümlichem Charme, der nicht jedem behagt. Aus der zweiten Etage blickt man auf das Château. Saubere Zimmer, der Service verbesserungswürdig. WLAN gratis, Parkplatz vorhanden.

Essen & Trinken

Bio-Kost – **La Clé des Champs:** 1, bd. de Laval, Tel. 02 23 55 24 40, Di–So mittags und Do–Sa abends geöffnet, Menü 15–28 €. Große Auswahl an Galettes und Crêpes, die mit biologisch angebautem Mehl hergestellt werden. Auch die Salate, Suppen und Desserts enthalten überwiegend Bio-Produkte.

Aktiv

Golf unter Denkmalschutz – **Golf des Rochers Sévigné:** Route d'Argentré-Plessis, Tel. 02 99 96 52 52, www.vitre-golf.com. 18-Loch-Platz neben dem Schloss von Madame Sévigné, das eine prächtige Kulisse bildet. Greenfees 38–58 €. Kombinationsangebote mit einer Übernachtung im angeschlossenen Gîte oder einem Essen im Clubrestaurant La Table d'Oscar in den früheren Pferdeställen des Schlosses (Do–Di mittags, Fr, Sa auch abends).

Infos & Termine

Office de Tourisme: Pl. Général de Gaulle, 35500 Vitré, Tel. 02 99 75 04 46, http://bretagne-vitre.com; weitere Infos unter www.paysdevitre.org.
Bahn: TGV nach Rennes (20 Min.) und über Laval nach Le Mans (1 Std.).
Bus: Die Stadtbusse benötigen Touristen wegen der kurzen Distanzen meist nicht. Fernbusse von Illenoo fahren u. a. nach Fougères (Linie 14).
Jazz à Vitré: Anfang März, einwöchi-

Mein Tipp

Cuisine en fête in Vitré
An einem Wochenende Mitte April geben sich die Restaurants in Vitré ganz besondere Mühe und bieten ihre feinsten Frühjahrskreationen zum Niedrigpreis an.

ges Jazz-Festival mit Darbietungen an mehreren Orten der Stadt.
Carnaval des Gais Lurons: Ende März/Anfang April, mehrtägiger Karneval mit Musikveranstaltungen, Fahrradrennen, Kostümumzug und zum Abschluss einer nächtlichen Prozession mit illuminierten Festwagen.
Fêtes du Bocage Vitréen: In der ersten Julihälfte, zwei Wochen lang Theater, Tanz, Konzerte, Sportwettkämpfe.
Weekend médiéval: Letztes Wochenende im September, mittelalterlicher Markt mit Geschichtenerzählern, alten Kostümen, Darbietungen in den Straßen und traditionellen Spielen.

Fougères und Umgebung ▸ N 3

Seit dem 13. Jh. ein Zentrum des Tuchhandels, spezialisierte sich Fougères im späten 19. Jh. auf die Herstellung von Damenschuhen. Weitere Industrieanlagen kamen hinzu, sie waren im Juni 1944, während der deutschen Besatzungszeit, Ziel von Bombenangriffen der Alliierten.

Die Wehranlagen von Fougères zählen zu den größten des Mittelalters und befinden sich ausnahmsweise nicht auf einer Erhebung, sondern im Tal. Der Fluss Nançon und die umliegenden Sümpfe schienen für die im 11. Jh. gegründete **Festung** ein hinreichender Schutz, doch wurden die Burgherren mehrfach eines Besseren belehrt. Die stürmischen Zeiten überdauert hat vor allem die imposante Ringmauer mit 13 Türmen. In der **Altstadt** sind neben Fachwerkhäusern vor allem zwei Kirchen sehenswert: **St-Sulpice** (15.–18. Jh.), darin eine stillende Madonna aus dem 12. Jh., sowie **St-Léonard** (15./16 Jh.) mit Resten von Glasmalereien des 12. Jh.

Die auf einem Fels errichtete **Oberstadt** mit beachtlichen Bürgerhäusern aus dem 17. und 18. Jh. erlangte im Kampf der Chouans gegen die Republikaner Bedeutung. Hier schrieb Honoré de Balzac ab 1828 »Les Chouans« und Victor Hugo 1836 »Quatre-Vingt-Treize«. Beide Romane ranken sich um die Geschehnisse des Jahres 1793. Stationen für einen Bummel durch die Oberstadt sind der **Beffroi** (Glockenturm von 1387) und die fotorealistischen Graffiti aus den 1990er-Jahren an einigen Fassaden.

Musealen Zwecken dient ein Fachwerkhaus aus dem 16. Jh. in der Oberstadt, es widmet sich dem 1858 in Fougères geborenen impressionistischen Landschaftsmaler **Emmanuel de la Villéon** (51, rue Nationale, Juni–Sept. Di–So 14–19, Okt.–Mai nur für Gruppen geöffnet, Eintritt 2 €).

Nicht nur Gartenliebhaber sollten einen Abstecher zum Parc Floral de Haute Bretagne unternehmen (s. Lieblingsort. S. 103)

St-Aubin-du-Cormier ▸ M 4

Was für die Gallier Alesia, das war für die Bretonen St-Aubin-du-Cormier (18 km südwestlich an der Straße nach Rennes). Bei dieser Grenzfeste unterlagen sie 1488 den Franzosen und mussten in jenen Vertrag von Verger einwilligen, der sie schließlich die Unabhängigkeit kostete. Erhalten ist am Ort des Geschehens eine nicht allzu imposante Burgruine. Von dort aus führt ein Weg zu einem bizarren Felsenmeer im Wald, den **Rochers Bécherel**.

Übernachten

Praktisch und zentral – **Les Voyageurs:** 10, pl. Gambetta, Tel. 02 99 99 08 20,

Lieblingsort

Versteck im Parc Floral de Haute Bretagne ▶ N 3
Hier findet mich keiner, denn der idyllische Park liegt weit abseits dessen, was ohnehin schon als abseits gilt: beim **Château de la Foltière** in Le Châtellier. 20 Gärten widmen sich je einem Thema: »Alte Stadt«, »Vier Jahreszeiten« oder »Blaue Quelle«. Im »Garten der aufgehenden Sonne« träume ich vor Holzbrücke, Kaskade und Tee-Pavillon von der Reise nach Japan, die ich nie unternommen habe. »1001 Nacht« erinnert mit Fontänen, Jasmin und Granatapfel an meine Jugendjahre in Südasien (Le Châtellier, 10 km nördlich von Fougères, www.parcfloralbretagne.com, Juli, Aug. tgl. 10.30–18.30, April–Juni, Sept. 11–18, März, Okt.–Mitte Nov. 14–17.30 Uhr, 10,90 €).

www.hotel-fougeres.fr, 35 Zimmer, 2 Suiten, DZ ab 58 €. Zentral gelegenes Hotel aus dem 19. Jh. mit sauberen Zimmern, wobei die der unteren Preiskategorie recht klein sind. Guter Service, doch klagen manche Gäste über Lärm im Haus, verursacht durch Türen und Fußböden. WLAN gratis.

Essen & Trinken

Mit Frischegarantie – **Le Haute-Sève:** 37, bd. Jean-Jaurès, Tel. 02 99 94 23 39, www.lehauteseve.fr, Mo geschl., Menü 29–45 €. 1987 von Isabelle und Thierry Robert eröffnetes Restaurant mit einem hell und frisch gestalteten Speisesaal. Sehr ansprechend servierte Gerichte. Jeden Mittag gibt es ein anderes preiswertes Drei-Gänge-Menü. Einige Speisen sind auch zum Mitnehmen erhältlich.

Satt werden für wenig Geld – **Le Buffet:** 53 bis, rue Nationale, Tel. 02 99 94 35 76, Mi abends und So geschl., Menü 11–22 € inkl. Wein. Traditionelle Küche ohne sonderliche Finesse, aber sehr preiswert. Große Attraktion ist das Buffet mit Vor- und Nachspeisen.

Abends & Nachts

Kleinkunstbühne – **Le Coquelicot:** 18, rue de Vitré, Tel. 02 99 99 84 52, www.le-coquelicot.fr. Die sympathische Adresse ist Café und Konzertbühne zugleich. Vorwiegend französische Interpreten bieten dort Musik von Blues über Jazz bis Chanson.

Bowling und Billard – **Le Strike-Club:** Porte 50 forum Gare, Tel. 02 99 99 83 56, www.strike-club.fr, Mo geschl. Zehn Bowling-Bahnen und einige Billardtische garantieren aktive Abendunterhaltung. Die Halle ist bis 1 Uhr, Fr und Sa sogar bis 3 Uhr nachts geöffnet. Pro Stunde je nach Wochentag und Tageszeit 4–7 €. WLAN gratis.

Infos & Termine

Office de Tourisme: 2, rue Nationale, 35300 Fougères, Tel. 02 99 94 12 20, www.ot-fougeres.fr; Festkalender unter: http://centreculturel-fougeres.fr.
Bus: Stadtbusse der Gesellschaft Surf. Außerdem mit Illenoo nach Vitré (Linie 14), St-Malo (17) und Rennes (9a).
Les Flambées Musicales: Erste Woche Febr., Konzerte von Jazz bis Klassik.
Voix des Pays: Anfang Juli, mehrtägiges Festival mit Musikern aus aller Welt. Die großen Konzerte vor eindrucksvoller Kulisse im Château.

Forêt de Paimpont

▶ J/K 4/5

Einst war das Innere der Bretagne von dichtem Wald überzogen. Doch schon im 18. Jh. begann die großflächige Rodung, teils für die Landwirtschaft, teils zur Hochofenbefeuerung in der Eisenindustrie. Von der sagenumwobenen Forêt de Brocéliande, der Heimat von König Artus und Zauberer Merlin, blieben nur Reste, darunter die 7000 ha große Forêt de Paimpont. Ihr setzten 1987 ein Orkan und 1990 ein Großbrand gewaltig zu. Aufgeforstet wurde mit Fichten und Kiefern, wo einst Kastanien, Eichen und Buchen standen.

Brocéliande – das klingt nach der Prinzessin eines Märchenreiches. Jedoch weiß man nicht genau, was der Name bedeutet. Er könnte auf das keltische *Barc'h Hian* (Reich der Druiden) oder auf *bréchéliant* (Teilgebiet) zurückgehen. Den Wald mit dem rätselhaften Namen durchziehen viele Wanderwege, die zu angeblichen Schauplätzen der Artussage führen. Bei vielen dieser Orte handelt es sich um prähistorische Denkmäler, die bereits von den Kelten ins Repertoire ihrer Erzählungen aufgenommen wurden. Die Tourismusbehörden fachen diese Mystik an, um Besucher in ihre Wälder zu locken. Selbst wenn manche der angepriesenen Stätten nicht eben mit Sensationen aufwarten, lohnt es, den Wald zu durchstreifen.

Im Zentrum des Waldgebiets liegt **Paimpont,** dessen Abtei im 7. Jh. gegründet, jedoch während der Französischen Revolution weitgehend zerstört wurde. In der Abteikirche Notre Dame blieben Freskenfragmente aus dem 13. Jh. erhalten.

Weiter westlich ergibt das **Château de Trécesson** durch seine Lage an einem See ein schönes Fotomotiv. Das Schloss (14./15. Jh.) kann nur von außen besichtigt werden. Etwas abseits der Straße, die von hier den Wald Richtung Norden quert, sprudelt die **Fontaine de Barenton.** Aus dieser Quelle steigen Bläschen empor, ein Naturphänomen, das möglicherweise auf chemischen Reaktionen beruht. Fällt Wasser aus dieser Fontaine auf einen Stein nebenan, den **Perron de Merlin,** so drohen angeblich verheerende Unwetter.

Herausragendes Kulturdenkmal des Waldes ist die Kirche St-Graal in **Tréhorenteuc** bzw. ihre Ausschmückung mit Bildfenstern und Gemälden zur Artussage, die Abbé Henri Gillard 1942–63 in Auftrag gab. Maßgeblich an den Arbeiten beteiligt waren zwei deutsche Kriegsgefangene, der Tischler Peter Wisdorf und der Maler Karl Rezabeck, die den Kreuzweg, Altäre und andere Bilder schufen. Zwölf der 14 Leidensstationen des Kreuzweges spielen an Orten in und um Tréhorenteuc – die beiden Künstler verquickten ihr persönliches Schicksal mit der Passion (ausführliche Beschreibung in der Kirche erhältlich). Als weniger zuverlässig muss die Legende gelten, dass Abbé Gillard diverse Geheimnisse um den Heiligen Gral hütete.

Écomusée du Pays de Montfort

▶ K 4

2, rue du Château, Montfort-sur-Meu, 20 km östlich von St-Méen, Tel. 02 99 09 31 81, http://ecomuseepaysmontfort.free.fr, April–Sept. Mo–Fr 8.30–12, 14–18, Sa 10–12, 14–18, So 14–18, Okt.–März Di–Fr 9–12, 14–18 Uhr, 4 €

Die Burg von Montfort-sur-Meu, 1091 gegründet und 1198 von Richard Löwenherz zerstört, wurde im späten 14. Jh. neu errichtet. In den erhaltenen Mauern logiert ein Heimatmuseum, das sich dem traditionellen Leben in der Forêt de Paimpont widmet.

Wanderung durch das Val sans retour ▶ J 5

Rundweg ca. 4 km, 1 Std.

Von Tréhorenteuc führt ein idyllischer einstündiger Rundweg durch das Val sans Retour. Von den einst vier Teichen in diesem Tal sind nur zwei erhalten. Am Beginn des Weges liegt der **Miroir aux Fées,** der Spiegelsee der Fee Morgane. Das Wasser der Teiche speiste eine Mühle, die bis 1930 in Betrieb

Wanderung durch das Val sans retour

war. Ihre Ruine steht noch in der Nähe des **Arbre d'Or,** ein goldener Baumstumpf, den der Künstler François Davin schuf, um an einen Brand im Jahr 1990 zu erinnern. Morgane, die dem Spiegelsee ihren Namen verlieh, soll das ›Tal ohne Wiederkehr‹ mit einem Zauber belegt haben: Nur der Ritter kann es lebend wieder verlassen, der nie untreu wurde. Nach den falschen Liebenden, die von Treue nichts halten, ist eine Felsformation oberhalb des Spiegelsees benannt.

Nachdem man einen zweiten Teich und eine Holzbrücke passiert hat, kann man auf einem gelb markierten Rundweg bis zum Château de Trécesson wandern (insgesamt 15 km, 4 Std.).

Übernachten, Essen

Romantisch – **Le Relais de Brocéliande:** 5, rue des Forges, Paimpont, Tel. 02 99 07 84 94, http://relais-de-broceliande.fr, 24 Zimmer, DZ ab 84 €, Suite ab 114 €. Stilvoll eingerichtetes, modernisiertes Haus in idyllischer Lage, das sich hervorragend als Stützpunkt für Wanderungen eignet. Die preiswerteren Zimmer verfügen nur über ein Waschbecken, genügen aber den Basisanforderungen. Sehr komfortabel sind dagegen die großen Räume. Das gute Restaurant mit Terrasse serviert regionale Speisen (Menü 15–59 €). Fahrradvermietung (10 €/Tag).

Infos

Syndicat d'Initiative: 5, esplanade de Brocéliande, 35380 Paimpont, Tel. 02 99 07 84 23, http://tourisme-broceliande.bzh.

Bus: Verbindung von St-Méen über Montfort nach Rennes.

Château de Comper ▸ K 4

Wer die Artussage näher studieren möchte, dem sei Comper empfohlen. Die hiesige Burg soll Geburtsort Vivianes gewesen sein, der Fee, in die Merlin sich verliebt hatte. Der Zauberer musste Viviane all sein Wissen preisgeben, um sie für sich zu erobern. Sein letztes Geheimnis war die Kunst, einen Mann für immer einzuschließen. Kaum hatte Merlin es ihr verraten, erprobte Viviane das neue

Am Spiegelsee der Fee Morgane in der Forêt de Paimpont kam Merlin ins Träumen

Können an ihrem törichten Liebhaber und bannte ihn für die Ewigkeit in einen durchsichtigen Sarg. Zuvor hatte der Magier seiner Angebeteten auf dem Grund des Sees von Comper ein Kristallschloss gebaut, in dem sie den tapferen Lancelot zum Ritter erzog.

Der Ort ist es sich wohl schuldig, ein wissenschaftliches Zentrum zur Erkundung der Artuslegende zu unterhalten. Das **Centre de l'Imaginaire Arthurien** initiiert in der Burg Veranstaltungen zum Keltentum und zu König Artus (Tel. 02 97 22 79 96, http://centre-arthurien-broceliande.com, März–Juni, Sept., Okt. Do–Mo 10–17.30, Juli, Aug. 10–19 Uhr, 7 €).

St-Méen-le-Grand ▸ K 4

Der Ort geht auf eine der ältesten Abteigründungen der Bretagne zurück, doch wurden die frühen Gebäude mehrfach durch Normannen und Franzosen zerstört. Die heutige **Kirche** datiert ins 12.–14. Jh. und besitzt noch einige Fresken aus dieser Zeit. Das Grabmal des heiligen Gründers auf dem Friedhof stammt aus dem 15. Jh.

Doch ist St-Méen weniger für seine Kirchen- und Kunstgeschichte bekannt als dafür, dass hier der Radrennfahrer Louison Bobet geboren wurde, der in den 1950er-Jahren einige Male das Gelbe Trikot der Tour de France errang. Seine Heimatstadt hat ihm das kleine **Musée Louison Bobet** gewidmet (5, rue de Gaël, Mo–Sa 9.30–12, 14–17.30, So 14–17, außerhalb der Saison Mo geschl., 5 €).

Hédé ▸ L 4

In der romanischen **Dorfkirche** von Hédé befinden sich eine Madonna aus Alabaster (17. Jh.) und ein Hochaltar mit geschnitztem Retabel. 1,5 km nordöstlich von Hédé, an der Straße nach Combourg, überwindet der **Ille-Rance-Kanal** über elf Schleusen einen Höhenunterschied von 27 m.

Château de Montmuran ▸ L 3/4

Les Iffs, 7 km westlich von Hédé, Tel. 02 99 45 88 88, www.chateau-montmuran.com, Juni–Sept. So–Fr 14–19 Uhr, 5 €; Chambre d'hôte auf Vorbestellung, Tel. 02 99 45 88 88, DZ mit Frühstück 80 €

Die Häuser des kleinen Weilers scharen sich um die imposante Burg Montmuran mit Türmen (12. Jh.) und einem Wohntrakt (17. Jh.), in dem gelegentlich Konzerte stattfinden. In einem der Türme informiert ein kleines Museum über die Geschichte von Montmuran.

Schillerndster Bewohner der Burg war Bertrand du Guesclin. Geboren um 1320, trat er 1356 als Feldherr in königliche Dienste und nahm noch im selben Jahr die bretonische Hauptstadt ein, die damals von Englands Verbündetem Yann de Montfort besetzt war. Im Anschluss wurde Bertrand zum Ritter geschlagen, rettete das von den Engländern belagerte Dinan, musste aber 1364 bei Auray eine Schlappe gegen Yann de Montfort hinnehmen. 1369 wurde du Guesclin König von Granada und 1370 Konnetabel des Königs von Frankreich. Zehn Jahre später starb er im Kampf in der Auvergne. Die Eingeweide wurden in der Nähe des Schlachtfeldes in Le Puy beigesetzt, das Fleisch bei Montferrand, das Skelett in der Kirche St-Denis in Paris. Lediglich das Herz fand seinen Weg zurück in die Heimat, wo es in der Basilika von Dinan ruht.

Essen & Trinken

Ländlich – **La Vieille Auberge:** Route de St-Malo, Tel. 02 99 45 46 25, So abends und Mo geschl., Menü ab 26 €. Als Gourmetadresse gepriesen, hält die Küche nicht ganz diesem Versprechen stand, sind die Preise etwas zu hoch gegriffen. Zu empfehlen ist das Haus aus dem 17. Jh. dennoch, vor allem wegen der Lage an einem See, die man im Sommer auf der Terrasse genießt.

Combourg ▶ L 3

Der Charme des Örtchens geht von dem mächtigen Schloss aus, das sich im Wasser eines Sees spiegelt und die kleinen Häuser von Combourg zu erdrücken scheint. Dieses Château aus dem 11.–15. Jh. gehörte ursprünglich der Familie du Guesclin. Bekannt wurde es aber durch den Schriftsteller François-René Chateaubriand, dessen Vater das Anwesen erworben hatte.

Château de Combourg

Tel. 02 99 73 22 95, www.chateau-combourg.com, April–Okt. So–Mo (Juli, Aug. auch Sa) Park 10–12.30, 14–18, Schloss 14–17.30 Uhr, 8,30 €

Chateaubriand verbrachte zwei Jahre seiner Kindheit auf Schloss Combourg. Sein Vater war ein äußerst schweigsamer Mensch, der sich wie die Mutter wenig um die Kinder kümmerte. So trösteten sich René und Schwester Lucille gegenseitig über die düstere Zeit in dem damals fast leeren Château hinweg. Das von einem Park umgebene Schloss ist noch heute im Besitz von Chateaubriands Nachfahren. Das Interieur wurde im späten 19. Jh. weitgehend verändert. Es sind aber noch einige Erinnerungsstücke zu sehen, die aus der Pariser Wohnung des Schriftstellers stammen.

Übernachten, Essen

Am See gelegen – **Du Château:** 1, pl. Chateaubriand, Tel. 02 99 73 00 38, www.hotelduchateau.com, Mitte Dez.–Mitte Jan. geschl., 33 Zimmer, DZ 72–140 €, EZ ab 67 €. Das Haus, das im 19. Jh. die Gendarmerie beherbergte, liegt direkt am See und verfügt über Garten und Parkplatz. Die Zimmer sind altbacken eingerichtet, aber geräumig. Das Restaurant mit seinem guten Service und der tadellosen Küche (Fisch und lokale Gerichte) ist auch denen zu empfehlen, die nicht im Ort übernachten wollen (Okt.–Mitte April So abends geschl., Menü 26–36 €).

Aktiv

Reiterhof – **Alliance Nature:** 3, Hameau de la Rue, Feins, 14 km südöstlich, Tel. 06 75 11 44 86, https://alliancenature.ffe.com. Vermietung von Ponys und Pferden. Preisbeispiel: Pferd 1 Std. 15 €.

Infos

Office de Tourisme: 9bis, rue Notre-Dame, 35270 Combourg, Tel 02 99 73 13 93, http://tourisme.bretagne romantique.fr.
Bahn: Combourg liegt an der Strecke Rennes–Dol-de-Bretagne.
Bus: Rennes mit Buslinie 11 der Gesellschaft Illenoo, weitere Verbindungen nach Dol-de-Bretagne und Dinan.

Dol-de-Bretagne ▶ L 2

Noch im Mittelalter war die nahe Bucht des Mont St-Michel tiefer ins Land eingeschnitten als heute. Aus dem alten Küstensaum wurden Sümpfe und schließlich, durch menschliches Zutun, Äcker, auf denen nun Frühkartoffeln und Karotten gedeihen. Aus diesem Ackerland ragt ein stattlicher Fels empor, der 65 m hohe **Mont Dol.** Ebenso wie der Mont St-Michel war er ein Kultort der Kelten, aber schon zuvor, in der Altsteinzeit, von Menschen bewohnt, wie Funde belegen. Aus dem Neolithikum stammt der **Menhir de Champ-Dolent** ca. 2 km südlich, der eindrucksvolle 9,30 m hoch ist.

In dieser geschichtsträchtigen Gegend landete im 6. Jh. Samzun oder Samson aus Wales, den man zu den sieben heiligen Gründervätern der Bretagne rechnet. Mit Hilfe seines druidischen Geheimwissens heilte der Neuankömmling Gemahlin und Tochter eines Gallo-Römers namens Privatus, der dem Waliser zum Dank ein Stück Land überließ. Hier gründete Samson eine Reihe von Pfarren, darunter im Jahre 548 Dol-de-Bretagne südlich des Mont Dol, das er zu einem bedeutenden geistlichen Zentrum entwickelte. Seit der Krönung des ersten bretonischen Herzogs Nominoë, die 848 hier stattfand, war Dol sogar Erzbistum, woraus sich das Bemühen ablesen lässt, die Bretagne auch in kirchlicher Hinsicht unabhängig zu machen.

Cathédrale St-Samson

Place de la Cathédrale

Inmitten alter Häuser, von denen eines noch ins 12. Jh. datiert (Nr. 17, Grande Rue des Stuarts), steht die Kathedrale, die dem hl. Samson geweiht ist. Das pompöse Bauwerk wurde im 13. Jh. aus Granit errichtet, nachdem Jean sans Terre 1203 die Vorgängerkirche hatte niederbrennen lassen. Ein berühmtes gotisches **Chorfenster** mit Darstellungen aus dem Leben Samsons überstand die Wirren der Zeit und sogar die Verwüstungen während der Französischen Revolution. Auch das etwas jüngere Chorgestühl aus dem 14. Jh. verdient Beachtung.

Übernachten

Unter der Baumkrone – **Cabanes, Domaine des Ormes:** Épiniac, 8 km südlich von Dol, Tel. 02 99 73 53 00, www.lesormes.com, 19 Hütten, DZ ab 109 € mit Frühstück. In 4–13 m Höhe unter einer Baumkrone nächtigt man in Holzhütten (cabanes) – ohne Strom und Wasser, mit Trockentoilette. Angesichts der spartanischen Ausstattung scheint der Preis recht hoch. Das Hüttendorf liegt in einem weitläufigen Park um ein altes Herrenhaus mit diversen Freizeitangeboten, wie 18-Loch-Golfplatz, Reitstall, Ponyclub, Pool, Abenteuerparcours, Kanuverleih. Als Unterkunft stehen außerdem ein Drei-Sterne-Golfhotel, ein Campingplatz, Hütten verschiedener Art oder Ferienwohnungen zur Wahl. März–Nov. zudem Restaurant (Menü 28–48 €).

Einkaufen

Bauernmarkt – **Marché de la Grande Rue:** Sa 8–13 Uhr großer Markt mit landwirtschaftlichen Produkten aus der Region.

Markt und Folklore – **Mont Dol:** Juli und Aug. jeweils Mi ab 17 Uhr Lebensmittelmarkt und Musikdarbietungen am Mont Dol.

Infos & Termine

Office de Tourisme: 5, pl. de la Cathédrale, 35120 Dol-de-Bretagne, Tel. 02 99 48 15 37, www.pays-de-dol.com.

Bahn: Nach St-Malo, Pontorson (Busanschluss zum Mont-St-Michel), über Dinan nach Lamballe und St-Brieuc.

Bus: Nach Rennes und St-Malo.

Musiques traditionnels: Mitte Juli–Ende Aug. jeweils Fr ab 17 Uhr, Folkloredarbietungen mit Musik und Tanz in traditionellen Trachten.

Das Beste auf einen Blick

Mont St-Michel und Côte d'Émeraude

Highlights!

Mont St-Michel: Der malerische Fels im Wasser zählt für Franzosen zum nationalen Pflichtprogramm. Dass man beim Steilanstieg zum Kloster ins Geschiebe gerät, ist das Los des Touristen. Ohnehin schöner als die Kletterpartie, sogar wunderschön ist der Fernblick auf den Berg. S. 112

Ville close in St-Malo: Das ummauerte Piratennest wurde im Zweiten Weltkrieg zerstört, ist aber längst restauriert. S. 120

Auf Entdeckungstour

Hoch und heilig – der Mont St-Michel von innen: Tausende von Touristen stapfen über den Klosterberg und lassen sich vom Singsang der Fremdenführer in eine Wolke aus Historie und Kunsthistorie tauchen. Die alternative Tour führt zu bekannten und weniger bekannten Winkeln am Berg, immer mit dem Blick auf Besinnung. S. 114

Ausguck nach England – Fort La Latte: Der trutzigen Festung aus dem Mittelalter haben US-Filmemacher eine Wikinger-Episode angedichtet und zu Beliebtheit verholfen. Tatsächlich war das Bollwerk bedeutender Ausguck auf die Aktivitäten der Erzfeinde in England und Wächter über St-Malo. S. 134

Kultur & Sehenswertes

Rochers sculptés in Rothéneuf: Hunderte von Figuren, die ein Geistlicher in die Felsen am Strand meißelte, laden ein zur fantastischen Reise ins Kleinteilige. S. 118

Dinan: Malerischer Flusshafen mit steinaltem Fachwerk. S. 128

Zu Fuß & mit dem Rad

Bucht von St-Michel: Durchs Watt wandern ist schön, aber gefährlich. Führer erforderlich! S. 113

Vélos Bleus: Fahrrad oder Mountainbike ausleihen und dann St-Malo und Umgebung sportlich erkunden. S. 126

Küstenwanderung auf dem Sentier des Douaniers: Der Zöllnerpfad zwischen dem Cap Fréhel und Fort la Latte bietet fantastische Ausblicke – Schwindelfreiheit vorausgesetzt! S. 133

Genießen & Atmosphäre

Austernbänke von Cancale: Frische Seeluft und der Blick aufs Watt – die Bretonen wissen, wie man Austern wirklich genießt. S. 117

Grand Hôtel des Thermes in Paramé: Das traumhaft gelegene Kurhotel ist eine Wiege der Thalassotherapie. S. 123

Flussfahrt auf der Rance: Auf dem Restaurantboot zwischen Dinard und Dinan bleibt der Seele nichts anderes, als zu baumeln. S. 129

Abends & Nachts

Le Théâtre in St-Malo: Casinos und schließlich nur noch Eulen sind nächtliche Begleiter im fernen Westen. In St-Malo kann man zuvor noch einmal echte Theaterstars erleben. S. 127

Ein Smaragd aus Wasser

Einen langen Streit hat die Bretagne verloren, weil die Natur es so wollte. Als der Grenzfluss Couesnon sich bequemte, westwärts zu wandern, überließ er den Mont St-Michel dem Erbfeind Normandie. Jährlich drei Millionen Urlauber fotografieren also ein durchaus unbretonisches bretonisches Wahrzeichen. Dessen besonderer Reiz liegt mehr im Blick darauf als im Spaziergang darüber. Politur erhielt das Postkartenmotiv, nachdem der Staat 2005 begann, der Verlandung Einhalt zu gebieten und die »splendid isolation« der Insel wiederherzustellen.

In der Tat gestaltet sich ein Aufenthalt an der Bucht von Mont St-Michel eher als Schlammschlacht denn als Badevergnügen. Der spektakuläre Tidenhub füllt rasend schnell das große Becken auf, um es dann wieder als Morast zurückzulassen. Davon profitiert die Austernzucht in Cancale, doch ein Badebetrieb beginnt erst hinter der einstigen Korsarenhochburg St-Malo in Dinard – dann aber gleich mit großem Tamtam. Claude Debussy schrieb in St-Lunaire seine Sinfonie »La Mer« und ehrte damit das Wasser, das so hübsch grün leuchtet – die ›Smaragdküste‹ verdient ihren Namen.

Am Cap Fréhel steht alle Welt und bestaunt diese beeindruckende Farbigkeit, folgt in Gedanken dem Zug der Wasservögel, um dann die Zelte in einem der preiswerteren Badeorte aufzuschlagen: Erquy, Pléneuf-Val-André oder St-Brieuc. Dort ist es genauso, wie es am Meer zu sein hat – mit ganz viel Sand.

Infobox

Internet
www.cotesdarmor.com.

Verkehr
Bahnverbindung auf den Strecken St-Malo–Rennes und Pontorson–St-Brieuc. Ein engmaschiges Streckennetz von Bussen der Gesellschaft Tibus versorgt das Département Côtes d'Armor (Tel. 08 10 22 22 22, www.tibus.fr).

Mont St-Michel!

▶ M 2

Nach dem Eiffelturm ist er das meistbesuchte Touristenziel Frankreichs: der Mont St-Michel. Jährlich steigen etwa drei Mio. Feriengäste schwitzend den imposanten Felskegel empor. Der enorme Urlauberandrang kann den Genuss versalzen, zumal es vor lauter Menschen oft schwierig oder unmöglich ist, die Innenräume der Klosteranlage zu besichtigen. Doch die Außenansicht ist eindrucksvoll genug.

Schon aus 30 km Entfernung erkennt man den Granitfelsen inmitten der seichten Bucht. Eine Sturmflut im Jahre 709 n. Chr. trennte ihn vom Festland, doch ein 1877 errichteter Damm trug zur neuerlichen Verlandung bei. Nur bei Springflut, wenn Sonne, Mond und Erde in einer Achse stehen, umspülte das Meerwasser noch den Fuß des Felsens. 2005 begann man damit, den Sand aus der Bucht zu baggern, 2015 erhielt der Klosterberg seine traumhafte Insellage zurück. Geparkt wird weit vor der Insel (Gebühr 8,50 €). Für die restliche Strecke steht eine fi-

Wandern im Watt

Wer den Mont St-Michel bei Ebbe besucht, der kann vom Deich aus durchs Watt zur vorgelagerten Insel Tombelaine wandern (ca. 1,5 Std. hin und zurück). Doch Vorsicht: Man muss sich unbedingt nach den Gezeiten erkundigen, denn die Flut bricht schnell und ohne Vorboten herein. Da zudem Treibsand lauert, sollte man sich einem ortskundigen Führer anvertrauen. Kommentierte Wattwanderungen: Chemins de la Baie du Mont St-Michel, 34, rue de l'Ortillon, 50530 Genêts (ca. 30 km nordöstlich vom Mont St-Michel), Tel. 02 33 89 80 88, www.cheminsdelabaie.com, ab 7,60 €/Person.

ligrane Stelzenbrücke des Architekten Dietmar Feichtinger zur Verfügung.

708, ein Jahr vor jener Sturmflut, soll dem Bischof Aubert von Avranches der Erzengel Michael erschienen sein und ihm aufgetragen haben, auf dem 78 m hohen Felskegel eine Andachtsstätte zu errichten. Aubert machte sich auf den Weg nach San Galgano in Italien, um dort Reliquien für die neue Kirche zu erwerben. Zurück in der Bretagne, traute er seinen Augen nicht angesichts der veränderten Natur des Berges, der ja nun eine Insel war. Freilich hielt ihn das nicht von seinem Bauvorhaben ab. Aubert gründete die erste Kirche für St-Michel, die mit den Jahrhunderten zu einer grandiosen Wallfahrtsstätte heranwuchs. Heute thront eine Statue des hl. Michael in 156 m Höhe auf dem Glockenturm aus dem Jahre 1897.

Grande Rue

Eingang zu dem ungewöhnlichen Inselparadies ist die **Porte l'Avancée.** Pilger früherer Zeiten, die es bis hierher schafften, hatten Glück. Es war nämlich durchaus keine Seltenheit, auf den letzten Metern im gefährlichen Treibsand sein Leben zu verlieren. Heute geht es sicheren Fußes zum Tor und dann in die Grande Rue, das einzige Sträßchen des Felskegels. In den Häusern, die teils noch aus dem späten Mittelalter stammen, haben sich Souvenirläden und Restaurants etabliert (s. auch Entdeckungstour S. 114).

▷ S. 116

Auf Entdeckungstour: Hoch und heilig – der Mont St-Michel von innen

Tausende von Touristen stapfen über den Klosterberg und lassen sich von dem nicht enden wollenden Wortschwall der Fremdenführer in eine Wolke aus Historie und Kunsthistorie tauchen. Diese alternative Tour führt zu bekannten und weniger bekannten Winkeln am Berg, immer mit dem Blick auf Besinnung.

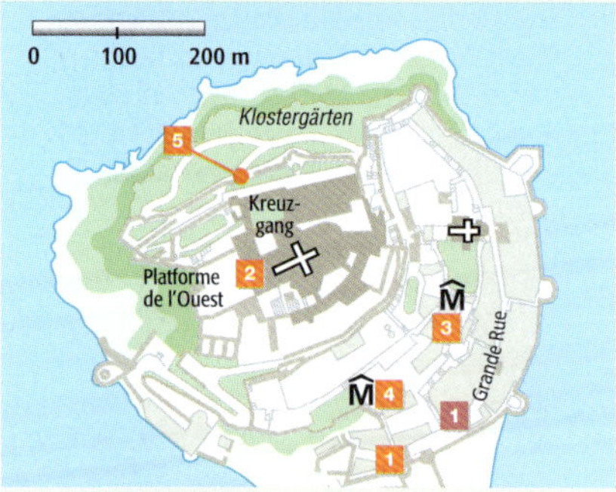

Reisekarte: ▶ M 2

Infos: www.ot-montsaintmichel.com
Öffnungszeiten: La Mère Poulard, s. S. 116; Abbaye Mai–Aug. tgl. 9–19, Sept.–April 9.30–18 Uhr; Musée Historique Grévin und Archéoscope Juli, Aug. tgl. 9–18.30, Febr.–Juni, Sept.–Nov. 9–16.30 Uhr, Eintritt je Museum 9 €
Start: An der Porte l'Avancée 1
Dauer: 3–4 Std.

Taka-taka-bum, taka-bum-bum. Bei **Mère Poulard** 1 am Fuß des Mont St-Michel schlagen die Köche den Omeletteteig im Takt – eine wahre Pfannkuchen-Show. Während der vielen Jahre, in denen der Teig so taktvoll geschlagen wurde, haben Mutter Poulard und ihre Kinder den Berg erobert mit Keksen, Crêperien, Edelrestaurant und Hotel am alten Stammsitz beim Stadttor. Von Postkarten mit wunderschönen Inselansichten bis zum hl. Michael im Schüttelglas ist auf dem Weg bergan zur **Abtei** 2 und ›dem Wunder‹ jedes Souvenir erhältlich. Nur Besinnlichkeit muss man sich selbst bereiten.

Das Wunder des Lichts

Es kommt vor, dass die Pforten von **La Merveille** zu bersten drohen vor lauter Touristen, die das Wunder sehen wollen. Sie alle folgen einem unvernünftigen Herdentrieb und wollen bei schönstem Wetter im Sturm erobern, was sich nicht einmal greifen lässt. Ratsam hingegen wäre ein Regentag außerhalb der Saison, ohne Begleitung eines unablässig redenden Führers und ohne die sperrigen Geräte, die abspulen, unter welchem Abt gotische Gewölbe auf romanische Rundbögen gesetzt wurden. Das Wunder will nicht verstanden, sondern bestaunt werden. Dazu gehört auch, ziellos durch die Katakomben zu schweifen, sich wortwörtlich zu wundern, in welche Kellertiefen man da hinabsteigt. Nicht Führer, aber lenkender Begleiter ist dabei das Licht. Folgen Sie ihm, vielleicht mit der Kamera oder gar als Zeichner, entdecken Sie für sich, wo es mystische Stimmungen zaubert, die hier seit dem Mittelalter die einzige Konstante sind.

Teuer, aber spaßig

Hart an der Grenze zum Unseriösen bewegen sich die Museen des Berges, für die man tief in die Tasche greifen muss. Seltsam allein die 35 Wachsfiguren im **Musée Historique Grévin** 3, die mit den Stimmen bekannter Schauspieler Geschichtliches berichten. Nicht anders wirkt der Spuk im **Archéoscope** 4. »Dein Weg nimmt hier ein Ende, du bist an einem der historischen Schauplätze dieser Welt angelangt.« Mit diesen Worten aus dem Off wird der Besucher in einen Saal geleitet, in dem Videos, Lasertechnik und ein Modell des Klosterberges das gewaltige Bauprojekt in eine visuelle Kurzfassung pressen.

Die Flut als Schauspiel

Mehr als 40 Euro sind auf der Strecke geblieben für ein Kloster, zwei Museen und ein Omelette. So ist es Zeit für ein kostenloses Vergnügen, nämlich den Abstieg durch den **Hintereingang des Mont St-Michel** 5. Seltsamerweise geht kaum jemand diesen Weg entlang der Nordflanke des Berges, so als sei der Spießrutenlauf durch die Souvenirgasse die reinste Wonne. Unten angelangt, schleichen Sie sich zur Abwechslung mal vorbei am Parkplatz Richtung Festland und suchen den Punkt, wo sich der Klosterberg am schönsten im Wasser spiegelt. Ist noch kein Wasser da, so lohnt es sich, ein Lunchpaket auszupacken und auf die Flut zu warten. Das tun zu geeigneter Stunde viele Franzosen, weil sie wissen, dass die Natur immer noch die schönsten Bilder zaubert. Es ist schlichtweg göttlich, wenn beim Licht der untergehenden Sonne die Wellen mit Macht den noch trockenen Sand überspülen und Vögel aufgeschreckt in den Himmel flattern. Dort ist jetzt wieder Platz, da die Düsenjäger, die manchmal mit Farbpulver die Trikolore über dem Nationaldenkmal ausstreuen, wieder im Hangar stehen.

Abbaye St-Michel

www.abbaye-mont-saint-michel.fr, Mai–Aug. tgl. 9–19 Uhr, Sept.–April tgl. 9.30–18 Uhr, 10 €

Von der Pfarrkirche St-Pierre (15./16. Jh.) am Ende der Grande Rue geht es steil bergan zur **Abteikirche,** die auf eine Stiftung des Bischofs Aubert zurückgeht. Die Gründung eines ersten Klosters im Jahre 966 und der erste Ausbau der Kirche im 10./11. Jh. fanden unter den normannischen Herzögen statt. Diese Kirche im vor- und frühromanischen Stil trägt den Namen **Notre-Dame sous Terre** – ›unter der Erde‹, denn sie bildet die Krypta der eindrucksvollen romanischen Kirche, die im 12. Jh. unter englischen Königen errichtet wurde. Es war ein fragiles Gotteshaus: 1421 stürzte der mächtige Chor ein. Beim Wiederaufbau – ein Meisterwerk gotischer Architektur – wurde die Krypta zugeschüttet (sie ist erst seit 1965 wieder zugänglich).

Auch an den Klostergebäuden, die im 11. Jh. von Benediktinern bezogen wurden, sind die drei Bauphasen abzulesen. Am prächtigsten gestaltet ist ein dreistöckiger Gebäudetrakt aus den Jahren 1211–28, der den Namen **La Merveille** (das Wunder) trägt. Er besteht u. a. aus Almosenhalle, Speisesaal, Rittersaal und einem wundervollen gotischen **Kreuzgang.** Damals, unter französischen Königen, wurde auch mit dem Bau von Befestigungsanlagen begonnen. Sie bewahrten die Insel im Hundertjährigen Krieg vor Übergriffen aus England. Erst die Französische Revolution wurde dem Mont St-Michel zum Verhängnis: Auf Brand und Plünderungen folgte 1811 die Umgestaltung der Klosteranlage in ein Gefängnis. Napoléon III beendete das traurige Kapitel, stellte den Berg 1874 unter Denkmalschutz und veranlasste eine sorgsame Restaurierung. 1969 zogen wieder Mönche in La Merveille ein.

Musée Maritime

Rue Principale, Febr.–Dez. tgl. 9–18 Uhr, 9 €

Ursprünglich eine Ausstellung zum Gezeitenwechsel und zur Verlandung des Mont St-Michel, widmet sich das Museum jetzt auch der gigantischen Bemühung, die aus dem Felsen wieder eine Insel gemacht hat. Das Haus verfügt zudem über einen Souvenirladen.

Übernachten, Essen

Eine Legende – **La Mère Poulard:** Grande Rue, Tel. 02 33 89 68 68, www.merepoulard.fr, 27 Zimmer, DZ ab 150 € (bei Buchung im Internet Sonderangebote bei diversen Anbietern). Treppen sollte man nicht scheuen, wenn man hier einchecken möchte. Die Zimmer (mit WLAN) sind klein, die Lage des Hauses ist aber fantastisch. Zu den berühmten Gästen der längst verstorbenen Mutter Poulard zählte der Impressionist Claude Monet. Schon er genoss die legendären Omelettes, die das gute, aber teure Restaurant serviert (Menü ab 38 €).

Praktisch – **Hôtel Vert:** Route du Mont St-Michel, Tel. 02 33 60 09 33, www.hotelvert-montsaintmichel.com, 54 Zimmer, DZ ab 69 €. Modernes Haus mit Einkaufsmöglichkeiten, WLAN und einem Privatparkplatz in unmittelbarer Nähe des Klosterhügels. Im Restaurant gibt es Fisch und Grillgerichte (Menü ab 20 €).

Ohne Reservierung – Entlang der Straße nach Cancale liegen viele zumeist nette **Chambres d'hôte,** in denen man auch kurzfristig ein günstiges Zimmer findet.

Aktiv

Ballonfahrt – **Normandie Montgolfière:** 5c, Route du Bourg, Sublig-

ny ca. 30 km nordöstlich vom Mont St-Michel, Tel. 06 08 33 42 07, www.normandie-montgolfiere.com. Etwa 1 Std. dauert die eigentliche Ballonfahrt, weitere 2–3 Std. die gesamte Unternehmung incl. Rückkehr im Allradfahrzeug vom Landeplatz nach Subligny. Saison sind die Monate April–Okt. Preis pro Person ab 380 €.
Ultraleichtflieger – **Didier Hulin, U.L.M.:** 4, chemin des Cognets, Dragey, ca. 36 km nördlich vom Mont St-Michel, Tel. 02 33 48 67 48, www.ulm-mont-saint-michel.com. Während bei einer Ballonfahrt die Richtung vom Wind abhängt und der Mont St-Michel auch schon mal verfehlt werden kann, erreicht der Ultraleichtflieger immer sein Ziel. Der Pilot kann nur einen Passagier mitnehmen. Der Flieger steigt auf 900 m Höhe und umrundet in 20 Min. den Mont St-Michel (100 €).
Ausflüge per Boot und zu Fuß – **Le Vivier-sur-Mer**: Von dem Ort ca. 20 km Richtung Cancale kann man Bootsfahrten und bei Ebbe Ausflüge zu den Austernbänken, Vogelreservaten und Robbenkolonien der Bucht von Mont St-Michel unternehmen.

Infos & Termine

Office de Tourisme: Am Eingang zum Klosterhügel, 50170 Le Mont-St-Michel, Tel. 02 33 60 14 30, www.ot-montsaintmichel.com.
Bus: Verbindung nach Rennes und Pontorson (dort Anschluss an die Bahnlinie Dol–Caen).
Stadtverkehr: Im Großraum St-Malo sind die Busse von Kéolis nützlich www.annuaire-emeraude.com.
Marathon de la Baie du Mont-St-Michel: Mai/Juni (wechselndes Datum), 5000 Läufer aus 30 Nationen absolvieren die Marathonstrecke von Cancale zum Mont St-Michel.
Rando Baie sur les Chemins de St-Michel: Sept., Pilgerfahrt aus ganz Frankreich zum Klosterfelsen. Am Ende, rund um den Namenstag des Heiligen (29. September), ein dreitägiges Fest am Mont St-Michel.

Cancale ▸ L 2

Bei der Anfahrt von Osten sieht man in der Ferne schon das einstige Korsarennest Cancale, das sich malerisch in eine felsige Bucht schmiegt. Vom Turm der **Pfarrkirche St-Méen** (19. Jh.) bietet sich eine glänzende Aussicht über das Städtchen. Einst brachen die Fischer von hier aus nach Neufundland auf. Ein Großsegler, wie er damals zum Einsatz kam, wurde nachgebaut und steht heute für Ausflüge im Hafen La Houle bereit. Bekannt aber ist Cancale für die Austernzucht. Bei Ebbe schweift der Blick über 400 ha **Austernbänke,** zu denen die Züchter mit flachen Booten hinausfahren, um zu ernten. Emsiges Treiben herrscht dann an den Kais.

Pointe du Grouin

Etwa 5 km nördlich von Cancale erhebt sich 40 m über dem Meer ein malerischer Aussichtspunkt. Die vorgelagerte **Île des Landes** bietet Seevögeln ein Schutzgebiet.

Übernachten, Essen

Die meisten Hotels in Cancale kann man als hoffnungslos überteuert ansehen, zumal es in vielen Häusern feucht ist und dünne Wände eine unruhige Nacht befürchten lassen. Preiswerter und komfortabler sind einige der Chambres d'hôte entlang der Straße zum Mont-St-Michel.
Traumhafte Lage – **Du Grouin:** Pointe du Grouin (5 km nördlich von Can-

cale), Tel. 02 99 89 60 55, www.hotelpointedugrouin.com, April–Mitte Nov., 15 Zimmer, DZ 97–172 €. Die grandiose, abgeschiedene Lage auf einer Klippe über dem Meer ist das schlagende Argument für dieses Haus. Dagegen steht leider, dass die Zimmer sehr klein sind und der Service nicht recht überzeugt. Das Restaurant lebt von einem guten Ruf, den sich der Patron kräftig bezahlen lässt (Di ganztägig, außerhalb der Saison auch Do mittags geschl., Menü 27–90 €).

Nur schön mit Meerblick – **Le Phare:** 6, quai A. Thomas, Tel. 02 99 89 60 24, www.lephare-cancale.com, Dez.–Jan. geschl., 11 Zimmer, DZ 55–80 €. Preis und Leistung stehen in diesem Hotel noch in ausgewogenem Verhältnis. Das alte Haus am Hafen besitzt empfehlenswerte Zimmer mit Meerblick, aber auch preiswertere Räume *sur falaise,* also zur schroffen Felswand hin. Die recht gute Fischküche im hauseigenen Restaurant umfasst auch Hummer (Menü 15–30 €).

Aktiv

Ausritte am Meer – **La Cravache:** La Petite Vallée, 5 km westlich von Cancale in St-Coulomb, Tel. 02 99 81 65 03, www.lacravache-saintmalo.fr, So geschl. Für 22 € pro Stunde vermietet der Reitclub Pferde, mit denen man in wenigen Minuten den Strand erreicht.

Küstenwanderung – **Sentier des Douaniers:** Ein schönes Teilstück des GR 34, auf dem einst die Zöllner patroullierten, führt immer an der Küste entlang von Cancales Hafen La Houle nach St-Malo.

Infos

Office de Tourisme: 44, rue du Port, 35260 Cancale, Tel. 02 99 89 63 72, www.ville-cancale.fr.

Rothéneuf ▸ L 2

Herrliche Ausblicke bietet die Küstenstraße von Cancale zum Badeort Rothéneuf. In dem verwinkelten Dorf lebten zwei äußerst unterschiedliche Männer, die ihrer Heimat bedeutende Attraktionen hinterließen: Manoir de Limoëlou und Rochers sculptés.

Manoir de Limoëlou

Rue David-Macdonald Stewart, Tel. 02 99 40 97 73, www.musee-jacques-cartier.fr, Juni–Sept. tgl. 10–12, 14.30–18 Uhr (Juni und Sept. So geschl.), Okt.–Mai Führung Mo–Sa 10 und 15 Uhr, 6 €

In diesem Haus wohnte Jacques Cartier (1491–1557), der 1534 und 1535 auf der Suche nach Gold von St-Malo aus zwei große Atlantikreisen unternahm und im fernen Nordwesten die Mündung des Sankt-Lorenz-Stroms entdeckte. Wie Kolumbus so war auch er überzeugt, auf dem asiatischen Kontinent gelandet zu sein. In Wahrheit hatte er einen Seeweg nach Kanada gefunden und seinem Vaterland die Tür für einen ertragreichen Handel geöffnet. Allerdings ließ sich Paris Zeit, anstatt die Gelegenheit beim Schopf zu packen: Erst 1608 entstand mit Québec die erste französische Kolonie auf kanadischem Boden. Das Haus enthält Erinnerungsstücke an Cartier, widmet sich aber auch der Geschichte der Entdeckungsfahrten.

Rochers sculptés

Juli, Aug. tgl. 9–20, Juni–Sept. Do–Di 9–19, sonst, Do–Di 10–12, 14–18 Uhr, 3 €

Eine erstaunliche Leistung vollbrachte Rothéneufs Abbé Adolphe-Julien Fouéré (1839–1910). Der Geistliche hatte im Alter von 30 Jahren einen Schlaganfall erlitten und war seither stumm und halbseitig gelähmt. In seinem Kummer

Die Felsskulpturen in Rothéneuf sind das Werk eines ungewöhnlichen Künstlers

zog er sich an einen stillen Ort an der Küste zurück. Nach einer Weile begann er dort Fantasiefiguren in den Fels zu meißeln. Am Ende seiner Tage hatte der schwerbehinderte Künstler etwa 300 Heilige, Dämonen, Tiere und Mythengestalten in Stein verewigt.

Essen & Trinken

Savoir vivre – **Le Bénétin:** 4, chemin des Rochers sculptés, Tel. 02 99 56 97 64, www.restaurant-lebenetin.com, Jan.–Mitte Febr. geschl., Menü 22–85 €. Moderne Einrichtung, grandiose Lage am Meer und raffinierte Küche vereinen sich in diesem Gourmet-Restaurant, dessen Speisekarte monatlich wechselt, stets aber den Schwerpunkt auf Fisch und Meeresfrüchte setzt. Das preiswerte Einstiegsmenü mit drei Gängen täuscht, denn es ist nur wochentags erhältlich. Wer nach Karte bestellt, benötigt eine gut gefüllte Brieftasche.

St-Malo ▸ K 2

Grau, finster und wie ein unerschütterlicher Block, so kauert sich die Altstadt von St-Malo auf eine Granitinsel. Ihre Schokoladenseite weist Richtung Meer, während zum Land hin ein trutziger Mauerriegel Wehrhaftigkeit symbolisiert. Was für die Ewigkeit errichtet scheint, wurde im August 1944 Opfer von Bombenangriffen. 80 % der Bausubstanz lagen in Schutt und Asche. Nach dem Krieg begann man, die befestigte Stadt (Ville close oder Intra-Muros) unter Verwendung des noch brauchbaren Materials im Stil des 18. Jh. komplett zu restaurieren. Der Gang durch die engen Straßen, vorbei an dunklen Granitmauern, löst heute eher Beklemmung aus. Empfehlenswerter ist es, St-Malo auf der Krone seiner Festungsmauer zu umrunden, um aus sonniger Höhe auf die Pracht der Reederhäuser hinabzublicken.

Stadtgeschichte

Schon im frühen Mittelalter hatten sich die Menschen der Region vor den Normannen auf die Insel zurückgezogen. Im Laufe der Jahrhunderte errangen sie ein gewisses Maß an Selbständigkeit. 1590 etwa, als der französische Verwalter St-Malo dem Protestanten Henri IV übergeben wollte, rebellierten die katholischen Bürger und riefen eine unabhängige Republik aus. Bei der Rückkehr in den Schoß der französischen Krone 1594 ließ sich St-Malo garantieren, die Stadtflagge höher hängen zu dürfen als die französische.

100 Jahre später stieg die Stadt zur Hochburg der Korsaren auf. Frankreich besaß bislang keine Tradition als Seemacht. Nun aber, da Europa um Besitzungen in Übersee kämpfte, musste sich das Land um eine eigene starke Flotte bemühen. Der König entschloss sich zu einer kostengünstigen Lösung, indem er Fischer mit Kaperlizenz ausstattete und auf Schiffe der Konkurrenten hetzte. Der Erfolg der Korsaren basierte auf der Wendigkeit ihrer Segler. Die mächtigen, aber schwerfälligen Kriegsschiffe der Gegner konnten gegen sie wenig ausrichten. Bis ins 18. Jh. währte St-Malos Ruhm als Korsarennest, dann verlegte man sich auf den Export von Sklaven und Stoffen. Der Hafen blieb der bedeutendste Frankreichs, heute ankern hier Jachten, Fischerboote, Frachter und Fähren.

Ville close !

Château 1

Tel. 02 99 40 71 57, April–Sept. tgl. 10–12.30, 14–18, sonst Di–So 10–12, 14–18 Uhr, 6 €

»Quic-en-groigne, ainsi sera car tel est mon plaisir.« Nach fünf Jahrhunderten erscheint der trotzige Spruch selbst in der Übersetzung nicht sonderlich einleuchtend: »Murre, wer da will, so soll es sein, denn das ist mein Wille.« Anne de Bretagne hinterließ die Inschrift an einem Turm des Schlosses, das die bretonischen Herzöge im 15. und 16. Jh. an der Nordostseite der Ville close errichteten. Dieser Merksatz verweist darauf, dass Anne ihre liebe Not hatte, die Stadt unter Kontrolle zu halten.

Außer dem Rathaus beherbergt das Schloss ein **Musée d'Éthnographie du Pays Malouin** mit Exponaten zur Hochseefischerei, dem frühen Fremdenverkehr und dem Alltag der Region sowie ein **Musée d'Histoire de la Ville**. Letzteres widmet sich u. a. den Berühmtheiten der Stadt und der

Zerstörung St-Malos im Zweiten Weltkrieg. Vom Wachtturm bietet sich ein Blick auf die Stadt.

Festungsmauer

Die Wehranlagen St-Malos stammen aus dem 12.–14. Jh. und wurden im 17./18. Jh. erneuert. Folgt man den Mauern im Uhrzeigersinn, gelangt man zur **Grand' Porte** 2, dem alten Haupttor aus dem Jahre 1582. Zur Rechten liegen prunkvolle Häuser von Reedern aus dem frühen 18. Jh. Ein Domizil in der Nähe der **Porte St-Louis** 3 gehörte einst dem Korsaren Robert Surcouf (1773–1827). An der **Bastion de la Hollande** 4 von 1674 erinnert ein Standbild an den in St-Malo geborenen Jacques Cartier. Eine Statue von Surcouf steht bei der **Tour Bidouane** 5 aus dem 15. Jh. Von hier ist es nur noch ein kurzer Weg zurück zum Château und der **Porte St-Vincent** 6, die 1709 als neues Haupttor errichtet wurde.

Place Chateaubriand

Am Platz vor dem Château, wo sich heute ein Restaurant ans andere reiht, wohnte einst im Haus Nr. 2 die Familie Chateaubriand. Geboren wurde François-René 1768 im früheren Wohnsitz der Familie, Haus Nr. **3, rue Chateaubriand** 7.

Cathédrale St-Vincent 8

12, rue St-Benoist

St-Malo trägt seinen Namen nach einem gewissen Maclow aus dem

Grau und unerschütterlich kauert Vaubans Festung auf ihrem Felsen vor der Ville close

St-Malo

Sehenswert
- 1 Château
- 2 Grand' Porte
- 3 Porte St-Louis
- 4 Bastion de la Hollande
- 5 Tour Bidouane
- 6 Porte St-Vincent
- 7 3, rue Chateaubriand
- 8 Cathédrale St-Vincent
- 9 Grand-Bé
- 10 Musée international du Long Cours des Cap-Horniers
- 11 Grand Aquarium

Übernachten
- 1 Grand Hotel des Thermes
- 2 Manoir de la Grassinais
- 3 Alba
- 4 De la Cité
- 5 Camping Le P'tit Bois

Essen & Trinken
- 1 Le Saint Placide
- 2 L'Atre

Einkaufen
- 1 Intra-Muros

Aktiv
- 1 Compagnie Corsaire
- 2 Vélos Bleus
- 3 St-Malo Golf Club
- 4 Labyrinthe du Corsaire
- 5 Cotre Corsaire
- 6 Surf School

Abends & Nachts
- 1 La Java
- 2 Casino Barrière
- 3 Le 109
- 4 Le Théâtre
- 5 Le Vauban

walisischen Lancarvan, der als einer der heiligen Gründer im 6. Jh. an der bretonischen Küste landete und in Aleth, dem späteren St-Servan, seine Missionstätigkeit aufnahm. Er starb am 16. November 649 in seinem späteren Wirkungsort Saintes, doch seine Gebeine gelangten nach St-Malo. Über dem Grab entstand ab dem 11. Jh. die Kathedrale St-Vincent, die nach den Verwüstungen im Zweiten Weltkrieg bis 1964 wieder aufgebaut und mit Glasfenstern der Künstler Jean Le Moal und Max Ingrand ausgestattet wurden. Ein Bodenmosaik erinnert an die Kanadafahrt von Jacques Cartier, der in einer nördlichen Seitenkapelle begraben ist, gleich neben dem Korsaren René Duguay-Trouin (1673–1736).

Außerhalb der Ville close

Grand-Bé 9

Auf der Insel vor St-Malo, die man bei Ebbe zu Fuß erreicht (45 Min. hin und zurück ab Plage de Bon Secours), befindet sich das Grab von François-René Chateaubriand. Gemäß dem Wunsch des Schriftstellers trägt es weder Namen noch Inschrift.

Musée international du Long Cours des Cap-Horniers 10

Tour Solidor, Tel. 02 99 40 71 58, April–Sept. tgl. 10–12.30, 14–18, Okt.–März Di–So 10–12, 14–18 Uhr, 6 €

Südlich der Festung erstreckt sich der Badeort St-Servan, dessen Ursprung das keltische Aleth war. Aus dem Mittelalter stammt der am Meer gelegene, 27 m hohe Solidor-Turm (1382). Er beherbergt ein Museum zur Seefahrt rund um das stürmische Kap Hoorn.

Grand Aquarium 11

Av. du Gén. Patton, Tel. 02 99 21 19 00, www.aquarium-st-malo.com, Okt.–März tgl. 10–18, April–Juni und Sept.10–19, Anfang–Mitte Juli und Mitte–Ende Aug. 9.30–20, Mitte Juli–Mitte Aug. 9.30–21 Uhr, 16,50 €

In dem modernen Aquarium am Südrand der Stadt erleben Besucher die Tier- und Pflanzenwelt der Ozeane weltweit an Bord eines U-Boots. Die aufregende Reise unter Wasser beginnt allerdings schon im Internet mit Touren durch Haifischbecken, Tropengefilde und in die schaurigen Winkel eines Wracks.

Übernachten, Essen

Wellness am Strand – **Grand Hôtel des Thermes** 1: 100, bd. Hébert, Paramé, Tel. 02 99 40 75 00, www.le-grand-hotel-des-thermes.fr, 178 Zimmer und Suiten, DZ ab 145 € (mit vier Anwendungen ab 397 €). Das imposante Haus mit langer Tradition wurde in den 1960er-Jahren zu einem der ersten Zentren für Thalassotherapie in der Bretagne ausgebaut. Zwei Restaurants lassen die Wahl zwischen Gourmetküche (Menü ab 38 €) und gesundheitsbetonter Ernährung (Menü ab 28 €). Die Atmosphäre im Haus, die Lage am Strand und die grandiosen Ausblicke aufs Meer sind traumhaft.

Herrschaftlich – **Manoir de la Grassinais** 2: 12, allée Grassinais, Tel. 02 99 81 33 00, www.saint-malo-hebergement.com, Ende Dez.–Ende Jan. geschl., 29 Zimmer, DZ 69–115 €. Das Schlosshotel, das zu den Logis de France zählt, ist eine der sympa-

GUIGNOL

Lieblingsort

Beim Nachfahren der Piraten: La Java in St-Malo 1

Streng genommen heißt sie »Eckkneipe am Ende der Straße, unten in der Stadt, gegenüber dem Hafen«, aber das kurze ›Java‹ tut's auch. Patron Jean-Jacques Samoy ist nebenberuflich Antiquitätenhändler, Buchautor und Barkeeper, hauptberuflich aber Alleinunterhalter und umwerfend komisch. Ich verstehe längst nicht jeden seiner Späße, aber ich weiß, dass er eines nicht wollte: nackt aufs Foto. So mache ich es mir gemütlich in seiner ›Clinique pour Poupées‹ und ahne, dass das Schild zur ›Puppenklinik‹ durchaus auf Zweideutigkeit abzielt (3, rue Ste-Barbe, Tel. 02 99 56 41 90, www.lajavacafe.com).

thischsten Adressen in St-Malo, auch wenn die Zimmer recht klein und allzu heimelig eingerichtet sind. Der große Vorzug des Hauses besteht in seinem hervorragenden Gourmetrestaurant (Menü 18–40 €). Mit Parkplatz.

Übernachten

Füße im Wasser – **Alba** 3: 17, rue des Dunes, Tel. 02 99 40 37 18, www.hotelalba.com, 22 Zimmer, DZ 79–171 €. Das 2003 renovierte Hotel liegt an einem sehr schönen Abschnitt der Sillon Plage, etwa 3 km östlich der Ville close. Die teuren Zimmer verfügen über einen Balkon zum Meer hin. Freundlicher Service, Parkplatz. WLAN kostenlos.

Klassisch – **De la Cité** 4: pl. Vauban, Tel. 02 99 40 55 40, www.hotel-cite-st-malo-bretagne.com, 41 Zimmer, DZ ab 58 € (Sonderangebot in der Nebensaison). Sehr schönes Haus in Strandnähe, das 1990 im Stil der Architektur des 18. Jh. wiederhergestellt wurde. Zentral und doch ruhig in einer Nebengasse gelegen. Einige Zimmer haben Meerblick. Hotel und Service erscheinen ein wenig kühl, was aber dem Charakter der Stadt entspricht. Eine Garage erleichtert Autotouristen den Aufenthalt, stehen ansonsten doch nur Parkplätze außerhalb der Stadtmauer zur Verfügung.

Camping – **Le P'tit Bois** 5: St-Jouan-des-Guérets, 8 km südlich der Ville close, Tel. 02 99 21 14 30, www.ptitbois.com, Mitte April–Mitte Sept., 274 Plätze, Stellplatz für zwei Personen mit Fahrzeug 17–47 €, Cottage ab 39 € pro Nacht. Gut ausgestattete Anlage mit eigenem Restaurant im Süden der Ville close. Geschmackvolle Bepflanzung mit subtropischen Gewächsen. Zum Freizeitangebot gehören Tennis, Boule, Minigolf und ein großer Aquapark.

Essen & Trinken

Grande Finesse – **Le Saint Placide** 1: 6, pl. du Poncel, Tel 02 99 81 70 73, Menü ab 48 €. Raffinierte Küche mit marktfrischen Produkten in einem edlen, modernen Ambiente. Leider nur eine Empfehlung für Gäste, die nicht allzu sehr auf den Preis schauen müssen. Küchenchef Luc Mobihan bietet Interessenten auch Kochkurse im Haus an.

Fisch mit Meerblick – **L'Atre** 2: 7, esplanade du Commandant Menguy, Tel. 02 99 81 68 39, Menü ab 30 €. Am Meer, gleich neben der Tour Solidor in St-Servan gelegenes Restaurant mit Terrasse. Fisch, Meeresfrüchte und als besondere Spezialität ein hausgemachtes Brot aus Bio-Mehl.

Einkaufen

Lebensmittelmarkt – **Intra-Muros** 1: Di und Fr jeweils bis 14 Uhr frische Ware innerhalb der Festungsmauern.

Aktiv

Bootsausflüge – **Compagnie Corsaire** 1: Cale de Dinan, Tel. 08 25 13 81 00, www.compagniecorsaire.com. Mit Schnellbooten zu diversen Zielen der Region, darunter Îles Chausey, Cap Fréhel, Cancale und Île de Cézembre (Franziskanerkloster). Beliebtester Ausflug ist die knapp dreistündige Fahrt auf der Rance nach Dinan. Preise ab 33 €.

Fahrradverleih – **Vélos Bleus** 2: 19, rue Alphonse Thébault, Tel. 02 99 40 31 63, www.velos-bleus.fr, Nov.–März geschl. 150 Fahrräder stehen an verschiedenen Standorten in der Stadt bereit. Tagestarif 13 €. Es können auch Mountain Bikes und Kinderfahrräder gemietet werden.

Golf für Laien und Profis – **St-Malo Golf Club** 3: Domaine de St-

Yvieux, Le Tronchet, 25 km südöstlich von St-Malo, Tel. 02 99 58 96 69, www.saintmalogolf.com, Greenfees 30–80 €. Die beiden Plätze (18 Loch, par 72, 5936 m; 9 Loch, par 36, 2684 m) wurden von Hubert Chesneau entworfen und beziehen Wald und Wasserflächen ins Spiel ein. Ein Hotel und zwei Restaurants gehören zur Anlage.
Verwirrung im Mais – **Labyrinthe du Corsaire** 4: Route de Quelmer, La Passagère, Tel. 02 99 81 17 23, www.labyrintheducorsaire.com, Juli–Aug. tgl. 10.30–19 Uhr, 9 €. Mit 11 ha eines der größten Maislabyrinthe Europas, darin aufblasbare Spielgeräte und andere Attraktionen.
Segeltörn – **Cotre Corsaire** 5: Grande Porte Tour Ouest, Tel. 02 99 40 53 10, www.cotre-corsaire-renard.com, April–Anf. Sept. Segelfahrten mit dem Nachbau von Le Renard, dem letzten Schiff des Korsaren Surcouf. Ab 35 €/Person.
Wellenreiten – **Surf School** 6: 2, av. de la Hoguette, Tel. 02 99 40 07 47, www.surfschool.org. In der Surfschule an der Sillon Plage kann man diverse Wassersportarten erlernen, darunter auch Strandsegeln. Pro Stunde ab 35 €.

Abends & Nachts

Bar und Kuriositätenkabinett – **La Java** 1: s. Lieblingsort S. 125.
Glücksspiel bis in die Nacht – **Casino Barrière** 2: 2, chaussée du Sillon, Tel. 02 99 40 64 00, www.lucienbarriere.com, Spielautomaten tgl. ab 10 Uhr, Poker und Black Jack ab 20 Uhr, in der Woche bis 2 Uhr, am Wochenende bis 4 Uhr nachts. Im Restaurant traditionelle Küche, Mittagsmenü ab 12,50 €, abends ab 20 € (Di mittags geschl.).
Disco – **Le 109** 3: 3, rue des Cordiers, www.le-109.com. Bar und Disco bis 3 Uhr nachts, DJ, aber auch Live-Musik.
Große und kleine Bühne – **Le Théâtre** 4: 6, pl. Bouvet, Tel. 02 99 81 62 61, www.theatresaintmalo.com. Klassik und Komödie, teils mit international bekannten Stars.
Kino pur – **Le Vauban** 5: 10, bd. de la Tour d'Auvergne, Tel. 08 92 68 69 21, www.levaubancinema.fr. Kino, fünf Säle.

Infos & Termine

Information

Office de Tourisme: Esplanade St-Vincent (am Jachthafen), 35400 St-Malo, Tel. 08 25 13 52 00 (0,15 €/Min.), www.saint-malo-tourisme.com oder www.ville-saint-malo.fr.

Verkehr

Flug: Aéroport de Pleurtuit, 12 km südwestlich von St-Malo bzw. 5 km südlich von Dinard, Tel. 08 25 08 35 09, www.dinard.aeroport.fr; nach England mit Ryanair (Tel. 08 92 55 56 66), nach Guernsey und Jersey mit Aurigny Air Services (Tel. 02 99 46 70 28).
Bahn: Über Dol-de-Bretagne Verbindungen nach Rennes und in den Westen. Bahnhof: Gare de St-Malo, Square Jean Coquelin.
Bus: Mit Tibus Linie 10 nach Dinan, Linie 14 über Dinard nach St-Cast-Le-Guildo.
Stadtverkehr: Kéolis St-Malo, rue des Rougeries, www.annuaire-emeraude.com.
Fähre: Ab Gare Maritime du Naye Autofähren nach Portsmouth und auf die Kanalinseln (Infos: Brittany Ferries, www.brittany-ferries.fr; Condor Ferries, www.condorferries.fr; Corsaire, www.compagniecorsaire.com; HD Ferries, www.hdferries.com). Schnellboot nach Dinard mit Corsaire, Tel. 08 25 13 80 35.

Termine

Tour de Bretagne à la voile: Alle zwei Jahre (jeweils ungerade Jahreszahl) in wechselnden Monaten eine große einwöchige Segelregatta von St-Malo nach Lorient (www.tourdebretagnealavoile.com).

Fête du Nautisme: Mitte Mai oder Mitte Juni, zwei Tage allerlei Sport im und unter Wasser (www.fetedunautisme.com).

Folklore du Monde: Erste Juli-Woche, Folkloredarbietungen aus aller Welt innerhalb der befestigten Stadt.

La Route du Rock: Mitte Aug. und Mitte Febr. Das Rockfestival mit Musikern aus aller Welt ermöglicht Einblicke in die Nachwuchsszene. Mitunter treten auch Größen wie Portishead, PJ Harvey oder die Smashing Pumpkins auf. Am schönsten sind die Konzerte am Strand (Plage de Bon-Secours) und im Fort St-Père bei der Sommeretappe (www.laroutedurock.com).

Dinan ▸ K 3

Landeinwärts befindet sich an der Rance seit dem frühen Mittelalter ein befestigter Hafen, den man ab St-Malo oder Dinard auch mit einem Schnellboot erreicht: Dinan. Seinen größten Aufschwung erlebte es im 18. Jh. mit dem Tuchhandel. Heute sieht man im malerischen Flusshafen der **Unterstadt** vor allem Jachten und Ausflugsboote. Von alten Zeiten kündet noch der Vieux Pont, eine Brücke aus dem 15. Jh. Häuser dieser Zeit säumen die Rue du Petit-Fort und die Rue Jerzual. Die beiden Straßen verbinden den Flusshafen mit der befestigten **Oberstadt** rund um die Place des Cordeliers mit ihren Fachwerkhäusern. Im Norden des Platzes liegt ein ehemaliges Franziskanerkloster aus dem 13. Jh. (Couvent du Cordeliers), von dem sich noch der Kreuzgang erhalten hat, im Süden die Basilika St-Sauveur mit romanischem Hauptportal.

Tour de l'Horloge

Rue de l'Horloge, April, Mai tgl. 14–18, Juni–Sept. 10–18.30 Uhr, 4 €

Vom 60 m hohen Uhrturm aus dem späten 15. Jh. bietet sich ein prächtiger Ausblick auf die Stadt. Zu Füßen des Turms steht die Maison du Gisant aus dem 17. Jh., in der eine kopflose Liegefigur aus dem 14. Jh. geborgen wurde, wahrscheinlich von einem Bildhauer als Vorrat gefertigt.

Château-Musée

Rue du Château, Juni–Sept. Mi–Mo 10-18.30, Okt.–Mai 13.30–17.30, 4,70 €

Im Schloss (14./15. Jh.) am Südrand der Oberstadt informiert ein kleines Museum über die Geschichte der Region.

Übernachten

Stilvoll und romantisch – **D'Avaugour:** 1, pl. du Champ Clos, Tel. 02 96 39 07 49, www.avaugourhotel.com, Nov.–Febr. geschl., 21 Zimmer, 3 Suiten, DZ ab 160 €. Äußerst geschmackvoll eingerichtetes Logis de France mit traumhaftem Garten. Großzügige Zimmer mit handgeschnitzten Möbeln, guter Service.

Camping – **La Hallerais:** 2 km nördlich von Dinan in Taden, Tel. 02 96 39 15 93, www.camping-lahallerais.com, Mitte März–Mitte Nov., 226 Plätze, Stellplatz für zwei Personen mit PKW 25–32 €. Eine 7 ha große Anlage mit gepflegter Begrünung in ruhiger, aber stadtnaher Lage. Tennis, Minigolf, beheizter Pool.

Essen & Trinken

Mit Frischluft – **Le Patio:** 9, pl. du Champ Clos, Tel. 02 96 39 84 87, www.lepatio-bar.fr, Juni–Sept. So, Mo geschl., Sept.–Juni auch Di, Mi abends geschl., Menü ab 12 €. Spieße mit Jakobsmuscheln und Gambas, aber auch

Flussfahrt auf der Rance
In Dinan, bei der alten Brücke, die 1852 von Napoléon III eröffnet wurde, beginnt eine romantische Flussfahrt über die Rance, bei der man einige Dörfer und Denkmäler kennenlernt, die mit dem Auto recht schwer zu erreichen sind. Diese Reise mit der Vedette Jaman V, einem flachen Motorboot, wie man es aus Amsterdam kennt, dauert etwa eine Stunde (6, rue du Quai, Dinan, Tel. 02 96 39 28 41, www.vedettejamaniv.com, April–Mitte Okt. Di–So 13,50 €/Person).

ein deftiger Hamburger nach Art des Hauses stehen auf der Speisekarte, die allerdings nicht sehr umfangreich ist. Großer Vorzug des Restaurants ist sein Garten (Reservierung empfohlen).

Traditionsbewusst – **Chez La Mère Pourcel:** 3, pl. des Merciers, Tel. 02 96 39 03 80, www.chezlamerepourcel.com, Menü 26–32 €, mit Getränken 40 €. Gediegene Gastlichkeit im Fachwerkhaus mit Terrasse. Seit 1927 ist das Restaurant für seine traditionelle Küche bekannt. Auf der Speisekarte steht sogar der authentische Kuchen *kouign amann,* den man sonst kaum noch findet. Ebenfalls ein Erlebnis ist die Cocotte für zwei Personen, ein großer Topf mit Fisch und Sauerkraut.

Unschlagbare Kulisse – **L'Atelier Gourmand:** 4, rue du Quai, Port, Tel. 02 96 85 14 18, So abends und Mo geschl., Menü ab 20 €. Zum Erlebnis wird das Restaurant wegen der begehrten Terrasse an der Rance. Die bodenständigen Gerichte sind gut, nur leider ist die Speisekarte seit Jahren unverändert geblieben.

Einkaufen

Bauernmarkt – **Marché Traditionnel:** Do 8–13 Uhr auf der Place du Guesclin und der Place du Champ Clos.

Flohmarkt – **Les Puces Dinanaises:** Ende Juni–Ende Sept. jeweils Mi auf der Place St-Saveur.

Infos & Termine

Office de Tourisme: 9, rue du Château, 22105 Dinan, Tel. 02 96 87 69 76, www.dinan-tourisme.com.
Bahn: Über Dol-de-Bretagne nach Rennes und St-Malo, über Lamballe nach St-Brieuc.
Bus: Dinan ist ein bedeutender Knotenpunkt der Gesellschaft Tibus, die von hier u. a. nach St-Malo (Linie 10), Dinard (11) und St-Jacut-de-la-Mer (12) fährt.
Schnellboot: Ab Dinard und St.-Malo (www.compagniecorsaire.com).
Les Joutes Nautiques: Mitte Juli, Wettstreit zwischen Ruderern aus 20 Kommunen, die mit einer Lanze den Gegner vom Boot stoßen müssen (www.kiwanis-dinan.com).

Dinard ▸ K 2

Ungleicher Zwilling der Festungsstadt St-Malo ist am Westufer der Rance der Badeort Dinard. Über 400 Villen der Belle Époque stehen unter Denkmalschutz. Sie bekunden den regen Badebetrieb der High Society aus England und Amerika, die das einstige Fischernest ab ca. 1850 belagerte. Dank ihrer entstand in Dinard 1879 der erste Tennisclub und 1888 der (nach Pau) zweite Golfplatz Frankreichs. Der Zauber endete mit dem Börsencrash 1929. Danach hat der Ort nie wieder zu seiner Größe zurückgefunden, denn die betuchte Gesellschaft wandte sich fortan eher der sonnenreichen Mittelmeerküste zu. Immerhin blieben die steinernen Zeugen, etwa an der **Plage de l'Écluse** (auch Grande Plage) das Casino sowie mehrere Luxushotels oder am Boulevard Fréart die Villa Montplaisir, das heutige Rathaus. Erbaulich ist zudem ein Spaziergang entlang der Promenade du Clair-de-Lune bis zur **Plage du Prieuré.** Dort verlängert ein beheiztes Meerwasserschwimmbecken die Badesaison beträchtlich.

Usine Marémotrice de la Rance

Le Richardais, 3 km südöstlich von Dinard, Tel. 02 99 16 37 14, Besichtigung Juli, Aug. Mo–Sa 10–18, So

Mondänes Relikt der Belle Époque: Villa am Strand von Dinard

10–13, 14–18, April–Juni, Sept. tgl. 10–13, 14–18, Okt. Fr–So 10–13, 14–18 Uhr, Eintritt frei
In den Jahren 1961–66 wurde zwischen St-Malo und Dinard ein 750 m langer Damm über die Rance gebaut, er ist Teil des ersten Gezeitenkraftwerks der Welt. Schon im 12. Jh. wurde an der Rance die Kraft des ein- und ausströmenden Wassers genutzt, um Mühlräder anzutreiben. Immerhin wird am Mündungstrichter ein Gezeitenunterschied von 14 m gemessen, der schließlich den Bau der Usine Marémotrice rechtfertigte. Durch sechs Tore im Damm fließt das Wasser und treibt 24 Turbinen an, die Strom für Industrie und Privathaushalte liefern. Zwar hat das Kraftwerk Firmen in die Region gelockt, doch fand es wegen der hohen Betriebskosten keine Nachahmer.

Übernachten

Wellness preiswert – **Novotel Thalassa:** 1, av. du Château Hébert, Tel. 02 99 16 78 10, www.novoteldinard.com, 106 Zimmer, DZ ab 145 € (auf der Website Last-Minute-Angebote). Hotel und Thalassozentrum in einem Komplex am Meer. Die billigeren Zimmer sind leider recht klein und unpersönlich eingerichtet. Zimmer im Erdgeschoss führen durch den Garten zum Strand. Zwei Restaurants mit französischer bzw. Diätküche (Menü ab 30 €). Parkplatz, Tennis, Pool. Im Vergleich mit dem geschmackvoller eingerichteten, moderneren Thalassozentrum in St-Malo schneidet Dinard schlechter ab, ist aber preiswerter.
Gediegen – **Emeraude Plage:** 1, bd. Albert 1er, Tel. 02 99 46 19 19, www.hotelemeraudeplage.com, 47 Zimmer, DZ 140–379 €. Das altehrwürdige Haus am Meer war reichlich verwahrlost, bevor es 2008 unter einem neuem Eigentümer gründlich renoviert wurde. Heute geben allenfalls die recht hohen Zimmerpreise Anlass zur Klage. Am schönsten sind die Zimmer mit Meerblick, die leider deutlich im oberen Preissegment liegen.
Einfach und preiswert – **Parc des Tourelles:** 20, av. Édouard VII, Tel. 02 99 46 11 39, www.hotelduparc.org, Mitte Nov.–Mitte Febr. geschl., 19 Zimmer, DZ 59–85 €. Charaktervolles Haus mit einem sehr schönen Frühstücksraum. Einfache, aber saubere und recht geräumige Zimmer, ausgezeichneter Service, WLAN gratis.

Essen & Trinken

Tisch mit Aussicht – **Didier Méril:** 1, pl. du Général de Gaulle, Tel. 02 99 46 95 74, www.restaurant-didier-meril.com, tgl. geöffnet, Menü 31–90 €. Méril vermietet auch Zimmer, bekannt aber ist das Haus am Strand für seine ausgezeichnete Gourmetküche. Von der Terrasse hat man einen traumhaften Blick auf St-Malo.
Schiffsküche – **Chateaubriand II:** Barrage de la Rance, Tel. 02 99 46 44 40, www.chateaubriand.com, Abfahrt 12 und 20 Uhr, Menü inkl. Bootsfahrt 65–95 €. Mittag- oder Abendessen während einer dreistündigen Rundfahrt auf der Rance. Die Auswahl der Speisen ist leider sehr begrenzt, dafür entschädigt ein sehr romantisches Erlebnis. Wer nicht am Essen teilnehmen möchte, zahlt ab 20 € für die Fahrt.

Einkaufen

Lebensmittel – **Marché Crolard:** Di, Do, Sa 7–14 Uhr auf der Place Crolard.

Aktiv

Bootsausflüge – **Compagnie Corsaire:** Promenade du Claire de Lune, Tel. 08

25 13 81 10, www.compagniecorsaire.com. Mehrere Rundfahrten, etwa durch die Bucht von St-Malo (19,50 €), zum Cap Fréhel (30,50 €) und zur Île Cézembre (15 €).

Golfen am Meer – **Golf de Dinard:** 53, bd. de la Houle, St-Briac, 5 km westlich von Dinard, Tel. 02 99 88 32 07, www.dinardgolf.com, ganzjährig geöffnet. Der 1887 gegründete Golfclub ist nach dem in Pau der zweitälteste Frankreichs. Die Lage der 18-Loch-Anlage am Meer beschert grandiose Ausblicke und mit dem beständigen Wind eine besondere Herausforderung. Mit Greenfees zwischen 60 € und 100 € ist der Platz leider recht teuer.

Pferde mieten – **Centre Hippique:** Le Val-Porée, Tel. 02 99 46 23 57, www.dinardequitation.com. Der renommierte Reitclub erteilt Unterricht, vermietet Pferde und Ponys. Preisbeispiel: halbtägiger Ausritt 50 €.

Windsurfen – **Windschool:** Plage de St-Énogat, Tel. 06 35 96 18 55, http://windschool.free.fr. Unterricht im Windsurfen für Teilnehmer ab 10 Jahren, 4 mal 2 Std. 120 €. Vermietung von Seekajaks (1 Std. 12 €), Katamaranen für 2–5 Personen (1 Std. 48 €) und Brettern fürs Windsurfen (1 Std. 19 €).

Tauchunterricht – **Club Subaquatique Dinardais:** 25, rue de Barbine, Tel. 06 43 38 02 69, www.csd-bretagne.fr. April–Nov. Ausfahrten mit kleinem Boot. Unterricht ab 30 € pro Std.

Abends & Nachts

Casino – **Barrière de Dinard:** 4, bd. Wilson, Tel. 02 99 16 30 30, www.casino-barriere-dinard.com, im Sommer bis 4 Uhr, sonst bis 3 Uhr geöffnet, Okt. geschl. Roulette, Black Jack, Poker und diverse Automaten. Im recht guten Restaurant werden Fisch und Meeresfrüchte direkt am Strand serviert (Mi–So geöffnet, Menü ab 21 €).

Infos

Office de Tourisme: 2, bd. Féart, 35802 Dinard, Tel. 08 21 23 55 00, www.dinardemeraudetourisme.com.

Bus: Mit Illenoo nach St-Malo, St-Lunaire und St-Briac (Linie 16), nach Dinan und Rennes (7a), mit Tibus nach Dinan (11) und Rennes (R2).

Fähre: Corsaire, promenade du Claire de Lune, Tel. 08 25 13 81 10. Schnellboote nach St-Malo (6 €).

St-Lunaire ▸ K 2

Die prächtigen Villen des Ortes stammen aus der Zeit, als dort Claude Debussy seine Sinfonie »La Mer« schrieb. Die Dorfkirche St-Lunaire besitzt noch romanische Bausubstanz und birgt u. a. den gallo-römischen Sarkophag des Leonorius, dessen Liegefigur seit dem 14. Jh. den Steinsarg schmückt. 2 km nördlich des Ortes spannt sich zwischen dem vorgelagerten Kap und dem Festland ein imposanter Felsbogen, bekannt als **Saut du chat** (Katzensprung), unter dem sich die ›Grotte der Sirenen‹ befindet.

Von St-Jacut zum Cap Fréhel ▸ K 2

Der Strand in der Bucht von **Lancieux** wird an landschaftlichem Reiz bei Weitem übertroffen von der Steilküste an der **Pointe du Chevet,** die dem Badeort **St-Jacut-de-la-Mer** vorgelagert ist. Weniger einladend ist hingegen die Lage von **Notre-Dame-du-Guildo** an einer Flussmündung. Einzige Attraktion am Ufer sind die sogenannten Phonolithe. Diese ›Klingenden Steine‹ *(pierres sonnantes)* klirren wie Kristallglas, wenn man sie mit einem Kiesel anschlägt. Kanonendonner ertönte am 11. September 1758 in der Bucht von **St-Cast-Le-Guildo,** wo sich die Bretonen einer britischen Flotte erwehrten. 150 Jahre später kamen auch hierher die Feriengäste, um an einem der sieben Strände das Badeleben zu genießen. Eine Burgruine hat sich im Stadtteil **Le Guildo** erhalten, hier wurde im 15. Jh. der Poet Gilles de Bretagne, Bruder des damaligen Herzogs, umgebracht, weil man ihn der Verschwörung bezichtigte.

Küstenwanderung am Cap Fréhel

Hin und zurück ca. 11 km, 3 Std., Markierung GR 34
Lohnendstes Ziel der ohnehin schönen Strecke ab Dinard ist das 70 m über dem Meer aufragende **Cap Fréhel,** dessen rötlich gefärbter Stein in Kontrast zum Blau und Grün des Wassers tritt. Das atemberaubende Kap, wo Papageitaucher, Silbermöwen, Lummen und Krähenscharben ein geschütztes Paradies gefunden haben, gehört zum Pflichtprogramm einer Bretagne-Reise. Der weiteste Ausblick eröffnet sich von der Plattform des 1946–50 errichteten Leuchtturms.

Noch mehr fantastische Ausblicke bieten sich auf dem **Sentier des Douaniers,** auf dem einst die Zöllner patroullierten. In östlicher Richtung führt der bestens markierte Wanderweg zum 5 km entfernten Fort La Latte. Allerdings ist Schwindelfreiheit verlangt, denn der Weg ist schmal und windet sich mit Steilanstiegen hoch über dem Meer.

Gleich zu Beginn sieht man den Vogelfelsen **La Fauconnière,** der östlich der Küste vorgelagert ist. Weiter geht es an der Steilküste entlang, bis nach etwa 700 m ein Abstecher links zur Landzunge **La Teignouse** führt. Vorbei an der **Pension Relais du Cap Fréhel** gelangt man auf dem Hauptweg schließlich zum **Fort La Latte** (s. Entdeckungstour S. 134). An der Teerstraße, die die Festung für Autofahrer zugänglich macht, befindet sich der Menhir **Doigt de Gargantua.** Dort macht man kehrt und wandert zurück zum Ausgangspunkt, den Leuchtturm am Cap Fréhel immer im Blick. ▷ S. 136

Cap Fréhel: Küstenwanderung zum Fort La Latte

Auf Entdeckungstour:
Ausguck nach England – Fort La Latte

Dem Fort La Latte, einer trutzigen Festung aus dem Mittelalter, haben US-Filmemacher eine Wikinger-Episode angedichtet und so zu Beliebtheit verholfen. Tatsächlich war das Bollwerk ein wichtiger Ausguck auf die Aktivitäten der Erzfeinde in England und ein Wächter über St-Malo.

Reisekarte: ▶ K 2

Infos: Fort La Latte, Tel. 02 96 41 57 11, www.castlelalatte.com
Öffnungszeiten: Juli, Aug. tgl. 10.30–19, April–Juni, Sept. 10.30–18, Okt.–Mitte Nov. 14–18 Uhr, 5,70 €
Anfahrt: Keine Busverbindung, gebührenfreier Parkplatz beim Fort La Latte
Dauer: 1 Std.

Geschichte nimmt verschlungene Pfade. Einer davon führt von Monaco zum Ärmelkanal und weiter nach Hollywood, wo es dann erst recht zu abenteuerlichen Verwicklungen kommt. Da raufen auf der Kinoleinwand die Wikinger Einar (Kirk Douglas) und Eric (Tony Curtis) um die Krone von England und die schöne Morgana (Janet Leigh), um festzustellen, dass sie ungeahnt Brüder sind. Neben norwegischen und kroatischen Fjorden wählte Regisseur Richard Fleischer als Location für den Film »Die Wikinger« (1957) auch das Fort La Latte. Die Bilderbuchfestung ist heute das meistbesuchte Château der Bretagne: wegen seiner grandiosen Lage über dem Meer und des hervorragenden Zustandes.

Der Architekt des Sonnenkönigs

Dass die Festung auf einer Landzunge hoch über den Wellen thront, faszinierte die Filmemacher so sehr, dass sie sich um historische Details nicht weiter kümmerten. Dabei spiegelt die im Laufe der Jahrhunderte um- und ausgebaute Festung aus dem 13./14. Jh. Militärarchitektur im Wandel der Zeiten: Da gibt es Zugbrücken über tiefe Schluchten und einen Bergfried, dessen Geschichte möglicherweise gar ins 10. Jh. zurückreicht.

Gegen Ende des 17. Jh., zu Zeiten des Sonnenkönigs, wurde das Fort zwecks Verteidigung von St-Malo wegen seiner strategischen Bedeutung erweitert. Den Auftrag erhielt einer der Großen seiner Zeit, Festungsbaumeister Vauban. Markantestes Merkmal seiner Architektur ist ein sternförmiger Grundriss, der es ermöglicht, Angreifer aus allen Winkeln unter Beschuss zu nehmen. Gut 100 Jahre später diente die Festung als Gefängnis und ging 1892 in Privatbesitz über. Die neuen Eigentümer entschlossen sich wenige Jahrzehnte später zu einer Restaurierung, wobei manches Teilstück des 1931 zum historischen Denkmal erklärten Forts ein wenig zu dekorativ in Szene gesetzt wurde.

Adel auf der Landzunge

Mit Wikingern hat das Prachtstück nichts zu tun, wohl aber mit den endlosen Raufereien zwischen Frankreich und England. 1806 verhängte Kaiser Napoleon eine Kontinentalsperre gegen England, die den britischen Handel im Mark treffen sollte. Bald darauf blühte in der Bretagne der Schleichhandel auf. Um nun die Schmuggler auf frischer Tat ertappen zu können, wurden entlang der bretonischen Küste die Sentiers des Douaniers angelegt. Vom Fort La Latte aus bieten sich auf den ehemaligen Zöllnerwegen aussichtsreiche Wanderungen an.

Glamouröser ist die Verbindung der Burg mit Hollywood. Was heute unter La Latte firmiert, trug einst den Namen La Roche Goyon, nach einer der ältesten bretonischen Adelsfamilien. Die Goyon erlangten als Lehnsherren Ansehen und Wohlstand. 1731 heiratete Jacques-François-Léonor Goyon die Prinzessin Louise-Hippolyte, letzte Erbin der Grimaldi. Auf Romanze und Drama um Hollywoodstar Grace Kelly hätte die Welt also fast verzichten müssen, denn ohne diese Liaison zwischen Monaco und der Bretagne wäre nie ein Prinz Rainier III geboren worden.

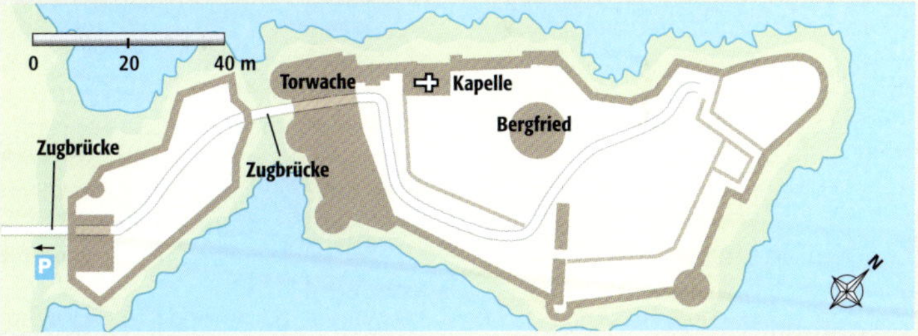

Infos

Office de Tourisme: Pl. de Gaulle, 22380 St-Cast-le-Guildo, Tel. 02 96 41 81 52, www.saintcastleguildo.fr.
Bus: Mit Tibus von St-Cast über Corseul nach Dinan (Linie 13), über St-Jacut und Lancieux nach St-Malo (14), über Henansal nach Lamballe (1).

Erquy und Umgebung ▸ J 2

Westlich des Badeortes Dinard schneiden tiefe Buchten ins Land, brechen sich hohe Wellen an den Felsen. Ruhiger wird es erst hinter dem **Cap d'Erquy.** Von dort bis St-Brieuc reicht die **Côte de Penthièvre,** deren Strände sich gut für Familienurlaub eignen.

Für **Sables-d'Or-les-Pins** wurden in den 1920er-Jahren Pläne geschmiedet, nach denen hier eine ausladende Feriensiedlung entstehen sollte. Die Umsetzung blieb – vielleicht zum Glück – weit hinter den damaligen Vorhaben zurück. Wer heute Erholung sucht, der wählt womöglich lieber einen der zehn Strände von **Erquy.** Für Familien mit Kindern empfehlen sich hier die **Plage du Centre** und vor allem die 2 km lange **Plage de Caroual.** Im Übrigen ist Erquy bekannt für seine Jakobsmuscheln. Die Weichtiere, deren Schalen im Mittelalter Erkennungszeichen der Jakobspilger waren, werden im Unterschied zu Austern nicht gezüchtet, sondern aus natürlichen Vorkommen in 10–100 m Tiefe gefischt. Fangzeit sind die Monate November bis April.

Château de Bienassis

6 km südlich von Erquy, Tel. 02 96 72 22 03, www.chateau-bienassis.com, Anf. April–Mitte Juni So, Mi, Fr 14.30–16, Mitte Juni–Mitte-Sept. Mo–Sa 10.30–12.30, tgl. 14–18.30 Uhr, 6 €
Zu einem Ausflug ab Erquy lädt das an der D 786 gelegene Schloss aus dem 15.–18. Jh., das einen Garten im französischen Stil besitzt. Im Sommer finden regelmäßig Ritterspiele und andere Veranstaltungen zu mittelalterlichen Themen statt.

Übernachten

Oase der Ruhe – **De Diane:** Allée des Acacias, Sables-d'Or-les-Pins, Tel. 02 96 41 42 07, www.hoteldiane.fr, 28 Zimmer, DZ 98–159 €, Suite 168–198 €. Das Logis de France, ein Traditionshaus mit moderner, sehr geschmackvoller Einrichtung und einem großzügigen Garten, liegt nur 100 m vom Strand entfernt. Die Zimmer der oberen Preiskategorie besitzen einen Balkon. Gepflegtes Restaurant (Menü 24–39 €). WLAN, Parkplatz.
Familiär mit Meereswogen – **Beauséjour:** 21, rue de la Corniche, Erquy, Tel. 02 96 72 30 39, www.beausejour-erquy.com, Mitte Nov.–Mitte März geschl., 15 Zimmer, DZ 65–95 €. Das kleine, familiäre Logis de France am Strand besitzt einen Privatparkplatz und ein recht gutes Restaurant, zu dessen Spezialitäten Jakobsmuscheln gehören (Mo geschl., Menü 21–34 €). Die Zimmer sind leider ein wenig hausbacken eingerichtet, einige bieten allerdings Meerblick.
Preisschlager – **L'Eden:** 4, rue Notre-Dame, Erquy, Tel. 02 96 72 32 13, Fax 02 96 63 51 67, außerhalb der Saison Sa nachmittags und So geschl. sowie Nov.–März, 7 Zimmer, DZ 39–43 €. Das kleine, gemütliche Haus, 800 m vom Strand entfernt, bietet saubere Zimmer und serviert ein preiswertes Tagesmenü (12 €).
Camping – **De la Plage de St-Pabu:** St-Pabu Plage, Erquy, Tel. 02 96 72

24 65, www.saintpabu.com, April–Mitte Okt., 409 Plätze, Stellplatz für zwei Personen mit PKW 17–30 €. Größter Vorzug des sauberen, freundlich geführten Platzes ist die Lage am Strand. Mit Animation, speziell für Kinder.

Essen & Trinken

Maritim – **L'Escurial:** Bd. de la Mer, Erquy, Tel. 02 96 72 31 56, www.restaurant-lescurial.fr, Mo sowie außerhalb der Saison auch So abends geschl., Menü 23–72 €. Geschmackvolle, moderne Einrichtung in einem äußerlich unscheinbaren Haus am Meer. Raffinierte Fischküche, guter Service, netter Blick auf die Bucht.
Landgasthof – **Le Relais St-Aubin:** Route de la Bouillie, in St-Aubin 3 km südlich von Erquy, Tel. 02 96 72 13 22, www.relais-saint-aubin.fr, Mi–So abends geöffnet, Juli, Aug. auch Di, Menü 25–46 €. Rustikales Haus in traumhafter Lage mit einem sehr schönen Garten. Zu empfehlen sind vor allem die Fischgerichte.

Einkaufen

Nicht nur Kekse – **Biscuiterie de la Côte d'Émeraude:** Rond-point des Jeannettes, Erquy, Tel. 02 96 72 05 06. Lebensmittel der Bretagne. Ausnahmsweise auch sonntags geöffnet.
Wochenmarkt – **Marché:** Sa 7–14 Uhr im Zentrum von Erquy, im Sommer kostenloser Zubringerbus von den Campingplätzen aus.

Aktiv

Fahrradverleih – **C. Couapel:** Rond-Point du Super U, Erquy, Tel. 02 96 72 04 97. Im Office de Tourisme gibt es eine Radwegkarte (2,50 €).
Segeltörn – **Le Sloop d'Erquy:** Maison de la Mer, rue du Port, Erquy, Tel. 02 96 72 39 27, http://sainte-jeanne-erquy.com. Halb- und mehrtägige Ausfahrten mit der Sainte-Jeanne, dem Nachbau eines historischen Seglers. Halber Tag 34 €, Wochenende mit Übernachtung an Bord 150 €.
Tauchunterricht – **Histoire d'Eau:** Maison de la Mer, rue du Port, Erquy, Tel. 02 96 72 49 67, www.histoiredeauplongee.com. Im Juli und Aug. Unterricht für Teilnehmer ab acht Jahren, Anfängerkurs drei Tauchgänge 130 €.
Traditioneller Tanz – **Club des Danseurs Réginéens:** Salle Omnisports, Erquy, Tel. 02 96 72 16 57. Kostenlose Einführung in bretonische Tänze, Juli, Aug. Di ab 20.30 Uhr.

Infos & Termine

Office de Tourisme: 3, rue du 19 Mars 1962, 22430 Erquy, Tel. 02 96 72 30 12, www.erquy-tourisme.com.
Bus: Mit Tibus nach St-Cast, Fréhel, Pléneuf-Le-Val-André, Lamballe und St-Brieuc (Linie 2).
Fête de la Coquille St-Jacques: Letztes April-Wochenende in Erquy, Konzerte, Teilnahme an Fang und Verkauf von Jakobsmuscheln.
Les Mercredis Celtiques: Jeden Mi im Juli, Aug., es gibt keltische Musik- und Tanzdarbietungen im Freien, Erquy.

Pléneuf-Val-André

▶ J 2

Ein besonders schöner Sandstrand erwartet Reisende in Pléneuf-Val-André, das im 17. Jh. von der Salzgewinnung lebte und ab 1882 zu einem florierenden Badeort entwickelt wurde. Spaziergänge führen vom Ortskern zur **Pointe de Pléneuf** (15 Min. hin und zurück) oder zum Ende der **Promenade de la Guette** (60 Min. hin und zurück).

Bei Ebbe kann man zur vorgelagerten **Île de Verdelet** wandern. Die Insel ist als Vogelschutzgebiet ausgewiesen.

Übernachten

Luxus pur – **Manoir de la Hazaie:** Planguenoual, 5 km südwestlich von Pléneuf, Tel. 02 96 32 73 71, www.manoir-hazaie.fr, 6 Zimmer, DZ 162–272 €. Das Schloss aus dem 16. Jh. liegt inmitten eines Parks. Zimmergrößen zwischen 21 und 55 m² lassen kaum einen Wunsch offen.
Stylish – **Georges:** 131, rue Clemenceau, Tel. 02 96 72 23 70, www.hotelvalandre.com, 24 Zimmer, DZ ab 52 €. Nur 50 m vom Strand (Haus ist Teil des Casinos) mit fernöstlich inspirierter Einrichtung. Zimmer der obersten Etage mit großer Sonnenterrasse.
Charmant – **De France:** 4, rue Pasteur, Tel. 02 96 72 22 52, www.pleneuf-hoteldefrance.com, Mitte Jan.–Mitte Febr. geschl., 16 Zimmer, DZ ab 80 €. Logis de France in einem Haus von 1880. Die Zimmer sind nach Themen eingerichtet: 30er-Jahre, Karibik oder Scheherazade. Mit Innenhof und Restaurant (Menü 19–41 €). Parkplatz.

Essen & Trinken

Deftig – **La Flibuste:** 39, rue Amiral Charner, Tel. 02 96 63 13 28, Menü 21–33 €. Spezialität sind Muscheln und vorzügliche Kartoffelgerichte.

Einkaufen

Frische Lebensmittel – **Marché hebdomadaire:** In Pléneuf Di, in Val-André Fr, jeweils 7–14 Uhr.

Aktiv

Ausflüge mit dem Segler – **La Pauline:** Quai des Terre-Neuvas, Tel. 02 96 63 10 99. Bis zu zehn Personen haben auf dem nachgebauten Logger Platz. Preis pro Person: 2–3 Std. 32 €, ein Tag 43 €.
Vergnügen zu Pferd – **Centre Équestre:** La Jeanette, Tel. 06 38 15 12 77, http://la-jeannette.e-monsite.com. Vermietung von Pferden und Ponys ab 26 € pro Std. Für Teilnehmer am Reitunterricht besteht eine sehr preiswerte Übernachtungsmöglichkeit.
Wassersport – **Centre Nautique:** rue de Corps de Garde, Tel. 02 96 72 95 28, www.cnpva.com. Katamaran, Windsurfen und Strandsegeln für Klein und Groß. Preisbeispiel: viertägiger Kurs im Strandsegeln 152 €.

Abends & Nachts

Für den Spieltrieb – **Casino:** 131, rue Clemenceau, Val-André, Tel. 02 96 72 85 06, www.casinovalandre.com, bis 3, Fr, Sa bis 4 Uhr geöffnet. Außer Automaten, Black Jack und Roulette gibt es einen Kinosaal, eine Bühne für Boulevardtheater und eine täglich geöffnete Brasserie (Menü ab 12 €).

Infos

Office de Tourisme: 1, rue Winston Churchill, 22370 Pléneuf-Val-André, Tel. 02 96 72 20 55, www.val-andre.org.
Bus: Mit Tibus von Pléneuf-Val-André nach Erquy und Fréhel sowie über Lamballe nach St-Brieuc (Linie 2).

Lamballe ► J 3

Ältere Wurzeln als Val-André hat Lamballe, das bereits im 6. Jh. gegründet wurde. Der Ort besitzt ein **Schloss** aus dem 13./14. Jh. sowie die **Kirchen St-Martin** (ab 12. Jh.), **St-Jean** (ab

Im Hafen von Pléneuf liegt die Pauline – bereit in See zu stechen

PAULINE

15. Jh.) und **Notre-Dame-de-la-Puissance** (12.–16. Jh.). Letztere erhebt sich dort, wo einst die Festung stand; sie war bereits 1591 während der Religionskriege umkämpft und wurde 1626 von den Heeren Richelieus geschleift. 1792, zur Zeit der Französischen Revolution, fiel noch einmal ein Schlaglicht auf Lamballe, als eine Adlige aus dem Ort allzu große Sympathien für Marie-Antoinette offenbarte und für diesen Frevel hingerichtet wurde. In dem Fachwerkhaus aus dem 15. Jh., einst Domizil des Scharfrichters, ist heute der Sitz der Touristeninformation.

Musée Mathurin Méheut

Pl. du Martray, Tel. 02 96 31 19 99, www.musee-meheut.fr, Juli, Aug. Di–Sa 10–12.30, 14–18, So, Mo 14–18, April–Juni, Sept., Okt. Di–Sa 10–12, 14–18, Nov., Dez. Di–Sa 14–17 Uhr, 3 €

Das Museum erinnert an den in Lamballe geborenen Künstler Mathurin Méheut (1882–1958), der Aquarelle und Gouachen mit schönen Ansichten seiner Heimat malte.

Haras national de Lamballe

Pl. du Champ de Foire, Tel. 02 96 50 06 98, www.haras-lamballe.com, Führungen Juli, Aug. tgl. 11–16.30, Mitte Sept.–April tgl. 14.30, sonst tgl. 11, 14.30, 16 Uhr, 7 € (außer Jeudi du Haras)

Lamballe ist bekannt für das im Jahr 1825 gegründete Gestüt *(haras)*. Von Mitte Juli bis Mitte August schließen an die Besichtigungszeit jeweils Do ab 17.30 Uhr die Jeudis du Haras, spektakuläre Reitdarbietungen, an (21 €). Darüber hinaus finden regelmäßig Reitturniere statt.

Essen & Trinken

Exzellent – **Le Lieu Unic:** 2, place du Béloir, Tel. 02 96 34 81 48, Menü 15–25 €. So einzigartig, wie es der Name verspricht, ist das Restaurant nicht. Aber es hat unter neuer Leitung zugelegt. Frische Zutaten und üppige Portionen sind Markenzeichen.

Einkaufen

Frische Lebensmittel – **Marché hebdomadaire:** In Lamballe Do 7–14 Uhr.

Infos

Office de Tourisme: Pl. du Champ de Foire, 22402 Lamballe Cédex, Tel. 02 96 31 05 38, www.lamballe-tourisme. com.
Bahn: Von Lamballe nach Dinan, Rennes und St-Brieuc.
Bus: Mit Tibus nach Erquy und St-Brieuc (Linie 2), von Lamballe nach St-Cast (1).

St-Brieuc ▸ H 2

Zu den sieben heiligen Gründervätern der Bretagne zählt auch ein gewisser Brioc aus Wales, der im 6. Jh. ein Kloster an der Côte de Penthièvre errichtete und damit den Grundstein für den heutigen Badeort St-Brieuc legte. Außer den Stränden der Umgebung – vor allem **Plage Martin** und **Plage des Rosaires** etwa 10 km nördlich – hat das Städtchen, Geburtsort der Schriftsteller Villiers de l'Isle-Adam (1838–1889) und Louis Guilloux (1899–1980), wenig zu bieten. Allenfalls lohnt ein Gang durch die **Grandes Promenades,** den Stadtpark mit einigen sehenswerten Statuen.

Musée d'Art et d'Histoire

Cours Francis Renaud, Mai–Sept. Di–Sa 10–18, So 14–18, Okt.–April Mi–Sa 10–18, So 14–18 Uhr, Eintritt frei

Neben Wechselausstellungen bietet das Museum eine ständige Sammlung zu Geschichte und Brauchtum der Region. Herausragendes Exponat ist ein steinernes Kultbild aus keltischer Zeit, das als ›Gottheit mit Harfe‹ bezeichnet wird. Es wurde 50 km südwestlich von St-Brieuc in St-Symphorien-en-Paule geborgen.

Cathédrale St-Étienne
Place du Général de Gaulle
Fachwerkhäuser aus dem 15./16. Jh. (z. B. Place du Martray) umgeben die Kathedrale, die 1170 gegründet und später zur Wehrkirche ausgebaut wurde. Die Apsis stammt noch aus dem 14. Jh., das Langhaus wurde im 18. Jh. neu aufgebaut. Zu beachten ist ein Flamboyant-Fenster aus dem 15. Jh. im rechten Querhaus.

Übernachten

Gastfreundlich – **Au Chène Vert:** 2, rue de la Croix Lormel, 3 km nördlich in Plérin-sur-Mer, Tel. 02 96 79 80 20, www.hotel-st-brieuc.fr, 70 Zimmer, DZ ab 50 €. Das Logis de France mit freundlichem Service verfügt über einen hübschen Garten und einen großzügigen Parkplatz. Kleine, aber saubere Zimmer, die Einrichtung in warmen Holztönen. Einfaches Restaurant mit kleiner Speisekarte (Menü 15–31 €).
Jugendherberge stilvoll – **Auberge de Jeunesse »Ty Coat«:** Manoir de la Ville Guyomard, Les Villages, Tel. 02 96 78 70 70, http://fuaj.org/saint-brieuc, ganzjährig geöffnet, 120 Betten, pro Person 20 € mit Frühstück. Gemütlicher, preiswerter Aufenthalt in einem Herrenhaus aus dem 15. Jh.
Camping naturnah – **Des Vallées:** Rue Paul Doumer, Parc de Brézillet, Tel. 02 96 94 05 05, www.camping-desvallees.com, Camping Ostern–Mitte Okt., im Winterhalbjahr nur Vermietung von Chalets, 108 Plätze, zwei Personen im Zelt mit PKW 16,50–25 €, Chalet für zwei Personen ab 200 € pro Woche. Kleiner Platz in verwunschener Lage. Die recht komfortable, schattige Anlage ist mit einem Aquapark ausgestattet. In den Sommermonaten gibt es ein Restaurant.

Essen & Trinken

Spitzengastronomie – **La Croix Blanche:** 61, rue de Genève, Tel. 02 96 33 16 97, http://restaurant-lacroixblanche.fr, So abends, Mo geschl., Menü 24–91 €. Raffinierte Gerichte mit frischen Zutaten, die in einem hübschen Garten serviert werden. Der Service lässt mitunter Wünsche offen.

Einkaufen

Lebensmittel – **Marché:** Wochenmarkt Mi und Sa 7–14 Uhr.

Infos & Termine

Office de Tourisme: 7, rue St-Gouéno, 22044 St-Brieuc, Tel. 02 96 33 32 50, www.baiedesaintbrieuc.com; außerdem www.saint-brieuc.fr.
Flug: Flughafen Trémuson, 10 km westlich von St-Brieuc, Tel. 02 96 94 95 00, www.st-brieuc.aeroport.fr.
Bahn: Gare SNCF, Bd. Charner, Tel. 08 92 35 35 35; u. a. nach Rennes, Morlaix, Brest, Paimpol, Dinan, Dol-de-Bretagne, Vannes, Lorient.
Bus: Mit Tibus nach Erquy (Linie 2), Lamballe (3), Moncontour (8), Loudéac (R3), Rostrenen (5), Lannion (6) und Paimpol (9).
Festival Art Rock: Anfang Juni mehrtägiges Rock-Fest, überwiegend französische Gruppen, www.artrock.org.
Grand Pardon: Am letzten So im Mai große Wallfahrt zur Basilika Notre-Dame-d'Espérance.
Les Nocturnes: Juli/Aug. jeweils Do, Fr nächtliche Kleinkunstdarbietungen.

Das Beste auf einen Blick

Côte de Granit Rose und Côte de Bruyère

Highlight!

Perros-Guirec und Ploumanac'h: Wie ein Skulpturenpark mit den bizarrsten Gebilden wirkt der Küstenstrich zwischen den Nachbarorten an der Côte de Granit Rose. Nur hat in diesem Fall die Natur das Wunderwerk erschaffen, das sich am besten vom alten Zöllnerweg, Sentier des Douaniers, erschließt. Die seltsamen Klötze aus Granit setzen sich zwar Richtung Westen und Osten fort, doch nirgends erscheinen sie so eindrucksvoll wie hier. S. 159

Auf Entdeckungstour

Vom Nutzen der Algen – am Sillon de Talbert: Ziel einer Fahrradtour ist die Landzunge Sillon de Talbert, nicht nur eine Naturschönheit, sondern auch von wirtschaftlichem Nutzen: Hier werden Algen gesammelt und in einer nahen Fabrik zu den erstaunlichsten Produkten verarbeitet. S. 152

Big Bang, Asterix und eine Antenne – Cosmopolis: Ein riesiger Ballon umgibt die Antenne, über die Europa erstmals die Signale eines Satelliten empfing und damit näher an die Welt rückte. Das Gelände ist zum Wissenschaftspark ausgebaut, der auch kindliche Gemüter erfreut. S. 164

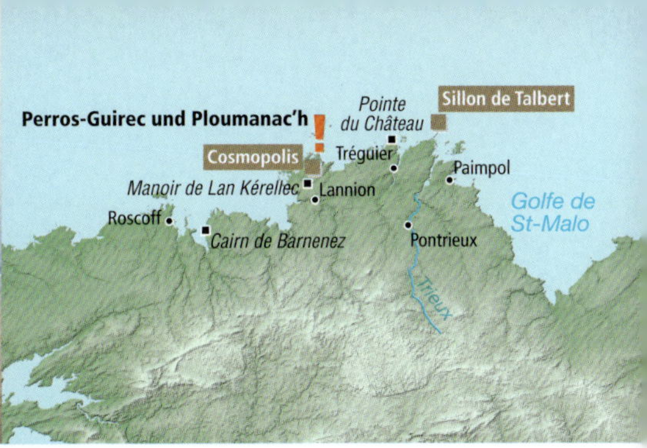

Kultur & Sehenswertes

St-Tugdual in Tréguier: St-Yves, einer der beliebtesten Heiligen der Bretagne, wurde hier beigesetzt. Die gotische Kirche besitzt bedeutende Schätze. S. 155

Pointe du Château: Ein schlichtes Granithaus ist wegen seiner sonderbaren Lage das meistfotografierte Bildmotiv der Bretagne. S. 158

Cairn de Barnenez: Der mächtige Grabhügel zählt zu den Wundern prähistorischer Zeit. S. 170

Aktiv unterwegs

Im Tal des Trieux: Mit dem Zug oder im Ausflugsboot lässt sich der Fluss zwischen Lézardrieux und Pontrieux erkunden. S. 147

Wanderung zu Kapellen und Schlössern: Südlich von Lannion kann man am GR 34a einige bemerkenswerte Bauwerke entdecken. S. 167

Genießen & Atmosphäre

Manoir de Lan Kérellec: Wer fürstlich leben will, könnte hier mal damit anfangen. S. 166

Jardin exotique in Roscoff: Die Bretagne kann auch anders, nämlich sehr exotisch. Subtropische Pflanzen gedeihen in der Gunst des Golfstroms. S. 177

Abends & Nachts

Les Valseuses in Lannion: Während das Programm der Casinos Richtung Westen immer öder wird, bildet die Kneipe mit Jazz und Rock einen letzten Anker für Nachtschwärmer. S. 169

Wo sich der Wind die Zähne ausbeißt

Hatte sich einst Trégastel als Mekka der Bretagne-Reisenden etablieren können, so lief ihm später das benachbarte Perros-Guirec wegen seiner familienfreundlicheren Badebucht den Rang ab. Hier wie dort sind es die bizarren Felsformationen, die den Reiz ausmachen. Ihnen verdankt die Rosa Granitküste, die Côte de Granit Rose, ihren Namen. Dieses Kerngebiet des Tourismus in der nördlichen Bretagne erstreckt sich weiter bis zur westlich anschließenden Côte de Bruyère, die noch einige Felsenmeere, vor allem aber schöne Strände und einsam gelegene Kunstdenkmäler besitzt.

Inmitten der urzeitlichen Bauklötze aus Granit steht so etwas wie die bretonische Mona Lisa, nicht wirklich schön, aber wirklich selten. Dieses Haus an der Pointe du Château hat vor mehr als 100 Jahren schon Fotografen mit Plattenkameras angezogen und hat sich nun als starres und ewig unbezahltes Model auch in die Ära der Digital-Knipser gerettet: Es handelt sich um ein schlichtes Wohnhaus, das sein Erbauer seinerzeit zwischen zwei Felsen klemmte.

Wenn sich daraus eines ablesen lässt, dann der bretonische Wille zum Arrangement mit der Natur. Solches Ringen begann schon vor über 6000 Jahren mit dem Cairn de Barnenez, einem Grab der Frühzeit, und setzt sich fort bis zu dem aberwitzigen Eisenbahnviadukt, das die Stadt Morlaix erdrückt. Ein wenig Mystik darf vor solcher Kulisse schon mal mitschwingen. Darum wundert es nicht, dass gerade an dieser Küste, in Tréguier, mit St-Yves der wohl heiligste von unzähligen bretonischen Heiligen verehrt wird.

Am anderen Ende, westlich von Morlaix, gehen Eigentümlichkeit und Wildheit in einem Meer von Blumenkohl und Artischocken unter. Der ›Goldene Gürtel‹ dort, Ceinture dorée, sichert dem Agrarland Bretagne immer noch ein Stück seiner wirtschaftlichen Grundlage.

Infobox

Internet
www.cotesdarmor.com und www.finisteretourisme.com.

Verkehr
Bahnverbindung an den Strecken St-Brieuc–Brest, Guingamp–Paimpol, Plouaret–Lannion, Morlaix–Roscoff. Überlandbusse von Tibus (www.tibus.fr) verkehren im Département Côtes d'Armor, von Penn-ar-Bed (www.viaoo29.fr) im Département Finistère.

St-Quay-Portrieux und Binic ▸H 2

Wenn die bretonischen Fischer ihrer großen Vergangenheit gedenken, dann kommt die Sprache oft auf den Kabeljaufang, der einst vor Neufundland betrieben wurde. Beute unserer Tage sind Makrelen, Seebarsch, Seelachs und Jakobsmuscheln aus heimischen Gewässern, so auch in **Binic** und **St-Quay-Portrieux.** Die beiden Nachbarorte locken zahlreiche Badegäste und Jachtbesitzer an ihre Küsten. Als

Familienstrand eignet sich die **Plage de la Comtesse,** als Rückzugsgebiet für Träumer die Grève de l'Isnain mit dem markanten Felsen Rocher du Gerbot. In Binic stehen am Quai Jean-Bart noch einige alte Reederhäuser aus der Zeit der Hochseefischerei, in denen heute Restaurants und Cafés Quartier bezogen haben. Weiter nördlich bietet sich von der **Pointe de Minard** ein prächtiger Rundblick.

Musée de Binic

Square Fichet des Grèves, Binic, Ostern–Sept. Mi–Mo 14.30–18 Uhr, 4 €

Das 1979 eröffnete Heimatkundemuseum mit lebensnah nachgestellten Szenen und vielen historischen Gegenständen gewährt Einblick in das traditionelle Leben der Fischer. Hinzu kommen Funde aus der Römerzeit.

Jardin Zoologique de Bretagne

Moulin de Richard, Trégomeur, 8 km südwestlich von Binic, Tel. 02 96 79 01 07, www.zoo-tregomeur.com, April–Sept. tgl. 10–19, Okt.–März Mi, Sa, So 13.30–17.30, in den Schulferien tgl. 10–18 Uhr, in den Weihnachtsferien geschl., Sommer 16,90 €, sonst 14,20 €

Der Zoo beherbergt Tiere aus aller Welt in weitläufigen Gehegen. Das gesamte sehenswerte Areal umfasst immerhin 14 ha und bietet damit genügend Vergnügungsfläche für Familien mit Kindern. Eine bedeutende Attraktion ist seit 2009 das Freigehege für Rote Pandas.

Guingamp und Lanleff

▶ G 2

Von den Stränden rund um St-Quay und Binic bieten sich Ausflüge ins Hinterland an, etwa nach **Guingamp** mit Fachwerk- und Granithäusern

Lanleff: Ruine einer runden romanischen Kapelle

rund um den Renaissancebrunnen Fontaine-de-la-Plomée. Nördlich von Guingamp hat sich in **Lanleff** die Ruine einer runden romanischen Kapelle mit drei Apsiden und einer Vorhalle erhalten. Der in Frankreich seltene Bautyp geht wohl auf orientalische Grabkirchen zurück.

Übernachten

Garten am Meer – **Le Gerbot d'Avoine:** 2, bd. du Littoral, St-Quay-Portrieux, Tel. 02 96 70 40 09, www.gerbotdavoine.com, 20 Zimmer, 50–120 €. Gemütliches Hotel mit Garten, Parkplatz und unverbaubarem Meerblick. Das Restaurant ist gut, die Preise à la Carte sind aber leicht überzogen (Mitte–Ende Jan. sowie Ende Febr.–Anfang März geschl., sonst Mo ganztägig und Di–Fr mittags geschl., Menü 19–39 €).
Camping an der Klippe – **Bellevue:** 68, bd. du Littoral, St-Quay-Portrieux, Tel. 02 96 70 41 84, www.campingbellevue.net, Ende April–Mitte Sept., 195 Plätze, zwei Personen im Zelt mit PKW 16–21 €. Platz mit Pool in besonders schöner Lage. Wer Animation erwartet, wird hier allerdings enttäuscht.

Essen & Trinken

Für den kleinen Hunger – **À la Table de Margot:** 7, pl. de l'Église, Binic, Tel. 02 96 73 35 56, Mo und So abends geschl., Menü 29–55 €. Das Bistrot befindet sich im ältesten Haus des Ortes (1679). Regionale Küche, vor allem Fisch und Meeresfrüchte. Die Gerichte können als Tapas bestellt werden.
Für See- und Sehleute – **Bistrot de la Marine:** 38, quai de la République, St-Quay-Portrieux, Tel. 02 96 70 87 38, bei Facebook, April–Okt. tgl. geöffnet, März, Nov., Dez. Di abends, Mo und Mi geschl., Jan., Febr. geschl., Menü ab 25 €. Café im Erdgeschoss, in der ersten Etage originell eingerichtetes Restaurant mit Hafenblick. Zudem beheizte Terrasse und Garten. Regelmäßige Konzerte, Themenabende und Boule-Wettkämpfe garantieren eine nette Atmosphäre.

Einkaufen

Lebensmittel – **Marché:** Do in Binic, Mo und Fr in St-Quai-Portrieux, jeweils vormittags bis 13 Uhr.

Aktiv

Golf für Starter und Profis – **Les Ajoncs d'Or:** Route de Lanvollon (D 9), Lantic, 7 km südwestlich von St-Quay, Tel. 02 96 71 90 74, www.golfdesajoncsdor.fr, Greenfees 37–55 €. Hohe Bäume rahmen die Fairways, die sich auch für Anfänger eignen. 18 Loch, par 72, 6125 m.
Makrelenfang – **Chalutier:** Infos und Buchung über das Office de Tourisme in St-Quay-Portrieux, s. u. An Bord eines Seglers geht es Juni–Sept. Di und Do hinaus zum Fischen auf hoher See, pro Person 40 €.

Abends & Nachts

Glücksspiel und Tanz – **Casino:** 6, bd. de Gaulle, St-Quay-Portrieux, Tel. 02 96 70 40 36, www.casinosaintquay.com, 10–4 Uhr. Neben Roulette, Poker und Automaten bietet das Casino an Wochenenden Tanz, Shows und Animation. Im Restaurant eine besonders große Auswahl an Carpaccios (Di und Mi geschl., Menü ab 25 €).

Infos & Termine

Office de Tourisme: 17 bis, rue Jeanne d'Arc, 22410 St-Quay-Portrieux, Tel. 02 96 70 40 64, www.saintquayportrieux.com.

Office de Tourisme: Av. de Gaulle, 22520 Binic, Tel. 02 96 73 60 12, www.binic-etables-sur-mer.fr.
Bahn: Verbindung zwischen Paimpol und Guingamp.
Bus: Tibus Linie 9 entlang der Küste zwischen St-Brieuc und Paimpol, Linie 22 von Plouha nach Guingamp.
Festival Les Marionnet'ic: Mitte Mai einwöchiges Fest der Puppenspieler in Binic.
Pardon: Am 1. Juli-Wochenende Wallfahrt zur Notre-Dame-de-Bon-Secours in Guingamp mit nächtlichem Freudenfeuer. Ziel ist die einzige schwarze Madonna der Bretagne.
Fête de St-Loup: Mitte Aug. einwöchiges Fest mit bretonischer Musik und Tanz in Guingamp.
Pardon: Am dritten So im Sept. Wallfahrt zur Kapelle Kermaria-an-Isquit (s. Lieblingsort S. 149).

Paimpol ▶ G 1

Kabeljaufang vor Island und Neufundland, das war für Paimpol die wirtschaftliche Grundlage in den Jahren 1852–1935. Der Schriftsteller Julien Viaud alias Pierre Loti (1850–1923) sammelte hier den Stoff für seinen Roman »Die Islandfischer« (1886). Die Hauptfigur Gaud Mével lebt in einem Haus an der Place du Martray/Ecke Rue de l'Église, wo auch Loti während der Arbeit an seinem Werk wohnte.

Inzwischen haben Austernzucht, Gemüseanbau und der Jachthafen den traditionellen Fischfang bei Weitem überflügelt. Bei einer Hafenbesichtigung entdeckt man noch alte Reederhäuser am **Quai Morand** und den denkmalgeschützten Kutter Le Vieux Copain, der 1940 für den Thunfischfang gebaut wurde. Ansonsten locken die Strände: der bewachte Strand **La Tossen** und die Sandbucht **Le Lédano.**

Musée de la Mer

Rue de Labenne, Tel. 02 96 22 02 19, www.museemerpaimpol.com, Mitte April–Mitte Juni, Sept. tgl. 14–18, Mitte Juni–Ende Aug. 10.30–12.30, 14–18.30 Uhr, 4,90 €

Ein Haus aus dem späten 19. Jh., in dem früher Dorsche getrocknet wurden, dient heute als Fischereimuseum mit einer Dauer- und einer jährlich wechselnden Sonderausstellung.

Abbaye de Beauport ▶ G 1

Kérity, 3 km südöstlich von Paimpol an der Küstenstraße, Tel. 02 96 55 18 58, http://abbayebeauport.com, Juli–Sept. tgl. 10.30–19, April–Juni 10.30–12.30, 14–18, Okt.–Nov., März 14–18 Uhr, 6 €, Juli und Aug. Mi und So ab 22 Uhr nächtliche Begehung, 8 €

Das Land im Westen der Pointe de Minard war bis 1790 Sitz der Prämonstratenser, die hier eine Abtei im Stil der normannischen Gotik bauten. Von der Kirche blieb eine überaus beeindruckende Ruine, während sich von den Klostergebäuden (13.–17. Jh.) der Kapitelsaal, das Refektorium, ein Vorratskeller und eine Pilgerherberge erhalten haben.

Im Tal des Trieux ▶ G/H 1–2

Regionalzug, www.sncf.com; Vapeur du Trieux, voraussichtlich Di–So 1x tgl., Infos im Office de Tourisme in Paimpol (s. S. 151) oder unter Tel. 02 96 20 52 06; Le Passeur du Trieux, Tel. 06 21 07 30 72, www.lepasseurdutrieux.com

Am schönsten ist es, das nicht durch Straßen erschlossene Tal des Trieux mit der alten Dampflok zu erkunden. Doch das Stahlross aus dem Jahre 1911 wurde zu schwergewichtig für die Gleise. Im Laufe 2017 ist die Wiedereröffnung der Strecke geplant. Bis dahin kann man alternativ den Regionalzug

Lieblingsort

Maler der Unterwelt – Chapelle Kermaria-an-Isquit ▶ H 2
Mit *ankou,* dem Sensenmann, hat die Bretagne einen unverkrampften Pakt geschlossen. Er kann personifizierter Tod und doch zugleich Friedhofswächter sein, auf dass zwischen den Lebenden und den Toten der unbestechliche Grenzfluss sein möge. Dass eines Tages ein jeder, König oder Bettler, auf die andere Seite wechseln wird, ist kein Geheimnis, aber ein Tabu. Ein befreundeter Künstler in Deutschland zeichnet gerne den ›Totentanz‹, der mit diesem Tabu bricht. Als ich fasziniert seine Bilder betrachtete, stellte sich heraus, dass wir beide unabhängig voneinander oftmals vor den Fresken zum *Danse macabre* in der Kapelle Kermaria-an-Isquit bei **Plouha** gestanden und gestaunt haben (Juli, Aug. tgl. 10–20, April–Juni, Sept., Okt. 10–12, 14–18, Nov.–März 10–12, 14–16 Uhr oder nach Vereinbarung, Tel. 02 96 20 35 78, Eintritt frei, Spende erbeten).

Bahnfahrt im Tal des Trieux

von **Paimpol** nach **Pontrieux** nehmen, wobei sich ein Stopp in der **Maison de l'Estuaire de Traou-Nez** anbietet. Flussaufwärts erblickt man das **Château de la Roche-Jagu** (15. Jh.), wo im Sommer Ausstellungen und Kulturveranstaltungen stattfinden. Sein Park und die herrlichen Gärten sind frei zugänglich. Weiter geht es über den **Viaduc du Leff** nach Pontrieux. Im Sommer stehen Elektroboote zur Stadtundfahrt bereit. Idyllisch ist aber auch eine Bootstour mit dem **Passeur de Trieux** zwischen Pontrieux und Lézardrieux.

Übernachten

Einfach und preiswert – **De la Marne:** 30, rue de la Marne, Paimpol, Tel. 02 96 16 33 41, www.hoteldelamarne-paimpol.fr, elf Zimmer, DZ 55–100 €. Gemütliches Haus mit recht kleinen, einfach eingerichteten Zimmern und Parkplatz. Das Interesse der Betreiber gilt eher dem hauseigenen Restaurant, das mit seinen Hummergerichten zur gehobenen Gastronomie zählt (Menü 21–69 €; Mo geschl.).
Camping – **Cap de Bréhat:** Port Lazo, Plouézec, 8 km östlich von Paimpol, Tel. 02 96 20 64 28, www.cap-de-brehat.com, April–Okt., 111 Plätze, zwei Personen im Zelt mit PKW 17–39 €. Recht einfache Anlage mit beheiztem Pool und schönem Blick über die Bucht von Paimpol. Im Sommer gibt es einige Animationsangebote, ansonsten eignet sich der Platz eher für Naturliebhaber mit geringen Ansprüchen.

Essen & Trinken

Meeresküche – **La Vieille Tour:** 13, rue de l'Église, Tel. 02 96 20 83 18, Mo, außerhalb der Saison auch So abends und Mi geschl., Menü ab 23 €. Das gemütliche Restaurant wird in vielen Gourmet-Führern empfohlen. Zur Fangzeit im Winter steht ein Menü rund um die Jakobsmuschel auf der Karte, ansonsten fangfrischer Fisch.
Fisch mit Aussicht – **Du Port:** 17, quai Morand, Paimpol, Tel. 02 96 20 82 76, www.restaurantduport.com, Juli, Aug. Mo, sonst Di abends, Mi, Nov.–Ostern auch Di mittags geschl., Menü 17–39 €. Das Ambiente überzeugt weniger, schön ist trotz regem Autoverkehr die Terrasse am Hafen. Fisch und Meeresfrüchte zu günstigen Preisen.

Einkaufen

Lebensmittel – **Marché:** Di vormittags, Place des Halles; Fr im Vorort Kérity.

Aktiv

Irrwege – **Labyrinthe végétal:** 9 bis, chemin de Goasmeur, Tel. 02 96 20 44 06, Juli–Aug. Di–So 13.30–20 Uhr, 6 €. Orientierungstraining auf verschlungenen Pfaden im Maisfeld.
Segeltörn alter Schule – **Voiles et Traditions:** 22, Brézel Nevez, Plouézec, 7 km östlich von Paimpol, Tel. 02 96 55 44 33, www.voilestraditions.fr.

Ausflüge mit dem historischen Segler ›La Nébuleuse‹. Eintägige Tour um das Archipel Bréhat für 49 € pro Person.
Wassersport – **Pôle Nautique Loguivy:** Roc'h Hir, Tel. 02 96 20 22 22, http://polenautique.paimpol-goelo.com. Das Angebot reicht vom Wattfischen für die ganz Kleinen bis hin zu Kursen für fortgeschrittene Windsurfer und Segler. Preisbeispiel: Einführungskurs Seekajak im Archipel de Bréhat 5 x 3 Std. 100 €.

Infos & Termine

Office de Tourisme: Place de la République, 22500 Paimpol, Tel. 02 96 20 83 16, www.paimpol-goelo.com.
Bahn: Nahverkehrszug nach Guingamp, dort Anschluss an den TGV Brest–Rennes.
Bus: Mit Tibus nach Lannion (Linie 7), Guingamp (22), St-Brieuc und Pointe de l'Arcouest (9).
Skippers d'Islande: Ende Juni Abfahrt zur großen Regatta zwischen Paimpol und Reykjavik.
Pardon de l'Abbaye de Beauport: 15. Aug. Wallfahrt zur Abtei.
Festival du Chant de Marin: Mitte Aug. Zum Fest der Seemannslieder reisen Gäste aus aller Welt an, teils auf historischen Booten.

Presqu'île Sauvage

▶ G 1

Zwischen den Mündungen der Flüsse Trieux und Jaudy erstreckt sich die Presqu'île Sauvage, die ›Wilde Halbinsel‹, die man aus Richtung Paimpol über eine 154 m lange Hängebrücke erreicht. Am linken Ufer des Trieux gelangt man nach **Lézardrieux.** Von hier kann man Bootsfahrten entlang der Küste unternehmen, aber auch zu einem Rundkurs auf der D 20 über die Halbinsel starten. Stationen abseits dieser Hauptstraße sind die verfallene Flutmühle **Ancien Moulin** und der Leuchtturm **Phare du Bodic,** bevor man zur Landzunge **Sillon de Talbert** (s. Entdeckungstour S. 152) gelangt. Bei der Weiterfahrt durch den Westen der Halbinsel führt ein Abstecher von **St-Antoine** zur besonders einladendenden **Plage de Kermagen.**

Aktiv

Fahrradverleih – **Au Loup Bar:** Pleubian Bourg, Tel. 02 96 22 97 00. Miete 8 € für einen halben Tag.

Infos

Bus: Mit Tibus von Paimpol über Lézardrieux und Tréguier nach Lannion (Linie 7).

Île de Bréhat ▶ H 1

Wahrlich, die Zeiten des Kabeljaufangs waren rau. Viele Fischer ließen ihr Leben auf hoher See, ihre Namen sind auf einer Friedhofsmauer in **Ploubazlanec** zu lesen. Weiter nördlich gelangt man zur **Pointe de l'Arcouest,** von wo Fähren zur autofreien Île de Bréhat übersetzen. Die 3,5 x 1,5 km große Insel – bestehend aus zwei Teilen, die im 18. Jh. durch eine Brücke miteinander verbunden wurden – besitzt ein besonders mildes Klima, und so gedeihen hier Oleander, Agaven, Mimosen, Feigen und Palmen.

Eine Inselrunde von der Anlegestelle **Port-Clos** kann man bequem zu Fuß oder mit einem Mietfahrrad unternehmen. Im Osten von Port-Clos lädt zunächst der Kieselstrand **Grève du Guerzido** zum Bad, während im Westen der Kiefernwald **Bois de la Citadelle** Gelegenheit zum erholsamen Spaziergang bietet.Im Herzen der Insel ▷ S. 154

Auf Entdeckungstour: Vom Nutzen der Algen – am Sillon de Talbert

Ganz weit draußen ist manchmal noch nicht weit genug. So liegt vor Larmor-Pleubian ein lang gestreckter Fels, der sehr weit hinaus ins Meer ragt. Diese Landzunge hat wirtschaftliche Bedeutung wegen ihrer Algenreservoirs und ist Brutgebiet von Seevögeln.

Reisekarte: ▶ G 1

La Maison de Sillon: Rue du Sillon de Talbert, Larmor-Pleubian, www.presquile-de-lezardrieux.com, Mitte April–Mitte Sept. Mo–Fr 14–18 Uhr, So nur Mitte Juli–Mitte Aug., Eintritt frei
Restaurant: Bigouden Blues, Tel. 02 96 22 94 97, http://bigouden.blues.free.fr, Mo geschl.
Dauer: 4 Std., reine Gehzeit 3 Std./ca. 12 km

Die 3 km lange und nur 30 m breite Landzunge Sillon de Talbert streckt sich weit ins Meer hinaus, geformt aus Sand, Kies und Felsen. Wegen der reichen Algenvorkommen wie auch als Nistplatz für Seevögel steht sie unter Schutz.

Grundlagen studieren

Wechselnde Fotoausstellungen in der **Maison du Sillon** zeugen vom Streben darum, das landschaftliche Phänomen der schmalen Landzunge in ein greifbares Bild zu zwängen. Das freilich ist schwierig. Denn zum Verständnis der Besonderheit gehört der Eindruck vor Ort. Deshalb ist die Maison sehr bemüht, nicht nur Auskunftstelle zu sein oder Kochkurse mit Algen anzubieten, sondern die Besucher auch für geführte Exkursionen zu gewinnen. Da aber nur wenige Termine zur Verfügung stehen, bleibt oft nur die Wanderung auf eigene Faust. Unterstützt wird man dabei durch ein Büchlein, das in der Maison verkauft wird.

Naturwunder lang und schmal

Von der Maison du Sillon aus geht es (nur bei Ebbe) zunächst hinaus auf den **Sillon de Talbert.** Besonders während der Brutzeit der Seevögel (Mai–Juli) sollten Besucher auf dem eingezäunten Weg bleiben und äußerste Vorsicht walten lassen, um die Tiere nicht zu stören. Es lohnt, die gesamte 3 km lange Strecke bis zur Spitze zu gehen, um ein Gefühl für die Besonderheit des Sillon zu entwickeln. Zur Belohnung gibt es nach der Rückkehr im **Restaurant Bigouden Blues** Köstlichkeiten mit Meerblick: *patatez bretonnes,* Kartoffeln bretonischer Art.

Mit Algen zaubern

Richtung Südosten folgt man dann dem markierten Wanderweg GR 34 hinaus auf die **Presqu'île Pen Lan,** wo der Firmensitz von **Setalg France** aufs Meer hinausblickt. Die Philosophie des Hauses besteht darin, im Einvernehmen mit den Umweltbehörden Ressourcen der Natur zu nutzen. Was hier geerntet wird, kann man bei Ebbe gut erschnuppern, den unverwechselbaren Geruch von Tang *(frz. goémon),* der botanisch zu den Algen zählt. Diese hochspezialisierten Pflanzen sind auf den Wechsel von Ebbe und Flut bestens eingestellt, ja sogar angewiesen. Jährlich werden auf der Halbinsel 8000–10 000 t Algen gesammelt, getrocknet und verarbeitet. Die Setalg-Internetseite überzeugt von den Nutzungsmöglichkeiten, ein Fabrikbesuch ist nicht gestattet. Gleich nebenan liefert das **CEVA (Centre d'Etude et de Valorisation des Algues)** wissenschaftliche Erkenntnisse über Wesen und Nutzen von Algen.

Wertvolle Inhaltsstoffe

Algen und Seetang wurden in der Bretagne schon früh als Viehfutter und Dünger eingesetzt. Die Rotalge *Lithothamnium calcareum* ist in der Lage, Kalk einzulagern, und damit von hohem Wert für die vornehmlich säurereichen Granitböden der Bretagne. Im 18. Jh. entdeckte man neue Möglichkeiten in der Seifen- und Glasindustrie, denn aus Algen lässt sich u. a. Kaliumkarbonat (Pottasche) gewinnen. Auch in der Kosmetik wie in der Thalassotherapie finden Algen Verwendung: Die gerinnungs- und tumorhemmende Wirkung hat heute Bedeutung in der Medizin. Als Gelier-, Binde-, Gleitmittel und Stabilisator nehmen sie einen hohen Stellenwert in der Lebensmittelindustrie ein und finden sich u. a. in Pudding, Streichkäse und Suppen: Aus *Fucus vesiculosus* (Blasentang) und *Ascophyllum nodosum* (Knotentang) werden die Lebensmittelzusatzstoffe E 400 bzw. E 404 hergestellt.

gelangt man zum Hauptort Le Bourg mit einer Kirche aus dem 12.–18. Jh. Westlich des Ortes steht die Ruine der Mühle **Crec'h Tarek,** die zur Zeit der Religionskriege als Galgen diente. Weiter geht es zum höchsten Punkt der Insel bei der **Kapelle St-Michel** und zu einem Kreuz an der Küste, das 1788 in Erinnerung an einen Mönch errichtet wurde.

Im kargeren Nordteil der Insel schließlich lohnt der Besuch des Leuchtturms **Phare du Paon** von 1853, der 1949 neu aufgebaut wurde.

Übernachten, Essen

Traditionsreich und familiär – **La Vieille Auberge:** Le Bourg, Île de Bréhat, Tel. 02 96 20 00 24, www.la-vieille-auberge-brehat.com, Ostern–Nov., 15 Zimmer, DZ 79–120 €. Das 1711 von Korsaren errichtete Haus dient heute als stilvolles Hotel. Die Zimmer im Erdgeschoss besitzen eine Terrasse zum Garten. Abendessen auf Bestellung.

Die Füße im Wasser – **Bellevue:** Le Port Clos, Île de Bréhat, Tel. 02 96 20 00 05, www.hotel-bellevue-brehat.fr, DZ 75–156 €. Hotel am Hafen mit Garage und Garten. 19 Zimmer, teils mit Terrasse, elf davon mit Meerblick. Spezielle Angebote für mehrtägige Aufenthalte, Vermietung von Fahrrädern und Booten. Das sehr gute Restaurant ist auf Fischgerichte spezialisiert (Menü ab 27 €).

Einkaufen

Glasbläserei – **Les Verreries de Bréhat:** La Citadelle, Île de Bréhat, Tel. 02 96 20 09 09, www.verreriesdebrehat.com. Kunstvolle Gebrauchs- und Deko-Artikel aus Glas.

Aktiv

Wandern besonders aktiv – **Petit Théâtre de Kérano:** Le Birlot, Île de Bréhat, Tel. 02 96 20 06 75, www.kerano.com. Bei vier Rundgängen von zwei bis sieben Stunden Dauer führt eine Theatergruppe komödiantisch um die Insel. 12–25 €.

Infos

Bureau de Tourisme: Pointe de l'Arcouest, 22620 Ploubazlanec, Tel. 02 96 55 80 36, Fax 02 96 55 72 35; nur im Sommer besetzte Filiale des Office de Tourisme in Paimpol.
Syndicat d'Initiative: Le Bourg, 22870 Île de Bréhat, Tel. 02 96 20 04 15, www.brehat-infos.fr.
Fähre: Les Vedettes de Bréhat, Tel. 02 96 55 79 50, www.vedettesdebrehat.com. April–Sept. etwa stdl. 8.15–19.30, Okt.–März 8.15–18.15 Uhr ab Pointe de l'Arcouest zur Île de Bréhat, hin und zurück 10,30 €.

Tréguier ▸ G 1

Als Hafen an der Mündung der Flüsse Jaudy und Guindy und Sitz von Leinenmanufakturen errang Tréguier wirtschaftliche Bedeutung. Wichtiger aber war der Ort als Zentrum kultureller und religiöser Begegnung. Um 540 hatte der aus Britannien stammende Tugdual im heutigen Vorort **Minihy** (1 km südlich des Zentrums) ein Kloster gegründet. Einige Jahrhunderte später überflügelte Ivo Hélori den Rang des hl. Tugdual. Ivo (oder Yves) wurde 1253 in Minihy geboren, studierte Jura und Theologie in Paris und war danach als Pfarrer und Richter in seiner Heimat tätig. Dank seiner weisen Schiedssprüche gelangte er bald zu Berühmtheit. Bereits 1347, nur 44 Jahre nach seinem Tod, wurde Yves heiliggesprochen und ist seither Schutzpatron der Armen ... und auch der Juristen.

St-Tugdual

4, rue St-André;
s. auch Lieblingsort, S. 156
Ein Doppelbogen aus dem 13. Jh. auf dem Friedhof von Minihy ist als ›Grab des St-Yves‹ bekannt, tatsächlich aber wurde der Heilige in Tréguier in der ehemaligen Kathedrale und heutigen Kirche St-Tugdual beigesetzt. Sein Schädel, in einem Reliquienschrein verwahrt, gehört zum Kirchenschatz, den man in der **Sakristei** besichtigen kann. Das eigentliche Grabmal wurde während der Französischen Revolution, als auch das Bistum Tréguier aufgelöst wurde, zerstört und im 19. Jh. durch einen Nachbau ersetzt (im linken Seitenschiff). Die Kirche selbst stammt aus dem 14./15. Jh. und ist ein besonders schönes Beispiel der Gotik. Von den drei Türmen gehört einer noch zu einem romanischen Vorgängerbau (12. Jh.). Der Mittelturm, Ende des 14. Jh. begonnen, blieb unvollendet. Er wird überragt vom neogotischen Südturm (1785), der die stattliche Höhe von 63 m erreicht.

Das Innere des Gotteshauses beeindruckt durch den überraschend starken Lichteinfall. Berühmt ist das große **Fenster im südlichen Querschiff.** Es zeigt einen Weinstock, dessen Laub u. a. die sieben Gründerväter der Bretagne umgibt. Zu beachten sind außerdem das Renaissancegestühl (1509) im Chor sowie eine Holzskulptur in der südlichen Vorhalle. Sie wurde im 15. Jh. gefertigt und zeigt den hl. Yves in der typischen Darstellung zwischen einem Reichen und einem Armen. Nicht versäumen sollte man den spätgotischen **Kreuzgang** (15. Jh.), der um einen mit Hortensien bepflanzten Rasen angelegt ist. Auf dem Friedhof hinter der einstigen Kathedrale befinden sich Gräber deutscher Soldaten aus dem Ersten Weltkrieg.

Maison d'Ernest Renan

20, rue Renan, Tel. 02 96 92 45 63, www.maison-ernest-renan.fr, April–Juni, Sept. Mi–So 10.30–12.30, 14–18, Juli, Aug. tgl. 10.30–12.30, 14–18 Uhr, 3,50 €
An einer weiteren Berühmtheit des Ortes, Ernest Renan, scheiden sich die Geister. Der Schriftsteller wurde 1823 in einem alten Fachwerkhaus (16. Jh.) geboren, das heute ein Museum zu seinem Wirken beherbergt. Renan studierte Theologie und Orientalistik in Paris und unternahm ausgiebige Reisen in den Vorderen Orient, wo er u. a. an Ausgrabungen in Palästina teilnahm. Nach seiner Rückkehr verfasste er den Roman »Vie de Jésus«, der das Leben Jesu in ein wissenschaftlich fundiertes Licht rückt. Die allzu menschliche Darstellung des Gottessohnes traf in der Bretagne auf harte Widersacher. 1904 wurde in Tréguier gar ein Calvaire de la protestation, ein ›Kalvarienberg des Protestes‹, angelegt. Er richtete sich gegen ein Denkmal auf der Place du Martray, das an den 1892 verstorbenen Renan erinnert.

Übernachten

Familienfreundlich – **Aigue Marine:** Port de Plaisance, Tel. 02 96 92 97 00, www.aiguemarine-hotel.com, 48 Zimmer, DZ ab 90 €. Komfortables Haus am Sporthafen. Wer die Wahl hat, sollte ein Zimmer zum Garten hin buchen. Üppiges Frühstücksbuffet, preiswertes Kindermenü, Speisesaal mit Terrasse an einem sehr schönen Pool (Mo geschl., Menü ab 53 €).

Essen & Trinken

Deftige Kost – **Auberge du Trégor:** 3, rue St-Yves, Tel. 02 96 92 32 34, www.aubergedutregor.com, So abends und Mo geschl., Menü 19–46 €. Uriges Haus

Lieblingsort

Kleine Ewigkeit am Kirchplatz von Tréguier ▶ G 1
Nein, meinetwegen muss es nicht sein, dass ein Tross von Wallfahrern in alten Kostümen den Platz quert, um den hl. Ivo mit einem Pardon um Vergebung ihrer Sünden zu bitten. Und ja, ich halte es bei einem Grand Crème auch ohne solchen Spuk lange genug auf dem Kirchplatz von Tréguier aus, dass sich die Mauern des Gotteshauses öffnen, um mich in eine andere Welt schauen zu lassen. Dann ist es Zeit, aufzustehen und am Altar eine Kerze anzuzünden für alle, die nicht mehr bei mir sind.

aus dem 16. Jh. in der Altstadt. Gute traditionelle Gerichte, hauptsächlich Fisch und Meeresfrüchte in leider etwas knapp bemessenen Portionen. Spezialität ist Choucroute de la Mer, Sauerkraut nach Seemannsart.

Einkaufen

Bauernmarkt – **Marché:** Mi vormittags entlang der Quais und auf der Place du Martray.

Infos & Termine

Office de Tourisme: 67, rue Ernest Renan, 22220 Tréguier, Tel. 02 96 92 22 33, www.tregor-cotedajoncs-tourisme.com.

Bus: Mit Tibus nach Lannion und Paimpol (Linie 7), Plougrescant, Penvénan und Lannion (16).

Pardon de St-Yves: Dritter Sonntag im Mai von Minihy nach Tréguier.

Les Mercredis en Fête: Mitte Juli–Mitte Aug. jeden Mi ab 20.30 Uhr Musik und Gastronomie auf dem Platz vor der beleuchteten Kirche St-Tugdual.

Presqu'île de Plougrescant ▸ G 1

Die europäischen Atlantikregionen sind Heimat eines Strauchs, der mittlerweile in vielen Regionen der Erde anzutreffen ist. Dieser gelb blühende Stechginster (französisch: *ajonc)* verlieh dem Küstenabschnitt westlich von Tréguier seinen Namen **Côte des Ajoncs**, und tatsächlich prägen die Blüten im Frühsommer das Bild der Landschaft.

Chapelle St-Gonéry

Plougrescant, wegen Bauarbeiten voraussichtlich bis Anf. 2018 geschl., Info bei Jean-Francois Corre, Tel. 02 96 92 59 29, sonst Do–So 15 Uhr, 2,50 €

7 km nördlich von Tréguier steht die Kapelle aus dem 15./16. Jh. Schon das Äußere beeindruckt durch die auffällige bleigedeckte Kirchturmspitze, die dem Turm (10. Jh.) im Jahre 1612 aufgesetzt wurde. Eigentliche Attraktion aber ist die bemalte Holzdecke (Ende 15. Jh.), die als schönste der Bretagne gilt. Dargestellt sind u. a. die Erschaffung der Erde, die Erschaffung des Menschen und das Abendmahl.

Pointe du Château

An der Landspitze mit prächtigem Ausblick steht ein einfaches Haus aus Granit, das allein wegen seiner Lage – eingezwängt zwischen zwei Felsen – zu einem der beliebtesten Fotomotive der Bretagne wurde. Westlich davon liegt **Le Gouffre,** ein tiefer Einschnitt, den das Meer ins Land gefressen hat. Er markiert den Beginn jenes Felsenmeeres, das die Rosa Granitküste berühmt machte. Mächtige Steinbrocken erheben sich auch in der **Anse de Pors-Scaff,** einer Badebucht südwestlich der Pointe du Château.

Port-Blanc

Zu dem Ort mit einem malerischen kleinen Hafen gehört die **Kapelle Notre-Dame** (16. Jh.), deren tiefgezogenes Dach fast bis auf den Boden reicht. Im Pfarrhof steht ein **Calvaire** von 1663, sein Figurenprogramm umfasst u. a. den hl. Yves zwischen dem Armen und dem Reichen.

Übernachten

Herrliche Lage zu günstigem Preis – **Le Grand Hotel:** Port-Blanc, Penvénan, Tel. 02 96 92 66 52, www.grandhotelportblanc.com, April–Anfang Nov., 22 Zimmer, DZ 65–92 €. Einfaches Haus, aber sehr schön am Hafen gelegen.

Alle Zimmer haben Meerblick. Im Restaurant schmackhafte und preiswerte Gerichte (Menü 15–20 €).
Camping für Naturburschen – **Municipal des Dunes:** rue des Dunes, Penvénan, Tel. 02 96 92 63 42, mairie.penvenan@wanadoo.fr, Mitte Mai–Mitte Sept., 95 Plätze, Stellplatz für zwei Personen im PKW mit Zelt ab 14€. Anlage mit Minimalausstattung am Strand. Bescheidene Möglichkeiten für Wassersportler. Argumente für den Platz: der geringe Preis und die schöne Lage.

Infos

Bus: Plougrescant und Port-Blanc liegen an der Strecke Lannion–Tréguier (Tibus-Linie 16).

Perros-Guirec und Ploumanac'h! ▸ F 1

»Befindet sich Napoleons Hut immer noch in Perros-Guirec?« Mit dieser Frage sandte die BBC am 3. April 1943 um 18 Uhr das Signal für den bewaffneten Widerstand gegen die Deutschen. Napoleons Hut ist der Name einer hiesigen Felsformation, und die befindet sich natürlich noch heute an Ort und Stelle. Ansonsten erinnert in Perros-Guirec nichts an die Résistance, hat der Ort außer der **Kirche St-Jacques** 1 mit einem Portal und einigen Kapitellen aus der Romanik auch kaum historische Schätze zu bieten.

Seine große Beliebtheit bei Urlaubern verdankt er eher den Stränden: nordöstlich des Zentrums die **Plage de Trestrignel,** im Südwesten die von Traditionshotels, dem 1924 gegründeten **Casino** 1 und einem Thalassozentrum gesäumte **Plage de Trestraou.** Beide Strände sind wegen des feinen Sandes und der geschützten Lage besonders gut für Kinder geeignet.

Musée du Cire 2

Bd. du Linkin, Perros-Guirec,
Tel. 02 96 91 23 45, Juni–Aug. tgl. 9.30–18.30, März–Mai, Sept. 10–12.15, 14–18 Uhr, 3 €
Das alte Hafenamt beherbergt das Museum zu Geschichte und Traditionen der Region. Es umfasst in seinen zehn Sälen vor allem Wachsfiguren, darunter auch zur deutschen Okkupation und zur Chouans-Bewegung.

Chapelle Notre-Dame de La Clarté 3

An der Straße, die Perros-Guirec mit Ploumanac'h verbindet, liegt der Weiler La Clarté, wo ein Besuch der Kapelle Notre-Dame (15. oder 16. Jh.) lohnt.

Unterwegs auf dem Sentier des Douaniers

Hin und zurück 7 km, ca 2,5 Std., Markierung GR 34
Der Spazierweg zwischen der **Plage de Trestraou** 1 in Perros-Guirec und dem Hafen von Ploumanac'h zählt mit beeindruckenden Felsformationen zu den schönsten der Bretagne. Höhepunkte an diesem Abschnitt des Sentier des Douaniers sind das sogenannte **Château du Diable** (Teufelsschloss) 4 und die von einigen Felsbögen besetzte **Pointe de Squéouel** 5. Sie gehören zum **Parc municipal,** dem Stadtpark von Ploumanac'h, der eigentlich ein Naturschutzgebiet ist und die Wunder in Stein vor rücksichtsloser Bebauung bewahrt. Der Zöllnerpfad führt vorbei an der **Maison du Littoral** 6 (s. S. 52) und schließlich zur **Plage St-Guirec,** wo auf einem Felsen die romanische **Chapelle St-Guirec** 7 steht. Genau dort soll der

Perros-Guirec und Ploumanac'h

Sehenswert
1 Kirche St-Jacques
2 Musée du Cire
3 Notre-Dame de La Clarté
4 Château du Diable
5 Pointe de Squéouel
6 Maison du Littoral
7 Chapelle St-Guirec
8 Moulin à Marée
9 Carrières de Granit Rose
10 Skulpturenpark Christian Gad

Übernachten
1 Manoir du Sphinx
2 St-Guirec et de la Plage
3 Les Violettes
4 Camping Le Ranolien
5 Trestraou Camping

Essen & Trinken
1 La Cozerie
2 La Crémaillère

Einkaufen
1 Marché

Aktiv
1 Schiffsableger
2 Centre Nautique

Abends & Nachts
1 Casino

hl. Guirec aus Wales an Land gegangen sein. Sein hölzernes Bildnis, das sich einst in der Kapelle befand, wurde längst durch eine Granitplastik ersetzt. Einem lokalen Brauch folgend, hatten Generationen lediger Frauen dem Heiligen so oft mit Nadeln in die Nase und schließlich auch in den Körper gestochen, dass das Kultbild den wortwörtlich eindringlichen Heiratswünschen nicht mehr standhielt.
Gegenüber der Kapelle fällt der Blick auf die vorgelagerte **Île Costaérès.** Im dortigen Schloss von 1892 hat Henryk Sienkiewicz angeblich seinen Roman »Quo Vadis« geschrieben, lange bevor der Komiker Dieter Hallervorden die Insel zu seinem Privatbesitz erkor.

Spaziergang im Vallée de Traouïero

Rundweg ca. 5 km, knapp 2 Std., Plan unter www.perros-guirec.com
Südlich des Hafens von Ploumanac'h befindet sich die Gezeitenmühle **Moulin à Marée** 8 aus dem späten 14. Jh. Über den Chemin de Randreux startet man von hier zu einem Rundgang durch die **Vallée de Traouïero,** ein verwunschenes Tal, in dem inmitten seltener Farn- und Moosarten weitere Granitbrocken stehen. Östlich des grünen Tals liegen die **Carrières de Granit Rose** 9. Bis heute wird hier rosa Granit gebrochen, daher gibt es häufig Detonationen. Nicht erschrecken! Was Künstler aus diesen Steinen erschaffen, kann man nach dem Spaziergang im **Skulpturenpark Christian Gad** 10 entdecken.

Sept-Îles ▸ F 1

Armor Navigation, Gare Maritime, Perros-Guirec, Tel. 02 96 91 10 00, www.armor-navigation.com, Rundfahrten 75–150 Min., 18–21 €
Am westlichen Ende der Plage de Trestraou befindet sich der **Schiffsableger** 1 zum Naturreservat. Rundfahrten sollte man am Morgen oder am Abend unternehmen, denn in der Mittagszeit ruht das Tierleben auf den ›Sieben Inseln‹, die 15 km vor der Küste liegen. Ein Landgang wird lediglich auf der **Île aux Moines** unternommen, wo es einen Leuchtturm (1834), eine verfallene Festung (18. Jh.) und ein ehemaliges Franziskanerkloster (15. Jh.) zu besichtigen gilt.

Die größte Vogelpopulation besitzt die **Île Rouzic,** hier leben zwischen Frühjahr und Herbst vor allem Basstölpel, aber auch Tordalken, Kormorane, Papageitaucher, Austernfischer und

Eissturmvögel. Insgesamt beherbergt der 40 ha große Archipel 27 Brutvogelarten sowie eine Kegelrobbenkolonie.

Übernachten

Herrschaftlich – **Manoir du Sphinx** 1: 67, chemin de la Messe, Perros-Guirec, Tel. 02 96 23 25 42, www.lemanoirdusphinx.com, 20 Zimmer, DZ 96–136 €. Das traumhaft an der Plage de Trestrignel gelegene Herrenhaus stammt aus dem frühen 20. Jh. Einige der Zimmer bieten Meerblick durch ein großes Fenster. Diese grandiose Aussicht genießt man auch vom Restaurant (Menü 24–51 €). Mit Garten und Parkplatz.

Am Wasser gebaut – **St-Guirec et de la Plage** 2: Plage de St-Guirec, Ploumanac'h, Tel. 02 96 91 40 89, www.hotelsaint-guirec.com, Mitte Dez.–Mitte Jan. geschl., 24 Zimmer, DZ ab 69 €. Ruhiges Logis de France direkt am Strand, dessen Zimmer teils mit Balkon zum Meer ausgestattet sind. Grandiose Lage, Parkplatz und ein recht gutes Restaurant (Mo geschl., Menü 21-40 €).

Für sparsame Naturen – **Les Violettes** 3: 19, rue du Calvaire, Perros-Guirec, Tel. 02 96 23 21 33, Weihnachten–Neujahr geschl., 17 Zimmer, DZ 39–49 €. Ein einfaches, aber schönes, zentral gelegenes Haus mit Garten zum unschlagbaren Preis. Auch das Restaurant überzeugt mit seinem Preis-Leistungs-Verhältnis (Menü 12–28 €).

Freizeitdorf – **Camping Le Ranolien** 4: Ploumanac'h, Tel. 02 96 91 65 65, https://leranolien.fr, April–Mitte Sept., 520 Plätze, Stellplatz für zwei Personen mit PKW ab 18 €. 15 ha große, sehr komfortable Anlage mit Zugang

zum Meer. Ein umfangreiches Wellness-Angebot umfasst Sauna, Hammam, Massage und Yoga. Animation für Kinder (Schatzsuche, Kochstudio, Mini-Disco, Wattfischen) wie auch für Jugendliche und Erwachsene (Wassergymnastik, Kajak, Hip-Hop, Tauchen). Auf dem Gelände befinden sich ein eigenes Restaurant und eine Disco.
Zum Ausspannen – **Trestraou Camping** 5: 89, av. du Casino, Perros-Guirec, Tel. 02 96 23 08 11, http://domainedetrestraou.com, April–Sept., 180 Plätze, Stellplatz für zwei Personen mit PKW 17–33 €. Wer eher Wert auf Natur als auf Animation legt, wird diese kleinere Anlage vorziehen. Der Platz verfügt über schattige Bereiche und liegt nur 50 m von der Plage de Trestraou entfernt. Zum Angebot zählen Tennis, Minigolf und Volleyball.

Essen & Trinken

Für jeden etwas – **La Cozerie** 1: 33, bd. Thalassa, Perros-Guirec, Tel. 02 96 23 25 15, Juli, Aug. tgl. geöffnet, außerhalb der Saison nur Do–Mo, Menü ab 15 €. Restaurant, Pizzeria und Crêperie unter einem Dach. Für Freunde der Rohkost stehen mehrere Salatvarianten bereit. Fisch- und Fleischgerichte machen nur einen geringen Teil der Karte aus, dafür gibt es eine überzeugende Auswahl an Pizzen, Galettes und Miesmuscheln. Gut geeignet für Familien mit Kindern.
Kreativ – **La Crémaillère** 2: 13, pl. de l'Église, Perros-Guirec, Tel. 02 96 23 22 08, Mo mittags, außerhalb der Saison auch Mi geschl., Menü ab 22 €. Einfallsreiche Gerichte, serviert in einem traditionellen Haus aus Granit.

Einkaufen

Lebensmittel – **Marché** 1: Fr vormittags in Perros-Guirec.

Aktiv

Wassersport – **Centre Nautique** 2: Plage de Trestraou, Perros-Guirec, Tel. 02 96 49 81 21. Segelunterricht, Ausfahrten mit dem Seekajak, Vermietung von Ausrüstung, Bodyboard und diverse andere Angebote. Preisbeispiel: halbtägige Ausfahrt mit einem Segelboot ab 35 €.

Abends & Nachts

Für Spieler – **Casino** 1: Plage de Trestraou, Perros-Guirec, Tel. 02 96 49 80 80, www.lucienbarriere.com, bis 2 Uhr, Fr und Sa bis 3 Uhr geöffnet. Poker, Roulette, Black Jack und Automaten. Es gibt eine Bar und ein Restaurant, das sich auf Fisch spezialisiert hat (Menü ab 15 €).

Infos & Termine

Office de Tourisme: 21, pl. de l'Hôtel-de-Ville, 22700 Perros-Guirec, Tel. 02 96 23 21 15, www.perros-guirec.fr.
Bus: Mit Tibus nach Lannion und Trégastel (Linie 15).
Festival de la Bande Dessinée: Mitte April, großer Treff der Fans und Zeichner von Comics, www.bdperros.com.
Pardon: Zweiter So nach Ostern Wallfahrt zur Chapelle de Kernivinen, 2 km südlich von Perros-Guirec.
Pardon: 15. Aug. Pilgerfahrt zur Chapelle Notre-Dame de La Clarté, Ploumanac'h.

Trégastel und Umgebung ▸ F 1

Legendäres Ziel so mancher Bretagne-Reisender ist **Trégastel-Plage,** ein 1880 als Vorort von **Trégastel-Bourg** (3 km landeinwärts) gegründetes Seebad.

An der Pointe de Squéouel, Côte de Granit Rose

Auch an seinen herrlichen Stränden, **Grève Blanche** und **Coz-Pors,** harren bizarre Felsformationen der Bewunderer: ›König Gradlon‹ (Roi Gradlon) und der ›Korkenzieher‹ (Tire-Bouchon), die ›Hexe‹ (Sorcière) und die ›Schildkröten‹ (Tortues). An der Nordspitze des Strandes Coz-Pors, von dem Schiffe zu den Sept-Îles ablegen, stehen als weitere Granitbrocken der ›Totenkopf‹ (Tête de Mort) und der ›Pfannkuchenstapel‹ (Tas de Crêpes).

Aquarium Marin

Bd. du Coz-Pors, Tel. 02 96 23 48 58, www.aquarium-tregastel.com, Juli, Aug. tgl. 10–19, April–Juni, Sept. Di–So 10–18, Okt. und März Di–So 14–17.30 Uhr, 8,10 €

Unter den Felsen, die als ›Schildkröten‹ bekannt sind, befinden sich zwei Höhlen, sie beherbergten bis ins 19. Jh. hinein eine Kapelle und wurden dann in ein Aquarium verwandelt. Seit dessen Renovierung und Erweiterung gibt es mit seinen drei Zonen zwischen Flachwasser und Tiefsee einen umfassenden Einblick in die bretonische Meeresfauna.

Corniche Bretonne ▸ F 1

Trégastel ist eine Station an der traumhaften Küstenstraße Corniche Bretonne, an der so manches Naturdenkmal schon in der Steinzeit für kultische Zwecke umgebaut wurde. Beispiele sind Dolmen, die Allée couverte von **Kerguntull** sowie der 8 m hohe **Menhir von St-Uzec** (auch St-Duzec, ab Penvern über die D 21). Dieser mächtige Brocken wurde im späten 17. Jh. christianisiert, indem ein unbekannter Künstler auf der Spitze ein Steinkreuz ausmeißelte und darunter christliche Symbole anbrachte.

Hinter Pleurven führt ein Abzweig zur **Île Grande.** Als der Romancier Joseph Conrad 1896 dort ▷ S. 166

Auf Entdeckungstour: Big Bang, Asterix und eine Antenne – Cosmopolis

Ein riesiger Ballon umgibt die Antenne, über die Europa erstmals die Signale eines Satelliten empfing und damit näher an die Welt rückte. Das Gelände ist zum Wissenschaftspark ausgebaut, besitzt aber auch ein kleines gallisches Dorf, das den allzu ernsthaften Gelehrten beharrlich Widerstand leistet.

Reisekarte: ▶ F 1

Infos: Parc du Radôme, Pleumeur-Bodou, www.parcduradome.com
Öffnungszeiten: Radôme/Cité des Télécoms, April–Juni, Sept. Mo–Fr 10–18, Sa, So 14–18, Juli, Aug. tgl. 10–19 Uhr, 7,50 €; Village Gaulois, Juli, Aug. tgl. 10.30–19, April–Juni, Sept. So–Fr 14–18 Uhr, 6 €; Planetarium, aktuelles Programm Tel. 02 96 15 80 30, 7,50 €
Dauer: 4 Std.

Unverbaubarer Fernblick auf die Zukunft – mit solchem Speck fängt die Tourismusbranche Mäuse oder macht sie zumindest neugierig. Die Wahrheit ist: Pleumeur-Bodou muss sich immer wieder neu definieren, um am Ball zu bleiben. Apropos Ball. Was den Wissenschaftspark namens **Cosmopolis** optisch seiner Umgebung enthebt, ist eine Kugel, die aussieht wie ein gigantischer Golfball am Abschlag. Das also signalisiert Zukunft? Ja, durchaus, denn der Anblick dieses **Radôme** (frz.

radar dome = Radarkuppel) mitten im Grün hat etwas Rätselhaftes und deshalb irgendwie Modernes.

Einstiegsdroge Asterix

Vor die Kugel hat der Verein zur Förderung von Forschung und Technik den Hinkelstein gesetzt. **Village Gaulois,** Gallierdorf, heißt das Gelände, auf dem sich Kinder und Erwachsene spielerisch mit dem Wahrheitsgehalt von Asterix & Co. beschäftigen dürfen. Nach Wissenschaft klingt das zunächst nicht, aber schon die Anlage des Dorfes besitzt ihren Reiz, weil lokale Ausgrabungen als Vorbild dienten. Nachdem man mit einem Sandsack am Pendel erst einmal ein paar hölzerne Römer aufs Kreuz gelegt hat, fühlt man sich gestärkt für *panem et circenses,* Brot und Spiele. Dahinter steckt jeweils Lehrreiches, denn kniffige Aufgaben sind stets auch mit wissenschaftlichen Fragen verknüpft. Die werden zum Glück auch in deutscher Sprache gestellt.

Der Bogen in die Zukunft

Das nachgebaute Dorf der Gallier wurde so idyllisch in die Natur eingebettet, dass Besucher dort nichts mehr sehen vom Radôme. Aber die Zukunft liegt gleich um die Ecke, zu betreten über die **Cité des Télécoms,** die die Entwicklung der Telekommunikation nachzeichnet. Besucher können beispielsweise eine Nachbildung der Agamemnon besteigen, des ersten Schiffes, das Kabel zwischen Amerika und Europa verlegte. Spiele für alle Altersgruppen, darunter Volleyball mit einem virtuellen Ball, erschließen verblüffende Seiten der Kommunikationstechnologie.

Damit wäre es Zeit für die Frage, warum denn ausgerechnet Pleumeur-Bodou den Dialog mit der Zukunft sucht. Die Antwort findet sich in der Vergangenheit. Am 11. Juli 1962 um 0.47 Uhr wurde über den Satelliten Telstar erstmals eine Verbindung zwischen Frankreich und den USA hergestellt. Die Trichterantenne, die dabei Signale von der Erde aussandte und empfing, wurde hier in der Bretagne errichtet und befindet sich unter der weißen Kugel, einem wetterfesten, von Nylon umspannten Gerüst von 64 m Durchmesser. Ein leichter Überdruck sorgt für tadellosen Sitz, während über die Kugelform alle Winde abgleiten. Über weitere Details informiert eine Videoshow mit Lichteffekten, die das seltsame Antennengebilde zum Erlebnis werden lässt (deutscher Text an der Kasse erhältlich).

Big Bang im Planetarium

Mit der 3-D-Simulation einer Reise durchs All endet im **Planetarium** das Abenteuer Wissenschaft. Geboten werden mehrere Programme für Altersgruppen ab drei Jahren, wobei die Faszination immer wieder beim Urknall liegt. Während Forscher in Genf diesem Big Bang bereits per Teilchenbeschleuniger auf die Schliche kommen, setzt das bretonische Planetarium vor allem auf visuelle Effekte und bleibt damit auch ohne Sprachkenntnisse ein Erlebnis.

sein Flitterwochenparadies fand, war sie noch nicht wie jetzt über eine Brücke mit dem Festland verbunden. Der blaue Granit der Insel ist seit dem 19. Jh. beliebtes Baumaterial. Außer einigen Denkmälern der Megalithkultur besitzt die Île eine vogelkundliche Station, in der Videoaufnahmen von der Basstölpelkolonie auf der Île Rouzic empfangen werden (Juli, Aug. Mo–Fr 10–13, 14.30–19, Sa, So 14.30–19, Okt.–Mai Sa, So 14–18 Uhr, 4 €).

Die Fahrt entlang der Corniche endet im Badeort **Trébeurden.** Er bietet neben weiteren Megalithbauten vor allem Strände, darunter besonders beliebt die **Plage de Tresmeur.**

Übernachten

Luxus pur – **Manoir de Lan Kérellec:** Allée centrale de Lan-Kérellec, Trébeurden, Tel. 02 96 15 00 00, www.lankerellec.com, Mitte Nov.–Mitte März geschl., 19 Zimmer, DZ 150–393 €. Das Schlosshotel mit Garten am Meer bietet erlesenen Komfort und hervorragenden Service. Äußerst großzügig angelegte Zimmer im Dekor einer längst vergangenen Zeit. Auch das Restaurant lässt kaum Wünsche offen (Mo–Do mittags geschl., Menü ab 60 €).

Mit Park und Risiko – **Bellevue:** 20, rue des Calculots, Trégastel, Tel. 02 96 23 88 18, www.hotelbellevuetregastel.com, Mitte März–Mitte Nov., 31 Zimmer, DZ 76–166 €. Nettes Hotel mit schönem Park. Die Zimmer, teils mit Meerblick, sind allerdings höchst unterschiedlich beschaffen. In jedem Fall sollte man die Zimmer im Nebengebäude meiden, sie sind klein und haben nicht den Vorzug der schönen Aussicht. Im Restaurant traditionelle Gerichte (Mai–Sept., Menü 30–60 €).

Preiswunder mit Meerblick – **De la Mer et de la Plage:** Plage de Coz-Pors, Trégastel, Tel. 02 96 15 60 00, www.hoteldelamer-tregastel.com, Jan.–April geschlossen, 19 Zimmer, DZ ab 70 €. Das Strandhotel erhält von vielen Reisenden gute Kritiken wegen seiner grandiosen Lage, der geräumigen Zimmer und des guten Service, und das alles zu einem günstigen Preis. Die teureren Zimmer besitzen Meerblick und teilweise eine Terrasse.

Camping ohne Schnörkel – **Tourony:** 105, rue Poul Palud, Trégastel, Tel. 02 96 23 86 61, http://camping-tourony.com, April–Sept., 100 Plätze, Stellplatz für zwei Personen im Zelt mit PKW 15–21 €. Ruhige, teils schattige Anlage in einer geschützten Bucht. Animation und Sportangebote nur in begrenztem Umfang (Musikabende, Varieté, Boule). In der Nähe gibt es Möglichkeiten, Kanus und Fahrräder zu mieten.

Essen & Trinken

Gastro-Küche – **La Tourelle:** 45, rue de Trozoul, Trébeurden, Tel. 02 96 23 62 73, außerhalb der Saison Di abends und Mi geschl., Menü 16–65 €. Hummer, Langusten und Jakobsmuscheln zählen zu den Spezialitäten des Restaurants, das zu den führenden Adressen der Region gehört. Da überrascht der Blick in die vielversprechende Weinkarte nicht. Und dazu gibt es gratis einen Panoramablick aufs Meer.

Einkaufen

Lebensmittel – **Marché:** Mo Trégastel, Di Trébeurden, Mi Île Grande, jeweils bis 13/14 Uhr.

Aktiv

Reiten – **Poney-Club Rulan:** Route de Lannion, Tel. 02 96 23 85 29. Reitunterricht für Klein und Groß. Ganztägiger Unterricht in drei Etappen mit Mittagessen 55 € am ersten, 45 € an

darauffolgenden Tagen.
Wassersport – **Club Nautique:** Grève Rose, Tel. 02 96 23 45 05, www.cntregastel.com. Unterricht und Vermietung von Ausrüstung für Segeln, Windsurfen und Seekajakfahren, Kajak-Miete 12 €/Std.

Infos

Office de Tourisme: Pl. Ste-Anne, 22730 Trégastel, Tel. 02 96 05 60 70, www.tregastel.fr.
Bus: Tibus Linie 15 bedient die Strecke Trégastel–Perros-Guirec–Lannion–Trébeurden–Pleumeur-Bodou.

Lannion ▸ F 1

Einst war der Hafen wirtschaftliches Standbein des Städtchens Lannion, heute ist es die elektronische Industrie und – dank dem nahen Pleumeur-Bodou – die Weltraumforschung. Lannion wird durchschnitten vom Léguer, an dessen linkem Ufer lediglich das ehemalige **Kloster Ste-Anne** (17. Jh.) einen kurzen Blick lohnt, am besten von der alten Brücke über den Fluss. Das eigentliche Zentrum erstreckt sich nördlich der Brücke am rechten Flussufer und besitzt rings um die Place du Général-Leclerc einige hübsche Fachwerkhäuser aus dem 15./16. Jh. Sehenswert sind auch die gusseisernen **Markthallen** aus dem 19. Jh., mehr noch die auf einem Hügel gelegene **Église de Brélévenez** im Norden der Altstadt. Das Gotteshaus, zu dem man 142 Stufen erklimmen muss, wurde im 12. Jh. für die Templer errichtet und später im gotischen Stil umgebaut. Aus der Romanik haben sich noch das Südportal, die Krypta und der Chor erhalten.

Distillerie Warenghem
Route de Guingamp, Lannion, Tel. 02 96 37 00 08, www.whisky-breton.com, April–Sept. Mo–Sa 10, 11, 15, 16 und 17 Uhr, Eintritt frei
Die Bretagne ist bekannt für ihren Cidre, doch werden hier auch einige kräftigere Alkoholika erzeugt. In Lannion brennt die Distillerie Warenghem einen bretonischen Whisky, der sich sehr gut als Mitbringsel eignet.

Wanderung zu Kapellen und Schlössern ▸ F 1–2

Von Kerfons nach Plouaret, ca. 15 km, 3,5–4 Std., Markierung GR 34a, Rückfahrt zum Startpunkt mit Bahn und Taxi
Während der Fernwanderweg GR 34 das lange Küstenband erschließt, schlängelt sich ein Ableger namens GR 34a von der Granitküste dem Lauf des **Le Léguer** folgend ins Landesinnere. An diesem Weg kann man südlich von **Lannion** einige bemerkenswerte Bauwerke entdecken. Die Wanderung startet an der **Chapelle de Kerfons** bei **Ploubezre** südlich von Lannion. Das von Kastanien beschattete Bauwerk stammt aus dem 15./16. Jh. und ist ein schönes Beispiel für den Übergang vom späten Flamboyant-Stil zur Renaissance. Der sehenswerte Holzlettner im Innern wurde in den Jahren 1481 bis 1485 gefertigt. Erstes Etappenziel ist das **Château de Tonquédec.** Das selbst als Ruine imposante Bauwerk wurde im frühen 13. Jh. errichtet und 1622 geschleift. Weiter südwestlich erhebt sich **Château de Kergrist.** Vom Schloss aus dem 14. bis 18. Jh. können nur Teile besichtigt werden, doch auch der Garten bietet genügend Anreiz (Garten Juli–Sept. tgl. 11–18.30 Uhr, Schlossführungen

Von Kerfons nach Plouaret

11 und 17, April–Juni und Okt. Garten tgl. 14–18, Schloss Di–So 17 Uhr).

Nächste Sehenswürdigkeit am Weg ist die **Chapelle des Sept-Saints.** Die Kapelle ist den Siebenschläfern *(Sept-Saints)* geweiht, die Kaiser Decius 250 n. Chr. in einer Höhle bei Ephesus einmauern ließ. 431 sollen die sieben Brüder wieder zum Leben erwacht sein. Die bretonische Kapelle greift das Motiv auf ihre Weise auf: Zwischen1703 und 1714 wurde sie über einem Dolmen errichtet, darunter befindet sich die höhlenartige Krypta, in der die sieben Heiligen verehrt werden. Am vierten Wochenende im Juli ist das Kirchlein Ziel einer Wallfahrt, an der Christen und Muslime teilnehmen.

Statt auf dem gleichen Weg zurückzuwandern, bietet es sich an, dem GR 34a ins ca. 2 km entfernte **Plouaret** zu folgen, von wo Züge nach Lannion fahren. Von hier sind es ca. 6 km bis zum Startpunkt. Alternativ könnte man die Wanderung auch gleich in Lannion starten.

Übernachten

Hell, freundlich und preiswert – **Aux Hortensias:** Route de Perros-Guirec, Lannion, Tel. 02 96 48 75 39, http://lannion.brit-hotel.fr, März–Nov., 19 Zimmer, DZ ab 60 €. Freundlich gestaltetes Hotel, weitgehend aus Holz errichtet. Helle Holzfarben dominieren auch in den großzügigen Zimmern, die meisten haben einen Balkon.

Jugendherberge – **Auberge de Jeunesse Les Korrigans:** 6, rue du 73e Territorial, Lannion, Tel. 02 96 37 91 28, www.hihostels.com/fr, 66 Betten, ab 20 € pro Person mit Frühstück. Das Haus in Bahnhofsnähe bietet WLAN, Billard, Konzerte und Verpflegungsmöglichkeiten. Zudem können Mountainbikes gemietet werden.

Camping – **Plages de Beg Léguer:** Route de la Côte, Lannion, Tel. 02 96 47 25 00, www.campingdesplages.com, April–Sept., 240 Plätze, zwei Personen, PKW und Zelt 12–18 €. 400 m von einem feinen Sandstrand gelegen, bietet der Platz Pool, Tennis und Animation sowie ein Restaurant. Viele Gäste loben den herzlichen Empfang.

Essen & Trinken

Verwöhnadresse – **La Ville Blanche:** Route de Tréguier, Lannion, Tel. 02 96

37 04 28, www.la-ville-blanche.com, So abends, Mo geschl., Menü 37–63 €. Das traditionsreiche Restaurant ist aus einem Lebensmittelgeschäft hervorgegangen, das einst Mittagsgerichte servierte und für sein Cordon bleu bekannt war. Heute ist dies eine beliebte Gourmet-Adresse mit kleinem Salon für den Aperitif, einem verwunschenen Kräutergarten und dem gediegenen Speisesaal.

Rustikal – **La Gourmandine:** rue Roger Barbé, Lannion, Tel. 02 96 46 40 55, Sa mittags, So und Mo geschl. Mittagsmenü 13 €, nach Karte ab 20 €. Im Kamin werden preiswerte, sättigende Grillgerichte auf dem Holzkohlenfeuer zubereitet. Vor dem Haus gibt es eine kleine Terrasse für alle, die es in dem Speisesaal allzu heimelig finden.

Einkaufen

Lebensmittel – **Marché:** Di–Sa vormittags Markt in den Hallen von Lannion. Do Wochenmarkt im gesamten Stadtzentrum, einige Stände sind dann bis 18/19 Uhr geöffnet.

Aktiv

Rundflüge – **IX Air:** rue du Commandant Coadou, Lannion, Tel. 01 30 08 80 80, www.ixair.com. Ab Flughafen Lannion tgl. Helikopter-Rundflüge. Preisbeispiel: 20 Min. entlang der Côte de Granit Rose kosten 400 € für fünf Personen.

Golfkurse – **Golf de St-Samson:** Kérénoc, Pleumeur-Bodou, Tel. 02 96 23 87 34, www.golfhotel-saint-samson.com. Der 18-Loch-Platz (par 71, 5895 m) bietet Ausblicke aufs Meer und richtet sich vorrangig an fortgeschrittene Spieler. Greenfees 23–37 €, einwöchiger Unterricht mit Übernachtung und Frühstück ab 400 €.

Abends & Nachts

Café und Musik – **Les Valseuses:** 1, rue Coudraie, Lannion, Tel. 02 96 48 75 19, www.lesvalseuses.net. Die kultige Kneipe hat Di–So bis 1 Uhr, im Sommer bis 2 Uhr geöffnet. Im Programm sind französische Musikgruppen zwischen Jazz und Rock, aber auch einige Theaterdarbietungen.

Infos & Termine

Office de Tourisme: Quai d'Aiguillon, 22300 Lannion, Tel. 02 96 05 60 70, www.bretagne-cotedegranitrose.com.

Flug: Aéroport de Lannion-Pégase, Route de Trégastel, Tel. 02 96 05 82 22, www.lannion.aeroport.fr. 4 km nordwestlich von Lannion. Vor allem Flüge innerhalb Frankreichs. Zu den internationalen Zielen gehören London sowie typische Urlaubsdestinationen.

Bahn: Über Plouaret nach Morlaix und St-Brieuc.

Bus: Mit Tibus nach Perros-Guirec und Trégastel (Linie 15), Plougrescant und Tréguier (16), Paimpol (7), Guingamp (6) und Morlaix (30).

Les Tardives: An jedem Do Mitte Juli–Mitte Aug. Musik- und Tanzdarbietungen an mehreren Orten der Stadt. Bunte Stilmischung zwischen bretonisch und Rock.

Corniche de l'Armorique ▸ E/F 1

Westlich von Lannion beginnt die Corniche de l'Armorique, eine Küstenstraße mit fantastischen Ausblicken. Bevor man sich auf die Reise begibt, lohnt ein Besuch des **Seemannsfriedhofs,** der sich von **St-Michel-en-Grève** bis hinunter zum Küstensaum erstreckt. Der Strand ist hier bei Ebbe besonders breit und lädt zu Wattwanderungen ein. Dabei stolpert man dann und wann über fossile Baumstümpfe, Reste eines Waldes, der im Mittelalter bei der Absenkung der Festlandplatte in den Fluten versank.

Hinter St-Michel verläuft der 5 km lange Sandstrand **Lieue de Grève,** der den allerschönsten Badespaß verspricht. Ein Fels links der Straße, der 80 m hohe **Grand Rocher,** lädt zu einer kurzen Kletterpartie und belohnt den fleißigen Wanderer mit einer herrlichen Aussicht (hin und zurück ab Parkplatz 45 Min.).

Weiter westlich bietet die Corniche atemberaubende Ausblicke hinüber zum Fischerei- und Jachthafen **Locquirec,** wo gleich neun Strände auf badelustige Urlauber warten. Vom Chor der Kirche (14.–19. Jh.), die ursprünglich für die Malteser errichtet wurde, führt ein Spazierweg zur Landspitze **Pointe de Locquirec** (30 Min. hin und zurück). Ein schönerer Aussichtspunkt ist allerdings **Marc'h Sammet,** das sich ein kleines Stück westlich von Locquirec direkt an der Corniche befindet.

Die **Kirche St-Mélar** im landeinwärts liegenden **Lammeur** ist zwar neueren Datums, erhebt sich aber über einer vorromanischen Krypta, die zu den ältesten christlichen Baudenkmälern der Bretagne zählt (6. Jh.). Mélar, der Namengeber, war der Legende nach ein Prinz, dem sein Onkel die rechte Hand und den linken Fuß abschlagen ließ, um ihn als Thronfolger untauglich zu machen. Der Unglückliche erwarb dennoch Meriten als Heiliger, dem ein Engel Hand und Fuß aus Silber verlieh.

Seit dem 15. Jh. besitzt **St-Jean-du-Doigt** ein Fingerglied Johannes' des Täufers *(doigt* = Finger), das in der hiesigen Kirche (1440–1513) verwahrt wird. Am Sonntag nach Johanni (24. Juni) findet ein Pardon zu dieser Reliquie statt, die angeblich Augenkrankheiten heilt. Der Renaissancebrunnen aus dem Jahre 1691 im umfriedeten Pfarrbezirk thematisiert die Taufe Jesu durch Johannes.

Bauten der Belle Époque säumen den Sandstrand von **Primel-Trégastel,** an dem sich noch einmal rötlicher Granit zu eindrucksvollen Naturgebilden auftürmt, vor allem an der **Pointe de Primel** (zu Fuß 30 Min. hin und zurück).

Château de Rosanbo ▶ F 2

Lanvellec, Tel. 02 96 35 18 77, www.rosanbo.net, Juli, Aug. tgl. 11–18.30, April–Juni, Sept. Do–So 14–17.30, Okt. Sa, So 14–17 Uhr, 11 €

Beim Grand Rocher zweigt die D 22 landeinwärts zum Château de Rosanbo ab, das im 15.–18. Jh. auf Grundmauern einer älteren Festung errichtet und im 19. Jh. restauriert wurde. Speisesaal und Salon des 18. Jh. sind originalgetreu wiederhergestellt, die Bibliothek umfasst etwa 8000 Bände, die weitgehend aus dem 17. Jh. stammen. Besonders sehenswert aber ist der Terrassengarten, der im 19. Jh. von Achille Duchêne gestaltet wurde. Hecken und Bäume sind zu sogenannten Salons arrangiert, die ihre jeweiligen Gartenfreuden bereiten, etwa als Tennisplatz oder Reitbahn. Der 2,5 km lange Laubengang zählt zu den längsten in Frankreich.

Cairn de Barnenez ▶ E 1

Plouezhoc'h, Tel. 02 98 67 24 73, www.barnenez.fr, Juli, Aug. tgl. 10–18.30, Mai, Juni tgl. Juli, Aug. tgl. 10–18.30, sonst tgl. 10–12.30, 14–17.30, Mai, Juni bis 18.30 Uhr, 6 €

Der in Terrassen aufgebaute Grabhügel, eines der bedeutendsten prähistorischen Denkmäler der Bretagne, misst 70 m in der Länge und 10 m in der Höhe. Er umfasst elf Kammern, von denen zwei besichtigt werden können. Der Hügel wurde nicht etwa in einem Zug angelegt, sondern entstand in zwei Phasen, wobei die älteren Kammern (um 4600 v. Chr.) aus dem örtlichen Dolerit gefertigt sind, während die jüngeren (um 4400 v. Chr.) aus Granit von der nahen Insel Stérec bestehen. Der Farbkontrast zwischen den beiden Materialien ist ein deutliches Merkmal des Cairn. Spuren der Bronze- und Eisenzeit und sogar des Mittelalters belegen, dass die Gräber noch lange nach ihrem Bau benutzt wurden. Vandalismus prägte dann leider die jüngere Geschichte des Denkmals: Der Cairn de Barnenez wurde vor seiner Erforschung (ab 1955) als Steinbruch missbraucht.

Übernachten

Grandiose Lage – **Grand Hotel des Bains:** 15, rue de l'Église, Locquirec, Tel. 02 98 67 41 02, www.grand-hotel-des-bains.com, 36 Zimmer, DZ ab 139 €. Das sehr komfortable Haus aus dem frühen 20. Jh. besitzt einen Privatstrand, Parkplatz, Meerwasser-Pool und Wellness-Bereich (Anwendungen ab 70 €). Die meisten der geschmackvoll eingerichteten Zimmer verfügen über eine Terrasse und Meerblick, doch sind nicht alle Zimmer großzügig bemessen. Das im Restaurant gereichte Gemüse stammt aus eigenem Anbau (Menü ab 48 €).

Camping einfach – **Municipal de la Mer:** 15, rue Karreg-an-Ty, Plougasnou, Tel. 02 98 72 37 06, www.camping-plougasnou.fr, Mitte April–Mitte Okt., 63 Plätze, Stellplatz für zwei Personen mit PKW 13–24 €. Sehr einfache Anlage in Meernähe für Naturliebhaber, die auf Animation und andere Annehmlichkeiten verzichten können.

Infos & Termine

Office de Tourisme: Pl. du Port, 29241 Locquirec, Tel. 02 98 67 40 83, www.tourisme-morlaix.fr/office-de-tourisme-de-locquirec.html.

Bus: Mit Tibus von Lannion über St-Michel-en-Grève und Lanmeur nach Morlaix (Linie 30).

Pardon: Am Sonntag nach dem 24. Juni Wallfahrt nach St-Jean-du-Doigt.

Morlaix ▶ E 2

Der Ortsname soll auf eine martialische Losung zurückgehen: »S'ils te mordent, mords-les.« »Wenn sie dich beißen, beiße zurück.« Gemeint waren die Engländer, die 1522 bei einem Plünderungsversuch zurückgeschlagen oder eben gebissen wurden. Mehrfach lockten die Einkünfte aus Tuch- und Lederindustrie Angreifer in die Hafenstadt am Zusammenfluss von Jarlo und Queffleuth. So baute man 1543–58 am Eingang zur Bucht von Morlaix gegenüber der Landspitze Pen-al-Lann zum Schutz gegen weitere Übergriffe das **Château du Taureau.** Doch keine Festung beherrscht das Stadtbild, sondern der 285 m lange und 58 m hohe **Eisenbahnviadukt,** der 1861 für die Strecke Paris–Brest errichtet wurde. Im Zweiten Weltkrieg nahmen Bomber den Koloss ins Visier, verfehlten aber ihr Ziel und richteten stattdessen in der Altstadt einen größeren Schaden an.

Maison de la Duchesse Anne

33, rue du Mur, Tel. 02 98 88 23 26, www.mda-morlaix.com, Mai–Sept. Mo–Sa 11–18 (Juli, Aug. auch So 14–18), April Mo–Sa 14–17 Uhr, 2 €, Führungen in deutscher Sprache für Gruppen

Zu den wenigen erhaltenen Altstadtbauten zählt das Haus, in dem Anne

Lieblingsort

Fluchtpunkt Café:
La Terrasse in Morlaix ▶ E 2

In Paris sagt man, der einzige Ort in der Stadt, an dem man den hässlichen Eiffelturm nicht sehe, sei der Turm selbst. Mit seinem Eisenbahnviadukt kann Morlaix den Eiffelturm in Sachen Hässlichkeit übertrumpfen, nur lässt sich die Brücke nicht besteigen. Ich liebe das alte Café La Terrasse gleich nebenan, weil ich dort vergessen kann, dass sogar die Bretagne ein paar Schandflecken hat. Im Saal ist es gemütlich wie zu Uromas Zeiten, als die Eisenbahn noch jung war (Grand Café de la Terrasse, pl. des Otages, Tel. 02 98 88 20 25; auf der Speisekarte Weine und preiswerte Steakgerichte).

de Bretagne 1505 bei einer Wallfahrt nach Le Folgoët, heute der zweitgrößte Pardon der Bretagne (erster Sa im Sept.), Rast machte. Die 11 m hohe Spindel der Treppe ist aus einem Stück gefertigt und reich mit Schnitzwerk geschmückt. Solche Treppen waren Kernstück der sog. Laternenhäuser, deren Innenhöfe durch ein Glasdach Licht erhielten.

Kirche St-Mathieu

Passage St-Mathieu
Morlaix ist auch eine Stadt der Kirchen. Während St-Mélaine noch im spätgotischen Stil errichtet wurde, war St-Mathieu ein besonders frühes Beispiel für die Renaissance in der Bretagne. Leider wurde sie im 19. Jh. umgebaut, und nur ihr Turm hat sich im Original erhalten (16. Jh.). Im Innern verdient eine stillende Madonna Beachtung. Die Holzskulptur, die wahrscheinlich im 14. Jh. im Rheinland gefertigt wurde, lässt sich öffnen und zeigt, aufgeschlagen, ein Dreifaltigkeitsbildnis, das von sechs auf die Innenflügel gemalten Szenen aus dem Leben Christi umrahmt wird.

Musée de Morlaix

Pl. des Jacobins und 9, Grand Rue, Tel. 02 98 88 07 75, www.musee.ville.morlaix.fr, Juli–Sept. tgl. 10–12.30, 14–18, Okt.–Juni Di–Sa 10–12, 14–17, am ersten So im Monat 14–17 Uhr, 4,60 €
Eine dritte Kirche der Stadt, die der Jakobiner, stammt aus dem 13.–15. Jh. und besitzt noch eine gotische Fensterrose. Das Gebäude ist heute Teil des Stadtmuseums und präsentiert jährlich zwei Wechselausstellungen zu Kunst und Folklore der Region. Eine Dauerausstellung zum gleichen Thema zeigt die Maison à Pondalez, ein prächtiges Fachwerkhaus aus dem 16. Jh.

Übernachten, Essen

Wohnlich – **De l'Europe:** 1, rue d'Aiguillon, Tel. 02 98 62 11 99, www.hotel europe-morlaix.com, 60 Zimmer, DZ 74–142 €. Äußerst geschmackvoll eingerichtetes, komfortables altes Haus, dessen Nachteil leider darin besteht, dass es an der Durchfahrtsstraße liegt. Von vielen Zimmern hat man einen schönen Blick auf den Viadukt von Morlaix. Dem Hotel ist eine Brasserie angeschlossen (Menü 15 €).
Modern und preiswert – **L'Albatros:** Coat Menguy, Ploujean, Tel. 02 98 88 08 44, www.l-albatros.fr, 26 Zimmer, DZ ab 69 €. Modern eingerichtete Zimmer mit großem Bad. Das Haus verfügt über Garten und Parkplatz, WLAN ist gratis. Zu den preiswerten Menüs im Restaurant gehört ein reichhaltiges Vorspeisen-Buffet (Sa mittags und So geschl., Buffet 15 €).

Einkaufen

Lebensmittel – **Grand Marché:** jeden Sa bis etwa 14/15 Uhr Marktstände auf den Plätzen und in den zentralen Straßen von Morlaix.

Aktiv

Wasserspaß – **Hélioséane:** rue de la Libération, Plouigneau, 10 km östlich, Tel. 02 98 79 86 30, www.piscine-helioseane.com, 4,30 €. Das große Schwimmbad bietet viele Attraktionen für jedes Alter und verfügt auch über einen Wellness-Bereich.

Infos & Termine

Office de Tourisme: pl. des Otages, 29600 Morlaix, Tel. 02 98 62 14 94, www.tourisme-morlaix.bzh.
Flug: Flugplatz Morlaix-Ploujean am Nordrand der Stadt, Tel. 02 98 62 16

09, wird angeflogen von BritAir, einem Air-France-Ableger und auf Inlandflüge spezialisiert, www.britair.com.
Bahn: Bahnhof pl. Tanguy, Züge nach Rennes, Brest, Roscoff und St-Brieuc.
Bus: Mit Penn-ar-Bed u. a. nach Quimper (Linie 52, 52a), Carantec, St-Pol-de-Léon und Roscoff (52b, 53), Carhaix und Huelgoat (61).
Arts dans les rues: Jeden Mi im Juli und Aug. Kleinkunst auf Morlaix' Straßen.

Carantec ▸ E 1

Nördlich von Morlaix weitet sich der gleichnamige Fluss zu einer Bucht, an der das Seebad Carantec liegt. Am dortigen Strand Grève du Kélenn befindet sich der Felsen **Chaise du Curé** (Predigerstuhl), ein beliebter Aussichtspunkt, von dem man auch die vorgelagerte **Île Callot** erblickt. Ein bei Flut überspülter Damm führt vom Hafen hinüber zur Insel mit der Kapelle Notre-Dame-de-Callot (16.–19. Jh.).

Übernachten

Hochpreisige Seeluft – **Hôtel de Carantec:** 20, rue du Kelenn, Tel. 02 98 67 00 47, www.hoteldecarantec.com, 12 Zimmer, DZ 120–236 €. Sehr schönes, modernes Haus am Meer. Die geräumigen Zimmer – ausnahmslos mit Meerblick – sind individuell gestaltet. Fünf von ihnen verfügen über einen Balkon. Das erlesene Restaurant mit grandiosem Meerblick ist angesichts seiner hohen Preise nur für besondere Tage zu empfehlen (Menü ab 46 €).
Camping und Wasserspaß – **Les Mouettes:** 50, route de la Grande Grève, Tel. 02 98 67 02 46, www.les-mouettes.com, Anfang April–Mitte Sept., 440 Plätze, Stellplatz für zwei Personen mit PKW 18–54 €. Eher ein Freizeitdorf als ein herkömmlicher Campingplatz. Die moderne Anlage an der Plage Grande Grève verfügt über einen äußerst großzügigen Aquapark. Shows, Musikdarbietungen und sportliche Animation zählen zum umfangreichen Angebot.

Essen & Trinken

Gute Küche in schöner Lage – **Le Cabestan et la Cambuse:** 7, rue du Port, Tel. 02 98 67 01 87, Mo geschl., Menü 16–25 €. Gute Fischküche in einem leider nicht sonderlich einfallsreich eingerichteten Haus am Meer. Der Weinkeller ist für bretonische Verhältnisse opulent gefüllt. Die Speisen gibt es auch zum Mitnehmen.

Einkaufen

Lebensmittel – **Marché:** Do 8–13 Uhr in Carantec.

Aktiv

Golf für Anfänger – **Golf du Pays de Morlaix:** rue de Kergrist, Tel. 02 98 67 09 14, www.carantec-golf.com. Die Anlage (9 Loch, par 34, 2400 m) ist durch bewaldete Hänge gegen Wind geschützt und bietet schöne Ausblicke übers Meer. Greenfees 28–32 €.
Tauchen lernen – **Carantec Nautisme:** Plage du Kélenn, Tel. 02 98 67 01 12, www.carantec-nautisme.com. Das Unternehmen bietet u. a. geführte Tauchgänge in und außerhalb der Bucht sowie Unterricht für Anfänger. Kurse zum Kennenlernen ab 145 €.

Infos & Termine

Office de Tourisme: 4, rue Pasteur, 29660 Carantec, Tel. 02 98 67 00 43, www.tourisme-morlaix.bzh.

Bus: Linie 52b und 53 von Morlaix über Carantec und St-Pol nach Roscoff.
Pardon: Am So nach dem 15. Aug. Wallfahrt zur Île Callot.

St-Pol-de-Léon ▸ E 1

Die Gegend um St-Pol-de-Léon ist ganz dem Gemüseanbau gewidmet. 1960/1 wurde der Ort über die bretonischen Grenzen hinaus durch den ›Artischockenkrieg‹ bekannt. Damals rebellierten Bauern gegen die geplante Aufhebung der Preisbindung und das Diktat der Großhändler. Gemüse aus der Region Léon wird seit dem erfolgreichen Widerstand genossenschaftlich unter dem Gütesiegel ›Prince de Bretagne‹ vermarktet, neben Artischocken und Blumenkohl auch Karotten, Brokkoli, Tomaten, Lauch, Zwiebeln, Kartoffeln sowie Narzissen und Tulpen, mit denen man in hartem Wettstreit mit konkurrierenden EU-Erzeugnissen liegt.

St-Pol trägt seinen Namen nach einem weiteren Gründervater, Paul Aurélien aus Wales (gestorben 573), der als Bezwinger von Ungeheuern in die Kirchengeschichte einging. Der Reliquienschrein mit dem Gebein des Heiligen wird in der ehemaligen **Kathedrale** des Ortes verehrt (in der Kapelle links des Chors). Das Gotteshaus mit zwei 50 m hohen Türmen wurde im 13.–16. Jh. errichtet und zählt zu den größten gotischen Bauwerken der Bretagne. Sehenswert ist u. a. das reich verzierte Chorgestühl von 1512. Von der ehemaligen Kathedrale (Aufhebung des Bistums 1790) führt die von altehrwürdigen Häusern gesäumte Rue Général-Leclerc zur **Chapelle du Kreisker** (14./15. Jh.), deren 77 m hoher Turm diejenigen der Kathedrale noch in den Schatten stellt. Dieser Kreisker (Haus in der Mitte), von dem sich der schönste Ausblick über die Stadt bietet, entstand nach dem Vorbild der Kirche St-Pierre im normannischen Caen und wurde seinerseits Vorbild für die Türme im Léon.

Übernachten

Die Aura alter Zeiten – **De France:** 29, rue des Minimes, Tel. 02 98 29 14 14, www.hoteldefrancebretagne.com, 22 Zimmer, DZ 72–92 €. Freundliches, helles Haus in Strandnähe mit großem Garten und Parkplatz. Die Einrichtung der leider nicht besonders geräumigen Zimmer hat den Charme alter Zeiten.

Essen & Trinken

Solides zum fairen Preis – **Kreiz Kastell:** 12, rue aux Eaux, Tel. 02 98 69 15 83, tgl., www.kreiz-kastell-creperie-restaurant.fr, Menü ab 15 €. Besonders empfehlenswerte Bio-Crêperie in einer ruhigen Seitengasse. Reichhaltige Auswahl, frische Produkte zum kleinen Preis. Auch Grillgerichte sind erhältlich.

Einkaufen

Lebensmittel – **Marché:** Di ganztägig in St-Pol.

Aktiv

Reiten am Meer – **Centre Équestre du Mouster:** Tel. 06 60 29 51 48. Der Reitstall ist eine ideale Ausgangsbasis für Stranderkundungen zu Pferd. Leihgebühr pro Stunde 18 €.

Infos

Office de Tourisme: Pl. de l'Évêché, 29250 St-Pol-de-Léon, Tel. 02 98 69 05 69, www.saintpoldeleon.fr.

Bahn: St-Pol ist Station an der Strecke Morlaix–Roscoff, die aber überwiegend mit Bussen der Bahngesellschaft bedient wird.
Bus: Linie 52b und 53 von Morlaix über Carantec und St-Pol nach Roscoff.

Roscoff ▸ E 1

Der Name ist urbretonisch und bedeutet ›Hügel‹. Roscoff, der alte Hafen von St-Pol, der 1790 eigenes Stadtrecht erhielt, lebte von Hummer- und Langustenfang, von Piraterie und Handel. Von hier brachen im 19. Jh. die sogenannten ›Onion Johnnies‹ auf, die auf Englands Straßen bretonische Zwiebeln feilboten. Aus der alten Tradition erwuchsen neue Verbindungen: Heute ist Roscoff mit seinem schönen Stadtbild nicht nur Fischerei- und Jachthafen, sondern auch Fährhafen mit Schiffen nach England und Irland.

Aber auch zu Schottland bestehen Affinitäten. Am 13. Aug. 1548 landete die damals fünfjährige Maria Stuart in Roscoff, um mit dem Dauphin François II vermählt zu werden. Von der Kapelle, bei der die junge Schottin an Land ging, hat sich eine Tür erhalten, zu sehen am Haus Nr. 25, rue Réveillère, nicht weit von der Kirche Notre-Dame de Kroaz-Baz (16. Jh.). Von 1619 stammt die Chapelle Ste-Barbe. Die Kapelle erhebt sich auf einem Fels im Osten des Zentrums und bietet den besten Blick auf Stadt und Hafen.

Jardin exotique

Rue de Ruveic, www.jardinexotiqueroscoff.com, Nov., März Do–Di 14–17, April–Juni, Sept., Okt. Do–Di 10.30–12.30, 14–18, Juli, Aug. tgl. 10–19 Uhr, 6 €

Der Golfstrom beschert Roscoff ein besonders mildes Klima, dem ein 1625 gepflanzter Feigenbaum sein langes Leben verdankt (zu sehen im Kloster an der Rue des Capucins). Eine reichere Auswahl an subtropischen Pflanzen u. a. aus Chile, Neuseeland, Australien und Südafrika gedeiht im 16 000 m^2 großen, sehr schön auf einem Fels angelegten exotischen Garten.

Criée

Port de Bloscon, Tel. 02 98 61 14 02, Juli, Aug. Mo–Do 11, 14.30, 16.30, Mitte–Ende April Mo–Do 14.30, Mai, Juni, Sept., Okt. Di 14.30 Uhr, 4 €
In der Fischauktionshalle von 2003 werden jährlich 4500 Tonnen Fisch versteigert. Bei einer 75-minütigen Führung wird man Augenzeuge der Auktionen und erhält in einer multimedialen Ausstellung Einblicke in die Arbeit auf hoher See.

Übernachten

Herrschaftliche Traumlage – **Le Brittany:** Bd. Ste-Barbe, Tel. 02 98 69 70 78, www.hotel-brittany.com, 25 Zimmer, Mitte März–Mitte Nov. geöffnet, DZ ab 119 €. Das ehemalige Domizil einer Kaufmannsfamilie aus dem 17. Jh. wurde 1974 auf die Halbinsel Ste-Barbe umgesetzt. Es dient heute als komfortables Schlosshotel am Meer. Sehr geräumige, geschmackvoll und individuell eingerichtete Zimmer und Suiten. Pool vorhanden. Das hauseigene Spitzenrestaurant verlangt leider gesalzene Preise (Menü 58–92 €).
Alte Schale, moderner Kern – **Le Temps de Vivre:** 19, pl. Lacaze-Duthiers, Tel. 02 98 19 33 19, www.letempsdevivre.net, 15 Zimmer, DZ 120–190 €, Suite, 190–325 €. Das schöne Haus aus dem 16. Jh. ist sehr ruhig gelegen und verfügt über einen Parkplatz. Modern

eingerichtete, geräumige Zimmer mit Blick aufs Meer oder den Kirchplatz.

Alter französischer Charme – **D'Angleterre:** 28, rue Albert de Mun, Tel. 02 98 69 70 42, www.hotel-angleterre-roscoff.com, Nov.–Febr. geschl., 33 Zimmer, DZ 29–68 €. Der verwunschene Altbau birgt ein Familienhotel, dessen angestaubter Charme nicht jeden begeistern wird. Wer sich darauf einlassen mag, wird herzlich empfangen, darf die Ruhe im Garten genießen und sich über günstige Zimmerpreise freuen. Das Restaurant überzeugt mit sehr guter Küche (So abends geschl., Menü 14–16 €).

Mein Tipp

Aus dem Meer gefischt: Algen

Auf den ersten Blick scheinen sie für uns Menschen nutzlos, doch die Palette von Produkten, die man aus Algen herstellt, ist beachtlich groß (s. Entdeckungstour S. 152). Eine kleine Auswahl bietet die Boutique Algoplus (April–Sept., 2, quai Charles-de-Gaulle, Roscoff, Tel. 02 98 61 14 14, www.algoplus-roscoff.fr).

Essen & Trinken

Traditionsreich und bretonisch – **L'Écume des Jours:** Quai d'Auxerre, Tel. 02 98 61 22 83, http://lecume-des-jours.pagesperso-orange.fr, Dez., Jan. sowie außerhalb der Saison Di und Mi geschl., Menü 35–59 €. Das Haus aus dem 16. Jh. verfügt über zwei Speisesäle, einer davon mit Kamin, der andere mit Terrasse und Meerblick. Hochwertige regionale Küche.

Fisch mit Risiko – **Le Surcouf:** 14, rue Amiral Réveillère, Tel. 02 98 69 71 89, www.surcoufroscoff.fr, außerhalb der Saison Di und Mi geschl., Menü 19–29 €. Spezialität des Hauses ist eine reichhaltige Platte mit Meeresfrüchten. Der Fisch ist nicht immer vorzüglich.

Einkaufen

Lebensmittel – **Marché:** Mi 8–13 Uhr auf dem Quai d'Auxerre.

Aktiv

Kuren im Meerwasser – **Thalassothérapie de Roscoff Roc-Kroum:** Rue Victor Hugo, Tel. 02 52 56 00 11, www.thalasso.com. Roscoff ist eine der Keimzellen der Thalassotherapie, die dort bereits 1889 gegen Rheumaleiden angewandt wurde. Kuren mit Halbpension, sechstägiger Aufenthalt ab 950 €.

Segelschule – **Centre Nautique:** Quai Charles de Gaulle, Tel. 02 98 69 72 79, www.roscoff-nautique.com. Segelunterricht für Anfänger und Fortgeschrittene an der herrlichen Küste der nördlichen Bretagne. Fünftägiger Kurs ab 150 €.

Abends & Nachts

Für den Spieltrieb – **Casino:** Port de Bloscon, Tel. 02 98 69 75 84, http://roscoff.groupetranchant.com. Poker, Roulette und Automaten am Wochenende bis 3 Uhr, sonst bis 2 Uhr. Hin und wieder gibt es Themenabende, ansonsten lockt ein Restaurant mit Meerblick (Mo geschl., Menü ab 13 €).

Filmvergnügen auf Französisch – **Cinéma Ste-Barbe:** 14 bis, rue Yan'Dargent, Tel. 02 98 61 19 23, www.cinemasaintebarbe.fr. Kino mit gängigem Unterhaltungsprogramm, meist werden französische Filme gezeigt.

Infos & Termine

Office de Tourisme: Quai d´Auxerre, 29681 Roscoff, Tel. 02 98 61 12 13, www.roscoff-tourisme.com.
Bahn: Ein TGV verkehrt ab Morlaix, das per Express mit Roscoff verbunden ist. Gare SNCF, Tel. 02 98 69 70 20.
Bus: Linie 53 nach Morlaix, 40 nach Brest.
Fähre: Brittany Ferries, Port de Bloscon, Tel. 08 25 82 88 28, www.brittany-ferries.fr, Autofähre nach Plymouth (Südwestengland) und Cork (Irland). Irish Ferries, Port de Bloscon, Tel. 02 98 61 17 17, www.shamrock-irlande.com, Autofähre nach Cork. Fähre zur Île de Batz.
Pardon de Ste-Barbe: Am So nach dem 14. Juli Wallfahrt zur Chapelle Ste-Barbe in Roscoff.

Île de Batz ▸ D/E 1

Auf der 4 km langen und gut 1 km breiten Insel soll Paul Aurélien (s. S. 176) einen Drachen bezwungen haben. Der Legende nach brachte der Heilige das Ungeheuer dazu, sich im Westen der Insel beim 41 m hohen Leuchtturm **Grand Phare** (1836–52) in das ›Schlangenloch‹ (Trou du Serpent) zu stürzen. Die schönsten Badestrände liegen im Norden, im Osten lohnt die Ruine der **Kapelle Ste-Anne** einen Besuch.

Jardin Delaselle

Tel. 02 98 61 75 65, www.jardin-georgesdelaselle.fr, April–Nov. tgl. 11–18, Führungen April–Okt. So 15 Uhr (Dauer 1 Std.), 5 € (Preis für Führung auf Anfrage)
Im Südosten der Insel kann man durch den Jardin Colonial streifen, der Zeugnis für das milde Klima der Region ablegt. Pflanzen aus subtropischen Gefilden verleihen dem Park eine exotische Note. Der botanische Garten wurde 1906 von einem gewissen Georges Delaselle angelegt. Nachdem Ärzte ihn bereits als unheilbar krank aufgegeben hatten, zog Delaselle von Paris auf die bretonische Insel und erreichte hier ein fast biblisches Alter.

Aktiv

Hochseefischen – **Association Barabord:** Pors Kernoc, Île de Batz, Tel. 06 60 09 74 99 (in der Saison Mo–Sa, sonst nur Mo und Sa). In einer Gruppe von maximal fünf Personen geht es hinaus auf hohe See. 2 Std. 30 €, 4 Std. 55 €, jeweils zuzüglich 25 € Gebühren und Versicherung.

Infos

Syndicat d'Initiative: 29253 Île de Batz, Tel. 02 98 61 75 70, www.iledebatz.com.
Fähre: Eine ganzjährig verkehrende Pendelfähre zur Île de Batz legt im Sommer alle 30 Min. ab, in der übrigen Jahreszeit alle 1–2 Std., Hin- und Rückfahrt 9 €. Im Sommer außerdem organisierte Bootstouren zur Insel mit mehreren Gesellschaften.

Brignogan-Plages und Umgebung

▸ C/D 1

Auf der D 10 von Roscoff unterwegs nach Westen, bieten sich immer wieder Abstecher zur Küste an, wo zwischen Felsen sandige Badebuchten locken. Beliebt sind beispielsweise die Strände Pors-Meur und Pors-Guen bei **Plouescat.** Besonders hohe Dünen türmen sich bei **Keremma** auf, einem Ort mit alten Villen, der im 19. Jh. gegründet wurde.

Spätestens in **Brignogan** werden die Strände deutlich einsamer, weil viele Reisende den weiten Bogen um die Westspitze der Bretagne scheuen. Ein Fehler, denn die wildromantischen Klippen verdienen durchaus einen Besuch. Bis ins 19. Jh. lief vor Brignogan manch ein Schiff auf Grund, angelockt von verwirrenden Leuchtfeuern der Dorfbewohner, die bei den Gestrandeten fette Beute machten.

Vorbei am 8 m hohen **Menhir Men-Marz,** auf dessen Spitze ein Kreuz eingemeißelt ist, geht es von Brignogan aus zur **Pointe du Pontusval.** Inmitten beeindruckender Felsen steht hier ein Leuchtturm und nebenan eine Kapelle zu Ehren des hl. Paul Aurélien. Geradezu dramatisch wird die steinige Szenerie dann in **Guissény** und an den nahgelegenen Stränden Grève de Zorn und Grève St-Michel. Weiter westlich beginnt die Côte des Abers mit ihren weit ins Land reichenden engen Buchten.

Le Folgoët ▸ C/D 2

Wer im September reist, sollte einen Abstecher ins Landesinnere einplanen, um in Le Folgoët den zweitgrößten **Pardon** der Bretagne zu erleben. Ziel ist eine spätgotische Kirche, die im 15. Jh. über einer Quelle errichtet wurde. Genau dort soll 100 Jahre zuvor ein Bettler namens Salaün gelebt haben, der zeitlebens nur die Worte »Ave Maria« sprechen konnte, freilich auf Bretonisch: »Itron Gwerc'hez Vari«.

Bekannt wurde Salaün nach seinem Tod, als auf seinem Grab eine weiße Lilie wuchs, auf deren Blättern eben diese Worte standen. Neugierige Geister gruben nach der Wurzel und entdeckten sie im Munde des Verstorbenen – Wunder genug für eine Wallfahrt, an der 1505 auch Anne de Bretagne teilnahm. Die Möbelstücke, die sie damals mitführte, sind neben Statuen des 15. bis 17. Jh. in der ehemaligen Pilgerherberge gegenüber der Kirche, dem heutigen **Musée Notre-Dame,** zu sehen (Tel. 02 98 21 11 18, Juli, Aug. Mo–Sa 10.30–12.30, 14–18.30, April–Juni, Sept. 14–18 Uhr, 3 €).

Übernachten

Gemütlich und strandnah – **Chambre d'hôte Terre du Pont:** La Terre du Pont, Brignogan-Plages, Tel. 02 98 83 58 49, http://laterredupont.pagesperso-orange.fr, Nov.–März geschl., vier Zimmer, DZ 100–120 €. Das hübsche bretonische Bauernhaus aus dem späten 15. Jh. liegt nur 100 m vom Strand entfernt. Große, geschmackvoll dekorierte Zimmer und ein verwunschener Garten machen den besonderen Reiz aus. Mit Parkplatz und überdachtem Pool.

Einkaufen

Frische Lebensmittel – **Marché du Vendredi:** Fr 9–12 Uhr pl. du Marché und Rue Principale in Brignogan (nur Juli, Aug.).

Infos & Termine

Office de Tourisme: 7, av. Général-de-Gaulle, 29890 Brignogan-Plages, Tel. 02 29 61 13 60, www.tourisme-lesneven-cotedeslegendes.fr.
Bus: Nach Landerneau (Linie 39), Lesneven und Brest (Linie 38).
Pardon: Am ersten Sa im Sept. lockt die zweitgrößte Wallfahrt der Bretagne Scharen von Pilgern nach Le Folgoët.

Eine rasende Seifenkiste für den Strand von Goulven ▶ D 1

Char à voile heißt in Frankreich das dreirädrige Gefährt, das bei aufgestelltem Segel leicht über 100 km/h erreichen kann. Es braucht festen Sand und breite Küstensäume, um sich zu solchen Geschwindigkeiten aufzuschwingen. Kein Ort der Bretagne ist dazu besser geeignet als die Bucht von Goulven, und hier vor allem das Dorf **Plounéour-Trez.** Da auch beim Strandsegeln kein Meister vom Himmel fällt, haben sich in der Region mehrere Schulen angesiedelt. Eine davon: Rêves de Mer, 3, pl. de la Mairie, Plounéour-Trez, Tel. 02 98 83 55 17, www.revesdemer.com. Ein Kurs mit fünf mal zwei Stunden kostet etwa 165 € für Erwachsene, 110 € für Kinder. Wer bereits Erfahrung hat, kann das Gefährt zu einem Preis ab 20 € pro Stunde mieten.

Das Beste auf einen Blick

Nordwestküste und Hochland

Highlights!

Pointe de St-Mathieu: Im fernen Westen der Bretagne wurde mit den Steinen einer Abtei ein Leuchtturm gebaut. Er steht gleich neben der Klosterruine vor grandioser Kulisse am Meer. S. 189

St-Thégonnec: Welcher umfriedete Pfarrbezirk der schönste ist, bleibt bei Fachleuten umstritten. St-Thégonnec erhält die meisten Stimmen. Das sollte niemanden davon abhalten, zumindest auch beim Nachbarn Guimiliau vorbeizuschauen. S. 200

Auf Entdeckungstour

Von der Natur zurückerobert – die Côte des Abers: Einsam und traumhaft ist die Küste im Nordwesten der Bretagne. Zwischen dem Aber Benoît und Portsall verläuft ein besonders schöner Abschnitt des Fernwanderweges GR 34, auf dem man Dünen, abgeschiedene Dörfer und prähistorische Denkmäler erkundet. Außer dem Anker der Amoco Cadiz im Hafen von Portsall erinnert nichts mehr an das schwere Tankerunglück von 1978. S. 186

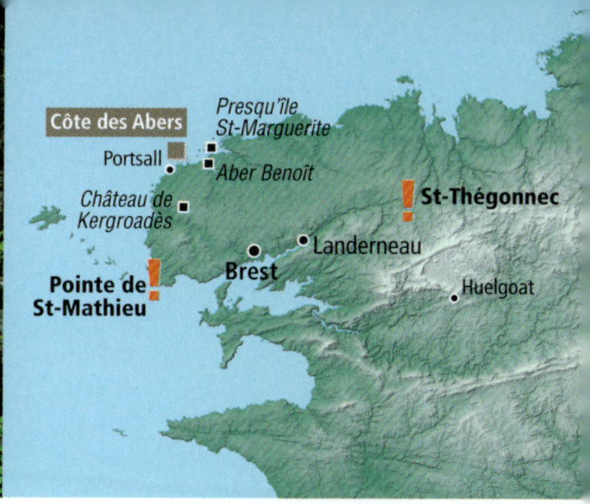

Kultur & Sehenswertes

Océanopolis: Den großen Durchblick unter Wasser verschafft das Hochseeaquarium und Meeresmuseum in Brest, Frankreichs Flaggschiff unter den Aquarien. S. 192

Landerneau: Was die Rialto-Brücke in Venedig auszeichnet, findet sich en miniature auch hier: Die Brücke Pont de Rohan ist mit Wohnhäusern bebaut. S. 197

Zu Fuß unterwegs

Wanderung um die Presqu'île Ste-Marguerite: Vom Hafen in Aber Wrac'h führt eine Wanderung zu den Dünen der Halbinsel Ste-Marguerite – auch für Untrainierte ein Vergnügen. S. 188

Wanderung im Wald von Huelgoat: Mächtige Felsen säumen die grüne Idylle im Landesinnern. S. 203

Genießen & Atmosphäre

Aber Benoît: Flussmündung und Sandstrand gefallen der High Society. Die Schauspielerin und Sängerin Jane Birkin besitzt hier ein Haus. S. 185

Château de Kergroadès: Musik im Schloss aus dem 17. Jh. Den prähistorischen Menhir in der Nähe gibt es gratis dazu – zur Ansicht. S. 185

La Roulotte de Kéryel: Campen kann man so und so – oder so, nämlich im alten Planwagen nahe der Pointe de St-Mathieu. S. 189

Abends & Nachts

Le Quartz in Brest: Das große Kulturzentrum versammelt unter einem Dach Schauspiel, bildende Kunst, Musik und einfach alles, was den Abend spannend macht. S. 196

Wo die Welt abbricht: Finistère

In einer fernen Vergangenheit dürfte die Sache klar gewesen sein: Hinter dem Horizont ist gar nichts, zumindest nichts, was man herausfordern sollte. Finistère, das ›Ende der Welt‹, befindet sich genau an der Grenze zu diesem Nirwana, ein letztes Aufbäumen gegen die Gewissheit, dass sich jenseits alles in Wohlgefallen auflöst.

Auch wenn die aufgeklärte Gegenwart an solche Endlichkeit nicht mehr glaubt, hat sie sich doch ein Limit gesetzt. Viele Touristen schwenken also bei Morlaix nach Süden ab und überlassen die Strände den Artgenossen, die geruhsamere Ferien anstreben. In der Tat, noble Badeorte gibt es an der Westspitze der Bretagne nicht, Kulturdenkmäler nur wenige. Dafür locken wildromantische Landschaften von den Abers bis hin zur Insel Ouessant.

Von Abers sprechen die Bretonen, wenn sie weit ins Land eingreifende Buchten meinen. Die äußerliche Ähnlichkeit mit Fjorden führt auf den Holzweg. Fjorde sind durch eiszeitliche Gletscher tief ausgeschürfte Trogtäler, während es sich bei den Abers um meist relativ flache ›ertrunkene‹ Flusstäler handelt, die nach dem Anstieg des Meeresspiegels am Ende der Eiszeiten im Wasser versanken. Der Gezeitenunterschied macht sich stark bemerkbar, und die Abers sind im Gegensatz zu anderen bretonischen Flussmündungen bei Ebbe ziemlich flach. Bedeutende Häfen konnten hier deshalb nicht entstehen. Hohen Nutzen bringt jedoch der Reichtum an Tang und Algen, die bei Niedrigwasser eifrig gesammelt werden.

Spektakulär sind gegenüber dieser gemäßigten Landschaft die Steilküsten im äußersten Westen. Die schönsten Abschnitte zählen zum 1969 eingerichteten Parc naturel régional d'Armorique, der andererseits weit ins Hinterland ausgreift. Dort, im Binnenland, haben sich mit den Monts d'Arrée und den Montagnes Noires Reste eines Urgebirges erhalten. An dessen Nordrand liegen Orte, die wegen ihrer Calvaires bekannt sind. Die höchsten Gipfel sind 384 bzw. 383 m hoch – Hügel nur, doch die karge Vegetation und die zackigen Felsformationen täuschen subalpine Lagen vor. Wenn dort kräftiger Wind über die Heide pustet und Nebelschwaden über das Land ziehen, dann scheint die Welt der Artussage perfekt.

Infobox

Internet
www.finisteretourisme.com.

Verkehr
Bahnverbindung an der Strecke Morlaix–Brest. Busse und Fähren von Penn-ar-Bed (www.viaoo29.fr).

Côte des Abers

▶ A–C 1–3

Am Beginn einer Fahrt entlang der Côte des Abers steht der höchste Leuchtturm Frankreichs (82,5 m), der 1897–1902 auf der **Île de la Vierge** errichtet wurde. Im Sommer fahren vom Badeort Lilia Boote hinüber.

Das Dorf **Aber Wrac'h** an der Mündung des gleichnamigen Flusses ist ein abgeschiedener Badeort mit Jachthafen und Segelzentrum. Wer dort der

Küstenstraße nach Westen folgt, findet bei den **Dunes de Ste-Marguerite** schöne Stellen für ein Bad im Meer.

Am Westufer des **Aber Benoît** erstrecken sich bei **St-Pabu** die **Dunes de Corn-ar-Gazel.** Die weißen Sandstrände lockten auch die Schauspielerin und Sängerin Jane Birkin, die in **Landéda** ein Haus besitzt, das sie auf den Namen ›Kachalou‹ taufte – nach ihren Kindern Kate, Charlotte und Lou. Von der Ölpest nach dem Untergang der Amoco Cadiz 1978 hat sich die Dünenlandschaft längst erholt (s. Entdeckungstour S. 186).

Bei der Ruine des **Château Trémazan** (13. Jh.) am Ortsausgang von **Kersaint** beginnt eine reizvolle Küstenstraße, die über die Häfen Argenton und Porspoder nach Melon führt.

Weiter südlich markiert der Rocher du Crapaud (›Krötenfels‹) die Hafeneinfahrt des **Aber Ildut.** Dieses versunkene Flusstal – das Nordufer bewaldet, das Südufer von Dünen besetzt – ist als Einziges tief genug, dass Schiffe auch bei Ebbe einfahren können. Anlaufpunkt ist **Lanildut,** Europas bedeutendster Algenfischereihafen, der im Übrigen für seinen rosaroten Granit bekannt ist. Von der großen Zeit des Ortes künden Reederhäuser aus dem 17./18. Jh. im Viertel Rumorvan.

Ein Abstecher landeinwärts führt nach **Brélès** zum restaurierten **Château de Kergroadès** (1602–13), in dessen Garten Kräuter und Heilpflanzen gedeihen. Im Schloss finden jährlich wechselnde Kunstausstellungen sowie Musikabende statt (Tel. 02 98 32 43 93, www.kergroadez.fr, Führungen Juli, Aug. tgl. 11, 14, 16, 17, Mitte April–Juni, Sept., Okt. Do, Fr, So 15.30 Uhr, 6 €; Besuch der Gärten Juli, Aug. tgl. 10.30–12, 14–18, Mitte April–Juni, Sept., Okt. Do, Fr, So 14–18 Uhr, 2 €).

Etwa 5 km südlich steht zwischen St-Renan und Plouarzel der **Menhir de Kerloas.** Mit 12 m Höhe ist er der größte aufrecht stehende Menhir der Bretagne.

Die 50 m hohe Steilküste der **Pointe de Corsen** bildet die äußerste Westspitze des französischen ▷ S. 188

Klosterruine nebst Leuchtturm an der Pointe de St-Mathieu

Auf Entdeckungstour: Von der Natur zurückerobert – die Côte des Abers

Einsam und traumhaft ist die Küste im Nordwesten der Bretagne. Zwischen St-Pabu am Aber Benoît und Portsall verläuft ein besonders schöner, von Dünen gesäumter Abschnitt des Fernwanderweges GR 34. Außer dem Anker der Amoco Cadiz erinnert nichts mehr an das schwere Tankerunglück im Jahr 1978.

Reisekarte: ▶ B–C 2

Infos: Mairie de St-Pabu, 49, rue du Bourg, Tel. 02 98 89 82 76, www.saint-pabu.fr; Landkarte ign 0416ET, Plouguerneau, 1 : 25 000
Camping Aber Benoît: www.camping-aber-benoit.com
Verkehrsmittel: Keine verlässlichen Busverbindungen
Dauer: Einfache Strecke ca. 3 Std. (ca. 14 km), der Rückweg kann auf ca. 10 km abgekürzt werden.

Das Transportunternehmen Pennar-Bed begleitet Reisende durch die westliche Bretagne. Was die wenigsten Fahrgäste ahnen: Der bretonische Name bedeutet ›ganz weit weg vom Schuss‹. Vielleicht so weit wie **St-Pabu** am Aber Benoît. Die paar Gemeinden, die das versunkene Flusstal säumen, erwecken in der Tat einen verschlafenen Eindruck. Nur 2000 Einwohner scharen sich um die **K**irche St-Pabu. Die Dorfstraßen wirken öde und auch fern jeder Naturschönheit.

Aussicht auf ein Paradies

Zauberhafte Stellen befinden sich aber unweit der Dorfkirche, denn der Aber Benoît besitzt an seiner Trichtermündung feinste Sandstrände an blau-grünem Wasser. Zum **Camping de l'Aber-Benoît** und einem **Aussichtspunkt an der Plage d'Erleac'h** führt die Rue du Stade. Hier spürt man, dass Einsamkeit ihre Vorzüge besitzen kann und vermag sich kaum vorzustellen, wie das Rock-Wanderfestival ›Elixir‹ 1982 die Fans von Tina Turner und Roger Chapman an diese Küste lockte.

Es ist Gras über die Musik gewachsen, aber zum Glück auch über die Katastrophe, die vier Jahre zuvor, 1978 bei der Havarie des Tankers **Amoco Cadiz,** über alle Schönheit einen schmierigen Ölfilm gezogen hatte. Wer so richtig erspüren will, was die Natur zurückerobert hat, der geht vom Campingplatz westwärts Richtung Einsamkeit. Der Pfad trägt die Markierung des Wanderweges GR 34 und führt vorbei an den weiß-sandigen **Dunes de Corn-ar-Gazel**.

Vom Öl befreit

Der Mensch hat nach dem Tankerunglück viel unternommen, um diese Küste zu reanimieren. Er hat dabei auch Lehrgeld bezahlt, denn manche Maßnahme, etwa der Einsatz von Hochdruckreinigern, führte nur dazu, die Verhältnisse dauerhaft zu verändern. Schwierig war vor allem der Umgang mit Sandstränden, Schlickarealen, Flussmündungen und Salzwiesen. Hier war die Handarbeit von 7000 Menschen gefragt. Schnecken, Muscheln, Seesterne, Krebse und Seegurken verendeten zu Millionen. Die Anzahl toter Vögel wurde auf 20 000 geschätzt. Heute trägt eben diese Dünenlandschaft das EU-Siegel ›Natura 2000‹ als Schutz für die heimische Flora und Fauna in ihrem Lebensraum.

Für immer vor Anker gegangen

Machtlos war das Schutzsiegel gegen den Sturm im März 2008. Den Bewohnern der Region sind solche Gefahren bewusst, sie siedeln im Schutz der Dünen, ein gutes Stück landeinwärts. Der Wanderweg führt aber an sehr altem Menschenwerk vorbei, nämlich der **Allée couverte du Ribl.** Das Megalithdenkmal trägt den Namen eines Flüsschens, das teils unterirdisch sprudelt, bedeckt von dem Sand, der auch die Allée couverte halb im Boden versinken lässt. Eine weitere neolithische Grabstätte liegt auf der **Île Carne,** die bei Ebbe zu Fuß erreichbar ist.

Côte des Abers heißt die Landschaft offiziell, von einer ›Küste der Legende‹ spricht hingegen manch ein Bretone. Im Reich der Legenden ruht mittlerweile auch der Untergang der Amoco Cadiz. Der Anker des Schiffes mahnt am Ziel der Wanderung, im **Hafen von Portsall,** dass die Ölpest leider kein Ammenmärchen ist.

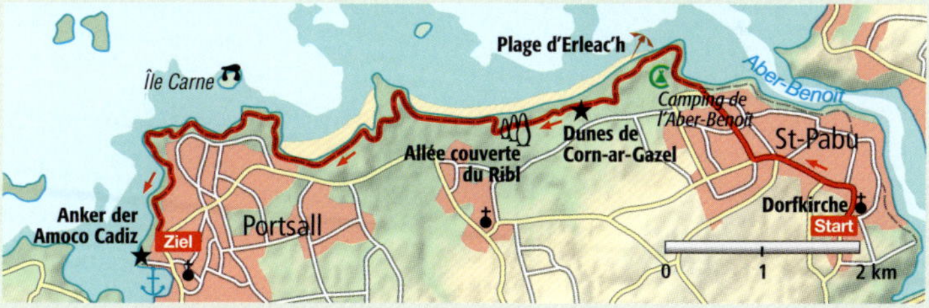

Festlands. Weiter südlich liegt an der **Pointe de Kermorvan** ein Felsenmeer, das unter Naturschutz gestellt wurde.

Wanderung rund um Ste-Marguerite ▸ C 1/2

12 km, ca. 4 Std., einfach

Auch ungeübte Wanderer werden eine Umrundung der Presqu'ile Ste-Marguerite genießen. Vom **Fischerhafen** in **Aber Wrac'h** folgt man der **Route des Anges** (D 128) rund 500 m westwärts bis zu den Überresten der Abtei **Notre Dame des Anges** (1509). Bald darauf weist ein Schild rechts zu den Dunes de Ste-Marguerite. Auf dem Küstenweg gelangt man nach knapp 2 km zu einer Gabelung, an der man sich rechts hält. An dieser Stelle beginnt die Tour um die Halbinsel, die auf dem ersten Stück über Asphalt, später auf unbefestigten Wegen erfolgt. Zur Orientierung folgt man so dicht wie möglich dem Küstensaum. Rechts sieht man die Inseln **Énez Vihan** und **Île Cézon.** Vorbei an eindrucksvollen Dünen und einladenden Stränden wird schließlich ein großer **Parkplatz** erreicht (insgesamt ca. 8 km). Dort nimmt man die Asphaltstraße, die zum **Restaurant Les Dunes** führt. Nach einer Stärkung geht es weiter bis zu einem kleinen Kreisverkehr und dort links in die Straße **Ar Rugell.** An der nächsten Kreuzung hält man sich wieder links und trifft nach ca. 250 m auf die Straße, die zurück nach Aber Wrac'h führt.

Le Conquet ▸ B 2

In dem Hafenstädtchen hat man sich auf den Fang von Krustentieren spezialisiert. An altehrwürdiger Architektur hat der Ort wenig zu bieten, nachdem er 1558 von den Engländern zerstört wurde. Aus der Zeit davor haben sich nur acht Häuser erhalten, als bekanntestes die **Maison des Anglais** aus dem 15. Jh. (Rue Aristide Briand). Ansonsten überzeugt Le Conquet

Wanderung von Aber Wrac'h um die Presqu'île Ste-Marguerite

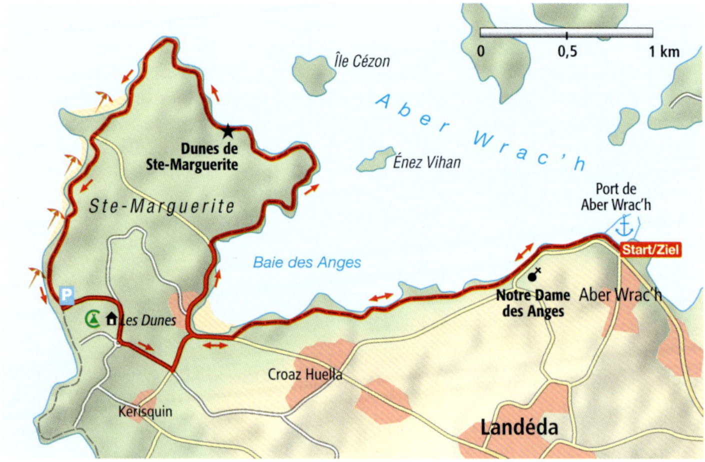

durch seine schöne Küste. Ein sehr hübscher Strand ist 1 km nördlich des Ortes die **Plage des Blancs Sablons.**

Pointe de St-Mathieu !

▶ B 3

Mai, Juni Sa, So 14–18.30, Juli, Aug. tgl. 10–19.30, Anfang–Mitte Sept. Mi–Mo 10–12.30, 14–18.30, April, Mitte–Ende Sept. Mi–Mo 14–18.30 Uhr, 3,50 €

An der 30 m über dem Meer gelegenen Landzunge 5 km südlich wurde im 6. Jh. ein Kloster für die Reliquien des hl. Matthäus errichtet. Benediktiner bauten es im 12.–16. Jh. zu stattlicher Größe aus, doch wurden die Gebäude während der Französischen Revolution weitgehend zerstört. 1835 baute man mit den Steinen der Ruine gleich nebenan den 54 m hohen **Leuchtturm**, dessen Signal eine Reichweite von 60 km besitzt.

Übernachten

Abgeschiedene Traumadresse – **Hostellerie de la Pointe St-Mathieu:** Pointe St-Mathieu, Plougonvelin, Tel. 02 98 89 00 19, www.pointe-saint-mathieu.com, Mitte Febr.–Mitte März geschl., 25 Zimmer, DZ ab 95 €. Das herrlich gelegene Haus aus dem 14. Jh. wurde erstmals 1954 in eine Pension umgewandelt und später ausgebaut. Sehr helle und geräumige Zimmer mit Blick auf den Leuchtturm oder freier Sicht aufs Meer. Im sehr guten Restaurant erhalten Hotelgäste ein Abendessen ab 25 €.

Alter Charme im neuen Kleid – **La Vinotière:** 1, rue Lt. Jourden, Le Conquet, Tel. 02 98 89 17 79, www.lavinotiere.com, elf Zimmer, DZ 85–150 €. Holz, alter Stein und moderne Dekoration bestimmen den Charakter des Hauses (16. Jh.). Jedes Zimmer ist individuell gestaltet. Im hauseigenen Tearoom werden nachmittags Gebäck und Kuchen serviert.

Camping im Pferdewagen – **La Roulotte de Kéryel:** Monique et Marcel Saliou, Kéryel, Plougonvelin, Tel. 05 62 60 83 84, www.roulottes-de-campagne.com, Mitte Febr.–Mitte Nov., Wagen für bis zu vier Personen ab 90 €/Tag. Die Wagen befinden sich auf dem Gelände eines ökologisch geführten Bauernhofs, wo man auch Gästezimmer mieten kann. Sie sind dort fest installiert, besitzen eine Kochgelegenheit und einen kleinen Vorgarten.

Essen & Trinken

Innovativ – **Embruns et Mistral:** Lanfeust, Ploumoguer, Tel. 02 98 89 17 47, in der Saison Di–So, sonst Mi–So geöffnet, Menü 22–45 €. Restaurant mit zwei Speisesälen, wo unterschiedliche Küche geboten wird: mediterran und bretonisch. Spezialität sind Jakobsmuscheln aus der Rade de Brest und biologisch angebautes Gemüse.

Preiswert mit guter Aussicht – **Ar Dagenta:** 26, rue Lt. Jourden, Le Conquet, Tel. 02 98 89 01 80, Menü 15–40 €. Günstige Grill- und Fischgerichte von recht guter Qualität. Das Schönste ist die Lage des Hauses am Meer.

Einkaufen

Bauernmarkt – **Marché d'Été:** Pl. du Marché in Plougonvelin, Juli und Aug. So vormittags bis 13 Uhr Markt.

Aktiv

Zu Wasser und zu Lande – **Ter'Activ:** 63, An Ode Bri, Aber Wrac'h, Tel. 02 98 04 90 69, bei Facebook, April–Mitte Sept. tgl. 10–19 Uhr. Vermietung von Fahrrädern und Kajaks.

Infos

Internet: www.abers-tourisme.com.
Office de Tourisme: L'Hippocampe, Boulevard de la Mer, Plougonvelin, Tel. 02 98 48 30 18, www.plougonvelin-tourisme.fr; Vermietung von Fahrrädern 3 € pro Stunde, 13 € pro Tag.
Office de Tourisme: Parc de Beauséjour, Le Conquet, Tel. 02 98 89 11 31, www.tourismeleconquet.fr.
Bus: Verbindung zwischen Le Conquet und Brest (Car de l'Élorn) sowie zwischen Lannilis und Brest.
Fähre: Zu den Inseln vor der Küste ab Lanildut und Le Conquet.

Île de Molène und Île d'Ouessant ▸ A 2

Vor der Westspitze der Bretagne liegen zwei Inseln, die wegen ihrer Abgeschiedenheit erst im 17. Jh. christianisiert wurden. Die Fähren dorthin legen zunächst auf der ca. 1,2 x 0,8 km großen **Île de Molène** an. Die Bewohner der Insel leben von der Algenernte und vom Fischfang, der Tourismus hingegen hat kaum Bedeutung.

Auch die Nachbarinsel **Quéménès** lockt lediglich mit zwei Menhiren. Auf dem unbewohnten Eiland wird der Besucher von ein paar Schafen empfangen, deren Vorfahren 1936 von dem untergegangenen Frachter Mykonos hierherschwammen.

Mit 7 x 4 km deutlich größer als Molène, zudem wilder und interessanter ist die **Île d'Ouessant.** Die Insel, deren Steilküsten bis 60 m Höhe aufragen, zählt seit 1969 zum **Parc naturel régional d'Armorique** und bietet Lebensraum für Kormorane, Austernfischer und Tordalken. An der Baie de Beninou im Norden lebt auch eine kleine Kolonie von Kegelrobben. Anziehungspunkt im Hauptort Lampaul ist ein Gebäude auf dem Friedhof, in dem Wachskreuze für verschollene Seeleute (sogenannte Proëlla-Kreuze) aufgestellt sind.

Le Sémaphore de Molène

Bourg de Molène, Tel. 02 98 32 37 76, während der Schulferien tgl. sowie Mai, Juni am Wochenende und feiertags, Eintritt frei
Die Ausstellung erläutert den Alltag und die Aufgaben eines Leuchtturmwächters. Zudem wird die Geschichte des Dampfers Drummond Castle erzählt, der im Juni 1896 vor Molène sank. Von den insgesamt 250 Passagieren überlebten nur drei das Unglück.

Écomusée

Maisons du Niou Huella, Ouessant, Tel. 02 98 48 86 37, www.pnr-armorique.fr, Juli, Aug. tgl. 10.30–18, April–Juni, Sept. tgl. 11–17, Okt.–März Di–So 13.30–17.30 Uhr, Kombiticket mit Musée des Phares 7 €
Über das Brauchtum der Insel Ouessant informiert westlich von Lampaul ein in zwei Bauernhäusern eingerichtetes heimatkundliches Museum. Es zeigt u. a. Möbelstücke, die aus Treibholz gefertigt wurden, denn Bäume findet man auf Ouessant kaum.

Musée des Phares et des Balises

Phare Le Créac'h, Ouessant, Tel. 02 98 48 80 70, Juli, Aug. tgl. 10.30–18, April–Juni, Sept. tgl. 11–17, Okt.–März Di–So 13.30–17.30 Uhr, Kombiticket mit Écomusée 7 €
Am Leuchtturm im Westen von Ouessant nehmen Landschaft und Wellen dramatische Züge an. Der 55 m hohe Turm von 1862 warnt Schiffe auf eine Distanz von 80 km vor den hier drohenden Gefahren. Er birgt heute ein Museum zur Geschichte bretonischer Leuchttürme.

Übernachten, Essen

Privatzimmer – Bis vor einer Weile besaß die Insel Molène noch ein Hotel, das Kastell An Daol, dessen Bar mit uriger Einrichtung ein gemütlicher Treffpunkt für die Inselbewohner war. Aktuell steht der Betrieb leider zum Verkauf. Übernachtungsmöglichkeiten gibt es jedoch noch bei Privatleuten. Eine Auswahl findet sich auf der Website http://www.molene.fr/hebergement.
Einfach und preiswert – **Le Roc'h ar Mor:** Lampaul, Ouessant, Tel. 02 98 48 80 19, Mo geschl., Tagesgerichte ab 10 €. Brasserie, in der es Fisch und lokale Speisen gibt. Im Haus werden auch günstig Zimmer (DZ ab 62 €) vermietet.

Aktiv

Fahrradverleih – **La Bicyclette:** Frugullou, Ouessant, Tel. 06 80 70 94 95. Fahrräder sind das geeignetste Fortbewegungsmittel auf der Insel. Die Miete für einen Tag beträgt 10 €, für Mountainbikes 14 €.

Infos & Termine

Office de Tourisme: Bourg de Lampaul, 29242 Ouessant, Tel. 02 98 48 85 83, www.ot-ouessant.fr.
Flug: Mit Finist'Air (Aéroport de Brest-Guipavas, Tel. 02 98 84 64 87, www.finistair.fr) von Ouessant nach Brest, einfache Strecke 69 €.
Fähre: Ganzjährig ab Brest, Le Conquet und Camaret mit Penn-ar-Bed (Tel. 02 98 80 80 80, www.pennarbed.fr, Juni–Sept. 28–35 €, sonst 22–28 €; im Sommer ab Camaret, Le Conquet und Lanildut mit Finist'mer (Tel. 08 25 13 52 35, www.marineetloire.fr, ab 25 €). Abfahrten am Vormittag.
Pardon: Am ersten oder zweiten So im Sept. Wallfahrt zur Chapelle Notre-Dame-de-Bon-Voyage auf Ouessant.

Brest ▸ C 2

Im Kriegsjahr 1940 nisteten sich deutsche Truppen im Hafen von Brest ein. Vier Jahre später flogen alliierte Bomber 165 Angriffe auf die Stadt, um die Besatzer zu vertreiben. Brest sank in Schutt und Asche und wurde nach dem Krieg am Reißbrett neu entworfen.

Eine Stadt hatte ihr Gesicht verloren. Sie ließ so sehr an Prägnanz vermissen, dass Jean Genet die fiktiven Schauplätze seines Romans »Querelle« (1947) ungestraft hierher verlegen durfte. Ein Porträt der alten Stadt zeichnet auch der in Brest geborene Schriftsteller und Filmregisseur Alain Robbe-Grillet (1922–2008), der als bedeutendster Vertreter des Nouveau Roman gilt: »Dans le labyrinthe« (1959, dt. Die Niederlage von Reichenfels) und »La jalousie« (1957, Die Jalousie oder die Eifersucht) nehmen als Stilmittel die Variation eines immer gleichen Bildes zur Aufhebung der Zeit auf.

Brests Geschichte reicht weit zurück: Bereits die Phönizier betrieben von hier aus Zinnhandel. Ihnen folgten die Römer, die am Élorn eine Garnison anlegten. Der Hafen besaß große Vorteile, war er doch bestens geschützt: vom Atlantik aus durch die 5 km lange und 1,8 km breite Passage Goulet de Brest, nach deren Durchquerung man in den Fluss Penfeld abschwenken musste. 1631 bestimmte Richelieu Brest zum Flottenstützpunkt, der unter Marineminister Colbert zum bedeutendsten Kriegshafen Frankreichs erweitert wurde. Colbert richtete hier Marineschulen ein und baute eine wahre Armada auf, die die Feinde das Fürchten lehrte.

Mein Tipp

Auf Tuchfühlung mit dem Meer – Océanopolis 7
Am Ostrand von Brest wurde 1990 Frankreichs größtes Hochseeaquarium und Meeresmuseum eingerichtet. Dieses Océanopolis des Architekten Jacques Rougerie umfasst auf 8000 m² drei Pavillons, die je einer Meereszone gewidmet sind: tropisch, polar und gemäßigt. Es finden sich u. a. Becken mit der Fauna der Rade de Brest, eine Pflegestation für gestrandete Seehunde sowie ein ›Streichelzoo‹, in dem man Seesterne, Schwämme oder Tang betasten kann. Restaurant, Bar und Shop vorhanden (Port de Plaisance du Moulin Blanc, Tel. 02 98 34 40 40, www.oceanopolis.com, Anfang Juli–Ende Aug. tgl. 9.30–19, Mitte Sept.–Mitte Okt., Anfang Nov.–Mitte Dez., Ende Jan.–Mitte Febr., Mitte März–Mitte April Di–So 10–17, Mitte Febr.–Mitte März, Mitte April–Anfang Juli, Mitte Dez.–Anfang Jan. tgl. 9.30–18 Uhr, 20,75 €).

Port de Commerce

Quai de la Douane

Da die enge und bei Ebbe nur 10 m tiefe Zufahrt über den Penfeld für moderne Schiffe bald untauglich wurde, verlegte man den Stützpunkt der Marine im 19. Jh. ans Ufer des Élorn, wo noch heute die Kriegsschiffe ankern. Während dort nur Touristen mit französischem Pass Zutritt gewährt wird, steht der 1860 angelegte Port de Commerce im alten Hafenbecken allen Besuchern offen. Umgeschlagen werden überwiegend Erdölprodukte, Getreide, Futter- und Düngemittel.

Eine der Attraktionen des Port ist – wenn nicht gerade auf Fahrt – am Quai du Commandant Malbert zu finden: der Zweimaster **La Recouvrance** 1, der Nachbau einer traditionellen Goélette. Mitsegeln ist möglich (Quai du Commandant Malbert, Termine und Programm unter www.larecouvrance.com). Im Übrigen trifft man am Hafen auf eine stattliche Anzahl Kneipen und Restaurants.

Cours Dajot

Nördlich des Hafens verläuft die 600 m lange Promenade Cours Dajot, die 1769 von Sträflingen des 19 Jahre zuvor eröffneten Zuchthauses von Brest gebaut wurde. Nach dem Ersten Weltkrieg errichteten Amerikaner am Cours Dajot die **Tour Rose** 2 als Denkmal für den herzlichen Empfang, den ihnen die Bürger von Brest bereitet hatten. Nach der Zerstörung des Monuments im Zweiten Weltkrieg wurde es 1958 wieder aufgebaut – es steht bis heute unter amerikanischer Territorialherrschaft. Nordöstlich des Denkmals befindet sich ein Aussichtspunkt, von dem man u. a. den Hafen überblickt.

Musée de la Marine 3

Château de Brest, Tel. 02 98 22 12 39, alle Museen: www.musee-marine.fr, April–Sept. tgl. 10–18.30, Okt.–Dez., Febr.–März 13.30–18.30 Uhr, 6 €

Am Südwestende des Cours Dajot erhebt sich auf Fundamenten des römischen Kastells ein Château aus dem 12.–17. Jh., das die Wirren des Zweiten Weltkriegs überdauerte. Im Erdgeschoss, das früher als Gefängnis diente, ist heute das Marinemuseum untergebracht, es zeigt u. a. Schiffsmodelle, Marinemalerei und Galionsfiguren.

Océanopolis – die Meeresfauna bestaunen in Frankreichs größtem Hochseeaquarium

Pont de Recouvrance 4

Nördlich der Festung überspannt der 1954 eingeweihte Pont de Recouvrance den Penfeld. Die 22 m hohe und 87 m lange Hebebrücke ist die größte ihrer Art in Europa. Sie öffnet sich in nur 150 Sekunden 26 m über ihre Ausgangsposition und gewährt dann auch Riesendampfern die Passage. Heute trägt die Brücke auch die moderne Tram, die an dieser Stelle den Fluss quert. Der Bereich um den Pont entwickelt sich an beiden Ufern zu einem belebten Jugendtreff, an dem auch Restaurant-Terrassen zur Verfügung stehen.

Musée du Vieux Brest 5

Tour Tanguy, Tel. 02 98 00 80 80, www.brest.fr, Juni–Sept. tgl. 10–12, 14–19, sonst Mo, Mi, Do 14–17, Sa, So 14–18 Uhr, Eintritt frei

Südlich des Pont de Recouvrance beherbergt die Tour de la Motte-Tanguy, ein Turm aus dem 16. Jh., das Museum, in dem Gemälde und Fotos zur Stadtgeschichte zu besichtigen sind.

Musée des Beaux-Arts 6

24, rue Traverse, Tel. 02 98 00 87 96, www.musee-brest.com, Di–Sa 10–12, 14–18, So 14–18 Uhr, 5 €

Das Museum, das nicht unbedingt zu den herausragenden Sammlungen Frankreichs zählt, zeigt Gemälde europäischer Meister ab dem 16. Jh. Ein Bereich ist der Schule von Pont-Aven gewidmet.

Übernachten

Im Stil des Art déco – **Le Continental** 1: Square de la Tour d'Auvergne, Tel. 02 98 80 50 40, www.oceaniahotels.com, 73 Zimmer, DZ ab 67 €. Geschmackvoll eingerichtetes Hotel mit Seminarräumen, das oft von Geschäftsreisenden gebucht wird. Der Empfang ist allerdings mitunter recht unpersönlich. Vorsicht auch beim Buchen: Nicht alle Zimmer sind gleich gut ausgestattet. Parkplatz, Bar und WLAN sind vorhanden.

Einfach und zentral – **Abalys** 2: 7, av. Clemenceau, Tel. 02 98 44 21 86,

Brest

Sehenswert
1 La Recouvrance
2 Tour Rose
3 Musée de la Marine
4 Pont de Recouvrance
5 Musée du Vieux Brest
6 Musée des Beaux-Arts
7 Océanopolis

Übernachten
1 Le Continental
2 Abalys
3 Bellevue
4 Auberge de Jeunesse
5 Camping Le Goulet

Essen & Trinken
1 Le Potager de Mémé
2 Le Bouche à Oreille
3 Amour de Pomme de Terre

Einkaufen
1 Marché Kérinou
2 Les Halles St-Louis
3 Marché St-Martin

Aktiv
1 Azénor
2 La Récré des Trois Curés
3 O Taquet

Abends & Nachts
1 Tara Inn
2 Espace Vauban
3 Multiplexe Liberté
4 Le Quartz

www.abalys.com, 30 Zimmer, DZ ab 45 €. Wie vielerorts in Brest, so bringt auch hier die Lage an einer Hauptstraße Verkehrslärm mit sich. Die Doppelverglasung vermag das Problem zu entschärfen. Ein Drittel der Zimmer besitzt einen Balkon mit Meerblick. WLAN vorhanden.

Qualität zu kleinem Preis – **Bellevue** 3: 53, rue Victor Hugo, Tel. 02 98 80 51 78, www.hotelbellevue.fr, 26 Zimmer, DZ 50–70 €. Ruhiges Haus mit freundlichem Service. Kleine, aber saubere Zimmer. Parkplatz vorhanden, WLAN gratis.

Low Budget – **Auberge de Jeunesse** 4: 5, rue Kerbriant, Tel. 02 98 41 90 41, www.aj-brest.org, 30 Vierbettzimmer, pro Person 19,60 € mit Frühstück. Die Jugendherberge mit sehr schönen, modernen Gemeinschaftsräumen liegt in einem Park am Meer und ist damit die wohl reizvollste Übernachtungsadresse für Sparer. Kehrseite sind die kleinen Zimmer, die sich je vier Personen teilen. Sättigende Mahlzeiten gibt es zum Preis von 11 €.

Camping für die Familie – **Le Goulet** 5: Ste-Anne-du-Portzic, Tel. 02 98 45 86 84, www.campingdugoulet.fr, ganzjährig geöffnet, 100 Plätze, Stellplatz für zwei Personen mit PKW 14–24 €. Die Anlage befindet sich 500 m vom Strand entfernt. Umfangreiche Animation und ein großer Pool mit Wasserrutschen machen das Camp zu einer idealen Adresse für Familien.

Essen & Trinken

Im Rhythmus der Jahreszeiten – **Le Potager de Mémé** 1: 44, rue de Lyon, Tel. 09 51 44 14 78, www.lepotagerdememe.com, Mo–Sa mittags, Fr, Sa abends geöffnet, Menü mittags um 15 €, abends um 30 €. Keine Erdbeeren im Winter, ist ein Wahlspruch des Hauses, das vorwiegend biologisch angebaute Produkte verwendet. Speisen auch zum Mitnehmen.

Originell – **Le Bouche à Oreille** 2: 10, rue Massillon, Tel. 02 98 46 14 20, bei Facebook, So, Mo geschl., Menü ab 28 €. Kreative Küche auf der Basis bretonischer Rezepte. Die Speisekarte ist nicht umfangreich, doch jede Wahl birgt nette Überraschungen. Ausgezeichneter Service.

Kartoffelig – **Amour de Pomme de Terre** 3: 23, rue des Halles de St-Louis, Tel. 02 98 43 48 51, www.amourdepommedeterre.fr, Menü ab 26 €. Die Karte des Hauses konzentriert sich auf Gerichte rund um die Kartoffel. Bei französischen Gästen findet das nicht

immer Anklang, deshalb gibt es von ihnen mitunter harsche Kritik. Für den deutschen Geschmack in jedem Fall empfehlenswert.

Einkaufen

Biologische Produkte – **Marché Kérinou** 1: Di 16–20, Sa 8.30–12.30 Uhr Markt in der Rue du Moulin à Poudre.
Markthallen – **Les Halles St-Louis** 2: Rue des Halles St-Louis, tgl. 7–13 Uhr.
Markt drinnen und draußen – **Marché St-Martin** 3: Rue Massillon, bei der Kirche St-Martin Mo–Sa 8.30–12.30 Uhr.

Aktiv

Bootsausflüge – **Azénor** 1: Port de Plaisance du Moulin Blanc, Tel. 02 98 41 46 23, www.azenor.com, März–Sept. Mit einem Restaurantschiff dreistündige Rundfahrt auf der Rade de Brest, 55–70 € einschließlich Menü. Außerdem 90-minütige Hafenrundfahrten zum Preis von 15 €.
Familienspaß – **La Récré des Trois Curés** 2: Parc de Loisirs, Tel. 02 98 07 95 59, 13 km nördlich von Brest in Milizac, www.larecredes3cures.fr, 17,50 €. Abenteuerpark mit Attraktionen, die vor allem auf kleinere Kinder

abgestimmt sind (Riesenrad, Wasserrutschen, Toboggan, Cart).

Segelschule – **O Taquet** 3 : Maison du Nautisme, Port de Plaisance du Moulin Blanc, Tel. 06 63 65 26 64, www.croisiere-otaquet.com. Segelunterricht in der geschützten Rade de Brest oder auf dem Weg zu den vorgelagerten Inseln. Wochenende mit Übernachtung an Bord 220 €.

Abends & Nachts

Authentisch irisch – **Tara Inn** 1 : 1, rue Blaveau, Port de Commerce, Tel. 02 98 80 36 07. Der irische Wirt sorgt dafür, dass dieser Pub so irisch ist wie kaum einer in Irland selbst. Mittags Bar Meals, an manchen Abenden keltische Live-Musik. Tgl. bis 1 Uhr geöffnet.

Mit Musik durch die Nacht – **Espace Vauban** 2 : 17, av. Clemenceau, Tel. 02 98 46 06 88, www.cabaretvauban.com. Hotel, Brasserie und Konzertsaal unter einem Dach. Auf der Bühne werden u. a. Rock, Blues und Jazz geboten.

Kino – **Multiplexe Liberté** 3 : pl. de la Liberté, Tel. 08 92 68 73 33, www.multiplexeliberte.fr. Filme in 15 Sälen, Einheitspreis 8,80 € (morgens 6,50 €).

Top-Kulturzentrum – **Le Quartz** 4 : Square Beethoven, 60, rue du Château, Tel. 02 98 33 70 70, www.lequartz.com. Das Kulturzentrum von 20 000 m^2 Fläche mit zwei Theatersälen, einer Galerie, Tanz- und Musikstudio sowie Kongressräumen ist auch Schauplatz für Festivals.

Infos & Termine

Information

Office de Tourisme: Pl. de la Liberté, 29200 Brest, Tel. 02 98 44 24 96, www.brest-metropole-tourisme.fr. Im Sommer Fahrradverleih (12 €/Tag).

Verkehr

Flug: Aéroport de Brest-Bretagne, Guipavas (10 km nordöstlich vom Zentrum), Tel. 02 98 32 01 00, www.brest.aeroport.fr. Eine Flugstunde von Paris entfernt (Air France, ca. 70 €). Mit Finist'Air tgl. zwei Flüge zur Île de Ouessant (Tel. 02 98 84 64 87, www.finistair.fr, pro Strecke 71 €).

Bahn: Gare SNCF, pl. du 19e R.I., Tel. 08 92 35 35 35; u. a. nach Landerneau, Morlaix, Quimper, TGV nach Paris.

Bus: Gare Routière, pl. du 19e R.I., Tel. 02 98 44 46 73; u. a. nach Le Conquet, Roscoff, Landerneau, Quimper, Brignogan, Lanildut, Camaret, Crozon. **Stadtbusse:** Bibus, 33, bd. Clemenceau, Tel. 02 98 80 30 30, www.bibus.fr.

Tram: Seit 2012 ist eine Linie des neuen Straßenbahnnetzes in Betrieb. Sie verkehrt zwischen Porte de Plouzané im Westen und Guipavas bzw. Gouesnou im Osten. Eine kreuzende zweite Linie ist in Planung, www.bibus.fr.

Fähre: Mit Penn-ar-Bed, Tel. 02 98 80 80 80, www.pennarbed.fr zur Île Ouessant, Molène und Sein (je Insel Juni–Sept. 28–35 €, sonst 22–28 €). Mit Azénor (www.azenor.com) April–Sept. nach Le Fret und Camaret auf der Halbinsel Crozon (Tagesausflug 20 €).

Autovermietung: Europcar/Locatour, 45, rue de Kéranfurust, Tel. 02 98 02 76 76.

Termine

Les Antipodes: Ende Febr., interdisziplinäre Künste, http://antipodesarchives.lequartz.com/antipodes und www.lequartz.com.

Championnat de Bagadoù: Mitte April, mehrtägiges Festival, das sich traditioneller keltischer Musik widmet.

Rock à Brest: Mitte April, Rockfestival, vorwiegend mit Musikern und Gruppen der Region.

Tour de Bretagne des Véhicules Anciens: Zu Pfingsten startet in Brest,

mitunter aber auch in anderen Orten, eine Oldtimer-Rallye, www.abva.net.
Brest Festival: Mitte Juli seit 2000 alle vier Jahre großes Windjammertreffen.
Film Court: Mitte Nov., Kurzfilmfestival, www.filmcourt.fr.

Am Ufer des Élorn landeinwärts

Landerneau ▸ D 2

Vom 16. bis zum 18. Jh. war der Élorn eine bedeutende Wasserstraße für den Handel mit Tuchen und **Landerneau** ein wichtiger Hafen an dieser Strecke. Über den Fluss führt der **Pont de Rohan** (16. Jh.), eine der wenigen noch von Wohnhäusern gesäumten Brücken Europas. Am linken Ufer lohnt ein Besuch der **Kirche St-Thomas-de-Cantorbéry** (16. Jh.), die dem in Canterbury ermordeten Thomas Becket geweiht ist. Größere Bedeutung hat die **Kirche St-Houardon,** vor allem wegen ihrer geschmückten Vorhalle aus dem Jahre 1604. Hier am rechten Élorn-Ufer stehen noch altehrwürdige Häuser, etwa an der **Place du Général-de-Gaulle** das **Haus Nr. 9** von 1664.

Übernachten

Von Blumen umgeben – **Clos du Pontic:** 3, rue du Pontic, Tel. 02 98 21 50 91, www.clos-pontic.com, Mitte–Ende Dez. geschl. , 32 Zimmer, DZ 57–90 €. Charmantes Haus inmitten eines großzügigen Parks, das über Parkplatz und WLAN verfügt. Mit der etwas altbackenen Einrichtung der Zimmer muss man sich in dieser Region abfinden. Gute traditionelle Gerichte im Restaurant (Mo und Sa mittags sowie So abends nur auf Vorbestellung, Menü 16–28 €).

Essen & Trinken

Bretonisch mit fremden Anleihen – **Les Cap-Horniers:** 13, rue du Commerce, Tel. 02 98 21 32 38, Mo bis Mi abends sowie So geschl., Menü ab 24 €. Ente und Gänseleber verweisen auf die Küche des Südwestens, während die Fischgerichte bretonisch bleiben. Nette Atmosphäre und guter Service.

Einkaufen

Lebensmittel und Kleinkunst – **Marché:** Di, Fr, Sa vormittags Markt in Landerneau, im Sommer mit Darbietungen von Kleinkunst.
Echt bretonisch – **Comptoir des Produits Bretons:** 3, quai de Cornouaille, Tel. 02 98 21 35 93, www.comptoir-produits-bretons.com. Das Geschäft bietet eine große Auswahl an typischen Produkten der Bretagne, darunter Lebensmittel, aber auch Schmuck, Textilien, Musik und Kunsthandwerk.
Alles Bio – **La Clef des Champs:** 11, rue H. Dunant, Mo–Sa. Der Bio-Coop-Laden zählt zu den rund 100 Ausstellern der Foire Bio de Landerneau, die Mitte März im Quartier Espace St-Ernel neben biologisch angebaute Nahrungsmitteln auch Kosmetika, Kleidung oder Gartenartikel vorstellt (Infos auf Facebook).

Aktiv

Preiswert Golfspielen – **Golf de Brest-Iroise:** Parc de Lann-Rohou, Tel. 02 98 85 16 17, www.golf-ar morique.com/golf-de-brest-iroise. Hübsche Lage in einem Waldgebiet, abwechslungsreicher Platz. 18 Loch, par 71, 5672 m; 9 Loch, par 37, 3329 m. Für Anfänger gibt es auch einen 3-Loch-Parcours. Greenfee 23–45 €.
Für Paddler – **Club Les Alligators:** Pl. Mitterrand, Tel. 02 98 21 48 74, www.

alligators-landerneau.org. Der Kanu- und Kajak-Club ist hauptsächlich bei Wettkämpfen aktiv, erteilt aber auch Unterricht: Sept.–Juni Sa 9–12, für Fortgeschrittene Sa 9–12, 13.30–17 Uhr.

Infos & Termine

Pays des Rives: 9, place Gén. de Gaulle, 29800 Landerneau, Tel. 02 98 85 13 09, www.finisteretourisme.com/offices-de-tourisme.
Bahn: Ab Landerneau nach Brest, über Landivisiau–St-Thégonnec nach Morlaix, über Châteaulin nach Quimper.
Bus: Ab Landerneau u. a. Richtung Morlaix, Brest, Quimper, Carhaix.
Fest-Deiz: An einem So in der ersten Aug.-Hälfte. Fest auf dem Pont de Rohan mit diversen Musikdarbietungen.

Pencran ▸ D 2

Südlich von Landerneau erreicht man in Pencran einen der umfriedeten Pfarrbezirke, für die die Bretagne berühmt ist. Die Anlage besteht aus Triumphtor (17. Jh.), Calvaire (1521), Beinhaus (1594) und Kirche (Vorhalle von 1553). Im Chor der Kirche verdient die geschnitzte und bemalte Kreuzabnahme von 1517 Beachtung.

La Roche-Maurice ▸ D 2

Der Ort wird beherrscht von der Ruine einer **Burg** aus dem 11./12. Jh. Auch in der hiesigen **Kirche St-Yves** lauert *ankou,* in diesem Fall – wie so häufig – über dem Taufbecken. Das Interieur des Gotteshauses umfasst zudem einen Holzlettner der Renaissance (1550), u. a. mit Statuen von acht Aposteln und drei Päpsten. Das Beinhaus (1640) neben dem Kirchenbau fällt durch seine ungewöhnlich schöne Fassade auf.

Essen & Trinken

Gute Küche, fades Dekor – **Auberge du Vieux Château:** 4, grand' Place, Tel. 02 98 20 40 52, www.auberge-du-vieuxchateau.com, So–Do abends geschl., Menü ab 15 €. Gute Fischgerichte und frische Produkte vom Markt. Die Atmosphäre in dem großen Saal ist leider nicht gerade romantisch.

La Martyre und Ploudiry ▸ D 2

Ein bedeutender und besonders alter umfriedeter Pfarrbezirk befindet sich in **La Martyre,** heute ein Dorf, früher aber ein wichtiger Handelsstützpunkt, wo sogar Kaufleute aus Arabien verkehrten. Durch die reich geschmückte hochgotische Triumphpforte gelangt man in den Pfarrbezirk, dessen Beinhaus (1619) mit einigen makabren Darstellungen aufwartet. Die Kirche aus dem 14.–16. Jh. besitzt u. a. die ältesten beschnitzten Holzbalken der Region Léon. Beeindruckend ist das figurenreiche Portal der südlichen Vorhalle, die 1455 als eine der ältesten des Léon entstand. Im leider stark beschädigten Tympanon erscheint ein bäuerlich-naives Relief Marias als Wöchnerin. Ein interessantes Detail entdeckt man im unteren Bereich des rechten Türpfostens. Dort vergnügt sich im Rahmen der Verkündigung der Weihnachtsbotschaft ein Hirte mit dem Golfspiel, das im 15. Jh. in der Bretagne Beliebtheit erlangte.

Mit dem Pomp in La Martyre kann der Nachbar nicht konkurrieren. Die Kirche St-Pierre in **Ploudiry** hat nur wenig originale Bausubstanz bewahrt. Es lohnt aber ein Besuch des

Beinhauses (1635), über dessen Arkadenfenstern Reliefs den Sensenmann *(ankou)* darstellen, der alle Stände gleich behandelt.

Landivisiau ▸ D 2

Der umschlossene Pfarrbezirk des Ortes wich dem Neubau der Kirche St-Thivisiau, die nur noch Turm und Vorhalle des 16. Jh. besitzt. Vom alten Friedhof stammen zwei Reliefs, die heute die Fontaine de St-Thivisiau (16. Jh.) schmücken. Auf dem neuen Friedhof dient das ehemalige Beinhaus von 1580 nun als Chapelle Ste-Anne.

Infos

Office de Tourisme: 14, av. du Mar. Foch, 29400 Landivisiau, Tel. 02 98 68 33 33, www.landivisiau.fr.
Bahn: ab Landivisiau über Landerneau nach Brest, über St-Thégonnec nach Morlaix sowie über Châteaulin nach Quimper.
Bus: Ab Landivisiau u. a. Richtung Morlaix, Brest, Quimper, Carhaix.

Mein Tipp

Ein Traum der Renaissance: Château de Kerjean
Etwas abseits der touristischen Trampelpfade, an der D 30 Richtung Plouescat nördlich von Landivisiau, liegt inmitten eines Parks das Château de Kerjean, eines der schönsten Beispiele der Renaissance in der gesamten Bretagne. Im Schloss finden Ausstellungen mit jährlich wechselnden Themen statt (St-Vougay, Tel. 02 98 69 93 69, www.cdp29.fr, Juli, Aug. tgl. 10.30–18.30, April–Juni, Sept. Mi–Mo 14–18, Okt., Dez., Febr. Mi–Mo 14–17.30 Uhr, letzter Einlass eine Stunde vor Schluss, 6,50 €).

Lampaul-Guimiliau und Guimiliau ▸ D 2

Ein Märtyrer, der sein abgeschlagenes Haupt in der Hand hält – ausgerechnet er wird bei plagendem Kopfschmerz und psychischem Leid angerufen: der von seinem Bruder ermordete St-Miliau. Zwei Nachbarorte tragen den Namen des Heiligen.

In **Lampaul-Guimiliau** betritt man den umfriedeten Pfarrbezirk über eine schlichte Triumphpforte mit drei Hochkreuzen aus dem Jahre 1669. Auch der Calvaire aus dem frühen 16. Jh. beschränkt sich auf die Darstellung des Gekreuzigten mit den beiden Schächern. Kleine Vorwölbungen am Kreuzschaft werden als Pestbeulen gedeutet; offenbar wurde der Kalvarienberg nach Überstehen der tödlichen Krankheit gestiftet.

Prunkstück der Anlage ist die **Kirche St-Pol-Aurélien** (16. Jh.), deren Turm bis zu einem Blitzeinschlag im Jahre 1809 der höchste der Bretagne war. Nach Durchschreiten der gotischen Vorhalle (1533) erblickt man im Innern des Gotteshauses eine der reichsten Kirchenausstattungen der Region. Auffallend ist der Triumphbalken (16. Jh.) über dem Mittelschiff, auf dem Szenen aus dem Leben Jesu dargestellt sind. Von den sechs polychromen Altären verdienen vor allem die beiden links und rechts des Chors Beachtung, die der Passion bzw. Johannes dem Täufer gewidmet sind (beide 17. Jh.). Im linken Seitenschiff befindet sich eine ausdrucksstarke

Pietà von 1530, die aus einem einzigen Eichenblock gefertigt wurde. Der kunstvoll beschnitzte Baldachin über dem Baptisterium stammt von 1651. Im Weihwasserbecken darunter erscheinen zwei Teufel mit wahrhaft schrecklichen Grimassen.

Im nur wenige Kilometer entfernten Guimiliau überzeugt Prunk den Besucher des umfriedeten Pfarrbezirks. Hinter einem schlichten Triumphtor befindet sich in der Mitte des einstigen Friedhofs der **Calvaire** (1581–88), auf dem etwa 200 Figuren 25 Szenen aus dem Leben Jesu und dem Alten Testament vorführen. Die Reliefs unter dem einfachen Kreuz wirken schwer, teils gar überladen. Römische Soldaten, die den leidenden Christus begleiten, sind in Gewänder des 16. Jh. gehüllt und gleichen damit eher den Kämpfern der Religionskriege. Von den drei Frauen, die der Grablegung beiwohnen, trägt eine angeblich die Gesichtszüge von Maria Stuart, die damals in der Bretagne weilte. Bekannt ist vor allem die Darstellung der Sünderin Katharina (Katel Gollet), die für ihren Lebenswandel mit ewigen Höllenqualen bestraft wurde. Teufel packen die nackte Frauengestalt mit Gabeln am Hals und treiben sie in den Höllenschlund.

Die zweischiffige **Kirche St-Miliau** wurde im 16. Jh. errichtet und im 17. Jh. umgestaltet. Während der Glockenturm (1530) noch vom ursprünglichen Bau kündet, ist an den übrigen Komponenten bereits der Übergang vom Flamboyantstil zur Renaissance abzulesen. Die aus Granit errichtete Vorhalle (1606–17) zeigt am Portal Szenen aus Altem und Neuem Testament (u. a. Arche Noah, Flucht nach Ägypten). Im Innern verdienen das Taufbecken mit Schnitzereien aus Eichenholz (1675) und das Hauptfenster der Apsis mit der Passionsgeschichte (1599) besondere Beachtung. Reliefs mit Szenen aus dem Leben Jesu sind schließlich auch am alten Beinhaus zu sehen, das an die Kirche angebaut wurde. Das neue **Beinhaus** (1648) fällt durch seine Außenkanzel auf, von der Gottesdienste im Freien abgehalten wurden.

Übernachten

Preiswert und bodenständig – **Hostellerie de l'Enclos:** Route de St-Jacques, Lampaul-Guimiliau, Tel. 02 98 68 77 08, So geschl., 33 Zimmer, DZ ab 45 €. Das recht einfache Haus ist den Logis de France angeschlossen, verfügt über Parkplatz und Garten, doch muss man sich in den Zimmern mit wenig Komfort abfinden. Das Restaurant mit kleiner Terrasse ist im Ort die beste Adresse für ein Abendessen (Sa mittags und So geschl., Menü 23–36 €).

Infos

Bahn: Guimiliau und Lampaul-Guimiliau liegen an der Strecke Morlaix–Brest.
Bus: Verbindungen nach Landivisiau und Morlaix.

St-Thégonnec ! ▸ E 2

Guimiliau und St-Thégonnec sind das typische Beispiel für den harten Wettstreit, der im Westen der Bretagne um den schönsten umfriedeten Pfarrbezirk geführt wurde. Viele benennen St-Thégonnec als Sieger, doch bleibt dies eine Geschmacksfrage. Das heute unbedeutende Dorf erlebte seinen Höhepunkt im 16. Jh., als hier Papiermühlen, Flachsanbau, Leinenweberei und Pferdezucht für wirtschaftlichen Auftrieb sorgten. Aus dieser Zeit stammt die Triumphpforte (1587), während der **Calvaire** von 1610 einer der letzten ist, die in der Region Léon geschaffen wurden. Die fast expressionistisch anmutenden Figuren des Kalvarienberges tragen die Kostüme des frühen 17. Jh.; ein Folterknecht mit Zwirbelbart gilt als Porträt des Protestanten Henri IV – als Bösewicht dargestellt, denn seine Bekehrung zum Katholizismus missfiel den Bretonen.

In einer Nische des Calvaire erscheint St-Thégonnec mit seinem Karren. Der Heilige, so die Legende, beförderte auf seinem Pferdegespann Steine für den Bau einer Kirche, als ihm der Teufel in Wolfsgestalt auflauerte. Der diabolische Wolf verschlang das Zugpferd, doch St-Thégonnec überwand das Böse, indem er den Räuber selbst vor seinen Karren spannte.

Das zweigeschossige **Beinhaus** (1676–82) stellt einen Höhepunkt bretonischer Kunst der Renaissance dar. Es ist ein weiter Weg von den einfachen Knochenlagern früherer Zeit bis zu diesem Prunkbau, in dessen Krypta eine Darstellung des Heiligen Grabes zu bewundern ist. In der **Kirche Notre-Dame** (16.–18. Jh.) schließlich entdeckt der Betrachter Meisterwerke des Barock, darunter eine hölzerne Kanzel, die 1683 von den Künstlern François und Guillaume Lerrel aus Landivisiau geschnitzt wurde, sowie im linken Querschiff einen Rosenkranzaltar von Jacques Lespaignol (1697 und 1724).

Pleyber-Christ und Plounéour-Ménez ▸ E 2

Südöstlich von St-Thégonnec hat sich in der einstigen Tuchhändlermetropole **Pleyber-Christ** ein weiterer umfriedeter Pfarrbezirk (16./17. Jh.) erhalten.

Auffallend groß und leer ist der Enclos von **Plounéour-Ménez** 8 km weiter in südlicher Richtung – Hinweis auf die beachtlichen Ausmaße des alten, mittlerweile geräumten Friedhofs. Viele der Männer, die einst dort begraben lagen, verdienten ihren Lebensunterhalt als Korsaren, und so nimmt es nicht Wunder, dass die Wasserspeier der Kirche an Kanonenrohre erinnern.

Übernachten

Charmante Adresse – **Auberge St-Thégonnec:** 6, pl. de la Mairie, Tel. 02 98 79 61 18, www.aubergesaint thegonnec.com, Mitte Dez.–Mitte Jan. geschl., 19 Zimmer, DZ 78–98 €. Das hübsche alte Hotel, das den Logis de France angeschlossen ist, verfügt über helle, freundlich eingerichtete Zimmer. Parkplatz und Garten vorhanden. Nettes Restaurant mit recht guter Küche (Mo, Sa abends, So mittags geschl., Menü 22,50–47 €).

Infos

Bahn: nach Morlaix und über Landivisiau nach Brest.
Bus: u. a. nach Landivisiau und Morlaix.

Monts d'Arrée ▸ D/E 2/3

Nicht weit südlich von Plounéour-Ménez erreicht man die höchsten Höhen der Bretagne, allen voran **Roc'h Trévezel** und **Tuchenn-ar-Gador** an der D 785. Mit nur 383 und 384 m sind es bescheidene Gipfel, die aber durch ihre schroffen Rücken wie auch das raue Klima eine Spur Wildheit ausstrahlen.

Die beiden Berge umschließen ein Moor namens **Yeun Elez,** das heute zum großen Teil durch den Stausee St-Michel überflutet ist. Der See diente vorrangig der Kühlung des Kernkraftwerks von **Brennilis,** das 1966 als drittes in Frankreich ans Netz ging und 1987 mangels Wirtschaftlichkeit geschlossen wurde. Am nördlichen Ausgang des nun wieder friedlich schlummernden Dorfes befindet sich das 5000 Jahre alte Langgrab **Ti-ar-Boudiked** (ausgeschildert). In der Ortsmitte steht eine Kirche aus dem 15. Jh.

In **Commana** erwartet den Reisenden ein weiterer **umfriedeter Pfarrbezirk** (17. Jh.), an dessen Triumphtor eine Szene mit dem gefesselten Jesus wahrhaft ergreifend anmutet. Im Innern der Kirche stiftete die Gemeinde 1682 den Ste-Anne-Altar zur Wiedergutmachung: Die frommen Dorfbewohner hatten 1675 ihren Pfarrer fast zu Tode gequält, da er angeblich die Salzsteuer für sich abgezweigt hatte.

In die frühe Geschichte von Commana führt ein Gang zum südlichen Dorfrand, wo sich die 14 m lange **Allée couverte de Mougau-Bihan** (3000 v. Chr.) als beeindruckendes Zeugnis der Megalithkultur erhebt.

Auch **Sizun** besitzt einen schönen umfriedeten Pfarrbezirk, hier ist insbesondere das **Triumphtor** (1588–90) sehenswert, das an römische Triumphbögen erinnert.

Moulins de Kérouat ▶ D 2

4 km westlich von Commana rechts der Straße nach Sizun, Tel. 02 98 68 87 76, http://ecomusee-monts-arree.

Wanderungen durch die Wälder

Wanderungen durch die Monts d'Arrée unter sachkundiger Leitung sind ein besonderes Erlebnis – ob man sich auf die Spur menschlicher Eingriffe in die Natur im Lauf der Jahrtausende begibt, eine Einführung in die Wetterkunde erhält oder Wissenswertes über Heilpflanzen lernt. Programm: Les Sentiers des Monts, Lesvenez, Hanvec, Tel. 02 98 21 91 96.

fr, März–Mai, Sept., Okt. Mo–Fr 11–18, Juni Mo–Fr 11–18, Sa, So 14–18, Juli, Aug. tgl. 11–19 Uhr, 4,50 €
Die Wassermühlen aus den Jahren 1610 bis 1618 sind Teil eines Écomusée, dessen weitere Stationen über die Monts d'Arrée verstreut sind. Zum Ensemble von Kérouat gehören das einstige Wohnhaus des Müllers, eine Backstube und eine Gerberei.

Domaine du Ménez-Meur ▶ D 3

Hanvec, Tel. 02 98 68 81 71, www.pnr-armorique.fr, Juni–Mitte Sept. tgl. 11–19, März–Mai, Mitte Sept.–Okt. Mi, Sa, So 12–17.30 Uhr, 4,50 €
Das Gehöft, eine Außenstelle des Parc naturel régional d'Armorique, informiert über die traditionelle Landwirtschaft in den Monts d'Arrée, insbesondere über die Zucht regionaler Nutztierrassen.

Übernachten

Camping zum Spartarif – **Municipal du Gollen:** Le Gollen, Sizun, Tel. 02 98 24 11 43, www.mairie-sizun.fr, April–Sept., 29 Plätze, Stellplatz für zwei Personen mit Zelt ca. 16 €. Es handelt sich um ein sehr einfaches Camp, das aber idyllisch und zentral liegt.

Aktiv

Angeln auf Edelfisch – **AAPPMA de L'Elorn:** Moulin de Vergraon, Sizun, Tel. 02 98 68 85 08, www.elorn-aappma.com. Angelscheine aus (11 € pro Tag) und Hinweise, wo in der Region man am besten die Leinen auswirft.

Infos

Office de Tourisme: 3, rue de l'Argoat, 29450 Sizun, Tel. 02 98 68 88 40, www.mairie-sizun.fr (nur im Sommer).
Bus: Ab Sizun nach Landivisiau, Brest.

Huelgoat ▶ E 3

Richtung Osten geht es über **St-Herbot** (gotische Kapelle mit Chorfenster von 1556, Calvaire von 1571) nach Huelgoat, das einst von Holzwirtschaft, Blei- und Silberabbau lebte und sich jetzt ganz dem Tourismus verschrieben hat. Angler können in den hiesigen Gewässern Karpfen, Barsche und Forellen fangen, Surfer und Tretbootkapitäne Kurzweil auf dem See finden, Wanderer durch die ca. 600 ha großen Wälder streifen. Ein Orkan im Jahre 1987 hat unter den Beständen aus Buchen, Eichen, Kiefern und Rottannen schwere Schäden angerichtet, doch besticht der ›Hochwald‹ (Huelgoat) – ein Rest der legendenumwobenen Forêt de Brocéliande – immer noch durch wildromantische Naturschönheiten.

Wanderung im Wald von Huelgoat

Rundwanderweg ca. 10 km, ca. 3 Std.
Besonders ergiebig ist eine Wanderung, die auf markiertem Weg vom Ortskern Richtung Osten zum ehemaligen **Bergbaugebiet** führt, dann nach Norden zu den Ruinen einer **keltischen Siedlung (Camp d'Artus)** abschwenkt und südwestlich davon an einem **Felsenmeer** endet. Zu den größten Attraktionen zählt dort der 137 t schwere Steinkoloss **Roche Tremblante,** der bei nur geringem Druck an richtiger Stelle ins Schwanken gerät.

Übernachten

Schöne Lage am See – **Hotel du Lac:** 9, rue du Gén. de Gaulle, Tel. 02 98 99 71 14, www.hoteldulac-huelgoat.com, 13 Zimmer, DZ 60–82 €. Das Hotel am See, ein Logis de France, bietet von den meisten Zimmern aus Blick auf 15 ha Wasserfläche. Die anderen Zimmer sind klein und ihr Geld gewiss nicht wert. Von den beiden Restaurants (Jan. geschl., Menü 29 €) verbindet das eine kreative mit traditioneller Küche, während sich das andere auf Grill und Pizza konzentriert.

Camping für Naturfreunde – **La Rivière d'Argent:** La Coudraie, Tel. 02 98 99 72 50, www.larivieredargent.com, Anf. April–Ende Sept., 84 Plätze, Stellplatz für zwei Personen mit PKW 21–28 €. Zum Fischen oder als Stützpunkt für Wanderungen eignet sich die kleine Anlage im Grünen ganz besonders. Schwimmbad, Bar und Spielplatz sind vorhanden.

Infos & Termine

Office de Tourisme: 18, place A. Briand, 29690 Huelgoat, Tel. 02 98 99 72 32, www.carhaixpohertourisme.bzh/fr.
Bus: U. a. nach Carhaix-Plouguer, Morlaix, Brest, Douarnenez, Carhaix und Quimper.
Pardon: In den ersten Augusttagen Wallfahrt zur Kapelle Notre-Dame-des-Cieux in Huelgoat.
Les Roc'h des Monts d'Arrée: Mitte Sept., Mountainbike-Wettkampf ab Huelgoat, www.lesroch.org.

Carhaix-Plouguer

▶ F 3

Der Ort, der auf das römische Vorgium zurückgeht, war seit dem späten Mittelalter ein Zentrum des Blei- und Silberabbaus. Aus dieser Zeit haben sich rings um die Kirche St-Trémeur (16.–19. Jh.) einige stattliche Bürgerhäuser erhalten, unter ihnen das heutige Touristenamt. Später brachte die Viehzucht Wohlstand. Bis 1967 wurde die hier produzierte Milch mit der Eisenbahn transportiert. Auf der Place, die sich bezeichnenderweise ›de la Gare‹, also Bahnhofsplatz nennt, erinnert eine Dampflok an die Ära der Züge.

Ein Abstecher nach Osten auf der D 20 mündet in die reizenden **Gorges de Corong,** die man in einer halben Stunde durchwandern kann. Wählt man hingegen die D 82 Richtung Süden, so gelangt man zum **Port de Carhaix,** einem Hafen am Nantes-Brest-Kanal, der ab hier bis zur Mündung in die Rade de Brest durch die Aulne geführt wird. Nach weiteren zwei Kilometern steht links der Straße der **Calvaire de Kerbreudeur,** Mitte des 15. Jh. errichtet und damit neben Tronoën (s. Lieblingsort S. 229) der älteste der Bretagne.

Übernachten

Deko bretonisch – **Noz Vad:** 12, bd. de la République, Carhaix, Tel. 02 98 99 12 12, www.nozvad.bzh, um die Jahreswende geschl., 44 Zimmer, DZ 51–102 €. Zentral gelegenes Haus mit einem kleinen, nett gestalteten Garten. Die Dekoration stammt von zeitgenössischen Künstlern und Kunsthandwerkern der Region. WLAN gratis.

Infos

Office de Tourisme: 6, rue Brizieux (sehenswertes Renaissance-Haus), 29837 Carhaix-Plouguer, Tel. 02 98 93 04 42, www.ville-carhaix.bzh/accueil_carhaix.
Bus: Ab Carhaix u. a. nach Huelgoat, Pleyben und Rosporden.

Montagnes Noires

▶ E/F 4

In den ›Schwarzen Bergen‹ baute man einst u. a. Schiefer und Kohle ab.

Nachdem die dunklen Wälder, die der Hügelkette ihren Namen gaben, weitgehend abgeholzt waren, setzte im späten 19. Jh. eine Auswanderungswelle ein. Noch heute ist die Region sehr dünn besiedelt, auch wenn die Hügel allmählich wieder aufgeforstet werden.

Die Nationalstraße 164 quert kurz vor Landeleau das Flüsschen Aulne. Gleich vor der Brücke geht es links und bei der nächsten Möglichkeit wieder rechts ab ins Dorf **Spézet** am Rande der Montagnes Noires. Am südlichen Ortsausgang befindet sich die **Kapelle Notre-Dame du Crann** aus den Jahren 1532–35 mit ausgezeichnet erhaltenen Bildfenstern aus der Zeit der Renaissance (1545–50).

Von einer der Höhen hat man einen schönen Ausblick auf das Örtchen **Châteauneuf-du-Faou,** in dessen Kirche der Künstler Paul Sérusier (1864–1927) hübsche Fresken hinterließ.

Domaine de Trévarez ▶ E 4

St-Goazec, Tel. 02 98 26 82 79, Juli, Aug. tgl. 10–18.30, März–Juni, Sept.–Anf. Nov. tgl. 13.30–18.30, Mitte Nov.–Anf. Jan. tgl. 13.30–19 Uhr, 7 €

Südlich der Kleinstadt Châteauneuf-du-Faou steht die Domaine de Trévarez, ein 1894 gebautes Fantasieschloss im Stil der Neogotik, das nur teilweise besichtigt werden kann. Hauptattraktion ist der umliegende Park mit seinen unterschiedlichen Gartenbereichen, darin Rhododendren, Kamelien, Fuchsien, Hortensien, Teiche und Kaskaden.

Châteaulin ▶ D 3

Naturliebhaber sollten nicht versäumen, über **Pleyben** (Calvaire aus dem 16./17. Jh.) einen Abstecher nach Châteaulin zu unternehmen, um eine der schönsten Flusslandschaften der Bretagne kennenzulernen. Ein Wanderweg folgt dem rechten Ufer der Aulne, hier Teil des Nantes-Brest-Kanal.

Übernachten

Solide – **Relais de Cornouaille:** 9, rue Paul-Sérusier, Châteauneuf-du-Faou, Tel. 02 98 81 75 36, http://lerelaisdecornouaille.com, Okt. geschl., 29 Zimmer, DZ 57–72 €. Einfacher, sauberer und guter Standort für Sport und Freizeit in der Region. Garten, Parkplatz und Restaurant (Sa und So abends geschl., Menü 18–41 €).

Camping am Kanal – **De Rodaven:** Rocade de Prat Bihan, 29150 Châteaulin, Tel. 02 98 86 32 93, www.campingderodaven.fr, Mitte April–Ende Sept., 100 Plätze, Stellplatz für zwei Personen mit PKW 20–25 €. Schöne Lage am Ufer der Aulne und des Nantes-Brest-Kanals mit guten Möglichkeiten für Wassersport und Radwanderungen.

Einkaufen

Bauernmarkt – **Grand marché:** Do bis 14 Uhr, Place du Marché in Châteaulin.

Abends & Nachts

Café-Cabaret – **Run-ar-Puns:** Route de Pleyben, Châteaulin, Tel. 02 98 86 27 95, www.runarpuns.com, Di–Sa ab 18 Uhr. Kult-Treff in der Einöde. An vielen Samstagen wird Livemusik unterschiedlicher Stilrichtungen geboten.

Infos & Termine

Bahn: Von Châteaulin nach Quimper und Brest.

Pardon: Zweiter So im Aug. Wallfahrt zur Chapelle St-Laurent bei Pleyben.

Das Beste auf einen Blick

Der Südwesten

Highlights!

Grottes Marines de Morgat: Capri war gestern. Mit blauen Grotten kann die Bretagne allemal dienen. Einer der Ersten, die sich hier pudelwohl fühlten, war Monsieur Peugeot. S. 213

Port-Musée in Douarnenez: Schifffahrt zum Anfassen serviert die Hafenstadt in einer ehemaligen Konservenfabrik. Zum Museum gehören auch verschiedene historische Schiffe, die man erkunden darf. S. 220

Kultur & Sehenswertes

Musée de l'Ancienne Abbaye Landévennec: Noch als Ruine eindrucksvoll ist das Kloster, das auf die Karolinger zurückgeht. S. 211

Locronan: Nicht ohne Grund wählten Regisseure wie Roman Polanski das Städtchen mit seinem denkmalgeschützten Kern als Drehort. S. 218

Réserve du Cap Sizun: Das klippenreiche Vogelreservat bietet im Frühjahr lebendige, ansonsten einfach nur schöne Fotomotive. S. 222

Zu Fuß unterwegs

Wanderung zum Cap de la Chèvre: Der Wind bläst kräftig an der Steilküste, wo man aus 100 m Höhe aufs Meer hinausblickt. S. 216

Wanderung zur Pointe du Raz: Spektakuläre Klippen rahmen das Westende Frankreichs. S. 222

Genießen & Atmosphäre

Ménez-Hom: Der abgebrochene Bergriese (330 m hoch) ist der schönste Ausguck in der Bretagne und ein Picknickplatz erster Güte. S. 216

Baie des Trépassés: In der traumhaften, abgeschiedenen Bucht hat ein schönes Hotel einsame Position bezogen. S. 221

Le Guilvinec: Fischauktionen gehören zum bretonischen Geschäft. Besonders authentisch und jeden Tag für Besucher geöffnet ist die Halle von Le Guilvinec. S. 226

Abends & Nachts

Auch das Nachtleben muss mal schlafen. Besonders ausgiebig tut es das im Südwesten der Bretagne. Einzig in der Hafenstadt **Douarnenez** schenken Wirte auch zu vorgerückter Stunde mal ein Gläschen ein. S. 219

Zwischen Erdbeeren und Einsamkeit

So ganz anders als der wilde Teil des bretonischen Westens ist die Küste westlich und südlich von Brest. Im Einzugsgebiet der Großstadt haben sich Landwirtschaft und Tourismus ein Nest gebaut, das die Region prägt. Der Autofahrer quert zunächst eine gewaltige Brücke über die Mündung des Élorn und gelangt auf die ›Erdbeerhalbinsel‹ Plougastel. Dieses Feld-, aber nicht Wald- und Wiesen-Gebiet besitzt seinen Reiz, der sich freilich schnell erschöpft. Das Sahnestück liegt weiter südlich, einst entdeckt und gefördert vom Automobilpionier Armand Peugeot. Es handelt sich um die Halbinsel Crozon – ein wunderbares Fleckchen Erde mit hohen Klippen, herrlichen Ausblicke auf das Meer und weit hinüber zur Stadt Brest. Der wohl schönste Panoramastandpunkt ist der Ménez-Hom, ein 330 m hoher Gipfel am Ostrand der Halbinsel.

Jenseits davon, gleich hinter dem Fischereihafen Douarnenez, verlieren sich die Spuren der Zivilisation im Sand und in unendlicher Weite – ein Traum für jeden, der mal alles hinter sich lassen möchte. Kehrseite ist die schwache touristische Infrastruktur, ein Lichtblick wiederum die Treue zu Traditionen. Wer bretonische Trachten und vor allem die hohen Hauben der Damenwelt zu Gesicht bekommen will, findet hier so eine Art Refugium dieser seltsamen Kopfbedeckung. Bigouden genannt, hat der Helm aus weißer Spitze der Region sogar einen Namen gegeben: Pays Bigouden, Bigouden-Land. Indessen müssen Touristen darauf gefasst sein, den Trachten nur noch bei besonderen Anlässen zu begegnen. Diese Anlässe, vor allem die Pardons, sind dann aber auch nirgends so authentisch wie hier im äußersten Zipfel der Bretagne. Weiterer unschlagbarer Vorzug: 25 km Sand am laufenden Band.

Infobox

Internet
www.finisteretourisme.com.

Verkehr
Bahnverbindungen von Brest nach Quimper. Über Busse und Fähren informiert www.viaoo29.fr.

An der Rade de Brest ▸ C/D 3

Die Rade de Brest ist eine gut 150 km² große Bucht, die bei Wassersportlern wegen des vergleichsweise geringen Seegangs sehr beliebt ist. Sie zählt deshalb zu den herausragenden Freizeitrevieren der Großstadt Brest.

Plougastel-Daoulas ▸ C 3

Ein Museum in Plougastel-Daoulas widmet sich der Heimatkunde und der Erdbeere, eine seltsame Koinzidenz, deren Hintergrund aber klar wird, wenn man zu einem Streifzug über die Halbinsel Plougastel aufbricht. Unter Folien werden hier erstaunliche Mengen Erdbeeren, aber auch Gemüse und Blumen gezogen. Dabei befindet sich die Produktion der Früchte deut-

Erdbeere, wem Erdbeere gebührt: Bar Crêperie An Ty Coz
Es kommt selten vor, dass eine Crêperie von Feinschmeckern beachtet wird. Der Gault Millau aber würdigt ein Haus ganz am Ende der Halbinsel Plougastel – und hat sehr gute Gründe dafür. An der **Pointe de l'Armorique** befindet sich die Bar-Crêperie An Ty Coz, ein hübsches, mit Fayencen geschmücktes Haus, von dessen Garten man die Bucht von Brest überblickt. Besonders zu empfehlen ist natürlich die Crêpe mit frischen Erdbeeren von der Halbinsel, Mandelblättchen und einer köstlichen Sahne. Nach dem Essen geht es zu einem Verdauungsschlaf hinunter an den Strand (Bar-Crêperie An Ty Coz, Pointe de l'Armorique, Plougastel, Tel. 02 98 40 56 47).

lich im Rückgang: Waren es in den 1950er-Jahren noch gut 6000 t, so ist die Ernte inzwischen – hauptsächlich angesichts der gesunkenen Nachfrage aus England – auf etwa ein Fünftel davon geschrumpft. Abgesehen von dem Museum hat Plougastel-Daoulas wenig zu bieten, nachdem es im Zweiten Weltkrieg samt dem nahen Brest im Bombenhagel niedersank.

Vom einstigen Pfarrbezirk hat sich nur der **Calvaire** erhalten, er ist allerdings mit seinen 180 Figuren in 20 Szenen der größte der Bretagne. Er wurde 1602–04 anlässlich einer vorausgegangenen Pest nach dem Vorbild von Guimiliau gebaut. Dargestellt sind u. a. Sebastian und Rochus, die beiden heiligen Pestschützer, wie auch Katel Gollet.

Musée de la Fraise et du Patrimoine

Rue Louis Nicolle, Tel. 02 98 40 21 18, www.musee-fraise.net, Juli, Aug. Mo–Fr 10.30–18.30, Sa, So 14–18.30, Juni, Sept. Mi–So 14–18 Okt.–Dez., April, Mai Mi–Fr 14–17.30, erster So im Monat 14–17.30 Uhr, 5 €

In diesem Museum lernt die Besucher u. a., dass die heute so vertraute und beliebte Erdbeere erst im Jahr 1715 durch Amédée Frézier von Chile nach Europa kam. Das rote Früchtchen wurde zunächst im botanischen Garten von Brest angesiedelt, bis man sich im späten 18. Jh. beim Niedergang der Tuchindustrie ihrer besann und sie im milden Klima der Halbinsel zur Massenzucht brachte.

Zur Pointe de Kerdéniel

Südwestlich von Plougastel-Daoulas liegt die Pointe de Kerdéniel, ein reizvoller Aussichtspunkt mit Blick auf Brest. Auf dem Weg dorthin kommt man vorbei an der **Chapelle Ste-Christine** (Calvaire von 1587, im Innern der Kapelle aus dem 16. Jh. bemalte Holzfiguren) und den drei Menhiren **Tri-Men** bei Kerziou.

Daoulas ▶ D 3

Vom Aufwind durch die Tuchproduktion ab dem späten Mittelalter künden Bürgerhäuser der Renaissance entlang der Rue de l'Église. Dieser Zeit entstammt auch die Brunnenkapelle Notre-Dame-des-Fontaines.

Abbaye de Daoulas

21, rue de l'Église, Tel. 02 98 25 84 39, www.cdp29.fr, Mitte Mai–Mitte Juni tgl. 13.30–18, Mitte Juni–Mitte Sept. tgl. 10.30–19, Mitte Sept.–Ende Dez. Di–So 13.30–18 Uhr, 7 €

Bereits ins 6. Jh. datiert die Abbaye de Daoulas, eine Klosteranlage, von der noch Teile der romanischen Kirche und des Kreuzgangs (12. Jh.) zu besichtigen sind (im Sommer Ausstellungen zur Kulturgeschichte). Dazwischen erstreckt sich ein Klostergarten mit Kräutern und Heilpflanzen.

Le Faou ▶ D 3

Zu den »schönsten Dörfern Frankreichs« zählt nach offizieller Einschätzung **Le Faou,** das seine Besucher mit hübschen Schieferfassaden begeistert. Im Ort befindet sich auch die Verwaltung des **Parc naturel régional d'Armorique** (Maison du Parc, 15 pl. aux Foires, Le Faou, Tel. 02 98 81 90 08, www.pnr-armorique.fr). Der 1969 gegründete Park zwischen den Monts d'Arrée und der Insel Ouessant ist mit 112 000 ha das größte Schutzgebiet der Bretagne. In knapp 20 Museen und Themenhäusern bietet er diverse Ausstellungen zu Natur und Landwirtschaft sowie Freizeitangebote.

Den bedeutenden Wallfahrtsort **Rumengol** ca. 3 km östlich von Le Faou kann man, wenn nicht gerade der große Pardon stattfindet, getrost außer Acht lassen, um sich Richtung Westen den Serpentinen der **Corniche de Térenez** zuzuwenden.

Übernachten

Preiswerter Standard – **Relais de la Place:** 7, pl. aux Foires, Le Faou, Tel. 02 98 81 91 19, www.lerelaisdelaplace.com, 32 Zimmer, DZ 60–68 €. Zwar ist das benachbarte Beauvoir erheblich

Mein Tipp

Bienen, Gänse und Schafe – Gästezimmer auf dem Land

Das Elsass sei ja ganz nett, biete aber nun mal keinen Strand, meint Stéphane Brindeau aus Colmar. Deshalb leben er und seine Frau Irène jetzt an der traumhaft schönen Corniche de Térenez und betreiben dort, etwa 6 km westlich von Le Faou, einen Bauernhof mit Blick auf die Aulne-Mündung. Zum Anwesen gehört ein Bienenmuseum (Musée de l'Abeille), wo man ausgezeichneten Honig und hübsche Wachskerzen kaufen kann. Außerdem bietet das Ehepaar Brindeau sehr nette Fremdenzimmer (Ferme Apicole de Térenez, D 791, Rosnoën, Tel. 02 98 81 06 90, www.fermeapicole.com; 8 Zimmer, DZ mit Frühstück 45–55 €).

schöner als dieses einfache Haus, aber hier überzeugt der günstige Preis. Durchschnittliches Restaurant (Sa geschl., Menü 18–28 €).

Camping am Meer – **St-Jean:** Lieu-dit St-Jean, Plougastel-Daoulas, Tel. 02 98 40 32 90, www.campingsaintjean.com, Okt.–Mitte April geschl., 125 Plätze, Stellplatz für zwei Personen mit PKW 17–26 €. Baumbestandene Anlage am Strand mit Pool und Spielplatz. Musikabende, Karaoke oder Zauberveranstaltungen sorgen für abendliche Unterhaltung, während tagsüber sportliche Animation geboten wird.

Essen & Trinken

Fisch in mittlerer Preislage – **Le Chevalier de l'Auberlac'h:** 5, rue M. Thomas, Plougastel, Tel. 02 98 40 54 56, www.chevalier-auberlach.com, Do–Sa abends sowie Di–So mittags, Menü 14–30 €. Gute Fischküche in einem gemütlichen Haus.

Einkaufen

Lebensmittelmarkt – **Marché:** So in Daoulas, Do in Plougastel (Place du Calvaire).

Aktiv

Reitschule – **Base Équestre CPIE:** Gorré Ménez, Loperhet 5 km westlich von Daoulas, Tel. 02 98 07 03 74, www.cpie-elorn.net. Das Waldgebiet garantiert einen ruhigen Aufenthalt. Reitkurs mit zehn Lektionen 186 €.

Infos & Termine

Office de Tourisme: 4bis, pl. du Calvaire, 29470 Plougastel-Daoulas, Tel. 02 98 40 34 98, www.mairie-plougastel.fr.
Bus: Von Plougastel und Daoulas u. a. nach Brest und Camaret.

Pardon: Die Wallfahrt in Rumengol am So nach Pfingsten zählt zu den großen Pardons der Bretagne.
Fête de la Fraise: Am zweiten So im Juni feiert Plougastel-Daoulas ein Erdbeerfest. Geschmückte Umzugswagen, bretonische Trachten, Auftritt von mehreren Gruppen mit traditioneller Musik.

Landévennec ▸ D 3

Bereits die ursprüngliche Hängebrücke **Pont de Térénez** von 1925, die den Zugang zur **Presqu'Île de Crozon** herstellte, war mit 272 m eine der längsten Frankreichs. 2011 wurde eine imposante neue Brücke als erste Schrägseilbrücke des Landes fertiggestellt. Die Straße schlägt nun einen großen Bogen nach Landévennec, das an der Mündung der Aulne in die Rade de Brest liegt.

Musée de l'Ancienne Abbaye Landévennec

Tel. 02 98 27 35 90, www.musee-abbaye-landevennec.fr, Juni–Sept. tgl. 10.30–19 April, Mai So–Fr 10.30–18, Okt.–Mitte Nov., März So–Fr 14–17 Uhr und nach Voranmeldung, 6 €

Am Südrand des Ortes Landévennec erheben sich Ruinen einer Abtei, die im späten 5. Jh. vom hl. Guénolé gegründet wurde und damit zu den ältesten Klöstern Frankreichs zählt. Guénolé war Berater des sagenumwobenen Königs Gradlon, der um 520 starb und angeblich in dieser Abtei beigesetzt wurde. Gradlons Grab wird im südlichen Seitenschiff der Abteikirche gezeigt. Die Vorhalle des stark verfallenen Gotteshauses geht noch auf karolingische Zeit zurück, der Rest ist frühromanisch (1. Hälfte 11. Jh.). Leider wurde die kunsthistorisch sehr bedeutende Kirche samt den Klostergebäuden (17. Jh.) während der Französischen Revolution als Steinbruch missbraucht, sodass man sich nur noch einen bruchstückhaften Eindruck verschaffen kann. 1958 errichteten Benediktiner nebenan ein neues Kloster, in dem heute etwa 50 Mönche leben (http://abbaye-landevennec.cef.fr).

Pointe des Espagnols

▶ D 3

Weiter westlich umfährt man militärisches Sperrgebiet, um über Lanvéoc und den Fährhafen **Le Fret** auf landschaftlich schöner Strecke zur **Pointe des Espagnols** zu gelangen. 1594 hatten die Spanier an diesem glänzenden Aussichtspunkt eine Bastion zur Kontrolle des Hafens von Brest errichtet, sie wurden aber noch im selben Jahr von den Franzosen vertrieben.

Camaret-sur-Mer

▶ C 3

Um spanischen Übergriffen vorzubeugen, baute Vauban das Städtchen Camaret-sur-Mer zu einer Festung aus, die 1694 einer Attacke der englisch-niederländischen Flotte trotzte. Angesichts seiner Geschichte als ehemals bedeutendster Langustenhafen Frankreichs und als Startpunkt des weltweit ersten U-Boots – 1801 von Robert Fulton unter Wasser gesetzt – ist sich Camaret eine solche Einrichtung gewiss schuldig. Geschützt wird der heute vor allem von Sportseglern genutzte Hafen durch einen natürlichen Damm, auf dem die **Chapelle Notre-Dame-de-Rocamadour** steht. 1610 bis 1683 errichtet, brannte sie 1910 nieder und wurde danach restauriert.

Maison du Patrimoine Maritime
Quai Kléber, Tel. 02 98 27 82 60,
Juli und Aug. tgl. 14.30–18 Uhr, 2 €
In Vaubans Turm, der seit 1689 über die Hafeneinfahrt wacht und im Jahr 2008 Aufnahme ins UNESCO-Welterbe fand, ist ein Heimatmuseum untergebracht, das sich vorwiegend der Seefahrt widmet.

Zur Pointe de Penhir
143 von einst 700 Menhiren der Megalithstätte **Alignement de Lagad-Yar** am Westrand von Camaret wurden wieder aufgerichtet. Von hier führt eine Straße zur knapp 4 km südlich gelegenen **Pointe de Penhir.** Der Aussichtspunkt thront 70 m über dem Meer. Unterhalb sieht man im Wasser gewaltige Felsblöcke: **Tas de Pois** (Erbsenhaufen).

Übernachten

Mit Seeluft – **Thalassa:** Quai Styvel, Tel. 02 98 27 86 44, www.hotel-thalassa.com, Okt.–Mitte April geschl., 47 Zimmer, DZ 68–175 €. Am Meer gelegenes Hotel mit Pool und Parkplatz. Einige Zimmer besitzen eine Loggia mit Blick auf den Hafen. Das Restaurant ist durchschnittlich (wochentags nur abends geöffnet, Menü 19–28 €).

Hafenlage – **De France:** Sur le Port, Tel. 02 98 27 93 06, www.logishotels.com (Sammelseite mit Suchfunktion), Mitte Dez.–Mitte Jan. geschl., 20 Zimmer, DZ 80–140 €. Einfaches Logis de France in schöner Lage. Parkplatz vorhanden. Restaurant mit Meerblick, wegen der guten Fischküche durchaus zu empfehlen (Menü 22–45 €).

Camping am Strand – **Le Grand Large:** Lambézen, 3 km östlich von Camaret, Tel. 02 98 27 91 41, www.campinglegrandlarge.com, Okt.–März geschl., 130 Plätze, Stellplatz für zwei Personen mit PKW 14–28 €. Zum Angebot der gut ausgestatteten Anlage am Strand zählen Bar, Badelandschaft, Animation und Tennis. Auch Bungalows (Woche ab 240 €, vier Personen).

Essen & Trinken

Fisch am Hafen – **Côté Mer:** 12, quai Toudouze, Tel. 02 98 27 93 79, Menü ab 27 €. Das Restaurant mit Terrasse am Hafen bietet bretonische Küche, u. a. vorzügliche Gerichte mit Hummer. Guter Service und nette Deko.

Einkaufen

Wochenmarkt – **Grand Marché:** Am dritten Di im Monat großer Markt an den Quais. Obst und Gemüse Di, Do, Sa bis 14 Uhr auf der Place St-Thomas.

Aktiv

Unterricht im Wassersport – **Club Léo Lagrange:** 2, rue du Stade, Tel. 02 98 27 90 49, www.club-leo-camaret.fr. Unterricht und Ausrüstung für Tauchen, Segeln, Surfen. Fünftägige Segelkurse ab 130 €, 1 Std. Surfunterricht 55 €.

Infos & Termine

Office de Tourisme: 15, quai Kléber, 29570 Camaret-sur-Mer, Tel. 02 98 27 93 60, www.camaret-sur-mer.com.
Bus: Von Camaret u. a. nach Brest und Quimper.
Fähre: Ab Camaret mit der Compagnie Maritime Penn-ar-Bed (Tel. 02 98 80 80 80, www.pennarbed.fr) zu den Inseln Ouessant, Molène und Sein (jeweils 55 €), mit Azénor (www.azenor.com) von Le Fret und Camaret in ca. 40 Min. nach Brest.
Pardon de Camaret: Erster So im Sept. Wallfahrt zur Chapelle Notre-Dame-de-Rocamadour in Camaret.

Crozon und Morgat ▸ C 3

Surfer schätzen die **Anse de Dinan,** eine weite Bucht an der Straße, die Camaret mit Crozon verbindet. **Crozon** selbst, ein expandierender Ort, hat wenig zu bieten und steht daher im Schatten des südlich anschließenden Tourismusmagneten **Morgat.**

Pointe de Dinan ▸ C 3

Auf einer Stichstraße (D 308) geht es ab Crozon zur Pointe de Dinan mit dem **Château de Dinan,** einer festungsartigen Felsmasse, die durch einen Gesteinsbogen mit dem Festland verbunden ist. Weiter südlich erstrecken sich die **Plage de Lost-Marc'h** und die **Plage de la Palue,** schöne, aber wegen des hohen Wellengangs auch gefährliche Strände, über die der Westwind stets kräftig pustet.

Grottes Marines de Morgat ! ▸ C 3

Vedettes Sirènes, Tel. 06 60 93 97 05, www.grottes-morgat.fr, April–Sept. tgl., Ausfahrt je nach Gezeitenstand, 14 €

Der Ort **Morgat** wurde einst vom Automobilhersteller Armand Peugeot als Seebad propagiert und hat aus dieser Gründerzeit noch eine Reihe prächtiger Villen bewahrt. Hauptattraktion von Morgat sind die Grottes Marines, unterteilt in die **Kleinen Grotten** im Norden des Strandes, die man bei Ebbe zu Fuß erreicht, und die **Großen Grotten** im Süden, für deren Besuch man im Hafen von Morgat die Vedettes Rosmeuer besteigen muss. Die Großen Grotten bestehen aus

Lieblingsort

**Einfach nur abhängen:
Bar Atao-Aman in Morgat** ► C 3
Das Gelb auf Giftgrün signalisiert einen Außenseiter und ist manch einem im Ort ein Dorn im Auge. Mich erinnert die Bar Atao-Aman eher an geliebte Zeiten, als man das Abhängen noch nicht Abhängen nannte, aber ebenso kunstvoll zelebrierte. Die Bar besitzt gleich zwei Sonnenseiten: vorne das Meer, hinten den Garten. Im Haus kann man sich auf einem Ledersofa lümmeln, feinste Cocktails schlürfen und zu Karibikklängen auf die Bucht hinaus starren (34, bd. de la Plage, Crozon-Morgat, Tel. 02 98 16 00 25).

Bar
Atao-Amañ
ORANGINA
la goinfre 7€
champignons, tomate
la cochonne 7€
andouille, chèvre
pommes, salade
BON APPETI

mehreren Kammern, darunter der 80 m langen Grotte de l'Autel, die durch schillernde Blau-Grün-Töne begeistert. Durch einen engen Schacht, den ›Teufelskamin‹ (Cheminée du Diable), presst das Meer bei Sturm spektakuläre Fontänen in die Luft. Sehr mystisch wirkt nebenan das ›Schlafzimmer des Teufels‹ (Chambre du Diable).

Wanderung zum Cap de la Chèvre ▶ C 3

Rundwanderweg ca. 15 km, 4,5 Std.
Ausgangspunkt einer rund 15 km langen, gut markierten Wanderung ist der Parkplatz in St-Hernot südlich von Morgat. »Circuit Cap de la Chèvre« steht dort auf einem Schild, das Richtung Osten weist. Die ersten 20 Minuten wirken unspektakulär, doch ist erst die Küste erreicht, kann man sich nicht mehr sattsehen an den eindrucksvollen Panoramen. Nach gut zwei Stunden wird mit dem 96 m hohen **Cap de la Chèvre** der höchste Punkt erreicht. Die Landspitze, auf der sich Reste deutscher Militäranlagen aus dem Zweiten Weltkrieg finden, trägt den ins Französische übersetzten Namen des bretonischen Riesen C'hawr, eines Unholds, der der Sage nach von den zwergenhaften, gutmütigen Korrigans überwältigt wurde. Kräftiger Wind ist der Begleiter, wenn es auf der Westseite des Kaps zurück zum Parkplatz in St-Hernot geht, zuerst über den Küstenpfad, dann landeinwärts auf einem Schottersträßchen.

Wanderung zum Cap de la Chèvre

Ménez-Hom ▶ D 3

D 887, ca. 23 km westl. von Crozon
Der Aufstieg vom ausgewiesenen Parkplatz zum Gipfel des 330 m hohen Ménez-Hom ist nicht schwer zu bewältigen (ca. 2 km, 30 Min.). Der völlig kahle Berg zählt wegen seiner isolierten Lage zu den schönsten Aussichtspunkten der Bretagne.

Übernachten

Luxus pur – **L'Hôtel de la Plage:** Ste-Anne-la-Palud, Tel. 02 98 92 50 12, www.plage.com, Nov.–März geschl., 30 Zimmer, DZ ab 192 €. Top-Adressen mit solchem Preisniveau animieren immer wieder zu harscher Kritik. In diesem Fall sind sich die meisten Gäste jedoch einig, dass die grandiose Lage am Strand und der exquisite Service überzeugen. Auf Sonderangebote achten: Bei Buchung von zwei Nächten gibt es die dritte oftmals gratis. Pool und Sauna sind vorhanden. Das Panorama-Restaurant bietet eine gute, aber sehr teure Gourmet-Küche (Mo–Mi und Fr jeweils mittags geschl., Menü ab 58 €).
Vorsicht bei der Zimmerwahl – **Julia:** 43, rue de Tréflez, Morgat, Tel. 02 98 27 05 89, http://hoteljulia.fr, 16 Zimmer, DZ 59–225 €. Das hübsche Hotel

liegt nur 100 m vom Strand entfernt, allerdings leider an einer sehr lauten Straße. Nicht in jedem der individuell gestalteten Zimmer ist deshalb Urlaubsruhe garantiert. Recht gutes Restaurant (April–Okt. Di–So geöffnet, Menü 19–58 €).

Gut und preiswert – **De la Presqu'Île:** Pl. de l'Église, Crozon, Tel. 02 98 27 29 29, www.hotel-lapresquile.fr, in der Saison Mo mittags, sonst So abends und Mo geschl., 13 Zimmer, DZ 70–95 €. Altes Haus mit moderner, geschmackvoller Einrichtung. Eines der 13 Zimmer ist speziell für Behinderte eingerichtet. Im Restaurant werden mit stets frischen Zutaten sehr gute Gerichte zubereitet (Menü 19–75 €).

Camping solide und günstig – **Les Pins:** Route de la Pointe de Dinan, Crozon-Morgat, Tel. 06 60 54 40 09, www.camping-crozon-lespins.com, Okt.–April geschl., 155 Plätze, Stellplatz für zwei Personen mit PKW ab 10 €. Die schattige Anlage verfügt über ein gutes Freizeitangebot mit Minigolf, Tennis, Spielplatz und beheiztem Pool. Wer großen Wert auf Animation legt, kommt hier allerdings nicht auf seine Kosten.

Essen & Trinken

Für Insider – **Saveurs et Marée:** 52, bd. de la Plage, Morgat, Tel. 02 98 26 23 18, www.saveurs-maree-crozon.fr, außerhalb der Saison Mo und Di geschl., Menü ab 15 €. Herrlicher Meerblick von einem allzu ›heimeligen‹ Speisesaal aus. Das Restaurant gilt als Insider-Adresse und bietet ausgezeichnete Fischküche zu fairen Preisen.

Einkaufen

Frische Lebensmittel – **Marché:** Wochenmarkt Mi 7–13 Uhr, im Sommer abwechselnd in Crozon und Morgat, außerhalb der Saison an jedem zweiten und vierten Mi im Monat in Crozon.

Aktiv

Im Irrgarten – **Peninsula:** Ménez Kerbasguen, Route de Dinan, Tel. 02 98 26 25 34, www.peninsulabyrinthe.com, Juli, Aug. tgl. 10–19, April–Juni, Sept. 14–18, sonst Mi, Sa, So 14–18 Uhr, 7 €. Der Freizeitpark, der Kinder und Erwachsene gleichermaßen begeistert, verfügt über gleich mehrere Labyrinthe.

Pferd zu vermieten – **École d'Équitation Étrier de l'Aber:** Trébéron, Crozon, Tel. 02 98 26 24 63, www.presquile-crozon.com/etrier-aber. Die Reitschule an der Bucht von Douarnenez ermöglicht grandiose Ausritte am Strand. Pferde können gemietet werden (ca. 25 €/Std.).

Radeln und wandern – **Ouest Découvertes:** 2 bis, rue Garn-an-Aod, Morgat, Tel. 02 98 26 22 11, www.ouest-decouvertes.com. Von April–Okt. geführte Wanderungen und Radtouren in Gruppen. Preisbeispiel: halbtägige Radwanderung 23 €, ganzer Tag 28 € (einschließlich Mountainbike).

Wassersport – **Centre Nautique:** Port de Plaisance, Crozon, Tel. 02 98 16 00 00, www.cncm.fr. Die zerklüftete Küste der Halbinsel Crozon ermöglicht zahlreiche Wassersportarten für Anfänger und Profis. Das Unternehmen hat sich auf die gesamte Bandbreite spezialisiert, vermietet Ausrüstung und erteilt Unterricht im Surfen, Segeln, Kajakfahren, Kite- und Windsurfen. Preisbeispiele: Miete Kajak 1 Std. 10 €, Segelboot ab 26 €/Std.

Abends & Nachts

Diskothek in Randlage – **La Potinière:** Bd. de la France-Libre, Crozon-Morgat, Tel. 02 98 27 23 57. Tanz und Musik am Ende einer abgeschiedenen Halbinsel – und mitunter entsprechend provinziell.

Infos & Termine

Office de Tourisme: Bd. de Pralognan la Vanoise, 29160 Crozon, Tel. 02 98 27 07 92, www.crozon.com.
Bus: U. a. nach Camaret, Douarnenez und Quimper.
Festival folklorique du Ménez-Hom: 13.–15. Aug. folkloristische Darbietungen mit Tanz und Musik auf dem Ménez-Hom.

Locronan ▸ D 4

Dem irischen Mönch Ronan, dessen Wirken mal ins 6., mal ins 9. Jh. datiert wird, verdankt der Ort Locronan seinen Namen. Hier hatte sich der Einsiedler in Frieden niederlassen wollen, doch bald sah er sich den Anfeindungen einer Frau namens Kében ausgesetzt und musste Locronan verlassen. Nach seinem Tod in St-Brieuc brach unter mehreren Gemeinden ein Streit um die Reliquien des inzwischen berühmten Mannes aus. So wurde der Leichnam auf einen Ochsenkarren gelegt, auf dass der Eremit sich selbst die letzte Ruhestätte aussuchen möge. Die Ochsen zogen zielstrebig nach Locronan und hielten an der Stelle, wo sich einst die Einsiedelei befand. Genau hier steht heute die Grabkapelle **Chapelle du Pénity** mit einer Liegefigur Ronans aus dem 15. Jh. und dem Reliquienschrein mit den Überresten des Mönchs.

Die nördlich an die Kapelle anschließende **Pfarrkirche** stammt aus den Jahren 1420–44, als Locronan allmählich durch den Tuchhandel zu Wohlstand gelangte. Rings um Kirche und Kapelle gruppiert sich die denkmalgeschützte **Altstadt** mit Häusern des 16.–18. Jh. aus grauem Granit. Sie war häufig Kulisse für Dreharbeiten, u. a. für Roman Polanskis Film »Tess« (1979). Kauflustige Besucher entdecken in den Gassen allerlei Läden mit Kunsthandwerk, darunter Glasarbeiten sowie Kleidung aus Leinen, Wolle und Seide.

Übernachten

Traditionell – **Le Prieuré:** 11, rue du Prieuré, Tel. 02 98 91 70 89, www.hotel-le-prieure.com, Mitte Nov.–Mitte Dez. geschl., 12 Zimmer, DZ 65–80 €. Das hübsche Traditionshaus liegt im Zentrum des Ortes und ist den Logis de France angeschlossen. Die Zimmer

sind stilecht mit alten Möbeln ausgestattet. Parkplatz und Garten vorhanden. Gute Hausmannskost im Restaurant (außerhalb der Saison Sa abends, im Sommer So geschl., Menü 19–45 €).

Infos & Termine

Office de Tourisme: Pl. de la Mairie, 29180 Locronan, Tel. 02 98 91 70 14, www.locronan-tourisme.com.
Bus: Nach Douarnenez.
Petite Troménie: Am zweiten So im Juli eine Prozession in Locronan, die alle sechs Jahre als 12 km lange Grande Troménie ausgetragen wird (nächstes Mal 2019).
Pardon: Am letzten Wochenende im Aug. bedeutende, farbenfrohe Wallfahrt zur Chapelle Ste-Anne in Ste-Anne-la-Palud (ca. 8 km westlich von Locronan).

Douarnenez ▸ C 4

Spätestens im 19. Jh., als mit der Dampfschifffahrt die Nachfrage nach Segeltuch zurückging, sank Locronans Stern. Dem Nachbarort Douarnenez war weiterhin Erfolg beschieden. Er ist der sechstgrößte Fischereihafen Frankreichs und bis heute von der Fischverarbeitung (Thunfisch, Makrelen, Sardinen, Schalentiere) geprägt.

Der Ortsname, gebildet aus *douar an enez,* bedeutet ›Land der Insel‹. Er nimmt Bezug auf die vorgelagerte **Île**

Alt und neu Seite an Seite: Schiffe in der Flussmündung in Douarnenez

Mein Tipp

Erlesener Geschmack: Ty Mad
Das sehr gepflegte Haus in Strandnähe besitzt einen lauschigen Garten mit Terrasse. Das moderne Interieur überzeugt durch die Wahl von natürlichen Baustoffen und die Ausstattung mit zeitgenössischer Kunst. Elf Zimmer mit Meerblick. Parkplatz vorhanden (Plage St-Jean, Tréboul, Tel. 02 98 74 00 53, www.hoteltymad.com, Mitte Nov.–Anfang April geschl., 15 Zimmer, DZ 79–218 €). Begehrte Spezialität des Hauses sind die kreativen Cocktails und Snacks in der Bar. Gutes Restaurant (Di und außerhalb der Saison auch So abends geschl., Menü 29–39 €).

Tristan, auf der einst angeblich der Palast des Königs Marke oder Marc'h stand. Aber auch mit König Gradlon ist eine örtliche Legende verknüpft. Seine Tochter Dahud soll ein so sündiges Leben geführt haben, dass ihre Heimat, die Stadt Ys in der hiesigen Bucht, zur Strafe durch eine Flut vernichtet wurde. Doch Ruinen einer versunkenen Siedlung wurden niemals gefunden.

Für Touristen ergiebiger als die Insel ist der 300 m lange Sandstrand Sables Blancs im westlich gelegenen Stadtteil **Tréboul,** der noch bei Hochwasser mit einer Breite von 60 m aufwartet.

Port-Musée !

Place de l'Enfer, Tel. 02 98 92 65 20, www.port-musee.org, Juli, Aug. tgl. 10–19, Anfang Febr.–Juni, Sept.–Nov. Di–So 10–12.30, 14–18 Uhr, Eintritt April–Okt. 7,50 €, Nov.–März 5,50 €
In einer ehemaligen Konservenfabrik in Douarnenez wurde das Port-Musée du Bâteau eingerichtet, ein Museum mit Booten aus aller Welt, das in Wechselausstellungen allerlei Aspekte der heimischen und internationalen Schifffahrt beleuchtet. Zum Areal gehört ein kleiner Hafen mit alten Schiffen, von denen einige im Sommer für Besucher zugänglich sind.

Übernachten

Günstiger Luxus – **Clos de Vallombreuse:** 7, rue d'Orves, Tel. 02 98 92 63 64, www.closvallombreuse.com, 25 Zimmer, DZ 60–170 €. Herrschaftliches Haus (19. Jh.) in einem Park am Meer. Vom Pool hat man einen grandiosen Blick, der an mediterrane Landschaften erinnert. Das Restaurant bietet innovative Küche auf der Basis regionaler Spezialitäten (Menü 25–65 €).
Preiswert campen – **De Kerleyou:** Chemin de Kerleyou, Tréboul, Tel. 02 98 74 13 03, www.camping-kerleyou.com, Mitte Sept.–Mitte April geschl., 100 Plätze, Stellplatz für zwei Personen mit PKW 14–25 €. Die schattige Anlage in Strandnähe ist v. a. auf naturnahen Urlaub eingerichtet und verzichtet auf üppige Animationsangebote. Pool, Bar und Lebensmittelladen vorhanden.

Essen & Trinken

Spanisch-französisch – **L'Athanor:** 1, rue Barbusse,Tel. 02 98 92 88 97, www.l-athanor.com, außerhalb der Saison Di geschl., Menü 28–50 €. Das Restaurant serviert spanische und französische Speisen, vor allem ausgefallene Fischgerichte. Zum Angebot zählt eine etwas umfangreichere Auswahl an Weinen. Außerdem erhält man Paellas zum Mitnehmen.
Preiswert und mit Meerblick – **Le Bigorneau Amoureux:** 2, bd. Richepin, Tel. 02 98 92 35 55, www.bigorneau-amoureux.com, Mo, außerhalb der

Saison auch Di–Do und So abends geschl., Menü ab 25 €. Spezialität des Restaurants, das sich direkt am Strand befindet, sind Backkartoffeln mit diversen Füllungen. Eine sättigende Mahlzeit zum kleinen Preis.

Einkaufen

Lebensmittel – **Grand marché:** Mo und Fr ganztägig auf der Place Vaillant in Douarnenez.

Aktiv

Mit dem Boot durch die Bucht – **Vedettes Sirènes:** Port de pêche, Tel. 06 60 93 97 05, www.grottes-morgat.fr, April–Mitte Sept. Bootsfahrten, u. a. zu den Grottes Marines de Morgat (Ticket 14 €).

Basis für Segler – **Centre Nautique Municipal de Douarnenez-Tréboul:** Rue du Birou, Tel. 02 98 74 13 79, www.centre-nautique-douarnenez.fr. Die Bucht ist ein gutes Terrain für Segler, gerade auch für Anfänger. Das Unternehmen bietet Unterricht zum Preis ab 40 € für einen halben Tag an.

Infos & Termine

Office de Tourisme: 1, rue du Docteur-Mével, 29172 Douarnenez, Tel. 02 98 92 13 35, www.douarnenez-tourisme.com.

Bus: U. a. nach Quimper und Audierne.

Carneval: Febr., einwöchiges Fest mit Höhepunkt am Karnevalsdienstag.

Pointe du Raz und Umgebung ▸ B/C 4

Maison de la Pointe du Raz, Tel. 02 98 70 67 18, www.pointeduraz.com, Juli, Aug. 10.30–19, April–Juni, Sept. und Schulferien 10.30–18 Uhr, Okt. 11-17.30 Uhr, Eintritt frei, Parkplatzgebühr 6,50 €

Unter ›Grand Site de France‹ firmiert heute das Gebiet um die Pointe du Raz, wobei oftmals übersehen wird, dass diese Auszeichnung auch und vor allem das Gebiet um die Baie des Trépassés einschließt. Die D 7, die von Tréboul westwärts verläuft, führt durch mehrere Gemeinden mit hübschen Kirchen und Kapellen. Wirklich lohnend aber sind Abstecher zur Küste, teils auf Sträßchen, teils auf Wanderwegen. Sie führen zu den Landspitzen **Pointe du Milier** (Leuchtturm), **Pointe de Beuzec, Pointe de Brézellec** oder **Pointe de Castelmeur.**

Immer dramatischer wird die Felslandschaft und erreicht ihren ersten Höhepunkt mit der **Pointe du Van.** Wer über genügend Zeit verfügt und den überfüllten Parkplatz an der Pointe du Raz meiden will, sollte

Mein Tipp

Hotel für Träumer – La Baie de Trépassés ▸ B 4

Das schöne Hotel-Restaurant liegt abgeschieden am Strand. Einige Zimmer besitzen Meerblick. Im Restaurant genießt man einen herrlichem Panoramablick und vorzügliche Küche (Baie de Trépassés, Plogoff, Tel. 02 98 70 61 34, www.hotelfinistere.com, Mitte Nov.–Mitte Febr. geschl., 30 bzw. 28 Zimmer, DZ 91–190 €, Restaurant Mo mittags, So geschl., Menü 28–65 €). Eine benachbarte Dependance namens Relais du Pointe du Van ist nur im Sommer geöffnet und bietet noch mehr Ruhe bei fast gleichem Komfort zum Preis ab 65 €.

den Rest der Strecke wandern. Die **Pointe du Raz** zeichnet sich durch besonders schroffe und spektakuläre Klippen aus und gilt zudem als das Westende des französischen Festlands. Letzteres bleibt ein fragwürdiger Vorzug, liegt doch die Pointe de Corsen bei Le Conquet exakt auf gleichem Längengrad. Über die Natur der Region informiert die **Maison de la Pointe du Raz** in Dauer- und Wechselausstellungen.

Réserve du Cap Sizun

▶ C 4

Goulien, Tel. 06 86 53 67 48, www.reserve-cap-sizun.org, Mitte April–Ende Aug. So–Fr 10–18 Uhr, 2 €, geführte Touren (So 14.30 Uhr) 6,50 €
An der Küste liegt die Réserve du Cap Sizun, ein 1959 eröffnetes Vogelreservat, in dessen Klippen u. a. verschiedene Möwenarten, Trottellummen, Eissturmvögel und Kormorane nisten. Besonders lohnend ist der Besuch während der Brutzeit, die von April bis Ende Juni währt. Danach verlassen die Vögel allmählich ihr Frühlingsparadies, um erst im nächsten Jahr wiederzukehren.

Von der Pointe du Van zur Pointe du Raz

Wanderung zur Pointe du Raz ▶ B 4

Hin und zurück ca. 10 km, 2–3 Std. reine Gehzeit, Markierung GR 34
Wo die D7 im spitzen Winkel auf die D607 trifft, zweigt eine Nebenstraße zum Parkplatz an der Pointe du Van ab. Von hier geht es rechts auf dem rot-weiß markierten Wanderweg Richtung Süden. Erste Station an diesem ehemaligen Zöllnerpfad ist die **Chapelle St-They,** die seit dem 15. Jh. Wind und Wetter trotzt. Je nach Jahreszeit färben Ginsterblüte oder Heidekraut das Land, um an den rotbräunlichen Steilabbrüchen der Klippen in Kontrast zu den leuchtenden Tönen des Meeres zu treten.

Auf halber Strecke lädt ein 300 m langer Sandstrand mit Kiesbänken zum Bad ein. Auch ein schönes Hotel-Restaurant gibt es hier (s. Mein Tipp S. 221) Diese ruhige Bucht, **Baie des Trépassés,** steht in denkbar krassem Gegensatz zur wilden Natur der Felsen. Um den Namen der ›Bucht der Dahingeschiedenen‹ wird viel Aufhebens gemacht. Eine Erklärung besagt, dass hier oft Ertrunkene ans Ufer gespült wurden, denn die Umschiffung des Kaps und besonders die Passage zwischen dem Festland und der vorgelagerten Insel Sein ist sehr gefährlich. Nach anderer Deutung war es keltischer Brauch, von hier Tote auf Barken zu ihrer letzten Reise zu schicken.

Schlichter klingt die Vermutung, dass das bretonische *anaon* (französisch *trépassés)* fälschlich aus *aon* gebildet wurde, und dies bedeutet nichts anderes als ›Bach‹. Auch gilt die Baie des Trépassés als möglicher Standort der sagenhaften Stadt Ys, die so prunkvoll gewesen sein soll, dass sich selbst die französische Hauptstadt nach ihr benannte (par-is = ›gleich Ys‹). Die Legende um Ys dürfte uralten Ursprungs sein und vielleicht eine blasse Erinnerung an das Ende der letzten Eiszeit bergen, als bei Anstieg des Meeres und Absinken des Festlands die Küstensäume überschwemmt wurden. Tatsache ist, dass zwischen der Pointe du Raz und der Île de Sein einst eine Landbrücke bestand.

Grandiose Szenerien begleiten den Wanderer auf dem zweiten Teilstück bis zur **Pointe du Raz.** Auf einem Inselchen vor der Landspitze steht der **Phare de la Vieille.** Die ›alte Dame‹, oft von Wellen umtost, ist ein beliebes Fotomotiv. Nachdem man sich gestärkt und in der **Maison de la Pointe du Raz** umgesehen hat, geht es auf dem GR 34 zurück zum Parkplatz an der Pointe du Van.

Île de Sein ▸ B 4

Fähren ab Camaret oder Audierne, www.pennarbed.fr
Ab Audierne oder Camaret erreicht man die 2 km lange und 800 m breite Insel, die bei höchstem Flutstand keine 2 m über die Meeresoberfläche ragt. Heute schützen Deiche vor einer Überspülung, doch noch im 19. Jh. wurde die Île de Sein dreimal von heftigen Flutkatastrophen heimgesucht. Angesichts der gefahrvollen, abgeschiedenen Lage wurde die Insel erst im 16.–18. Jh. christianisiert. Sie bewahrte als eine der letzten Stätten in Europa bis in diese Zeit Reste eines heidnischen Glaubens.

Die einwandernden Christen brachten den Ackerbau mit, der aber längst wieder aufgegeben werden musste. Die Menschen leben vorwiegend vom Fischfang (vor allem Krustentiere), nur wenige profitieren vom Tourismus, denn die Gäste bleiben in der Regel lediglich ein paar Stunden auf der Insel und bringen ihren Proviant meist aus Audierne mit. Einzig die Jachtbesitzer, die im Hafen ankern, sorgen für eine Belebung der Wirtschaft. Herausragende Sehenswürdigkeiten gibt es tatsächlich nicht, es lohnt allerdings eine Inselumrundung zu Fuß (ca. 2 Std.).

Musée de l'Ordre de Libération

Île de Sein, April–Okt. tgl. 10–18, Nov.–März tgl. 10–17 Uhr, 11 € (Museen und Leuchtturm)
Das Museum erinnert mit nur wenigen Ausstellungsstücken an den Widerstand im Zweiten Weltkrieg. Damals schlossen sich 144 Seeleute und Fischer von Sein spontan der Résistance in London an. Sie folgten dabei einem Appell ihres Pfarrers, der neben dem Bürgermeister als einziger männlicher Bewohner bei den Frauen der Insel blieb.

Übernachten

Naturnah – **D'Ar-Men:** Route du Phare, Île de Sein, Tel. 02 98 70 90 77, www.hotel-armen.net, Dez.–Jan., März geschl., 10 Zimmer, DZ 50–78 €. Die einzige Übernachtungsmöglichkeit auf der Insel ist ein einfaches Haus am Strand, das aber mit sehr hübschen, hellen Zimmern und Meerblick aufwartet. Das Restaurant mit guter Fischküche (So abends, Mi geschl., Menü 19–51 €) hat sich als Inseltreff etabliert, Spezialität ist Hummerragout.

Audierne und Umgebung ▸ C 4

Der Fischerort Audierne mit kleinem Hafen wirkt zwar aus der Ferne recht lauschig, erstreckt sich aber entlang einer viel befahrenen Hauptstraße und ist entsprechend laut. Den Hang hinauf ziehen sich ein paar Gassen, in denen man recht gut Einkäufe tätigen kann. Herausragende Attraktion ist **L'Aquarium,** ein großer Park mit sehr sehenswerten Aquarien und Volieren. Bei spektakulären Vogelschauen wird u. a. das Jagdverhalten von Kormoranen präsentiert (Rue du Goyen, Tel. 02 98 70 03 03, www.aquarium.fr, April–Sept. tgl. 10–19, Okt.–März tgl. 14–18 Uhr, 12 €).

Primelin ▸ B 4

Ein kleiner Kunstgenuss erwartet den Reisenden in Primelin, in dessen **Chapelle St-Tugen** einige Barockmalereien zu besichtigen sind.

Pont-Croix ▸ C 4

Die hübsche Altstadt des Ortes gruppiert sich um die Kirche Notre-Dame-de-Roscudon. Das im Kern romanische Gotteshaus mit dem 67 m hohen Vierungsturm besitzt zahlreiche gotische Zutaten, darunter die grazile Vorhalle (14. Jh.) und die Flamboyant-Fenster auf der Südseite.

Übernachten

Herrliche Lage – **Le Goyen:** Pl. Jean-Simon, Audierne, Tel. 02 98 70 08 88, www.le-goyen.com, Mitte Nov.–Anfang April geschl., 21 Zimmer, DZ 104–263 €. Sehr schönes altes Haus am Hafen. Von den Balkonen der sehr geräumigen Zimmer ist Meerblick garantiert. Das Restaurant zählt zu den Spitzenadressen der gesamten Region, scheint aber trotzdem ein wenig überteuert (außerhalb der Saison Mo, Di geschl., Menü 19–91 €).

Füße im Wasser – **Du Roi Gradlon:** 3, av. Manu-Brusq, Audierne-Plage, Tel. 02 98 70 04 51, www.auroigradlon.com, Mitte Dez.–Mitte Febr. geschl., 19 Zimmer, DZ 62–132 €. Das Haus direkt am Strand besitzt mit seiner funktionalen Architektur zwar keinen Charme, bietet aber saubere Zimmer für Gäste mit durchschnittlichen Ansprüchen. Nur eines der Zimmer wartet nicht mit Meerblick auf. Sehr gutes Restaurant mit Panoramablick (Menü 26–38 €).

Herrlicher Meerblick – **Kermoor:** Plage du Loch, Plogoff, Tel. 02 98 70 62 06, www.kermoor-audierne.com, 12 Zimmer, DZ 80–130 €. Nur 50 m vom Strand gelegenes Logis de France. Einige Zimmer besitzen einen grandiosen Meerblick. Spezialität des hauseigenen, sehr guten Restaurants ist Hummerragout à la Cidre (außerhalb der Saison So abends und Mo geschl., Menü 20–48 €).

Essen & Trinken

Kochkunst auch zum Mitnehmen – **L'Iroise:** 8, quai Camille Pelletan, Audierne, Tel. 02 98 70 15 80, http://restaurantliroise.com, 1 Woche im Nov., 3 Wochen im Jan., sonst So abends, Mo und Di geschl., Menü ab 33 €. Gourmetrestaurant von Starkoch Eric Lavallée aus der Champagne. Das Haus (mit Terrasse) legt Wert auf gepflegte Gastlichkeit und einen adrett gedeckten Tisch. Ein spezielles Kindermenü (16 €) und Speisen zum Mitneh-

Der Leuchtturm Phare d'Eckmühl ist ein beliebtes Ausflugsziel im Pays Bigouden

men (auf Vorbestellung) erweitern den Service. Mo, Do und Fr finden Kochkurse statt (15.30–18 Uhr, 60 € pro Person).

Einkaufen

Frische Lebensmittel – **Marché:** Mi und Sa bis 14 Uhr Markt in Audierne.
Kekse vom Fachmann – **Biscuiterie de la Pointe du Raz:** Triguen, Plogoff, Tel. 02 98 70 60 73. Traditionell hergestellte Kekse sind die ständigen Begleiter einer Bretagne-Reise, in Plogoff hat man sich schon 1936 darauf spezialisiert.

Infos & Termine

Office de Tourisme: 8, rue Victor-Hugo, 29770 Audierne, Tel. 02 98 70 12 20, www.capsizun-tourisme.bzh.
Bus: Audierne ist u. a. mit Plogoff, Douarnenez und Quimper verbunden.
Fähre: Zur Île de Sein mit Penn-ar-Bed, Tel. 02 98 80 80 80, www.pennarbed.fr, (Ste-Evette), pro Strecke 28–35 €.
Pardon de St-Tugen: Am So vor dem 24. Juni Wallfahrt zur Chapelle St-Tugen in Primelin.
Pardon de Notre-Dame-de-Roscudon: 15. Aug. zur Kirche von Pont-Croix.

Pays Bigouden ▸ C 5

Im äußersten Südwesten der Bretagne liegt eine sehr ursprüngliche, traditionsreiche Landschaft, die nach den röhrenförmigen Hauben, die einst die Frauen hier trugen, als Pays Bigouden bezeichnet wird. Nachdem die Trachten aus dem Alltag verschwunden sind, bleiben als Attraktion aber immer noch die Dünen, die sich über 25 km fast schnurgerade am Atlantik entlangziehen und ein Paradies für Sonnenhungrige sind.

Eine lohnende Station für Kulturinteressierte ist die **Chapelle de Languidou** bei **Plovan.** Die Kapelle mit romanischen Bögen und gotischer Chorrosette stammt aus dem 13.–15. Jh. 1795 wurde sie Opfer eines Brandes, der eine malerische Ruine hinterließ. Ebenso sehenswert ist die **Chapelle Notre-Dame-de-Tronoën** (s. Lieblingsort S. 229).

Informationen über 250 Zugvogelarten, die sich in der großen Bucht des Bigoudenlandes einfinden, hält die **Maison de la Baie d'Audierne** bereit (St-Vio, Tréguennec, 02 98 87 65 07, Juli, Aug. Mo–Fr 14–18, sonst Mi 14–18 Uhr, 4 €).

St-Guénolé ▸ C 5

Nördlich des Hafens von St-Guénolé sind bizarre Granitfelsen zu besichtigen, während im Süden des Ortes, an der **Pointe de Penmarc'h,** der 65 m hohe **Phare d'Eckmühl** (1897) ein beliebtes Ausflugsziel darstellt. Er wurde von der Tochter des napoleonischen Generals Louis Nicolas Davout gestiftet, der 1809 in der Schlacht bei Eckmühl in Bayern gegen die Österreicher siegte.

In St-Guénolé ist ein Besuch des **Musée de préhistoire finistérienne** zu empfehlen. Das Museum am Ortsrand beherbergt die meisten der im Finistère getätigten vor- und frühgeschichtlichen Funde (Tel. 02 98 58 60 35, Juli, Aug. tgl. 10.30–12.30, 14–18, Febr.–Juni, Sept. Mitte. Okt.–Anf. Nov. Sa–Do 14–18 Uhr, 3,50 €).

Penmarc'h und Le Guilvinec ▸ C 5

Kérity heißt der Hafen der Gemeinde Penmarc'h, über den einst Handel mit Wein, Fisch und Segeltuch betrieben wurde. Heute sind hier vor allem Jachten anzutreffen. Dagegen ist **Le Guil-**

vinec für Langusten- und Thunfischfang bekannt, und in der Halle findet jeden Nachmittag gegen 17 Uhr eine Fischauktion statt, bei der man miterleben kann, wie der Fang versteigert wird.

Pont-l'Abbé und Umgebung ▸ D 5

Im Schloss von Pont-l'Abbé, wo einst Äbte aus Loctudy eine Brücke bauten, befasst sich das **Musée Bigouden** mit Heimatkunde und Kunsthandwerk der Region (Tel. 02 98 66 00 40, www.villepontlabbe.fr/musee, Juli, Aug. tgl. 10–18, April–Juni und Sept.–Anf. Nov. Di–So 14–18 Uhr, 5 €).

Loctudy ▸ D 5

Der Ort besitzt mit der **Kirche St-Thudy** das besterhaltene romanische Gotteshaus der Bretagne (12. Jh.), wenngleich das Äußere des Gebäudes von einer Fassade und einem Glockenturm aus dem 18. Jh. beherrscht wird.

Manoir de Kérazan ▸ D 5

Fondation Astor, Loctudy, Tel. 09 65 19 61 57, www.kerazan.fr, Mitte Juni–Anf. Sept. tgl. 10.30–18.30, Ostern–Mitte Juni, Mitte–Ende Sept. Di–So 14–18 Uhr, 7 €

Von Loctudy Richtung Norden stehen am Mündungstrichter des Odet mehrere Schlösser. Besonders sehenswert ist das von einem Park umgebene Manoir de Kérazan (16./18. Jh.). Es beherbergt Möbel und Gemälde aus dem 16.–20. Jh. Im Rahmen von Sonderausstellungen werden außerdem zeitgenössische bretonische Künstler präsentiert.

Übernachten

Mit Wellness-Bereich – **La Porte des Glénan:** 19, rue du Port, Loctudy, Tel. 02 98 87 40 21, www.laportedesglenan.com/fr, ganzjährig geöffnet, 15 Zimmer, DZ ab 54–78 €. Das 1933 errichtete Haus in der Nähe von Hafen und Strand verfügt über helle, ansprechend dekorierte Zimmer. Gefrühstückt wird auf der Terrasse oder im Garten, während es in der Bar auch kleine Speisen gibt. Der Wellness-Bereich des Hotels mit Jacuzzi und Sauna steht auch auswärtigen Besuchern offen (10 €).

Aktiv

Surferparadies – **École de Surf et Kite:** Pointe de la Torche, Plomeur, Tel. 02 98 58 53 80, www.ecole-surf-bretagne.fr. An der Küste taucht nahe der Pointe de la Torche das zwischen Amerika und Europa verlegte Telefonkabel aus den Meeresfluten. Baden gefährlich! Für Surfer aber ist dort ein gutes Revier. Eine Schule erteilt soliden Unterricht 90 Min. Schnupperkurs ab 8 Jahren 40 €, Intensivkurs Mo–Fr 4 Std. 280 €.

Infos & Termine

Office de Tourisme: 11, pl. Gambetta, 29120 Pont-l'Abbé, Tel. 02 98 82 37 99, www.ot-pontlabbe29.fr.
Bus: Verbindungen u. a. nach Quimper, dort Anschluss an die Bahn.
Fête des Brodeuses: Mitte Juli Fest der Stickerinnen in Pont-l'Abbé. Das viertägige Ereignis ist eine der schönsten Gelegenheiten, um Trachten und Kultur der Bretagne zu erleben (www.fetedesbrodeuses.com).
Pardon: Am dritten So im Sept. Wallfahrt zur Chapelle Notre-Dame-de-Tronoën.

OUVERTURE DE LA CHAPELLE

Lieblingsort

Steinalt – Chapelle Notre-Dame-de-Tronoën ▸ C 5
Es ist keineswegs anzunehmen, dass ausgerechnet hier erstmals ein Calvaire gemeißelt wurde. Nein, die Kapelle inmitten der Dünen von **St-Jean-Trolimon** hatte nur Gelegenheit, auf so vorgeschobenem Posten als eine von zweien in der Bretagne seit 1450 ungestört zu altern. Ich liebe es, die Spuren zu verfolgen, die Wind und Wetter in das Kunstwerk gekratzt haben. Zugleich verrät mir das Denkmal, dass nichts beständig ist. Schließlich muss es Zeiten gegeben haben, als es in dieser Einöde Gründe gab, solche Anstrengungen zu unternehmen. Diese Gründe waren alt, soll doch an derselben Stelle mal ein Venustempel gestanden haben.

Das Beste auf einen Blick

La Cornouaille

Highlight!

Concarneau: Kompakt und malerisch liegt die Festungsstadt an den Kais ihres Sport- und Fischereihafens. Hinter den Mauern, die Baumeister Vauban errichtete, flanieren Urlauber vorbei an Cafés, Restaurants und Boutiquen. Ein Museum widmet sich dem Fischfang, der das Städtchen über Jahrhunderte am Leben erhielt. S. 237

Auf Entdeckungstour

Auf den Spuren Gauguins – Spaziergang am Aven: Klein und billig, so beschrieb der Maler Gaston Jobbe-Duval die Vorzüge des Dorfes Pont-Aven. Vor allem der pekuniäre Aspekt lockte eine Gruppe von Künstlern in die Bretagne, deren berühmtester Paul Gauguin werden sollte. S. 240

Kultur & Sehenswertes

Quimper: Nach dem Brand von 1762 scharen sich nur noch wenige Fachwerkhäuser um die gotische Kathedrale. Die einstige Römerstadt ist Zentrum der Keramikproduktion. S. 232

Quimperlé: Die Kleinstadt kann mit vielen hübschen Fachwerkfassaden aufwarten. S. 242

Lorient: Die Stadt ist wie ein Freilichtmuseum der 1950er-Jahre, besitzt aber auch ein ultramodernes Museum zum Segeln auf hoher See. S. 246

Aktiv unterwegs

Flussfahrt auf dem Odet: Die Flusslandschaft kann man gemütlich mit dem Ausflugsboot oder sportlich mit einem Kajak erkunden. S. 234

Wanderung auf der ÎLe de Groix: Auf einer Tagestour erschließt sich ein abgeschiedenes Inselparadies. S. 251

Genießen & Atmosphäre

Pont-Aven: Eher erlebenswert als sehenswert ist der Ort, in dem einst Paul Gauguin die Ursprünglichkeit suchte. S. 239

Lac de Guerlédan: Natur erleben kann man an einem riesigen Stausee im Hinterland. S. 243

Jardin de la Vénus: Ein eigener Garten umrankt die sagenumwobene Skulptur einer Venus, von der niemand weiß, wer sie erschuf. Sie überdauerte die Zeit, das zugehörige Schloss nicht. S. 244

Abends & Nachts

Grand Théâtre in Lorient: Lichtblick in der ansonsten ziemlich finsteren Nacht dieser Region ist das Theater in Lorient. S. 248

Liebliches Land im milden Klima

Fachwerk, Wiesen und ein Königreich, dessen Geschichte mit Cornwall verknüpft ist. Deshalb heißt das Land auch Cornouaille. Der Legende nach war König Gradlon ein Adeliger aus Britannien, der seine alte Residenz Ys verloren hatte und sein Glück im bretonischen Süden versuchte. Immerhin bis ins 11. Jh. blieben seine Nachkommen politisch unabhängig. Dennoch erinnert an sie so gut wie nichts.

Wie ein riesiger Park mit Tälern, Hügeln, Bächen und Seen erscheint heute diese Landschaft zwischen dem Fluss Odet und den Grenzen des Morbihan. Palmen und mediterrane Blumen zeugen vom milden Klima der betuchten Region, die schon seit Langem als Sommerfrische beliebt ist. In manch einer Stadt blüht das Fachwerk, so in Quimperlé. Das weitaus bekanntere Quimper hingegen hat durch einen Brand den größten Teil seiner Altstadt verloren und glänzt heute eher als Zentrum der Keramikindustrie. Cidre in Fouesnant, gehobener Badebetrieb in Beg-Meil, eine geschlossene Festungsstadt in Concarneau, Tauchen und Segeln auf den Îles de Glénan und die Idylle am Fluss Odet legen eine atemberaubende Vielfalt in die touristische Waagschale. Wem das nicht reicht, der folgt den Spuren der Impressionisten nach Pont-Aven oder sucht sein Naturparadies im Hinterland am Lac de Guerlédan.

Die Etappe endet in einer Stadt mit seltsamem Flair. Lorient, der alte Sitz der französischen Ostindienkompanie, wurde im Zweiten Weltkrieg zerbombt und hernach in den 1950er-Jahren in Windeseile neu aufgebaut. Spuren des einstigen Asienhandels findet man hingegen nur noch in Port-Louis, dem ersten Sitz der französischen Indienfahrer.

Infobox

Internet
www.finisteretourisme.com und www.morbihan.com.

Verkehr
Bahnverbindungen von Quimper Richtung Brest und Lorient. Busse und Fähren von Penn-ar-bed (www.viaoo29.fr) bzw. von TIM (www.breizhgo.com).

Quimper ▸ D 4

Er steht wie ein Wahrzeichen für die Bretagne: der weiß-blaue Ringelpulli aus winddichter Baumwolle. Die 1938 gegründete Firma Armor Lux machte den Marinepulli fein für den Landgang. Quimper, Heimat von Armor Lux, ist eine Kleinstadt am ›Zusammenfluss‹ *(kemper)* von Odet und Steir. Schon unter den Römern befand sich hier eine Siedlung, genannt Civitas Aquilonia, an der Kreuzung zweier wichtiger Straßen. König Gradlon soll den Ort nach dem Untergang von Ys zur Hauptstadt der Cornouaille gewählt haben. 1762 wütete ein Feuer in Quimper, das Teile der Altstadt dahinraffte.

Cathédrale St-Corentin

Place St-Corentin

Zum Glück haben sich noch zahlreiche Fachwerkbauten erhalten, so an der Place Terre-au-Duc und besonders in der Rue Kéréon. Inmitten der alten Häuser erhebt sich die Kathedrale St-Corentin. Der heilige Patron

In der Altstadt von Quimper lässt es sich gemütlich flanieren

des Gotteshauses stammte aus Irland und war um 500 von Gradlon zum ersten Bischof von Quimper bestellt worden. Die Kathedrale entstand ab 1240 an der Stelle einer romanischen Vorgängerkirche. Der Bau zog sich bis ins 15. Jh. hin, die beiden Spitzen der 76 m hohen Türme wurden erst Mitte des 19. Jh. aufgesetzt. Zwischen den Türmen thront eine Reiterstatue Gradlons. Beim Bau von St-Corentin wurden konsequent die alten Pläne weiter verfolgt, und so ist das Monument eines der vollendetsten Beispiele für die französische Hoch- und Spätgotik in der Bretagne. Vor allem die Glasfenster legen beredtes Zeugnis für den Stil ab. In der Apsis befindet sich die Kapelle des Vorgängerbaus; man vermutet, dass ihretwegen der Chor leicht nach links gedreht wurde.

Musée départemental breton

1, rue Roi Gradlon, Tel. 02 98 95 21 60, http://musee-breton.finistere.fr, Juli–Sept. tgl. 9–18, Okt.–Mai Di–Sa 9–12, 14–17, So 14–17 Uhr, 5 €

An die Kathedrale schließt der ehemalige Bischofspalast an. Darin befindet sich heute das Museum des Départements Finistère, dessen Hauptstadt Quimper ist. Es beherbergt Exponate zur Volkskunde und Archäologie und informiert über Keramik aus Quimper.

Musée des Beaux-Arts

40, pl. St-Corentin, Tel. 02 98 95 45 20, www.mbaq.fr, Juli, Aug. tgl. 10–18, sonst Mi–Mo 9.30–12, 14–18 Uhr, 5 €

In einem Teil des Rathauses wurde 1872 das Museum der schönen Künste eröffnet. Hier sind Werke der europäischen Malerei ab dem 14. Jh. ausgestellt. Ein Raum widmet sich Leben und Arbeit des Malers und Dichters Max Jacob (1876–1944), der in Quimper geboren wurde. Auch die Schule von Pont-Aven ist mit wichtigen Bildern vertreten.

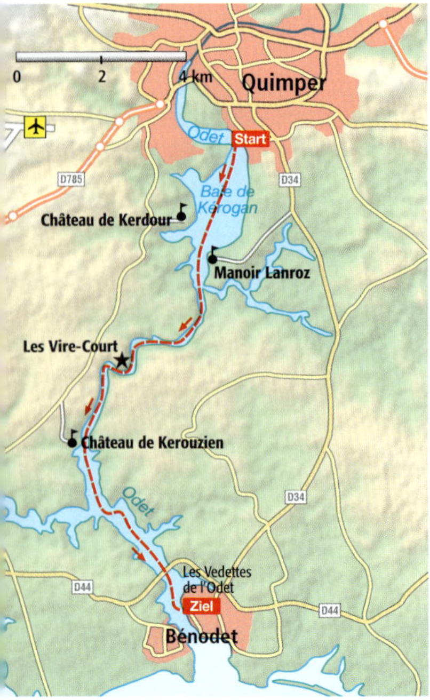

Auf dem Odet zwischen Quimper und Bénodet

Flussfahrt auf dem Odet ▶ D 4/5

Les Vedettes de l'Odet: 2, av. de l'Odet, Bénodet, Tel. 02 98 57 00 58, www.vedettes-odet.com, Mitte April–Sept., Rundfahrt 28 €. Club Canoë-Kayak: 129, bd. Créac'h Gwen, Quimper, Tel. 02 98 53 19 99, www.kayak-quimper.org, Miete 10 €/Std., ab 24 €/Tag

Den Odet zwischen Bénodet und Quimper kann man ohne Anstrengung auf einer gut zweistündigen Rundfahrt mit dem Ausflugsschiff erkunden. Wer gutes Essen liebt, begibt sich auf eine *Croisière gourmande* (ab 68 €). Sportliche Naturen hingegen mieten in Quimper ein Kajak und paddeln flussabwärts. Für die 16 km lange Strecke bis zur Dépendance des Kanu-Clubs in Bénodet benötigt man etwa drei Stunden. Im Juli und August stehen dort Busse für die Rückfahrt bereit.

Kurz hinter **Quimper** weitet sich der Fluss zur **Baie de Kérogan**. Am westlichen Ufer liegt das **Château de Kerdour,** hübsch ist auch der Blick auf den **Manoir Lanroz** am östlichen Ufer. Höhepunkt der Reise sind **Les Vire-Court,** die schönen Schleifen, die der Odet an seinem Unterlauf bildet. Schließlich kommt das **Château de Kerouzien** ins Blickfeld, bevor es unter der Brücke der D 44 hindurch zum Anleger in **Bénodet** geht.

Musée de la Faïence

14, rue Bousquet, Locmaria, www.musee-faience-quimper.com, Mitte April–Ende Sept. Mo–Sa 10–18 Uhr; Faïenceries H. B. Henriot, Tel. 02 98 90 12 72, www.henriot-quimper.com, 5 €

1690 hatte der Südfranzose Jean-Baptiste Bousquet im Vorort Locmaria eine erste Keramikfabrik begründet. 1772 eröffnete sein Kollege François Eloury Porquier-Beau eine zweite Manufaktur, das heutige **Musée de la Faïence.** Ebenso kann man sich über Stile der Keramik von Quimper auch in der benachbarten, 1791 gegründeten Faïenceries H. B. Henriot informieren und dort bei Herstellung und Bemalung zusehen.

Übernachten

Bequem – **Gradlon:** 30, rue de Brest, Tel. 02 98 95 04 39, www.hotel-gradlon.fr, 20 Zimmer, 2 Suiten, DZ 60–150 €, Suite 114–190 €. Wunderschönes, geschmackvoll dekoriertes Haus mit hübschem Garten. Die Zimmer sind individuell gestaltet. Ausgezeichneter Service, Garage; WLAN gratis.

Zentral und preiswert – **Escale Oceania:** 6, rue Théodore-Le-Hars, Tel. 02 98 53 37 37, www.oceaniahotels.com, 64 Zimmer, DZ 62–102 € (mitunter Sondertarife erhältlich). Nettes Hotel mitten im Stadtzentrum, aber leider auch mitten im Verkehrslärm. Das Restaurant serviert bretonische Spezialitäten abseits von Crêpes und Galettes (Mo–Fr abends geöffnet, sonst nur auf Vorbestellung, Menü ab 26 €).
Herrschaftlich campen – **Castel l'Orangerie de Lanniron:** Allée de Lanniron, Tel. 02 98 90 62 02, www.lanniron.com, Mitte Nov.–Ende März geschl., 199 Plätze, Stellplatz für zwei Personen mit PKW ab 19 €. Das Schloss mit Garten aus dem 17. Jh. hat einen Teil seines 38 ha großen Parks für Camper geöffnet. Die sehr schöne Anlage verfügt über Tennisplatz und Pool sowie ein Restaurant (Sa, So geschl., Menü ab 15 €).

Essen & Trinken

Innovativ – **L'Ambroisie:** 49, rue Elie-Fréron, Tel. 02 98 95 00 02, www.ambroisie-quimper.com, So abends und Mo geschl., Menü 25–72 €. Bretonische Küche in moderner Aufbereitung. Einige Gäste klagen allerdings über eine allzu kühle Atmosphäre. An einem Samstag im Monat kann man dem Küchenchef über die Schulter schauen und etwas lernen (9.30–11 Uhr, Teilnahme 27 €).
Junge Küche in einem alten Haus – **Le Ti-Coz:** Ancienne Route de Brest (D 770), Ty Sanquer, Tel. 02 98 94 50 02, www.restaurantticoz.com, nur Di–So mittags und Do–Sa abends geöffnet, Di und Mi abends auf Vorbestellung, Menü 32–84 €. Modern geprägte Gourmetküche in einem hübschen Bruchsteinhaus. Eine Ausnahme in der Bretagne ist der sehr gut sortierte Weinkeller.

Einkaufen

Bio-Produkte – **Marché de Kerfeunteun:** Fr 15–19 Uhr Biomarkt auf der Place Théophile Bonnemaison.
Lebensmittel und Kleidung – **Marché de Braden:** So 7–14 Uhr auf der Place Victor Schoelcher.
Handwerk – **Grand Marché:** Außer Lebensmitteln (Mi und Sa 8.30–13.30 Uhr) werden im Bereich um die Place Terre-au-Duc und den Parc de la Glacière Mi und Sa 8.30–18/19 Uhr verschiedene Handwerksprodukte angeboten.

Aktiv

Klettern wie die Affen – **Bonobo Parc:** 45, rue du Président Sadate, Tel. 02 98 53 09 59, www.bonoboparc.com Juli, Aug. tgl. ab 10 Uhr geöffnet, letzter Einlass 18.30 Uhr, außerhalb der Saison Mi, Sa, So 13.30–17.30 Uhr. Großer Kletterpark mit fünf Parcours. Der einfachste wendet sich an Kinder ab 4 Jahren, der schwierigste stellt bereits extreme Herausforderungen. Je nach Parcours 7–23 €.

Infos & Termine

Office de Tourisme: Pl. de la Résistance, 29000 Quimper, Tel. 02 98 53 04 05, www.quimper-tourisme.com.
Bahn: Nach Brest und Lorient.
Bus: U. a. nach Brest, Camaret, Douarnenez, Concarneau, Carhaix, Lorient.
Festival de Cornouaille: In der Woche vor dem vierten So im Juli, www.festival-cornouaille.com. Die traditionsreiche Festwoche geht auf das Jahr 1922 zurück und widmet sich der bretonischen Kultur in all ihren Facetten. Mittlerweile erscheinen auch internationale Gäste der Musikszene.

Von Benodet nach Fouesnant ▸ D 5

Im Süden von Quimper liegen einige hübsche Badeorte, die zum Teil schon im 19. Jh. für den Fremdenverkehr erschlossen wurden und heute entsprechend beliebt, bisweilen überlaufen sind. Zu ihnen zählen der Jachthafen **Ste-Marine** am rechten und **Bénodet** am linken Ufer des Odet. Die beiden Orte sind in der Saison per Fähre miteinander verbunden. Auch **Beg-Meil,** einst Urlaubsort von Sarah Bernhardt und Marcel Proust, sowie **Cap-Coz** haben schöne Sandstrände, denen Pinien und Zypressen südliches Flair verleihen.

Nicht nur Seebad mit einer romanischen Kirche (12./18. Jh.), sondern auch Heimat eines ausgezeichneten Cidre ist **Fouesnant.** Das begehrte Produkt darf eine geschützte Herkunftsbezeichnung tragen, nämlich das Prädikat ›AOC Cidre de Cornouaille‹.

Bretagne beschwingt – beim Festival des Filets b

Übernachten

Herrschaftlich am Strand – **Villa Tri Men:** 16, rue du Phare, Combrit-Ste-Marine, Tel. 02 98 51 94 94, www.trimen.fr, 20 Zimmer, DZ ab 172 €. Die traumhafte Villa stammt von 1913. Das Meer stößt dort gleich an den Garten. Das hervorragende Restaurant bietet eine monatlich wechselnde Karte (Menü ab 49 €).

Bretonische Herzlichkeit – **Armoric:** 3, rue de Penfoul, Bénodet, Tel. 02 98 57 04 03, www.armoric-benodet.com, 30 Zimmer, DZ 83–169 €. Das charmante Logis de France mit hervorragendem Service befindet sich am Nordrand des Badeortes, verfügt über Parkplatz, Garten und Pool. Die Zimmer sind individuell gestaltet und teilweise sehr komfortabel. Im Restaurant wird gute traditionelle Küche serviert (Menü 27–52 €).

Aktiv

Fahrräder mieten – **Mécanique & Loisirs:** 56, rue de l'Odet, Fouesnant, Tel. 02 98 56 18 23. Das Angebot reicht vom Mountainbike über Kinderfahrräder bis zum Tandem (ab 10 €/Tag).

Golf spielen in Meeresnähe – **Golf Blue Green l´Odet:** Clohars-Fouesnant, Bénodet, Tel. 02 98 54 87 88, http://odet.bluegreen.com. Eine 130 ha große Anlage mit schönem Baumbestand und reizvollen Wasserflächen. Greenfee 18 Loch 28–56 €, 9 Loch 28–39 €.

Abends & Nachts

Gegen Langeweile – **Casino:** Corniche de la Plage, Bénodet, Tel. 02 98 66 27 27, www.lucienbarriere.com. Casino-Papst Barrière unterhält auch in Bénodet eine Spielhalle, die aber außer

oncarneau

einem Bar-Restaurant (Menü ab 18 €), Automaten und Kartenspielen wenig bietet. Fr, Sa bis 3 Uhr.

Infos & Termine

Office de Tourisme: 4, espace Kernéveleck, 29170 Fouesnant, Tel. 02 98 51 18 88, www.tourisme-fouesnant.fr.
Bus: Nach Quimper und Concarneau.
Fête des Pommiers: Um den 14. Juli Cidre-Fest in Fouesnant, Umzug in historischen Trachten und Konzerte.
Pardon de Ste-Anne: Erster So nach dem 26. Juli Wallfahrt zur Chapelle Ste-Anne (nördlich von Fouesnant).

Concarneau! ▶D 5

Höhepunkt einer Reise durch das Finistère ist die auf einer 350 x 100 m großen Insel gelegene umfriedete Altstadt von Concarneau, die **Ville close.** Der Ort, der bis ins 10. Jh. ein Priorat beherbergt hatte, war im 14. Jh. von den Engländern besetzt worden. Nachdem Bertrand du Guesclin ihn 1373 zurückerobern konnte, wurde die Insel befestigt. Baumeister Vauban modernisierte die Anlagen im 17. Jh. Die Granithäuser innerhalb der Festungsmauern stammen überwiegend aus dem 16. Jh., sie beherbergen heute Restaurants, Cafés und Souvenirläden. Als die Bevölkerung im 19. Jh. mit der Fischverarbeitungsindustrie anwuchs, entstanden Siedlungen außerhalb der *ville close.* Diese Neustadt, die sich um den Jachthafen und den drittgrößten Fischereihafen Frankreichs gruppiert, ist für Touristen weitgehend unergiebig. Doch lohnen die Sandstrände im Südwesten.

Musée de la Pêche

3, rue Vauban, www.musee-peche.fr, Juli, Aug. tgl. 10–19, April–Juni, Sept. 10–18, Febr., März, Okt. 10–12.30, 14–18 Uhr, 5 €

Im einstigen Arsenal, das ein gutes Stück der Ville close einnimmt, ist ein Fischereimuseum untergebracht, das über traditionelle Fangmethoden informiert.

Übernachten

Modernes Strandhotel – **De L'Océan:** Plage des Sables Blancs, Tel. 02 98 50 53 50, www.hotel-ocean.com, 71 Zimmer, DZ 90–170 €. Modernes Haus am Strand. Die hellen und sauberen Zimmer sind entweder zum Meer oder zum Pool hin ausgerichtet. Garten und Parkplatz vorhanden. Im Restaurant des Hauses werden gute Fischgerichte serviert (Menü 28,50–45 €).

Essen & Trinken

Qual der Wahl – **La Coquille:** 1, rue Quai du Moros, Tel. 02 98 97 08 52, www.lacoquille-concarneau.com, So und Mi abends sowie Mo geschl., Menü 30–46,50 €. Für höhere Ansprüche gibt es das Restaurant, für eilige Gäste die weitaus preiswertere Brasserie. Im Übrigen lockt die Terrasse mit schönem Blick auf den Hafen. Die Küche ist eher auf Touristen eingestellt und wird einem Gourmet weniger gerecht.
Kriminell gut – **L'Amiral:** 1, av. Pierre Guéguin, Tel. 02 98 60 5 23, www.restaurant-amiral.com, Menü 30–45 €. Das Menu Simenon in Gedenken an Kommissar Maigrets Erfinder gibt schon den Hinweis, dass dieses Restaurant einen Hang zum Krimi hat. So wurde es dann auch Lieblingslokal von Kommissar Dupin, den der Autor Bannalec in Concarneau ermitteln lässt. Deutsche Leser folgen besonders gern seinen Spuren – nicht zwingend des Essens wegen. Zur adäquaten Einstimmung reicht auch ein Omelette in der Brasserie.

Einkaufen

Lebensmittel – **Les Halles:** in Concarneau tgl. 8–13 Uhr frische Waren in den Markthallen.
Kuchen und Gebäck – **Maison du Kouign-Amann:** 16–18, pl. St-Guénolé, Tel. 02 98 60 58 33. Das Haus stellt nach traditionellem Verfahren bretonische Kekse und den typisch bretonischen Kuchen her, der im Firmennamen erscheint.

Aktiv

Mit Tiefgang – **Centre International de Plongée:** B.P. 525, Les Glénans, 2, Tel. 06 84 46 84 82, www.cip-glenan.fr. Das felsige Terrain der Glénan-Inseln eignet sich hervorragend für erlebnisreiche Tauchgänge, auch zu Schiffswracks. Der Club erteilt Unterricht. Schnupperkurse ab 30 €.
Inseltripp – **Îles de Glénan:** U. a. ab Concarneau und Bénodet kann man mit den Vedettes de l'Odet (www.vedettes-odet.com, April–Sept. 45 €, Glasbodenboot 49 €) Ausflüge zu den 20 km vom Festland entfernten Îles de Glénan unternehmen. Der Archipel besteht aus acht Hauptinseln und vielen kleinen Eilanden, von denen einige als Vogelschutzgebiet ausgewiesen sind. Hauptattraktion der Îles ist der Wassersport – Tauchen, Surfen, Segeln. Es besteht auch die Möglichkeit, Seekajaks zu mieten (ab 23 €).

Infos & Termine

Office de Tourisme: Quai d'Aiguillon, 29185 Concarneau, Tel. 02 98 97 01 44, www.tourismeconcarneau.fr.
Bus: ab Concarneau nach Quimper und Rosporden (dort Anschluss an die Bahn nach Lorient).
Festival des Filets bleus: Mitte Aug. in Concarneau traditionelles Fischerfest mit Tanz, Musik und Königin-Wahl.

Pont-Aven und Umgebung ▸ E 5

Das Dorf wurde in den 1880er-Jahren berühmt, als sich hier eine Malerschule etablierte (s. Entdeckungstour S. 240). Da Tradition nun mal verpflichtet, quillt der hübsch gelegene Ort über von Galerien, in denen man interessante Funde machen kann. Zudem gibt es einige lauschige Gaststätten am Flussufer.

Musée des Beaux-Arts
34, rue Gén. de Gaulle, www.museepontaven.fr, Juli, Aug. tgl. 10–19, April–Juni, Sept. Okt. Di–So 10–18, Nov., Dez., Febr., März Di–So 14–17.30 Uhr, 7 €
Im Musée des Beaux-Arts sind neben Dokumenten und Fotos zur Stadtgeschichte auch einige Gemälde aus der großen Zeit des Ortes zu besichtigen, darunter von Paul Gauguin die Pastellzeichnung »Deux têtes de Bretonnes« (Porträt zweier Bretoninnen, 1894) und von Paul Sérusier das Ölgemälde »La Vierge à l'Enfant« (Jungfrau mit Kind, 1914).

Névez ▸ E 5

Ein Château aus dem 15. Jh. ist die Hauptattraktion von Névez. Drei Jahrhunderte nach dem Bau des Schlosses wurden die hiesigen Granitvorkommen in großem Stil ausgebeutet. Aus ihnen stammen die ›stehenden Steine‹, Granitblöcke von 2–2,70 m Höhe, mit denen viele Häuser des Ortes zusammengefügt sind.

Riec-sur-Bélon ▸ E 5

Der Ort ist bekannt für seine Austern, die im gezeitenabhängigen Mündungstrichter des Bélon von einigen Traditionsfirmen gezüchtet werden. Probieren kann man die Edelmuscheln u. a. im Restaurant Moulin de Rosmadec in Pont-Aven.

Übernachten

Geschichtsträchtig – **Les Ajoncs d'Or**: 1, pl. de l'Hôtel de Ville, Pont-Aven, Tel. 02 98 06 02 06, www.ajoncsdor-pontaven.com, 14 Zimmer, DZ 68–75 €. In diesem ehemaligen Hotel Gloanec wohnte einst Paul Gauguin. Die Zimmer sind umfangreich modernisiert bis hin zu WLAN. Ob die Bonbonfarben eine passende Antwort auf die impressionistische Vergangenheit sind, sei dahingestellt. Trotz allem hat das Haus selbst den Charme von einst bewahrt. Man spricht Deutsch! Mit Parkplatz und Restaurant (Menü ab 30–49 €).

Essen & Trinken

Sterneküche – **La Taupinière:** D 783, Croissant St-André, 4 km westlich von Pont-Aven, Richtung Concarneau, Tel. 02 98 06 03 12, www.la-taupiniere.fr, Mo und Di geschl., Menü 55–100 €. Ein schönes altes Haus, dessen Küche in vielen renommierten Gourmetführern empfohlen wird. Die Preise sind entsprechend hoch bemessen und gewiss nicht ganz gerechtfertigt.
Sinnenfreude – **Moulin de Rosmadec:** Venelle de Rosmadec, Pont-Aven, Tel. 02 98 06 00 22, www.moulinderosmadec.com, außerhalb der Saison So abends und Mo, in der Saison Do geschl., Menü 48–83 €. Das lauschige Gourmetrestaurant in einer alten Mühle besitzt eine wunderschöne Einrichtung. Die Spezialität des Hauses ist gegrillter Hummer. Über dem Restaurant bestehen Übernachtungsmöglichkeiten in vier Zimmern und einer Suite (DZ 89–98 €, Suite 105–125 €). ▷ S. 242

Auf Entdeckungstour: Auf den Spuren Gauguins – Spaziergang am Aven

Klein und billig, so beschrieb der Maler Gaston Jobbe-Duval die Vorzüge des Dorfes Pont-Aven. Vor allem der pekuniäre Aspekt lockte eine Gruppe von Künstlern in die Bretagne, deren berühmtester Paul Gauguin werden sollte. Im ›Liebeswäldchen‹ malten sie die idyllische Natur, die Dorfbewohner porträtierten sie in ihren pittoresken Trachten.

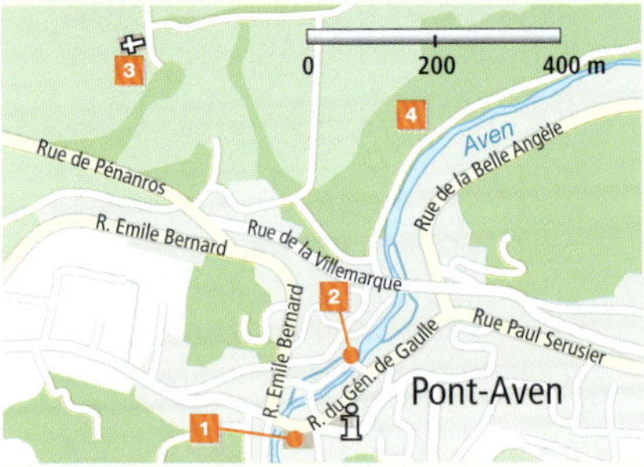

Reisekarte: ▶ E 5

Planung: Broschüre mit einem Stadtplan von Pont-Aven im Office de Tourisme an der Place de l'Hôtel de Ville gegen eine geringe Gebühr erhältlich
Start: An der Place Gauguin im Zentrum von Pont-Aven
Dauer: 2 Std., ca. 5 km

Kunst, so denkt man, ist eine Herzensangelegenheit, doch wenn sie brotlos bleibt, kann sie auch das Herz brechen. Heutige Galeristen und Maler in **Pont-Aven** bieten das an, was die Touristen sehen und kaufen möchten: idyllische Landschaften, zur Sitzgruppe passende Postmoderne oder Bilder nach Art des berühmten Malers XY. Da erweist sich die **Maison de la Presse** 1, der unauffällige Zeitschriftenladen an der Place Gauguin und Startpunkt des Spaziergangs auf den Spuren der Maler von Pont-Aven, als reinste Wohltat. Der Schriftzug oben am Haus ist verblasst, er erinnert daran, dass dies einst die Pension von Marie-Jeanne Gloanec war. Hier lernte Paul Gauguin 1888 Émile Bernard kennen, mit dem er aus dem Impressionismus heraus die bahnbrechende Stilrichtung des Synthetismus entwickelte.

Promenade mit Lichtblicken

Ehemals hieß es, Pont-Aven bestehe aus 14 Mühlen und 15 Häusern. Die darin bescheinigte Provinzialität entspricht nicht ganz den Tatsachen, denn der alte Flusshafen hatte durchaus seine Bedeutung, und das Haus Gloanec war nur eine von 40 Herbergen und Wirtshäusern. Die lockeren Sitten eines Hafens besaßen für die Künstler ebenso Anziehungskraft wie die moderaten Preise und das malerische Lokalkolorit. Die Mühlräder sind mittlerweile restauriert und laden ein zum Spaziergang in die Natur.

Mit Staffelei und Weinflasche gingen ›die Amerikaner‹ nicht weit. Weil die ersten Künstler, die nach Fertigstellung der Eisenbahn 1851 in den Ort kamen, aus den USA stammten, sortierten die Dorfbewohner später nicht mehr kleinlich nach tatsächlicher Herkunft. Ohnehin hatten ja alle Zinntuben im Gepäck, jene Erfindung aus der Mitte des 19. Jh., die es ermöglichte, Ölfarben bequem in die Natur zu tragen. Erste Motive fanden die Künstler nach wenigen Metern an der **Promenade Xavier Grall** 2, einer idyllischen Insel mit Parkanlage und Blick auf das imposante Felsenmeer Poche-Menu.

Christus und ein Liebeswald

Vielleicht hätte Gauguin die Möglichkeiten moderner Bildbearbeitungsprogramme sehr geschätzt. In seiner Zeit aber blieb ihm nur, seinen berühmten »Gelben Christus« kurzerhand in eine Szene mit betenden Frauen zu malen, die er andernorts porträtiert hatte. Unterdessen hängt der wahre gelbe Christus aus bemaltem Holz immer noch an seinem Kreuz in der **Chapelle de Trémalo** 3. Der lauschige, nur zwei Kilometer lange Spazierweg zu dieser Kapelle aus dem 16. Jh. ist gut ausgeschildert. Die Überraschung ist der Gekreuzigte selbst, denn sein bäuerlich-derber Gesichtsausdruck zeigt deutlich die Schnittstelle zwischen Mittelalter und klassischer Moderne. Spiritualität, Exotik und Unkompliziertheit treffen sich in diesem Werk – Grundanliegen von Gauguin.

Ein ausgeschilderter Abzweig vom Spazierweg zur Kapelle führt in den **Bois d'Amour** 4, das ›Liebeswäldchen‹. Die alten Baumriesen, die ihr Blätterdach über den ungebändigten Fluss Aven legen, faszinieren jeden Besucher auf den ersten Blick. »Wie seht Ihr diesen Baum?«, sagte Gauguin hier zu seinem Kollegen Paul Sérusier. »Ist er grün? Gebt Grün dazu, das schönste Grün Eurer Palette. Und dieser eher blaue Schatten? Habt keine Angst, ihn so blau wie möglich zu malen.« Später brach Gauguin in die Südsee auf, aber sein letztes Bild, gemalt unter der Sonne des Pazifik, war eine bretonische Winterlandschaft.

In einer ebenfalls geschmackvoll hergerichteten Dependance, dem Bistrot Sur Le Pont (11, pl. Gauguin, Tel. 02 98 06 16 16) werden hochwertige Gerichte zum kleinen Preis serviert (Menü 25–32 €).

Liebling der Touristen – **Moulin du Grand Poulguin:** 2, quai Théodore-Botrel, Tel. 02 98 06 02 67, www.moulin-pontaven.com, Nov. geschl., Tagesgerichte ab 10 €, Pizza-Menü ab 14 €, Salate 4–10 €. Die markante alte Mühle an der Hauptstraße lockt Reisegruppen. Wer sich der Kehrseiten dieser Tatsache bewusst bleibt, wird mit dem preiswerten Angebot zufrieden sein: Crêperie, Pizzeria, Brasserie und Bar mit Terrasse zum Fluss. Zudem Öffnungszeiten bis mindestens 23 Uhr.

Einkaufen

Lebensmittel – **Marché:** Di in Pont-Aven, 9–13 Uhr.

Infos & Termine

Office de Tourisme: 5, pl. de l'Hôtel de Ville, 29930 Pont-Aven, Tel. 02 98 06 04 70, www.pontaven.com.

Bus: Von Pont-Aven nach Quimperlé, von dort aus u. a. nach Lorient und Quimper.

Fête des Fleurs d'Ajonc: Erstes Aug.-Wochenende Das ›Fest der Ginsterblüte‹ wurde 1905 vom Heimatdichter Théodore Botrel ins Leben gerufen. Zu Tanz und Musik in alten Trachten wird eine Ginster-Königin gewählt.

Quimperlé und Umgebung ▶ F 5

Der Ort teilt sich in eine Oberstadt um die gotische Kirche **Notre-Dame-de-l'Assomption** (13./15. Jh.) und eine – ältere – Unterstadt um die Kirche **Ste-Croix.** Das romanische Bauwerk aus dem 11. Jh. wurde 1862 beim Einsturz des Glockenturms weitgehend zerstört, danach aber nach alten Plänen wieder aufgebaut. Chor und Krypta der als Rotunde konzipierten Kirche stammen noch vom Originalbauwerk.

In den umliegenden Straßen **Rue de Brémond-d'Ars** und **Rue Dom-Morice** sind alte Fachwerkhäuser zu besichtigen, darunter die Maison des Archers von 1470.

Abbaye St-Maurice-de-Carnoët ▶ F 5

Clohars-Carnoët, Tel. 02 98 71 65 51, Mitte Juni–Mitte Sept. tgl. 11–19, Febr.–Mitte Juni, Mitte Sept.–Ende Okt. So 14–18 Uhr, 5 €

Inmitten einer wahren Idylle an der Bucht der Laïta stehen die Ruinen des Klosters St-Maurice-de-Carnoët. Von der 1177 gegründeten Zisterzienserabtei haben sich der Kapitelsaal und der Logis des Abts in halbwegs gutem Zustand erhalten.

Le Pouldu ▶ F 5/6

In dem Hafenstädtchen erinnert ein Denkmal an den berühmtesten der Maler, die Pont-Aven besuchten und der auch hier tätig war – Paul Gauguin. Hinter dem Ehrenmal erhebt sich die **Chapelle Notre-Dame-de-la-Paix,** die 1959 Stein für Stein aus dem 26 km entfernten Nizon hierhergebracht wurde.

Einkaufen

Lebensmittel – **Marché:** Fr in Quimperlé, 9–13 Uhr.

Aktiv

Bootsausflüge – **Vedettes Aven-Bélon:** B.P. 11, Moëlan-sur-Mer, Tel. 02 98 71

14 59, www.vedettes-aven-belon.com, April–Sept., je Strecke 12,50–17,50 €. An Bord eines Panoramaschiffes erlebt man die Landschaft am Aven.

Infos

Office de Tourisme: 45, pl. St-Michel, 29300 Quimperlé, Tel. 02 98 39 67 28, www.quimperle-terreoceane.com.
Bahn: Quimperlé liegt an der Strecke Quimper–Lorient.
Bus: Von Quimperlé u. a. nach Pont-Aven, Lorient und Quimper.

Le Faouët und Umgebung ▸ F 4

Ein ziemlich verschlafenes Nest ist Le Faouët heute. Die große **Markthalle** mit Schieferdach aus dem 16. Jh. zeugt aber noch von der Betriebsamkeit, die einst der Rinderhandel brachte. Aus dieser Blütezeit stammen einige Stiftungen im Umkreis des Ortes, die zu den schönsten gotischen Gotteshäusern der Bretagne zählen.

Chapelle St-Fiacre

An der Straße von Quimperlé 2 km südlich von Le Faouët liegt die Chapelle St-Fiacre im Flamboyant-Stil mit einem beachtlichen Giebelglockenturm, schönen Bildfenstern und einem wahrhaft grandiosen geschnitzten Lettner. Er stammt aus dem Jahre 1480 und ist damit der älteste der Bretagne. Dargestellt sind auf der Vorderseite Kreuzigung, Adam und Eva nach dem Sündenfall und Verkündigung, auf der Rückseite u. a. die Sünden des Menschen: Eine Figur pflückt Obst und symbolisiert den Diebstahl, ein Mann erbricht einen Fuchs und steht für Trunkenheit, Dudelsack- und Bombardespieler verkörpern die Faulheit, während ein verliebtes Paar die Unzucht versinnbildlicht.

Chapelle St-Nicolas und Chapelle Ste-Barbe

Auch die Chapelle St-Nicolas 1 km östlich von Le Faouët besitzt einen hervorragenden bemalten Holzlettner, während die spätgotische Chapelle Ste-Barbe 3 km nördlich mit ihren Renaissancefenstern vor allem durch ihre einsame Lage in einem Fels über dem Ellé-Tal bezaubert.

Abbaye de Langonnet

http://abbayedelangonnet.fr, 9 km nördlich von Le Faouët an der D 790, Okt.–Mitte Juli tgl. 14–18, Mitte Juli–Ende Aug. tgl. 9–12, 14–18.30 Uhr, Eintritt frei
In der 1136 gegründeten Zisterzienserabtei wurde nach der Französischen Revolution ein Staatsgestüt untergebracht. 1856 zog erneut ein Orden ein. Heute beherbergen die Gebäude (13. und 17. Jh.) ein Missionsmuseum, das vor allem Kunst aus Afrika zeigt.

Einkaufen

Lebensmittel unter altem Dach – **Les Halles:** Am ersten und dritten Mi im Monat jeweils bis 14 Uhr in der historischen Markthalle von Le Faouët.

Termine

Pardon: Am ersten So im Juli Wallfahrt zur Chapelle Ste-Barbe.

Den Blavet flussabwärts ▸ G 4/5

Seit 1930 wird der Blavet an seinem Oberlauf nahe Mûr-de-Bretagne gestaut. Den 400 ha großen **Lac de**

Lieblingsort

Schweigsam und eisern – Vénus de Quinipily ▶ G 5
Wie ein Stein gewordener Wille zur Unbeugsamkeit erscheint mir die Venus de Quinipily. Ich rätsele gerne, wann und von wem sie wohl erschaffen wurde, denn das weiß niemand. Klar ist nur, dass sie im Zentrum eines heidnischen Kults stand. Eben deshalb ließen Geistliche sie mehrfach in den Blavet werfen. Doch alsbald tauchte die Venus wieder aus den Fluten auf, wobei Menschenhand nachgeholfen haben dürfte. Der Graf von Lannion erbarmte sich schließlich der Skulptur und ließ sie 1696 von der Site de Castennec zu seinem Schloss bringen. Das Château, 2 km südwestlich von **Baud,** ist mittlerweile verfallen. Doch die Venus, das bretonische Stehauffräuchen, erhielt einen eigenen Garten, der sie überhaupt erst so richtig zur Siegerin über Glauben und Aberglauben macht (Jardin de la Vénus, Baud, Tel. 02 97 39 04 94, Mai–Okt. tgl. 10–19, März, April, Nov., Dez., 11–17 Uhr, 3 €).

Guerlédan kann man auf einem Wanderweg umrunden. Der Staudamm befindet sich am Ostende des Sees, während am Westende das einstige Eisenverarbeitungszentrum **Les Forges-de-Salles** aus dem 18./19. Jh. (www.coupsdecoeurmorbihan.com) und die mittlerweile restaurierte zisterziensische **Abbaye de Bon-Repos** (12. Jh., www.bon-repos.com) zu besichtigen sind. Seit 1951 wird der See regelmäßig zu Wartungszwecken trockengelegt. Dann kommen die am Seegrund verbliebenen Häuser wieder zum Vorschein. Nördlich der Abtei windet sich die Straße durch die **Gorges du Daoulas,** eine malerische Schlucht mit imposanten Felsnadeln.

Den Blavet weiter flussabwärts lohnt bei **St-Nicolas-des-Eaux** ein Blick vom Aussichtspunkt **Site de Castennec** über das Tal des gewundenen Flusses. Hier stand einst die Venus von Quinipily (s. Lieblingsort S. 244).

Village de l'An Mil ▸ G 5

Melrand, Tel. 02 97 39 57 89, http://villagedelanmil-melrand.fr, Juli, Aug. tgl. 11–18, April–Juni, Sept. tgl. 11–17 Uhr, Gruppen unter zehn Personen ganzjährig nach Vereinbarung, 6 €

Die *Ferme archéologique* ist mittlerweile als Village de l'An Mil (Dorf des Jahres 1000) bekannt. Neben Resten einer um das Jahr 1000 entstandenen Siedlung demonstriert hier ein nachgebautes Gehöft Architektur und Leben im Mittelalter. Ein nach mittelalterlichem Vorbild angelegter Garten vervollständigt den Eindruck.

Übernachten

Entspannen wie im Orient – **Le Rohan:** 90, rue Nationale, Pontivy, Tel. 02 97 25 02 01, auf Facebook, 16 Zimmer, DZ 77–150 €. Das Hotel verfügt als eines der wenigen in der Bretagne über sehr individuell gestaltete Themenzimmer, die etwa unter dem Motto Orient, Jazz, Romantik oder Schiff stehen. Zudem bietet es eine Terrasse und einen sehr schönen Garten. Parkplatz vorhanden.

Aktiv

Sport für die Jugend – **Base Départementale de Plein Air et de Loisirs:** Mûr-de-Bretagne, Tel. 02 96 67 12 22, www.base-plein-air-guerledan.com. Sportzentrum mit Schwerpunkt auf Freizeitunternehmungen in der herrlichen Natur um den Lac de Guerlédan: Kanu, Camping, Klettern, Fahrrad und Wandern. Die Angebote sind auf den Sommer beschränkt und richten sich vor allem an Jugendliche, denen auch Übernachtungsmöglichkeiten zur Verfügung stehen. Preisbeispiel: eine Woche Halbpension mit Teilnahme an allen Aktivitäten 280 €.

Infos

Pays touristique de Guerlédan-Argoat: La Gare, 22570 Guarec, Tel. 02 96 24 85 83, www.guerledan.info.

Lorient und Umgebung ▸ F 6

L'orient, ›der Orient‹ – die Stadt an der bretonischen Südküste trägt einen vielversprechenden Namen. Tatsächlich wurden über diesen Hafen rege Handelsbeziehungen mit Asien gepflegt, bis die hier ansässige Ostindienkompanie im Verlauf der Karnatischen Kriege (1746–63) die meisten ihrer indischen Besitzungen aufgeben musste. 1793 meldete die inzwischen hochverschuldete Gesellschaft endgültig Bankrott an und übergab Lorient der damals noch jungen Republik Frankreich.

Bonaparte richtete hier einen Marinehafen ein, den die Deutschen im Zweiten Weltkrieg zur U-Boot-Basis ausbauten. Diese Base de Sous-Marins wurde Ziel alliierter Bomber, doch während die Stadt in Schutt und Asche sank, hat die Station die Luftangriffe überstanden. Die Stadt, im frühen 18. Jh. am Reißbrett entworfen, wurde entlang der alten Straßen neu errichtet. Nach dem Krieg wählte Frankreich Lorient zum Stützpunkt seiner U-Boot-Flotte (bis 1995).

Lorient ist heute Fischerei-, Fährund Jachthafen – und touristisch recht unergiebig, sofern man sich nicht für die Architektur der 1950er-Jahre interessiert. Freilich lockt im Südwesten der Badeort **Larmor-Plage** mit einigen Villen und der gotischen Kirche Notre-Dame-de-la-Clarté.

Le Sous-Marin Flore

Rue R. Morillot, Tel. 02 97 65 52 87, www.la-flore.fr, Juli, Aug. tgl. 10–19/20, Febr.–Juni, Sept.–Dez. Di–So 10–12.30, 14–18 Uhr, 9 €

Die von den Deutschen gebaute U-Boot-Basis beherbergt heute neben verschiedenen Firmen auch ein interaktives Museum, das die Bedeutung von Lorient im Zweiten Weltkrieg thematisiert und sich der Vergangenheit und Zukunft von Unterseebooten widmet.

Cité de la Voile Éric Tabarly

Base de sous-marin Keroman, Tel. 02 97 65 56 56, www.citevoile-tabarly.com, Öffnungszeiten Juli, Aug. tgl. 10–19, Sept.–Anfang Jan., Febr.–Juni 10–18 Uhr, 12 €, je nach Wetterlage Teilnahme an einem Segeltörn möglich (15 € Aufpreis)

Wo bis 1995 die U-Boot-Flotte stationiert war, steht heute ein ultramodernes Museumsgebäude, das dem 1931 in Nantes geborenen und 1998 vor Irland verschollenen Hochseesegler Éric Tabarly gewidmet ist. Gezeigt werden Exponate zu Geschichte und Technik des Segelns. Shop und Restaurant sind vorhanden.

Übernachten

Zum Entspannen mit Traumblick – **Les Mouettes:** Anse de Kerguelen, Larmor-Plage, Tel. 02 97 65 50 30, www.lesmouettes.com, 20 Zimmer, DZ 123–130 €. Das Logis de France hat einen Parkplatz und liegt unmittelbar am Strand. Von seiner Frühstücksterrasse aus bietet es den schönsten Blick der Umgebung auf die Île de Groix. Äußerst empfehlenswert ist das hoteleigene Restaurant, das stets um frische Zutaten und nette Dekoration bemüht ist (Menü ab 19 €).

Modern und preiswert – **Victor Hugo:** 36, rue Lazare Carnot, Tel. 02 97 21 16 24, www.hotelvictorhugo-lorient.com, 30 Zimmer, DZ 57–94 €. Modern eingerichtetes, zentral und dennoch ruhig gelegenes Hotel mit Parkplatz und geräumigen Zimmern.

Camping am Strand – **Municipal Les Algues:** Boulevard de Port-Maria, Larmor-Plage, Tel. 02 97 65 55 47, www.larmor-plage.com, Mitte April–Mitte Sept., 145 Plätze, Stellplatz für zwei Personen mit PKW 16 €. Schöne, teils schattige Anlage am Strand. Animationen sind auf sanfte Unterhaltung und sportliche Aktivität ausgelegt: Boule-Wettkämpfe, Konzerte, Themenabende und geführte Wanderungen. Fahrräder können auf dem Platz gemietet werden.

Einkaufen

Frische Lebensmittel – **Halles de Merville:** Av. Anatole Franc, tgl. vormittags Verkauf in der Markthalle; Mi und Sa vormittags findet ein Markt vor den Halles statt.

Aktiv

Golf mit Meeresbrise – **Golf Plœmeur-Océan:** St-Jude-Kerham, Plœmeur, 7 km westlich von Lorient, Tel. 02 97 32 81 82, www.asgolfploemeurocean.com. 18-Loch-Platz (par 72, 5900 m) mit herrlichen Ausblicken über das Meer. Greenfee 36–52 €. Restaurant und Bar vorhanden.

Durch die Baumkronen – **Le Poisson Volant:** Douar Gwen, Plœmeur, 8 km westlich von Lorient, Tel. 06 80 24 05 06, www.poissonvolant.net. Abenteuerspielplatz und Kletterparcours. Im Sommer tgl. 10–18.30, sonst Mi, Sa, So 13.30–18.30 Uhr, Ende Dez.–Anfang Febr. geschl. Je nach Schwierigkeitsgrad der gewählten Kletterstrecke 10–22 €.

Tauchabenteuer – **Sellor Nautisme:** Centre Nautique, Anse de Kerguélen, Larmor-Plage, Tel. 02 97 33 77 78, www.sellor-nautisme.fr. Viele Angebote, u. a. Segeln und Kanu, vor allem aber Tauchgänge zu Grotten, Riffen und versenkten Schlachtschiffen vor Lorient. Unterricht: eintägige Einführung in Theorie und Praxis 62 €, sechstägiger Kurs mit Tauchgängen bis in 20 m Tiefe 395 €.

Abends & Nachts

Anspruchsvolle Provinzbühne – **CDDB und Grand Théâtre:** 11, rue Claire Droneau und Place de L'Hôtel de Ville, Tel. 02 97 02 22 70, http://theatredelorient.fr. Theateraufführungen an zwei Spielstätten. Die Inszenierungen besitzen in der Region einen guten Ruf. Die Bar im CDDB ist jeweils eine Stunde vor und eine Stunde nach den Aufführungen geöffnet.

Mein Tipp

Träume werden wahr – Schlosshotel Château de Locguénolé
Luxuriöser geht's kaum: Das traumhafte Schlosshotel mit 120 ha großem Park befindet sich in herrlicher Lage am Ufer des Blavet. Mit Tennis und Pool (Route de Port-Louis, Hennebont, Tel. 02 97 76 76 76, www.chateau-de-loc guenole.com, Anfang Jan.–Mitte Febr. geschl., 22 Zimmer, DZ 159–278 €, Suite 298–440 €). Zum Angebot zählen auch Massagen (ab 75 € pro Std.). Hervorragendes Restaurant (Mo–Sa mittags geschl., Okt.–April auch Mo abends geschl., Menü 39–68 €).

Infos & Termine

Information

Office de Tourisme: Quai de Rohan, 56100 Lorient, Tel. 02 97 84 78 00, www.lorientbretagnesudtourisme.fr.

Verkehr

Flug: Aéroport Lorient Bretagne Sud, Plœmeur, Tel. 02 97 87 21 50, www.lorient.aeroport.fr. Flüge nach Paris und Lyon.
Bahn: Lorient liegt an der Strecke von Quimper nach Vannes.
Bus: U. a. nach Concarneau, Rennes, Vannes.
Stadtverkehr: Busse der Gesellschaft CTRL, Gare d'Echanges, Cours de Chazelles, Tel. 02 97 21 28 29, www.ctrl.fr. Einzelticket 1,45 €, Tagesticket 4 €, auch gültig für die Pendelfähre nach Port-Louis.
Fähre: Zwischen Lorient und Port-Louis mit CTRL (s. o.). Schnellboote (Personen) zur Île de Groix und Belle-Île ab

Gare Maritime, rue Gilles Gahinet, Tel. 08 20 05 60 00, www.navix.fr. Hin und zurück ab 22 €/Person.

Termine

Bénédiction des Coureaux: Am So, der dem 24. Juni am nächsten liegt, Segnung des Meeresarmes am Théâtre de l'Océan in Larmor-Plage.
Festival Interceltique: Erste Augusthälfte. Zweiwöchiges Fest mit keltischer Musik, Tanz, Theater (www.festival-interceltique.bzh).

Hennebont ▸ F 5

Der Blavet war bereits im Mittelalter ein wichtiges Tor zum Atlantik, doch damals hielten die Bretonen größeren Abstand zum Meer. So findet man die älteste Siedlung, Hennebont, ein Stück weiter landeinwärts. Die ab dem 13. Jh. errichtete Stadtmauer umschließt eine **Ville close** mit Häusern aus dem 16./17. Jh. und der **Basilique Notre-Dame-de-Paradis** (16. Jh.), deren Buntglasfenster vom französischen Künstler Max Ingrand (1908–69) geschaffen wurden.

Haras de Hennebont

Rue Victor Hugo, www.haras-hennebont.fr, Juli, Aug. tgl. 11–18.30, Oster- und Herbstferien sowie Mai, Juni, Sept. Di–Fr 9.30–12.30, 14–18, Sa–Mo 14–18 Uhr, ab 7 €
Eine Attraktion in Hennebot ist das nationale Gestüt, das 1857 in einem ehemaligen Zisterzienserkloster eingerichtet wurde.

Einkaufen

Wochenmarkt mit Lebensmitteln – **Marché:** Do in Hennebont, ca. 8–14 Uhr.

Infos

Bus: Verbindungen mit Lorient, von dort weiter in die großen Städte.

Im Gestüt von Hennebont

Port-Louis ▸ F 6

Auf der Ostseite der Blavet-Mündung war im Mittelalter eine Festung zum Schutz der Hafeneinfahrt errichtet worden. Dieses Blavet wurde 1590 während der Religionskriege zerstört, jedoch bis 1637 neu aufgebaut. Nachdem bereits Richelieu (1585–1642) den Versuch unternommen hatte, am Atlantik eine Handelsgesellschaft zu gründen, war Minister Colbert (1619–83) in diesem Punkt Erfolg beschieden. So wurde Port-Louis 1664 Sitz der ersten Ostindienkompanie. Als die Gesellschaft im frühen 18. Jh. nach Lorient umzog, erlebte Port-Louis seinen Niedergang. Die Zitadelle diente anschließend als Gefängnis.

Musée National de la Marine
Citadelle, www.musee-marine.fr und http://musee.lorient.fr, Mai–Aug. tgl. 10–18.30, Sept.–Mitte Dez., Febr.–April Mi–Mo 13.30–18 Uhr, 8 €

Die Zitadelle beherbergt heute zwei Museen: das Musée National de la Marine widmet sich in einer Ausstellung der Unterwasserwelt entlang der Indienroute, und das Musée de la Compagnie des Indes beleuchtet mit Exponaten den Indienhandel.

Einkaufen

Wochenmarkt – **Marché:** Sa in Port-Louis, bis 14 Uhr.

Île de Groix ▸ F 6

45 Minuten dauert die Überfahrt auf die 8 x 2,5 km große Insel, die bereits in der Jungsteinzeit besiedelt war. Im 9. Jh. hatten Wikinger hier einen Stützpunkt, ab dem 16. Jh. lebten Fischfang und Handel auf. Zwischen 1870 und 1940 war die Insel Frankreichs wichtigster Hafen für den Thunfischfang.

Karge Schönheit: Île de Groix

Küstenwanderung um die Île de Groix

Écomusée de Groix

Port-Tudy, Île de Groix, Tel. 02 97 86 84 60, http://ecomusee.groix.free.fr, Mai–Sept. tgl. 9.45–12.30, 14–18, April, Okt., Nov. Di– So 9.45–12, 14–17, Dez.–März Mi, Sa, So 9.45–12, 14–17 Uhr, Eintritt 5 €, inkl. Maison de Kerlard 6,50 €

Eine ehemalige Fischkonservenfabrik beim Fähranleger **Port-Tudy** beherbergt ein Écomusée zur Geschichte der Insel. Die Dauerausstellung zeigt Exponate u. a. zu Archäologie, Fischfang und Landwirtschaft. Gelegentlich auch Sonderausstellungen.

Inselwanderung

Etwa 25 km, 6–7 Std.

Als Tagesunternehmung bietet sich eine Inselumrundung auf dem Küstenwanderweg an. Die Route führt vom Kirchplatz in **Groix Le Bourg** über die Rue du Général de Gaule und Rue du Gripp zur Küste. Das Meer stets rechts im Blick geht es dann auf meist unbefestigten Wegen westwärts, vorbei an Port Melin, Tréhor und dem **Sémaphore de Beg-Melen** zur **Pointe de Pen-Men.** Die dortige **Réserve Naturelle** beherbergt Tausende von Seevögeln. Ein wenig landeinwärts steht der **Phare de Pen-Men.** Weiter wandert man zum **Camp des Gaulois** und an der Bucht **Ven Hoal** entlang zum **Trou de l'Enfer,** ein Felseinschnitt, in dem das Meer tost. Östlich davon befindet sich an der **Pointe des Chats** eine Réserve Naturelle Minéralogique, in der man Granate, Glaukophone und Lepidolithe findet. Es ist aber nicht gestattet, Steine abzuschlagen! Im Anschluss lädt im Osten der Insel die **Plage des Grands Sables** zum Baden ein. Über **Port Mélite** führt die Wanderung zurück nach Groix Le Bourg.

Einkaufen

Fischmarkt – **Marché:** Tgl. bis 13 Uhr Fischverkauf auf der Place de l'Église. Mi und Sa auch andere Lebensmittel.

Infos

Office de Tourisme: Port-Tudy, 56590 Île de Groix, Tel. 02 97 84 78 00, www.lorientbretagnesudtourisme.fr, www.groix.fr.

Fähren: Ab Lorient, Gare Maritime, rue Gilles Gahinet, www.agence-gap.fr.

Das Beste auf einen Blick

Quiberon und der Morbihan

Highlight!

Megalithdenkmäler von Carnac: Was, warum, von wem und wie? Ein Teil der Fragen rund um die prähistorischen Kultstätten ist gelöst, aber mit jeder Antwort tauchen auch wieder neue Rätsel auf. Das gilt besonders für die endlosen Steinreihen von Carnac. Ein wenig haben sie von ihrem Reiz verloren, seit sie umzäunt wurden. Nötig war die Maßnahme, weil mit den touristischen Trampelpfaden Verwüstung drohte. S. 262

Auf Entdeckungstour

Schwere Brocken – Steinsetzungen bei Carnac: Während sich Touristen um die Steinreihen von Carnac drängen und seufzen, dass Zäune die Pracht abschirmen, entgeht ihnen so manches Megalithdenkmal abseits der bekannten Stationen. Eine Tour führt zu den Steinbrocken in zweiter Reihe rund um Carnac. S. 264

Mit dem Fahrrad zu Abélard – Abbaye St-Gildas-de-Rhuys: Geruhsam geht es mit der Personenfähre ab Locmariquer und weiter mit dem Fahrrad zu versteckten Kulturschätzen im entlegenen Teil des Golfs von Morbihan. S. 278

Kultur & Sehenswertes

Vannes: Ein großer Teil der Altstadt hat den Charakter aus den Jahren des Mittelalters bewahrt. S. 270

Rochefort-en-Terre: Das Bilderbuchdorf glänzt mit Blumenschmuck und malerischen Gassen. S. 280

Josselin: Wahrhaft klotzig thront das Château über dem Fluss Oust. S. 282

Aktiv unterwegs

Radtour auf Belle-Île: Auch wenn sich immer noch nicht viele Gäste vom Auto abbringen lassen, hat das Fahrrad die Oberhand auf der Insel errungen. Sportliche Naturen schaffen die Inselumrundung an einem Tag. Andere finden ihre Freude an einer Tour durch den Westen der Belle-Île. S. 259

Armor Evasion in Vannes: Kanu fahren und sich mit Austern stärken – so lässt sich das Urlaubsleben aktiv genießen. S. 274

Genießen & Atmosphäre

Pointe des Poulains auf Belle-Île: Sarah Bernhardt traf eine gute Wahl bei der Suche nach ihrem Sommersitz, als sie ihn an der atemberaubenden Steilküste dieser Inselschönheit bauen ließ. S. 259

Ste-Anne-d'Auray: In diesem Ort wird die Mutter der Muttergottes verehrt, weil sie angeblich aus der Bretagne stammte. Der Pilgerbetrieb sorgt für eine ganz besondere Atmosphäre. S. 269

Rivière d'Auray: Eine Bootsfahrt mit Navix über den Golfe du Morbihan zählt zur touristischen Pflicht. Die Kür folgt auf der Rivière d'Auray. S. 270

Abends & Nachts

Le Bar-Bi in Vannes: Reichlich abgedreht ist die Bar, die Männer nur in Begleitung einlässt. S. 274

Große Bucht mit vielen Wundern

Caesar kam, sah und siegte, das kennt man ja nicht anders. Eine ruhmreiche Seeschlacht focht er an den Wassern des Golfs von Morbihan, über den heute die Ausflugsboote tuckern.

Weiter westlich ist aber mit der Halbinsel Quiberon zunächst einmal ein janusköpfiges Stück Urlauber-Resort erreicht. So friedlich und kinderfreundlich die Ostküste, so stürmisch und wild ist die Westküste von Quiberon. Wassersportler wissen, dass sie dort vom einfachen Wonnebad bis zur halsbrecherischen Surftour schlichtweg alles erleben können.

Die nahe Inselidylle der Belle-Île lockt mit ihrem nahezu mediterranen Klima ganze Heerscharen von Urlaubern aus Paris, die sich zeitweise damit abfinden mussten, ihr Auto auf dem Festland zurückzulassen. Erfreuliche Kehrseite dieses Gebots ist die Tatsache, dass sich die Insel wieder in ein Paradies für Radfahrer verwandelt hat.

Schonender Tourismus wurde auch dem prähistorischen Weltwunder von Carnac verordnet. So können die Steinreihen, die schon manch einen an marschierende Soldaten erinnerten, nur noch aus der Ferne betrachtet werden. Wer sich partout nicht darauf einlassen mag, findet rings um Carnac noch genügend andere Megalithdenkmäler, die zugänglich sind – frei oder zumindest gegen Zahlung eines Eintrittsgeldes. Letzteres gilt für den besonders dicken Brocken von Locmariaquer. Man glaubt, dass dieser Stein einst als Landmarke die Einfahrt in den Golfe du Morbihan erleichterte. Diese große, vergleichsweise ruhige Wasserfläche besitzt von Austernbänken bis zu Paddelrevieren alles, was Genuss beschert, und wartet zudem mit 2000 Sonnenstunden im Jahr auf – Werte, wie sie von der Côte d'Azur bekannt sind.

Abseits der Küste im Hinterland der südöstlichen Bretagne zwischen Vannes und Rennes begegnet man einigen idyllischen Flecken mit Schlössern, Fachwerk und sehr beliebten Gaststätten, die zum Verweilen einladen.

Infobox

Internet
www.morbihan.com.

Verkehr
Schnell- und Regionalzüge verkehren auf der Strecke Auray–Vannes–Redon. Infos zu den Busverbindungen im Morbihan unter www.breizhgo.com.

Presqu'île de Quiberon ▸ G 7

Das Tor zur Halbinsel ist ein Nadelöhr, über das gerade mal eine Straße gebaut werden konnte. Im Sommer ziehen dort Autokolonnen Richtung Quiberon, wo sich einige der schönsten Badestrände der Bretagne erstrecken.

Hinter **Plouharnel** führt die Straße über ein schmales Sandband, das Quiberon mit dem Festland verbindet. Die **Côte Sauvage** auf der Westseite der Halbinsel, deren letzte Wälder im

Badefreuden an der ›wilden Küste‹: Felsbogen an der Côte Sauvage

13. Jh. abgeholzt wurden, besitzt bis zu 40 m hohe Granitklippen, an denen ein Pfad entlangführt. Wegen gefährlicher Strömungen und starker Brandung ist dort das Baden untersagt.

An der Ostseite der Halbinsel locken kilometerlange Sandstrände. Über **St-Pierre-Quiberon** (Steinallee aus dem Neolithikum) gelangt man in den Hauptort **Quiberon** mit Grande-Plage und Château Turpault (1904).

Musée de la Chouannerie
Bois du Bégo, Plouharnel, Tel. 02 97 52 31 31, www.musee-vendee-chouannerie.com, April–Mitte Juni tgl. 14–18, Mitte Juni–Ende Sept. tgl. 10–12, 14–18 Uhr, 7 €
Das 1985 gegründete Museum erinnert mit etwa 400 Ausstellungsstücken an den Aufstand der Chouans, der vor allem in der Vendée und der Südost-Bretagne stattfand. Am 27. Juni 1795 waren an der nahen Plage de St-Colomban etwa 10 000 Königstreue gelandet, um gegen die Republikaner zu Felde zu ziehen, doch ihr Plan scheiterte.

Klippenwanderung an der Côte Sauvage ▸ G 7

Einfache Strecke ca. 12 km, 3,5 Std.
Die gut markierte Klippenwanderung entlang der Westküste von Quiberon, der Côte Sauvage, zählt zu den eindrucksvollsten Naturerlebnissen der Bretagne. Sie sollte aber wegen abbrechender Felskanten und starkem Wind nicht auf die leichte Schulter genommen werden. Den Einstieg findet man vom **Port Maria** über die Küstenstraße D 186a. Spektakulär werden Landschaft und Brandung nach knapp 2 km beim Restaurant **Le Vivier,** dem bald ein tiefer Einschnitt namens **Trou du Souffleur** folgt. Über rund zwei Stunden setzt sich nun die Wanderung fort, bis hinter einem natürlichen Felsentor die **Pointe du Percho** mit einer Ruine und herrlicher Aussicht von den Klippen erreicht ist. Statt die Wanderung über **Portivy** (Einkehrmöglichkeit) nach **Kerhostin** (ca. 1 Std., von dort Bus nach Quiberon) fortzusetzen, sollte man umkehren und alles Erlebte noch einmal von der anderen Seite betrachten.

Übernachten

Teures Wohlgefühl – **Sofitel Thalassa:** Pointe de Goulvars, Quiberon, Tel. 02 97 50 20 00, www.sofitel.com (Sammelseite mit Suchfunktion), 74 Zimmer, DZ ab 473 € (inkl. Anwendungen). Hotel in exquisiter Lage am Strand. Therapeutisches Ziel des Thalasso-Instituts ist in diesem Fall die Gewichtsabnahme. Zu den Anwendungen zählen außer der Meerwasserbehandlung auch Yoga, autogenes Training oder Shiatsu (ab ca. 40 €). Pool, Tennis und Parkplatz vorhanden. Im Restaurant strikte Diätküche (Menü ab 39 €). Manche Leistungen im Hotel müssen leider als hoffnungslos überteuert gelten (z. B. Frühstück 25 €).

Guter Durchschnitt – **Des Druides:** 6, rue de Port-Maria, Quiberon, Tel. 02 97 50 14 74, www.hotel-des-druides.com, Mitte Nov.–Mitte Febr. geschl., 31 Zimmer, DZ 61–145 €. Recht einfach ausgestattetes, aber nett gelegenes Logis de France in der Nähe der Grande Plage. Einige Zimmer besitzen eine Loggia mit Meerblick. Preiswertes Restaurant (Okt.–März geschl., Menü 19–36 €).

Strandnah und preiswert – **De Bretagne:** Rue Général de Gaulle, St-Pierre-Quiberon, Tel. 02 97 30 91 47, www.logis-de-france.fr (Sammelseite mit Suchfunktion), Jan.–März geschl., 20 Zimmer, DZ 65–75 €. Das nette Hotel ist den Logis de France angeschlossen, es befindet sich im Ortskern und nur 50 m vom Strand entfernt. Dem Preis durchaus entsprechend, sind die Zimmer nicht sonderlich geräumig. Mit Restaurant (s. u.).

Camping an der Wasserkante – **Du Conguel:** Bd. de la Teignouse, Quiberon, Tel. 02 97 50 19 11, www.campingduconguel.com, April–Sept., 260 Plätze, Stellplatz für zwei Personen mit PKW 24–54 €. Die komfortable Anlage befindet sich direkt am Strand. Zu Fahrradverleih, Fitnessraum, Billard und Pool gesellt sich im Sommer ein umfangreiches Animationsprogramm. Restaurant vorhanden.

Camping und Feriendorf – **De l'Océan:** 16, av. de Groix, St-Pierre-Quiberon, Tel. 02 97 30 91 29, www.relaisdelocean.com, April–Anfang Nov., 300 Plätze, Stellplatz für zwei Personen mit PKW 11–27 €. Ein besonderer Vorteil der gut ausgestatteten Anlage am Strand besteht in dem ideenreichen Animationsprogramm. Dazu zählen Konzerte, Wanderungen und ein nächtlicher Markt. Restaurant vorhanden (im Sommer tgl., sonst Fr–So).

Essen & Trinken

Mal eine Abwechslung – **Le Bretagne:** Rue du Général de Gaulle, St-Pierre-Quiberon, Tel. 02 97 30 91 47, April–Sept., Menü 20–36 €. Das kulinarische Glück abseits von Crêpe und Galette ist auf Quiberon schwer zu finden. Das Restaurant des Hotels Le Bretagne versucht es ganz verwegen mit britischer Kost.

Fisch extrem frisch – **La Criée:** 11, quai de l'Océan, Quiberon, Tel. 02 97 30 53 09, Anf.–Mitte Dez. und Jan. geschl., Menü ab 23 €. Das Restaurant am Hafen serviert täglich frischen Fisch und Meeresfrüchte, die am Vormittag in der Auktionshalle ersteigert wurden.

Mein Tipp

Genuss mit Meerblick – Villa Margot

Das Haus aus dem 19. Jh. liegt direkt am Strand und besitzt von der beheizten Terrasse aus einen traumhaften Blick aufs Meer. Im zeitgenössisch eingerichteten Speisesaal wird vorzügliche Küche zum kleinen Preis angeboten. Gute Auswahl an Weinen (7, rue de Port-Maria, Quiberon, Tel. 02 97 50 33 89, www.villamargot.fr, im Juli Mi geschl., Okt.–Ostern geschl., Menü 30–43 €).

Einkaufen

Lebensmittel – **Marché:** Sa Markt auf der Place du Varquez, im Sommer auch Mi am Port-Haliguen in Quiberon; Do Markt in St-Pierre-Quiberon. Zeiten: 8/9–13/14 Uhr.

Aktiv

Südbretagne aus der Luft – **Quiberon Air Club:** Rue de l'Aérodrome, Quiberon, Tel. 02 97 50 11 05, bei Facebook. Der Club bietet Rundflüge ab Quiberon an, hauptsächlich über den Golfe du Morbihan und die Belle-Île. Halbstündiger Flug bei Teilnahme von drei Passagieren ab 50 €.

Zweiräder mieten – **Cycles Loisirs:** 3 und 32, rue Victor Golvan, Quiberon, Tel. 02 97 50 31 73, http://cyclesloisirs.free.fr. Das Unternehmen vermietet Motorroller und Fahrräder. Tagestarif für ein Rad 7–13 €, Tandem 9–22 €, Scooter 38–49 €.

Mit dem Paddelboot auf Tour – **Les Sillages:** 9, av. de Groix, St-Pierre-Qui-

Mein Tipp

Konservenfabrik Belle Îloise
Port Maria, der Hafen von Quiberon, war einst bedeutend für den Sardinenfang. Heute befinden sich hier noch drei Konservenfabriken. Eine davon, die Conserverie Belle Îloise, kann besichtigt werden (Zone d'Activité Plein Ouest, Tel. 02 97 50 08 77, www.labelleiloise.fr, Di–Fr 11 und 15 Uhr, Eintritt frei).

beron, Tel. 06 81 26 75 08, www.kayak-sillages.com. Mit dem Seekajak auf Entdeckungstour an den Küsten der Halbinsel. Das Unternehmen zeigt die besten Wege (20 €/90 Min., 70 €/ Tag).

Abends & Nachts

Spiele und Musik – **Casino Quiberon:** Domaine de Ker Braz, 2, bd. René Cassin, Quiberon, Tel. 02 97 50 23 57, www.casinodequiberon.com. Das Casino bietet gängige Attraktionen wie Roulette, Black Jack und Poker, daneben aber auch eine Bar, in der gelegentlich Musiker auftreten. Vom Panorama-Restaurant hat man einen schönen Blick übers Meer (Menü 23–36 €).

Infos & Termine

Office de Tourisme: 14, rue de Verdun, 56174 Quiberon, Tel. 02 97 50 07 84, www.quiberon.com.
Bahn: Nebenstrecke ab Auray.
Bus: Nach Auray und Carnac.
Fähre: Mehrmals tgl. Fähren zur Belle-Île ab Gare Maritime (30 €). Société Morbihannaise de Navigation, 4, quai de Belle-Île, Port-Maria, Tel. 08 20 05 60 00, www.navix.fr.
Les Temps Forts: an jedem Mittwochabend im Juli und Aug. Konzerte unterschiedlicher Musikrichtungen an der Grande Plage in Quiberon.
Triathlon de la Presqu'Île de Quiberon: Anfang Sept. ein Dreikampf am Strand von Quiberon (www.quiberontriathlon.fr). Für Anfänger 750 m Schwimmen, 20 km Radfahren, 5 km Laufen, für Fortgeschrittene jeweils die doppelte Strecke. Am Vortag findet ein Dreikampf für Kinder und Jugendliche in St-Pierre-Quiberon statt.

Belle-Île und ihre Nachbarn ▶ F/G 7/8

»Mehr 75er als 56er.« Das Stöhnen bezieht sich auf die Départementkennzahlen auf den Nummernschildern der Autos, die eben eher auf Paris (Nr. 75) als auf das heimische Département Morbihan (56) hinweisen. Die Flut war zeitweilig eingedämmt, als Fähren im Sommer keine Autos mehr beförderten. Doch in der Tat, die Bewohner der französischen Hauptstadt haben die Belle-Île beschlagnahmt.

Die Geschichte dieser Fremdherrschaft begann 1658, als Nicolas Fouquet, Finanzminister von Louis XIV, die Insel kaufte. Sie war häufig Angriffen der englischen und holländischen Flotte ausgesetzt, bot sie doch Süßwasser an der Strecke vom Ärmelkanal zum Mittelmeer. 1766, nachdem Neu-Schottland an die Briten gefallen war, ließen sich Emigranten aus Kanada auf der Belle-Île nieder. Ihnen folgten als vorerst letzte Einwanderer die Touristen – immerhin 20 000 im Jahr.

Die meisten Strände der 84 km^2 großen Insel sind nur zu Fuß oder mit dem Boot erreichbar. Schwer zugänglich ist vor allem die **Côte Sauvage** im Westen.

Zitadelle Le Palais
www.citadellevauban.com, Juli, Aug. tgl. 9–19, April–Juni, Sept.-Okt. 9.30–18, sonst 9.30–17 Uhr, 8,50 €
1549 begonnen, wurde die Festung in Le Palais unter Vauban im 17. Jh. vollendet und dabei zu der für diesen Baumeister typischen Sternform erweitert. Seit 1970 beherbergt die Zitadelle neben einem Hotelbetrieb auch ein kleines Museum, das u. a. über die berühmten Besucher der Insel informiert.

Mit dem Rad über Belle-Île

50–65 km, mind. 6 Std.; Fahrradverleih: Au Cheval de Fer, Quai Gambetta, Le Palais, Tel. 02 97 31 50 70, www.auchevaldefer.com, ca. 9 €/Tag, auch E-Bikes und Motorroller
Vom Hauptort **Le Palais** geht es zunächst zu dem hübschen Hafen **Sauzon** und weiter zur **Pointe des Poulains**. Dort steht inmitten einer dramatischen Landschaft ein ehemaliges **Fort,** das die berühmte Schauspielerin Sarah Bernhardt (1844–1923) als Sommerresidenz herrichten ließ. Zusammen mit der benachbarten **Villa des Cinq Parties du Monde,** einst das Haus ihres Sohnes Maurice, ist es heute als **Musée Sarah Bernhardt** öffentlich zugänglich (Tel. 02 97 31 61 29, Juli, Aug. tgl. 10.30–18, April–Juni, Sept. tgl. 10.30–12.30, 14.30–17.30 (Sa nur nachmittags), Okt. Do–Sa 13–17 Uhr, 2–4 €). Auf dem ehemaligen Grundstück der Bernhardt erstreckt sich der **Inselgolfplatz,** dessen Fairways bis an die Steilküste heranreichen. Ein wenig südlich des Museums befindet sich die **Grotte de l'Apothicairerie.** Dort nisten Krähenscharben, deren Nester wie Flaschen in Apothekerregalen aussehen. Die Straße führt vorbei an den Menhiren **Jean und Jeanne** zum gut 12 km entfernten **Port-Donnant** mit einem von Felsen eingerahmten Sandstrand. Der traute Anblick trügt: Wegen der Strömung ist das Baden hier gefährlich. Weiter südlich erhebt sich bei **Port Coton** der 52 m hohe **Grand Phare** (1836). Dieser Leuchtturm gehörte bereits zum Panorama, als Claude Monet 1886 in der Nähe weilte und 36 Bilder der Insel malte. Bei **Bongor** erinnert die Rue Claude Monet an einen bevorzugten Spazierweg des Impressionisten. Über

Radtour über Belle-Île

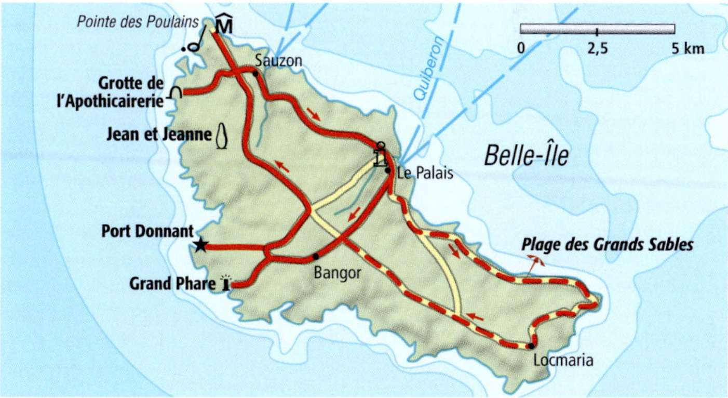

Locmaria an der windgeschützten Ostküste erreicht man die **Plage des Grands Sables.** Der schönste Sandstrand der Belle-Île lädt vor der Rückkehr nach Le Palais zum Baden ein.

Houat und Hoëdic ▸ G 7/8

›Ente‹ und ›Entchen‹ nennen sich die beiden Inseln in der Nähe der Belle-Île. Auf **Hoëdic,** dem Entchen, ist außer einem Fort von 1859 nichts Bemerkenswertes zu sehen. Von Vauban stammt die Festung auf **Houat;** gegen die britischen Belagerer konnte sie kaum etwas ausrichten. Dreimal war die ca. 5 x 1 km große Insel im 17. und 18. Jh. von Engländern besetzt.

Heute bringt die Fähre, die an der Nordküste anlegt, ein paar Tagestouristen vom Festland herüber. Sie können die Insel umrunden oder an einem der schönen Strände, darunter Tréac'h er Salus im Südwesten und Tréac'h er Goured im Osten, im Meer baden. Manche Naturliebhaber lockt auch die Flora, wachsen doch im Schutz der Dünen wilde Zwergrosen und eine nur hier anzutreffende Meeresnarzissenart.

Übernachten, Essen

Traumhaft – **Castel Clara:** Goulphar, Bangor, Tel. 02 97 31 84 21, www.castel-clara.com, Mitte Nov.–Mitte Dez. geschl., 63 Zimmer, DZ ab 184 €, Suite 365–660 €. Äußerst luxuriöses Hotel am Strand, dessen Zimmer individuell gestaltet und eingerichtet sind. Das Haus verfügt über Garten, Tennis, Meerwasserpool und eine Beauty-Farm. Einwöchige Thalassotherapie ab 170 € für zahlende Hotelgäste, ab 920 € für auswärtige Besucher. Hervorragendes, aber schlichtweg unbezahlbares Restaurant (Menü ab 42 €).

Insider-Adresse – **Clos Fleuri:** Route de Sauzon, Le Palais, Tel. 02 97 31 45 45, www.hotel-leclosfleuri.com, 18 Zimmer, DZ 72–130 €. Das charmante Haus mit Garten befindet sich in der Nähe des Hafens. Eine besondere Empfehlung ist die Art-déco-Bar mit Originaleinrichtung aus dem frühen 20. Jh.

Hart am Wasser – **De Bretagne:** Quai de l´Acadie, Le Palais, Tel. 02 97 31 80 14, www.hotel-de-bretagne.fr, Jan.–Ende Febr. geschl., 25 Zimmer, DZ ab 49 €. Ein nettes altes Haus, direkt am Hafen gelegen. Dringend zu empfehlen sind die Zimmer mit Meerblick. Das Hotel bildet insofern eine Ausnahme, als es deutlich günstigere Einzelzimmer anbietet (ab 35 €). WLAN gratis. Recht gutes Restaurant mit Terrasse und Panoramasaal in der ersten Etage (Menü 24–45 €).

Die Insel fast für sich – **Restaurant des Îles:** Houat, Tel. 02 97 30 68 02, www.restaurant-des-iles.fr, Nov.–Jan. geschl., elf Zimmer, DZ 74–113 €. Das kleine Hotel am Strand ist nicht auf Laufkundschaft eingerichtet. Deshalb empfiehlt sich eine vorherige Anmeldung per Telefon. Einfache Zimmer mit Meerblick. Sehr herzlicher Empfang. Im Restaurant frischer Fisch und Meeresfrüchte (Menü 22–37 €).

Für Sparfüchse – **Auberge de Jeunesse:** Haute Boulogne, Le Palais, Tel. 02 97 31 81 33, www.fuaj.org (Sammelseite mit Suchfunktion), Okt.–März geschl., 96 Betten und zehn Stellplätze für Zelte, pro Person ab 17 €. Die Jugendherberge bietet 2- und 3-Bett-Zimmer, außerdem Kochgelegenheiten und preiswerte Verpflegung.

Camp am Hafen – **De l'Océan:** Rosboscére, Le Palais, Tel. 02 97 31 83 86, www.camping-ocean-belle-ile.com, Okt.–April geschl., 125 Plätze, Stellplatz für zwei Personen mit PKW 15–22 €. Sehr schöne Anlage am Meer mit beheiztem Pool, Bar, Restaurant und Boule-Platz. Es können hier auch Blockhütten gemietet werden (pro Woche ab 329 €).

Essen & Trinken

Sommertraum – **Café de la Cale:** Quai Guerveur, Sauzon, Tel. 02 97 31 65 74, http://cafedelacale.pagecom.fr, Okt.–März geschl., Menü ab 28 €. Café mit windgeschützter Terrasse. Serviert werden Fisch und Meeresfrüchte.

Aktiv

Segelschule – **Horizon:** Locmaria, Tel. 02 97 31 54 71, http://belleile-voile.fr. Das 1978 gegründete Unternehmen wartet mit entsprechendem Erfahrungsschatz auf. Segelunterricht wird bereits für Sechsjährige angeboten, ein Fünftageskurs für Erwachsene kostet 234 €. Außerdem Unterricht im Windsurfen (fünf Tage 204 €) und Vermietung von Ausrüstung für diverse Wassersportarten, wie Seekajak 49 € für fünf Stunden.

Infos

Office de Tourisme: Quai Bonnelle, 56360 Le Palais, Tel. 02 97 31 81 93, www.belle-ile.com.
Kleinbus: Les Cars Bleus, Rue Jules Simon, 56360 Le Palais, Tel. 02 97 31 56 64, www.lescarsbleus.com. Große oder kleine Inselrundfahrt nach festem Plan (16–18 €).
Fähre: Von Locmariaquer nach Houat und Hoëdic; von Vannes, La Trinité, Port Navalo, Lorient und Quiberon (auch Autos) zur Belle-Île.

Zwischen Carnac und Locmariaquer

▶ G 6/7

Etwa 4500 Dolmen, 56 Steinalleen, 58 Steinkreise, dazu Tausende von Menhiren und Tumuli – die Bretagne besitzt eine stattliche Anzahl an Megalithdenkmälern. Mehr als 3000

Manche sahen darin eine ganze Armee: Tausende Hinkelsteine ›bevölkern‹ Carnac

Menhire haben sich allein in der Gemeinde **Carnac** erhalten, wies dieses Zentrum der jungsteinzeitlichen Kultur in damaliger Zeit (Mitte 5.–Ende 3. Jahrtausend v. Chr.) doch ein milderes Klima auf, als es im Norden der Bretagne herrschte. Die Legende hält indessen eine andere Erklärung für die hohe Konzentration an Denkmälern bereit: Cornelius, der von 251–253 als Papst gegen Götzenverehrung und Tieropfer antrat, wurde angesichts seiner unbeliebten Maßnahmen in die Verbannung geschickt und gelangte schließlich auf einen Berg in der Bretagne. Da erstreckte sich vor ihm das Meer, während sich hinter seinem Rücken ein feindliches Heer formierte. Cornelius fand Rettung aus der misslichen Lage, indem er die Soldaten in Steine verwandelte. Alljährlich werden sie in der Weihnachtsnacht wieder lebendig, um in den umliegenden Wirtshäusern zu zechen. Wer ihnen dort begegnet, ist des Todes!

Wer sich in **Carnac-Bourg,** der älteren Ortschaft im Hinterland, partout nicht für die Menhire begeistern kann, der findet im jüngeren Ortsteil **Carnac-Plage** Europas modernstes Thalassotherapiezentrum und fast 3 km herrliche Sandstrände.

Megalithdenkmäler von Carnac !

Alignements von Le Ménec

www.menhirs-carnac.fr

Ein Stück ihrer Mystik haben die Alignements, die Steinalleen, leider verloren, seitdem sie in äußerst profaner Weise umzäunt sind. Denn in den 1990er-Jahren schien es ratsam, die ›steinernen Soldaten‹ umgekehrt vor ihren menschlichen Besuchern zu schützen. Etwa 350 000 Gäste kamen alljährlich und hinterließen zwischen den Steinreihen Trampelpfade. Bis zu 20 cm Boden wurden abgetragen, sodass die Granitblöcke umzustürzen drohten. Doch nicht genug damit: Viele Touristen bestiegen die Menhire oder zeichneten jungsteinzeitliche Einritzungen mit Kreide und Ölfarbe nach, damit sie auf Fotos besser zur Geltung kamen. So mussten die Alignements schließlich eingezäunt werden und sind seither nur noch von der Straße aus zu besichtigen.

Chapelle und Tumulus St-Michel

Die Kapelle St-Michel, im 17. Jh. am nordöstlichen Rand von Carnac-Bourg gegründet, erhebt sich auf einem Tumulus, mit 125 m Länge, 60 m Breite und 10 m Höhe dem Gesamtvolumen nach der größte neolithische Grabhügel Europas. Während man Grabanlagen aus Bruchsteinen als ›Cairn‹ bezeichnet, ist der Tumulus ein Hügel aus Sand, Steinen und Erde. Der Tumulus St-Michel enthält einen Steinkern, darüber eine Tonschicht als Dichtung, über die Steine gehäuft wurden. Im Innern, das ausnahmsweise nicht über einen Gang erreichbar war, entdeckten die Archäologen bei ihren Erkundungen (1862–64) zwei größere Grabkammern und 13 Steinkistengräber. Nach der Größe des Hügels und den Kleinfunden zu urteilen war der Tumulus, der um 3800–3500 v. Chr. errichtet wurde, für eine bedeutende Persönlichkeit und ihr Gefolge bestimmt.

Musée de Préhistoire

10, pl. de la Chapelle, Tel. 02 97 52 22 04, www.museedecarnac.com, Juli, Aug. tgl. 10–18.30, April–Juni, Sept. Mi–Mo 10–12.30, 14–18, Okt. Mi–Mo 10–12.30, 14–17.30, Nov., März Mi–Mo 14–17.30 Uhr, 6 €

Annähernd 7000 Exponate, darunter Funde vom Tumulus St-Michel, sind im Vorgeschichtlichen Museum in Carnac-Bourg zu besichtigen. Es ist damit eines der größten seiner Art und gibt einen Überblick von der Altsteinzeit (um 450 000 v. Chr.) bis ins frühe Mittelalter (ca. 8. Jh. n. Chr.). Der Schwerpunkt liegt aber auf dem Neolithikum, der Blütezeit der Megalithkultur.

Übernachten

Höchste Entspannung – **Du Tumulus:** 31, chemin du Tumulus, Carnac-Bourg, Tel. 02 97 52 08 21, www.hotel-tumulus.com, Anfang Nov.–Mitte Febr. geschl., 24 Zimmer, DZ 99–260 €, Suite 195–300 €. Das äußerst geschmackvoll und teils mit alten Möbeln eingerichtete Logis de France bietet helle und geräumige Zimmer. Wellnessbereich (Anwendungen ab ca. 40 €), Pool und baumbestandener Park sorgen für einen sehr erholsamen Aufenthalt. Parkplatz vorhanden, außerdem ein gutes und sehr behagliches Restaurant (Mo, Di mittags geschl., Menü 25–85 €).

Komfort am Meer – **Le Plancton:** 12, bd. de la Plage, Carnac-Plage, Tel. 02 97 52 13 65, www.hotel-plancton.com, Mitte Okt.–Mitte April geschl., 30 Zimmer, DZ 80–165 €. Modernes, freundlich eingerichtetes Hotel am Strand. Die meisten Zimmer besitzen Meerblick. In der Bar oder auf der Terrasse werden im Sommer kleine Speisen und Salate serviert.

Einfach und preiswert – **La Marine:** 4, pl. de la Chapelle, Carnac-Bourg, Tel. 02 97 52 07 33, www.hotel-restaurant-carnac.com, ganzjährig geöffnet, 31 Zimmer, DZ 55–79 €. Einfaches, ruhig gelegenes Haus im Dorfzentrum. Jedes Zimmer ist individuell dekoriert. Das Restaurant mit Terrasse bietet ordentliche Hausmannskost zum fairen Preis (außerhalb der Saison Di–Do abends sowie So und Mo geschl., Mittagsmenü ab 15 €).

Spartanisch in schöner Lage – **Camping Du Men-Du:** Chemin de Beaumer, Carnac-Plage, Tel./Fax 02 97 52 04 23, www.camping-mendu.net, Okt.–März geschl., 100 Plätze, Stellplatz für zwei Personen mit PKW 16–25 €. Boule-Platz und Snackbar sind die bescheidenen Attraktionen der einfachen Anlage, die ca. 150 m vom Strand entfernt liegt. Netter Platz für alle, die sich selbst zu beschäftigen wissen.

Essen & Trinken

Rustikal – **L'Estaminet:** 73, rue St-Cornély, Carnac, Tel. 02 97 52 19 41, So abends, Mo geschl., Menü 20–30 €. Deftiges von *Moules frites* bis zu *Spare ribs,* serviert in heimeliger Wirtshausatmosphäre. Altbackener Charme trifft auf solide Hausmannskost.

Exotisch – **Auberge Indienne:** Route de Kerlescan, Carnac, Tel. 06 69 42 36 95, Menü um 20 €. Altes Haus aus Bruchsteinen in der Nähe des Tumulus de Kercado mit Bar sowie Terrasse und Garten. Gereicht werden vorwiegend südindische Gerichte, darunter Masala Dosa, eine Art indische Galette aus Reis-Mungobohnen-Teig mit würziger Kartoffelfüllung. Der Schwerpunkt liegt auf vegetarischer Küche.

Einkaufen

Lebensmittel und Gastronomie – **Marché:** Mi und So bis 14 Uhr auf der Place St-Fiacre.

Abends & Nachts

Livemusik und Glücksspiele – **Casino Barrière:** 41, av. des Salines, Carnac, Tel. 02 97 52 64 64, www.lucien-barriere.com. Neben Automaten und Poker bietet das Casino freitags von 20.30 bis 23.30 Uhr Livemusik, meistens Jazz und Folk. ▷ S. 266

Auf Entdeckungstour: Schwere Brocken – Steinsetzungen bei Carnac

Während sich Touristen um die Steinreihen von Carnac drängen, entgeht ihnen so manches Megalithdenkmal abseits der bekannten Stationen. Diese Tour führt zu den Steinbrocken in zweiter Reihe und erläutert, welche Vielfalt die neolithischen Baumeister in der Bretagne erdachten.

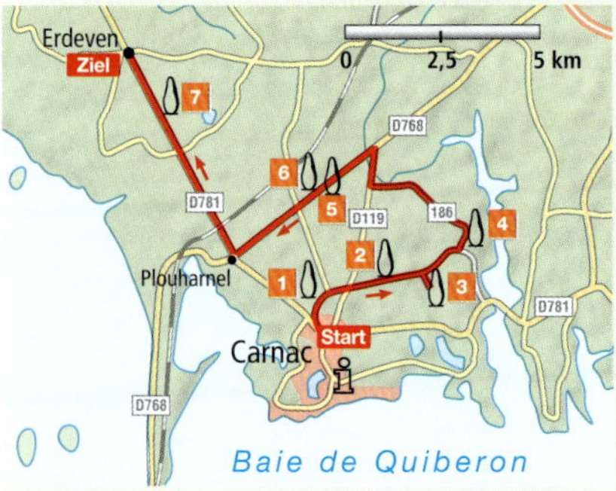

Reisekarte: ▶ G 6

Infos: Karte der Region im Office de Tourisme in Carnac (74, av. des Druides); s. auch S. 55
Planung: Rundfahrt im Norden von Carnac über Kerlescan, Keriaval, Plouharnel und Erdeven, ca. 30 km
Öffnungszeiten: Die Denkmäler sind jederzeit zugänglich.
Dauer: 3 Std.

Route des Alignements heißt die Straße in **Carnac,** auf der Touristen zu Zaungästen werden. Denn die 1099 Menhire der **Alignements von Le Ménec** 1, denen ihr Interesse gilt, stehen trotzig hinter Stacheldraht. Welche Verrenkungen manch ein Zeitgenosse unternimmt, um dennoch zu einem Schnappschuss zu gelangen, ist ein Schauspiel für sich. Dabei geht es erheblich leichter, wenn es nur nicht genau diese Steine sein müssen.

Steinreihen, Gräber und ein Menhir mit Schlangengravur

Schon **Kermario** 2, nur 500 m weiter östlich an der D 196, fällt in der Gunst der Touristen ab. Dass da 70 Steine weniger stehen, tut den Dingen keinen Abbruch. Vorteil: Vom Turmstumpf einer ehemaligen Mühle kann man die Anlage überblicken. Der Verkaufspavillon aber ist ein Signal, dass eine stressfreie Steinreise weiter abseits liegt. So geht es erst einmal bis **Manio-Kermario II** am östlichen Ende der Alignements von Kermario. Hier schufen die steinzeitlichen Baumeister ein Langhügelgrab, eine gestreckte, von Steinen eingefasste Anlage, die unter einer Erdschicht Steinkistengräber birgt. Der 54 m lange Grabhügel ist älter als die Alignements, laufen die Steinreihen doch über den Hügel hinweg. Am östlichen Ende erhebt sich ein 4 m hoher Menhir mit Schlangengravur, der als Indikator diente, also schon von fern die Lage des Grabes anzeigen sollte.

Ein Kalender der Steinzeit?

So ein Indikator findet sich auch bei **Mané Er Groez** 3 (hinter Kermario Abzweig rechts Richtung Kercado), nur handelt es sich hier um ein Ganggrab, 3,5 m hoch und 30 m lang, bei dem ein Gang zu einer Grabkammer führt. Einige Tragsteine weisen Gravuren auf. Mané Er Groez wird auf 3500 v. Chr. datiert und ist damit eines der ältesten und besterhaltenen Megalithdenkmäler der Bretagne.

Zurück auf der D 196, sind bald die **Alignements de Kerlescan** 4 (um 2000 v. Chr.) erreicht. Alignements sind immer von Nordost nach Südwest ausgerichtet. Sie dienten eventuell zur Festlegung der Sonnenaufgangspunkte, um so einen Kalender für den Ackerbau zu erstellen. Als Abschluss finden sich am Westende Querreihe und Cromlech (Halbkreis). Vom **Cromlech in Kerlescan** verläuft ein gepflasterter Weg zum zeitgleich gebauten **Langhügelgrab Kerlescan II.** Dieser Weg lässt vermuten, dass Pilger an den Steinreihen entlang zum Heiligtum, dem Cromlech, und dann zu den Toten schritten.

Rätselhafte Zeichen

In die Zeit von 3500–2400 v. Chr. wird der **Dolmen von Keriaval** 5 datiert (hinter Kerlescan links bis zur D 119, dort rechts und wieder links in die D 768). Es handelt sich um ein Kreuzganggrab, bei dem von einem 6 m langen Gang vier Seitenkammern abzweigen. 200 m weiter an der D 768 befinden sich rechts der Straße die drei **Ganggräber von Mané-Kerioned** 6, die einst unter einem Erdhügel verborgen waren. Heute ist nur noch eines überdeckt. Es besitzt auf einigen Tragsteinen eingravierte Muster und Figuren von unbekannter Bedeutung.

Weiter geht es bis **Plouharnel** und dort auf die D 781 Richtung **Erdeven.** Die Straße durchschneidet unsanft die **Alignements de Kerzerho** 7 ,wo ein Parkplatz zur Rast einlädt. Das frei zugängliche und mit 1100 Menhiren gewaltige Denkmal erstreckt sich gar noch in ein Wäldchen, wo die Steine wie Riesen unter dem Blätterdach stehen.

Infos & Termine

Office de Tourisme: 74, av. des Druides, 56342 Carnac, Tel. 02 97 52 13 52, www.ot-carnac.fr.
Bahn: Ab Plouharnel Anschluss an Strecke Auray–Quiberon.
Bus: Nach Quiberon, Auray und Locmariaquer.
Grande Fête des Menhirs: Am dritten So im Aug. widmet sich ein Trachtenumzug, begleitet von traditioneller Musik, den Menhiren.
Pardon: Am zweiten So im Sept. findet im Ort eine Wallfahrt zu Ehren von St-Cornély statt.

La Trinité-sur-Mer ▸ G 6

Der Ort im Osten von Carnac besitzt einen großen Fischerei- und Jachthafen, den man vom Pont Kérisper gut überblicken kann. Zu dieser Brücke hatte Gustave Eiffel einen Vorgängerbau über die Mündung des Flusses Crac'h errichtet. Er wurde allerdings im Zweiten Weltkrieg zerstört.

Übernachten

Camp an ruhiger Bucht – **Camping de La Baie:** Plage de Kervillen, Tel. 02 97 55 73 42, http://de.camping-de-la-baie.net, Mitte Sept.–Ende April geschl., 170 Plätze, Stellplatz für zwei Personen mit PKW 16–47 €. Komfortable, freundliche Anlage am Strand. Tennis, Pool und Minigolf, außerdem kann man Fahrräder und Kanus mieten. Restaurant vorhanden.

Essen & Trinken

Gourmetküche mit Abstrichen – **L'Azimut:** 1, rue du Men-Du, Tel. 02 97 55 71 88, www.lazimut-latrinite.com, im Sommer Mo, außerhalb der Saison Di abends und Mi geschl., Menü 22–52 €. Das Restaurant mit Terrasse über dem Hafen rangiert zwar als Feinschmeckeradresse, ist aber als solche leicht überbewertet und deshalb zu teuer. Wer seine Erwartungen entsprechend senkt, wird mit den Fischgerichten zufrieden sein.

Infos

Bus: Nach Auray und Carnac.
Fähre: Navix, Le Port, Tel. 08 25 13 21 00, www.navix.fr, Juli, Aug. nach Houat und Golfe de Morbihan, ab 30 €.

Locmariaquer ▸ G 7

Der bretonische Name des Badeortes bedeutet ›Dorf‹ *(quer* oder *ker)* ›der heiligen‹ *(loc)* Maria. Bekannt ist er vor allem für seine Megalithdenkmäler, darunter der Tumulus d'Er-Grah sowie die Dolmen Mané-Lud und Mané-Rethual.

Table des Marchands

Route de Kerlogonan, www.site-megalithique-locmariaquer.fr, Juli, Aug. tgl. 10–19, Mai, Juni 10–18, Sept.–April 10–12.30, 14–17 Uhr, 6 €, Nov.–Mai am ersten So im Monat Eintritt frei; Preise und Öffnungszeiten gelten für alle Megalithdenkmäler des Ortes

Das eindrucksvollste Megalithdenkmal von Locmariaquer ist das 130 m lange Ganggrab Table des Marchands. Die Übersetzung ›Tisch der Kaufleute‹ trifft nicht unbedingt zu, vielmehr handelte es sich bei den Marchands eher um eine Familie, die hier ein Grundstück besaß. Allerdings sah das jungsteinzeitliche Grab (4000–3400 v. Chr.) tatsächlich wie ein Tisch aus, bevor man es 1937 wieder mit einem Cairn überdeckte,

Table des Marchands: mit 130 m Länge ein gigantisches Ganggrab

um die aufgebrachten Gravuren gegen weitere Erosion zu schützen. Möglicherweise wurde die Grabstätte schon in der Jungsteinzeit als Steinbruch benutzt, jedenfalls fehlen mehrere Tragsteine. Die Deckplatte ihrerseits ist Bruchstück eines älteren Menhir, denn eine ihrer Ritzzeichnungen setzt sich beim Deckstein eines Dolmen auf der Île Gavrinis im Golfe du Morbihan fort.

Unter den Gravierungen auf der Table des Marchands finden sich u. a. Hakenstäbe in vier Reihen, Beilformen und eine Strahlensonne. Wie gewagt ihre Deutungen ausfielen, zeigt die Ansicht des Archäologen Le Rouzic, der in den Stäben ein Kornfeld mit herabhängenden Ähren unter einer Sonne und in einem Beil mit vorangestellten Linien ein von Tieren gezogenes Pfluggerät sehen wollte. Letztlich muss man davon ausgehen, dass sich der Sinn der Darstellungen niemals zweifelsfrei klären lässt.

Men-er-Hroëc'h

Rätsel wirft auch der in vier Bruchstücken in der Nähe der Table liegende Men-er-Hroëc'h auf. Der einst gut 20 m hohe und 350 t schwere Steinblock ist der größte Menhir der Bretagne. Der Monolith aus Granit wurde auf der Halbinsel Quiberon gebrochen. Neuere Berechnungen haben ergeben, dass zu damaliger Zeit 15–20 Arbeitskräfte erforderlich waren, um einen Stein von einer Tonne Gewicht zu bewegen und aufzurichten. Doch macht man sich heute weniger Gedanken über den Transport dieses Giganten als vielmehr darüber, weshalb der Stein zerbrochen ist. Mal heißt es, er sei um 1700 von einem Blitzschlag getroffen worden, dann wieder vermutet man das Zerstörungswerk christlicher Mönche. Nach anderer Auffassung wurde er niemals mit Erfolg aufgerichtet oder war schon im Neolithikum umgestürzt worden, um ihn als Steinbruch zu nutzen. Gegen diese beiden letzteren Annahmen spricht die Tatsache, dass man unter den Bruchstücken des Menhirs Spuren gallo-römischer Siedler fand. Ungeklärt ist schließlich auch, welche Aufgabe ein solch mächtiger Klotz zu erfüllen hatte. Mal gilt er als Indikator des nahen Grabes, dann als Teil eines Observatoriums oder als Wegweiser für die in den Golfe du Morbihan einfahrenden Seeleute.

In der Tat misst die gefährliche Einfahrt in den Golf zwischen **Pointe de Kerpenhir** und **Port Navalo** nur 1 km. An der Straße von Locmariaquer zur Pointe liegt der **Tumulus Mané-er-Hroëc'h.** Ein Menhir, den man an seinem Eingang fand, wurde später im Grab aufgestellt. Er besitzt einige Gravierungen, darunter ein vielfach anzutreffendes Symbol in Form eines Kochkessels *(marmite),* das als Haupt der Großen Göttin gedeutet wird.

Übernachten

Oase der Ruhe – **Trois Fontaines:** Route d'Auray, Tel. 02 97 57 42 70, www.hotel-troisfontaines.com, Mitte Jan.– Mitte Febr. geschl., 18 Zimmer, DZ 79–145 €. Charaktervolles Haus am Meer mit Garten. Sehr freundlicher Empfang, gemütliche Zimmer und großzügige Aufenthaltsräume. Von einigen Zimmern hat man Meerblick.

Aktiv

Auf seichten Wogen – **Vedettes L'Angélus:** Embarcadère du Guilvin, Locmariaquer, Tel. 02 97 57 30 29, www.vedettes-angelus.com. Das Unternehmen bietet diverse Bootsrundfahrten im Golf an, die zwischen 90 Min. und knapp 11 Std. dauern, 14–28 €.
Mobil per Mietrad – **Localoc:** 41, route de Kerpenhir, Tel. 02 97 57 32 52, http://localoc.free.fr. Vermietung von Fahrrädern aller Art ab 5 €/Std.
Im Golf sportlich aktiv – **Société Nautique:** Le Sémaphore de Kerpenhir, Tel. 02 97 57 46 31, http://cnta-locmariaquer.fr. Der ruhige Golf eignet sich gut für den Unterricht in Segeln, Windsurfen und Seekajak, bietet aber gerade ab Locmariaquer auch gute Möglichkeiten für Fortgeschrittene. Preisbeispiel: Wochentarif Windsurfen 155 €.

Infos

Office de Tourisme: 1, rue de la Victoire, 56740 Locmariaquer, Tel. 02 97 57 33 05, http://morbihan-way.fr.
Bus: Nach Auray und Carnac.
Fähre: Nach Port Navalo mit Le Passeur des îles, www.passeurdesiles.com, April–Sept., einfache Strecke 5 €/Pers., 3 €/Fahrrad. Mit Navix, www.navix.fr zur Belle-Île (Mai–Sept., ab 17,50 €) nach Houat und Hoëdic (Juli, Aug. tgl., Mai, Juni und Anfang–Mitte Sept. nur Sa, So, ab 16 €).

Auray und Umgebung ▸ G 6

1364 war **Auray** Schauplatz einer Schlacht, die im bretonischen Erbfolgekrieg eine entscheidende Wendung brachte: Die mit den Engländern verbündeten Bretonen unter Yann de Montfort siegten über die Franzosen unter Bertrand du Guesclin. Die ältesten erhaltenen Wohnhäuser der Stadt, im Quartier St-Goustan nahe dem Hafen, stammen aber erst aus dem 15. Jh. Von der Promenade du Loch hat man einen schönen Blick auf diese Altstadt.

Aus dem 17. Jh. stammt die **Kirche St-Gildas.** Von dort geht es Richtung Südwesten zum **Mausolée de Cadou-**

dal (s. S. 73), das gegenüber dem Geburtshaus des Rebellen auf dem Hügel Kerléano liegt.

Ste-Anne-d'Auray ▸ G 6

6 km nördlich von Auray befindet sich der meistbesuchte Pilgerort der Bretagne, Ste-Anne-d'Auray. Der Legende nach war die hl. Anna eine bretonische Schlossherrin, die, als sie schwanger war, von ihrem Ehemann verjagt wurde und ihr Kind, die Gottesmutter Maria, auf der Flucht in Nazareth gebar. Der wundersamen Dinge nicht genug, kehrte sie im Alter in die Bretagne zurück. Am 26. Juli 1623 soll sie an dieser Stelle, dem späteren Ste-Anne d'Auray, dem Landarbeiter Yves Nicolazic erschienen sein und ihm aufgetragen haben, eine Kapellenruine wiederaufzubauen. Zwei Jahre später, am 7. März 1625, fand Yves im Acker eine Statue und ließ dort ein Gotteshaus errichten. Es brannte 1796 nieder und wurde 1866–72 durch einen Neubau ersetzt, in dem in einer Kapelle noch Reste der alten Statue zu sehen sind.

Von Bedeutung ist der **Kirchenschatz** *(trésor)*, der Statuen, Votivtafeln und Goldschmiedearbeiten umfasst. Eine ebenfalls dort zu besichtigende Reliquie der hl. Anna ist das Geschenk von Königin Anna von Österreich zur Geburt ihres Sohnes, des späteren Louis XIV (Tel. 02 97 57 68 80, Jan., Febr. geschl., übrige Jahreszeit tgl. 14.30–17.30 Uhr, Eintritt frei).

Le Bono und Larmor-Baden ▸ G 6

Südlich von Auray liegt Le Bono, wo Gustave Eiffel eine Brücke am Golfe du Morbihan baute, weiter südöstlich der Austernhafen Larmor-Baden. Von hier aus kann man Überfahrten zur Île de Gavrinis und Ausflugsfahrten per Boot unternehmen.

Übernachten

Modern und freundlich – **L'Auberge:** 56, route de Vannes, Ste-Anne-d'Auray, Tel. 02 97 57 61 55, www.auberge-sainte-anne.com, 14 Zimmer, DZ 65–250 €. Helles Logis de France mit alten bretonischen Möbeln in den Aufenthaltsräumen. Die Zimmer hingegen sind modern eingerichtet, dabei sauber und recht großzügig. Empfehlenswertes Restaurant mit Hummergerichten (Mo–Mi mittags geschl., Menü 29–89 €).

Alt mit modernem Kern – **Domaine de l'Abbatiale:** Le Bono, Tel. 02 97 57 84 00, www.domaine-abbatiales.com, 67 Zimmer, DZ 79–139 €. Das Herrenhaus, Manoir de Kerdréan, befindet sich inmitten einer schönen Parkanlage und verfügt über einen Pool. Die Zimmer sind individuell gestaltet, teils modern, teils traditionell bretonisch, mit Blick zum Garten oder Pool. Gutes Restaurant mit bretonischen Spezialitäten (Menü 22–52 €).

Natur und gute Küche – **Du Loch:** 2, rue Guhur, La Forêt, Auray, Tel. 02 97 56 48 33, www.bestwesternauray leloch.com, 30 Zimmer, DZ 59–155 €. Hotel und Spa in herrlich ruhiger Lage. Zu den größten Vorzügen des Hauses gehört das Restaurant, das landestypische Gerichte, aber auch ausgefallene Kreationen serviert (Fr, Sa mittags und So abends geschl., Menü 28–45 €).

Essen & Trinken

Für alle Sinne – **Closerie de Kerdrain:** 20, rue Louis Billet, Auray, Tel. 02 97 56 61 27, www.lacloseriedekerdrain.com, Mo und So abends geschl., Menü 28–65 €. Das von einem Garten umgebene

Château aus dem 17. Jh. beherbergt ein äußerst stilvoll hergerichtetes Restaurant. Spezialitäten der Gourmetküche sind Gerichte mit Hummer und Entenbrust.

Einkaufen

Wochenmarkt – **Marché:** Mo 8.30–14 Uhr in Auray.

Aktiv

Flussfahrt – **Navix:** Le Port, Auray, Tel. 02 97 46 60 00, www.navix.fr. Ab Auray, teils auch ab Le Bono bestehen zahlreiche Möglichkeiten für Rundfahrten auf dem Golf. Eine sehr interessante Flusstour führt zudem über die Rivière d'Auray. Ende Juni–Mitte Sept., ab 22 €.

Infos & Termine

Office de Tourisme: 20, rue du Lait, 56400 Auray, Tel. 02 97 24 09 75, www.auray-tourisme.com.
Bahn: Ab Auray nach Quiberon, Lorient und Vannes.
Bus: Ab Auray u. a. nach Quiberon, Lorient und Vannes.
Pardon: In Ste-Anne-d'Auray zwischen März und Oktober, am beliebtesten sind die Wallfahrten am 25./26. Juli und an Mariä Himmelfahrt.

Vannes und Golfe du Morbihan ▸ H 6

Eine zur Hälfte erhaltene Festungsmauer und windschiefes Fachwerk sind die unschlagbaren Vorzüge der Stadt Vannes.

Ihre Geschichte beginnt mit einer Seeschlacht, in der die Römer gegen die Veneter siegten. Im Anschluss gründeten die Invasoren am Nordufer des Golfe du Morbihan die Siedlung Civitas Venetis, die im 4. Jh. unter eingewanderten Kelten mit einer ersten Wehrmauer umzogen und im 5. Jh. Bischofssitz wurde. 826 erhielt hier Nominoë von Ludwig dem Frommen den Herzogtitel. Von Vannes aus gelang es ihm, die bretonischen Länder zu einem Königreich zu einen. Erst vom 11. Jh. an trat die Stadt allmählich ihre Bedeutung an Rennes ab. Immerhin blieb sie so wichtig, dass sich das bretonische Parlament aus Rennes zwei Mal hierher flüchtete. Die Region blieb fortan königstreu, auch nach Ausbruch der Französischen Revolution. Hier formierten sich die Chouans, hier wurden die letzten Kämpfer der zweiten Chouannerie hingerichtet. Die Weichen für den wirtschaftlichen Niedergang waren schon lange zuvor gestellt worden, als Paris entschieden hatte, den Sitz der Indienkompanie nicht hierher, sondern nach Lorient zu verlegen. Erst vom 19. Jh. an erholte sich Vannes. Es blieb im Unterschied zu Lorient von den Bomben des Zweiten Weltkriegs verschont und verfügt deshalb noch heute über eine ansprechende Altstadt.

Porte St-Vincent 1

Die Festungsmauer (13.–17. Jh.) besitzt im Süden, zum Jachthafen hin, ein prächtiges, von klassizistischen Häusern umgebenes Barocktor, die Porte St-Vincent aus dem Jahre 1704. Davor kann man in einem der Cafés eine Rast einlegen, um dann über die Rue St-Vincent-Ferrier geradewegs zur **Place des Lices** zu schlendern. Dieser einstige Turnierplatz ist von spätmittelalterlichem Fachwerk und Steinhäusern des 18. und 19. Jh. gesäumt. 1418 hielt hier der später heiliggesprochene Dominikaner Vincent Ferrier aus Valencia eine feurige Bekehrungsrede.

Lavoirs 2
Etwas östlich verlässt man die Altstadt über die **Porte Poterne,** um von der vorgelagerten Brücke einen Blick auf die **Lavoirs** am Flüsschen Marle zu werfen. Diese Waschhäuser wurden im 19. Jh. im Fachwerkstil errichtet. Die tiefgezogenen Schieferdächer dienten den Wäscherinnen als Wetterschutz. Hübsch anzusehen sind nebenan auch die im französischen Stil angelegten Gärten im ehemaligen Burggraben.

Maison Vincent Ferrier und Maison de Vannes 3
Nördlich der Place des Lices starb 1419 der Dominikaner Vincent an der Place Valencia. Das Haus (Nr. 17) wurde im 16. Jh. umgebaut. Das nahe Eckhaus, bei dem die Rue Noé in den Platz mündet, ist als Maison de Vannes bekannt. Es stammt aus dem frühen 16. Jh. Zwei Fratzen an der Fassade stellen ›Vannes et sa femme‹, also Vannes und seine Frau dar.

Musée d'Histoire et d'Archéologie de Vannes 4
2, rue Noé, Tel. 02 97 01 63 00, www.mairie-vannes.fr/musees, Juni–Sept. tgl. 13.30–18 Uhr, 6,30 €, Eintritt gilt auch für Musée des Beaux Arts in La Cohue
Das **Château Gaillard** (15. Jh.), in dem ab 1675 kurzzeitig das Parlament der Bretagne tagte, beherbergt ein Museum mit Funden aus vor- und frühgeschichtlicher Zeit bis zur Renaissance. Wer das Musée in Carnac bereits besichtigt hat, wird die hiesige Sammlung zur Megalithkultur allerdings weniger interessant finden.

La Cohue – Musée des Beaux-Arts 5
Place St-Pierre, Tel. 02 97 01 63 00, Juni–Sept. tgl. 13.30–18, Okt.–Mitte Juni Di–So 13.30–18 Uhr, Kombiticket mit Musée d'Histoire (s. o.)
Zum zweiten bedeutenden Museum der Stadt gelangt man von der Place Valencia aus über die fachwerkbestandene Rue des Halles. La Cohue, ›das Gedränge‹, ist die alte Markthalle (12.–16. Jh.), über der im ersten Stock das Gericht tagte. Nach der Französischen Revolution zog ein Theater ein. Heute sind hier u. a. Gemälde von Delacroix, Corot und Goya, aber auch vieler bretonischer Künstler sowie Sonderausstellungen zu sehen.

Cathédrale St-Pierre 6
22, rue des Chanoines
Der alten Markthalle gegenüber erhebt sich die von Fachwerk umrahmte Kathedrale, ein nicht sonderlich beeindruckendes Gotteshaus mit Stilmischungen des 13.–19. Jh. Sehenswert sind allerdings der Kreuzgang (16. Jh.) und die vom linken Seitenschiff vorspringende Kapelle. Sie birgt das Grabmal des hl. Vincent Ferrier und ist für die Bretagne ein seltenes Beispiel der Renaissance (1537).

Östlich der Stadtmauer
Von der **Porte Prison** 7 aus dem 13. Jh., in der 1795 die gefangenen Royalisten auf ihre Erschießung warteten, wirft man kurz einen Blick hinüber zur **Pfarrkirche St-Patern** 8 (18. Jh).

An der Rue Thiers
Westlich der Kathedrale führt die Rue Thiers vorbei an dem wuchtigen **Rathaus** 9 (1866) und der barocken **Hôtel de Limur** 10 (ca. 1660) schnurgerade zum Hafen.

Aquarium du Golfe 11
Rue Daniel Gilard, Tel. 02 97 40 67 40, www.aquarium-du-golfe.com, Okt.–März tgl. 14–18, April– Juni, Sept. 10–12, 14–18, Juli, Aug. 9.30–19

Vannes

Sehenswert
- 1 Porte St-Vincent
- 2 Lavoirs
- 3 Maison Vincent Ferrier und Maison de Vannes
- 4 Musée d'Histoire et d'Archéologie de Vannes
- 5 La Cohue – Musée des Beaux-Arts
- 6 Cathédrale St-Pierre
- 7 Porte Prison
- 8 Pfarrkirche St-Patern
- 9 Rathaus
- 10 Hôtel de Limur
- 11 Aquarium du Golfe
- 12 Jardin aux Papillons

Übernachten
- 1 Villa Kerasy
- 2 Golfe Hôtel
- 3 Anne de Bretagne

Essen & Trinken
- 1 Breizh Korn
- 2 Le Gavroche

Einkaufen
- 1 Marché

Aktiv
- 1 Navix
- 2 Nautic-Action
- 3 Armor Evasion
- 4 Villa Zen

Abends & Nachts
- 1 Le Bar-Bi
- 2 La Cicciolina
- 3 La Garenne

Uhr, 13 €, Kombiticket mit Jardin aux Papillons 19,10 €
An der Verlängerung der Rue Thiers liegt 2 km stadtauswärts der Parc du Golfe, dessen Hauptattraktion das große Aquarium ist. Gezeigt werden neben tropischem Meeresgetier vor allem Bewohner des Golfs, wie Seepferdchen, Medusen und Hummer. Filme und Wechselausstellungen unterrichten über die Weltmeere.

Jardin aux Papillons 12

Rue Daniel Gilard (im selben Gebäude wie das Aquarium), Tel. 02 97 40 67 40, www.jardinauxpapillons.com, April–Juni, Sept. tgl. 11–17.30, Juli, Aug. tgl. 10–19 Uhr 10,90 €, Kombiticket s. Aquarium
Der Besucher wandelt durch einen riesigen Glaskasten, in dem ihm exotische Schmetterlinge in schillernden Farben und von teils mächtiger Größe hautnah begegnen.

Château du Plessis-Josso ▸ H 6

Theix, ca. 15 km östlich von Vannes (N 165), Tel. 02 97 43 16 16, www.plessis-josso.com, Juli, Aug. tgl. 14–18.30 Uhr, 6 €
Die Wurzeln des ausgezeichnet erhaltenen Schlosses liegen in der ersten Hälfte des 14. Jh. Es wurde bis ins 17. Jh. mehrfach erweitert und ist heute immer noch bewohnt. Die Innenräume, darin als Prunkstücke zwei Kamine, können deshalb nur im Sommer besichtigt werden. Dann finden auch Ausstellungen und Kammermusikkonzerte statt.

Übernachten

Orientalischer Charme – **Villa Kerasy** 1: 20, av. Favrel et Lincy, Tel. 02 97 68 36 83, www.villakerasy.com, 15 Zimmer, DZ bei Online-Buchung ab 99 €. Villa mit schönem Garten. Jedes der luxuriösen, mit Edelholzmöbeln bestückten Zimmer repräsentiert einen Halt auf der Seeroute nach Indien. Zum Angebot gehört ein Spa-Bereich, in dem man ayurvedische Kuren genießen kann (90-minütige Anwendung allerdings ab stolzen 95 €).
Gehobenes Mittelfeld – **Golfe Hôtel** 2: 91, rue Winston Churchill, Tel. 02 97 40 82 05, www.golfe-hotel.com, 53 Zimmer, DZ ab 78–101 €. Geräumige Zimmer, Terrasse und Garten mit Teich garantieren einen angenehmen Aufenthalt. Im Restaurant gibt es nur Standardgerichte, aber es ist preiswert (Menü 17–29 €).
Einfach und preiswert – **Anne de Bretagne** 3: 42, rue Olivier de Clisson,

Tel. 02 97 54 22 19, www.annedebretagne-vannes.com, 20 Zimmer, DZ 54–77 €. Sehr günstige Übernachtungsmöglichkeit nahe Bahnhof, dennoch ruhig gelegen. Einfach ausgestattete, aber saubere Zimmer.

Essen & Trinken

In Vannes ist es ein wenig schwierig, nicht in eine der vielen Touristenfallen zu geraten. Vor allem in der Altstadt besteht in der Hinsicht große Gefahr.

Alles Bio – **Breizh Korn** 1: 29, rue de la Fontaine, Tel: 09 82 22 99 33, https://breizhkorn.jimdo.com, So und Mo geschl., Menü 29–37 €. Hamburger von gediegener Bio-Qualität. Die Atmosphäre auf Fast-Food-Niveau spricht auch jüngere Leute an, das Platzangebot ist leider beschränkt.

Für Insider – **Le Gavroche** 2: 17, rue de la Fontaine, Tel. 02 97 54 03 54, http://legavroche-vannes.com, So abends und Mo geschl., Menü 18–28 €. Anspruchsvolle traditionelle Küche mit guter Auswahl an Fleisch- und Fischgerichten. Die Weinkarte ist für ein einfaches bretonisches Restaurant recht umfangreich. Zwei Säle, dazu eine Terrasse im Hinterhof. Hochprozentige Spezialität ist der Rum des Hauses, der aus einer Flasche mit meterlangem Hals ausgeschenkt wird.

Mein Tipp

Hauptsache erholsam – Villa Zen 4
Zen oder Nicht-Zen – jenseits der Eingangstür liegt ein ganz anderes Reich, das so fernöstlich ist wie nicht einmal der Ferne Osten. Die Villa Zen in Vannes hat sich dem Wohlgefühl verschrieben und unterstreicht ihr Anliegen durch eine Dekoration, die alle Sinne zur Harmonie führt. Hammam, Jacuzzi, Massagen oder Gesichtspflege werden zum Erlebnis wie aus einer anderen Welt. (8, pl. Gambetta, Le Port, Vannes, Tel. 02 97 47 63 38, www.villazen-spa.com; Preisbeispiele: 30 Min. Hammam und Jacuzzi, 30 Min. Massage und 30 Min. Teezeremonie 130 € für ein Paar, 90 Min. Shiatsu-Massage 119 €).

Einkaufen

Frische Lebensmittel – **Marché 1**: Mi, Sa 8.30–13 Uhr Markt in der Altstadt.

Aktiv

Seeluft mit Komfort – **Navix 1**: Gare Maritime, Parc du Golfe, Tel. 02 97 46 60 00, www.navix.fr. Kreuzfahrten im Golfe du Morbihan mit Mittag-/Abendessen (Ticket und Menü ab 63 €). Außerdem ein umfangreiches Angebot an Überfahrten, etwa zur Belle-Île (ab 17,50 €) und zur Île aux Moines (hin und zurück 20 €, mit Station auf der Île d'Arz und Île aux Moines 26 €). Viele Touren können nur im Sommer gebucht werden.
Boote mieten – **Nautic-Action 2**: 28, av. de Lattre de Tassigny, Tel. 02 97 47 08 08. Wer einen Bootsschein besitzt, kann bei dem Unternehmen Sportboote mieten. Ein halber Tag ab 145 €, eine Woche ab 1050 € (Preisangaben jeweils ohne Treibstoff).
Über den Golf gleiten – **Armor Evasion 3**: 12, rue Moitessier, Tel. 02 97 54 18 77, www.armorevasion.com. Der Golf von Morbihan lässt sich gut per Seekajak erkunden. Das Unternehmen bietet geführte Touren an, vermietet aber auch Boote. Miete pro Std. ab 17 €, einwöchige Tour mit Übernachtung und Verpflegung ab 599 €.

Abends & Nachts

Nachtclub – **Le Bar-Bi 1**: Rue Gilles Gahinet, Parc du Golfe, Tel. 02 97 46 05 55, Do–Sa bis 5 Uhr geöffnet. Der Club mit Disco ist eine Rarität im bretonischen Nachtleben. Willkommen sind Frauen, Paare, Homosexuelle, aber keine Männer ohne Begleitung.
Ganz in Weiß – **La Cicciolina 2**: 20, rue St-Patern, Tel. 02 97 47 85 44. Italienisches Dekor prägt die Bar, in der bis 2 Uhr nachts Cocktails und Tapas zu fetziger Musik erhältlich sind.
Kino für Sprachschüler – **La Garenne 3**: 12 bis, rue A. Le Pantois, Tel. 02 97 42 48 10. In fünf Sälen werden internationale Filme in Französisch gezeigt.

Infos & Termine

Information
Office de Tourisme: Quai Tabarly, 56039 Vannes, Tel. 02 97 47 24 34, http://de.tourisme-vannes.com.

Verkehr

Flug: Flughafen Monterblanc, 8 km nordöstlich von Vannes, Tel. 02 97 60 78 79, www.vannes.aeroport.fr.
Bahn: Über Lorient nach Brest, über Redon nach Rennes und Nantes.
Bus: U. a. nach Auray, Lorient, Pontivy, Redon, Rennes.
Fähre: Ganzjährig mehrmals tgl. zur Île d'Arz (24 €) mit Compagnie du Golfe, 43, rue des Frères Lumière, www. compagnie-du-golfe.fr.

Termine

Fêtes Historiques: Mitte Juli, dreitägiges Kostümfest zur Stadtgeschichte.
Fêtes d'Arvor: Mitte Aug. dreitägiges Folklorefest mit Straßenkünstlern, Feuerwerk und bretonischer Musik.

Inseln im Golfe du Morbihan ▶ G/H 6/7

Mor bihan, ›kleines Meer‹, nennt sich der Golf, dessen Wasserfläche bei Flut 130 km² umfasst und bei Ebbe auf fast ein Drittel schrumpft. Irgendwo hier sollen die Römer in einer Seeschlacht die keltischen Veneter besiegt und damit die Bretagne für sich erobert haben. Eine Laune der Natur hatte dieses Schicksal bestimmt. Die Schiffe der Veneter waren durch eine plötzlich aufkommende Windstille manövrierunfähig und dadurch zur leichten Beute der römischen Galeeren geworden. Zu damaliger Zeit existierte der Golf bereits, doch drei Jahrtausende zuvor herrschten andere Bedingungen: Auf der Insel **Er Lannic,** heute ein Vogelreservat, das man nicht betreten darf, stehen zwei Cromlechs, die bei Flut teilweise überspült werden – Indiz für das Absinken der Landmasse durch Krustenbewegungen und den Anstieg des Meeresspiegels nach dem Ende der letzten Eiszeit.

Île de Gavrinis ▶ G 6/7

Juni–Sept. Inselbesuch im Rahmen von Bootstouren ab Larmor-Baden

Von den Inseln im Golf befinden sich viele in Privatbesitz, so auch die Île de Gavrinis, doch hat sich dort ein **Cairn** von 100 m Durchmesser erhalten, der besichtigt werden darf. Er ist bekannt für die überaus kunstvollen Gravuren auf 23 seiner 29 Tragsteine. In den konzentrischen Kreisen und Halbkreisen glaubt man das Symbol für die Herrin des Totenreiches zu erkennen. Auch der Deckstein ist verziert, er stammt von einem älteren Denkmal in Locmariaquer und konnte damals womöglich noch trockenen Fußes hierher transportiert werden.

Île d'Arz ▶ H 6

Ganzjährig ab Vannes mit Compagnie-du-Golfe sowie organisierte Touren ab Vannes oder Port Navalo

Mehrere Megalithdenkmäler stehen auch auf der Île d'Arz. Die Dorfkirche besitzt Bögen und Kapitelle des 12. Jh., also aus der Zeit der Romanik, für die es in der Bretagne nur wenige steinerne Zeugen gibt.

Île aux Moines ▶ H 6/7

Überfahrten mit Izénah Croisières ganzjährig ab Port-Blanc (westl. von Vannes) alle halbe Stunde, ansonsten im Rahmen einer organisierten Tour ab Vannes

Die mit 6 km Länge größte Insel im Golf ist die Île aux Moines, die sich einst in Klosterbesitz befand. Mimosen, Kamelien, Palmen, Zitronen- und Orangenbäume künden dort vom milden Klima.

Übernachten, Essen

Klein, aber besonders fein – **Le San Francisco:** Le Port, Île aux Moines, Tel. 02 97 26 31 52, www.le-sanfrancisco.

com, Okt.–März geschl., 8 Zimmer, DZ 100–165 €. Das sehr schöne alte Haus liegt nur 50 m vom Strand entfernt und bietet Ausblick über den kleinen Hafen. Individuell eingerichtete, freundliche Zimmer, teils mit Balkon. Im Restaurant mit herrlicher Terrasse gibt es traditionelle bis kreative Küche (Menü 22–50 €).

Aktiv

Fahrräder mieten – **Abbis:** Le Port, Île aux Moines, Tel. 06 82 59 48 15, www.abbis-location.fr, April–Sept. tgl. geöffnet, Fahrräder in allen Größen und Ausführungen, pro Tag 12 €.

Presqu'île de Rhuys ▸ H 7

Die Halbinsel mit dem Hauptort **Sarzeau** besitzt im Norden Austernbänke, im Süden, zum Atlantik hin, hübsche Sandstrände. Besonders schöne Küstenabschnitte liegen nördlich von **St-Gildas-de-Rhuys.**

Namengeber des Ortes ist Gildas Badonicus, ein keltischer Brite, der um 530 auf der Insel Houat landete. Es heißt, er habe einer Ermordeten das Haupt wieder aufgesetzt. Diese Legende geht wahrscheinlich auf einen Erbschaftsstreit zurück, bei dem eine Grafentochter verwundet wurde und Gildas sie mit druidischem Geheimwissen heilte. Der Lokalherrscher von Vannes gewährte dem Wundertäter ein Stück Land zur Gründung eines Klosters. Von dessen Nachfolgebau sind noch Querschiff und Chor der Kirche aus dem 11. Jh. zu sehen. Die Apsis zählt zu den schönsten Beispielen der Romanik in der Bretagne. Ebenfalls aus dem 11. Jh. stammt hinter dem Hochaltar die Grabplatte des 570 verstorbenen Gildas (s. Entdeckungstour S. 278).

Bei dem beliebten Ferienort **Arzon** mit großem Jachthafen befindet sich der 20 m hohe **Tumulus de Tumiac,** ein Fürstengrab, von dessen Gipfel Caesar die Schlacht gegen die Veneter beobachtet haben soll. Auf der Westspitze der Halbinsel liegt der Fährhafen **Port Navalo.**

Château de Suscinio

Sarzeau, Tel. 02 97 41 91 91, http://suscinio.fr, April–Sept. tgl. 10–19, Febr., März, Okt. tgl. 14–18, Nov.–Jan. tgl. 14–17 Uhr, 7,50 €

Die ehemalige Sommerresidenz der bretonischen Herzöge wurde zwischen dem 13. und 15. Jh. errichtet. Das Schloss, das einst von Wassergräben umzogen war, ist nach 30-jähriger Arbeit inzwischen anspruchsvoll restauriert. Im Eingangsgebäude, dessen Bodenmosaik von einer zerstörten Kapelle aus dem 14. Jh. stammt, wurde ein Museum zur Geschichte der Bretagne eingerichtet.

Übernachten

Für bescheidene Ansprüche – **Glann Ar-Mor:** 27, rue des Fontaines, Port Navalo, Arzon, Tel. 02 97 53 88 30, www.glannarmor.fr, Nov.–Anfang Febr. geschl., 9 Zimmer, DZ 67–87 €. Das Logis de France mit Parkplatz liegt etwa 800 m vom Strand entfernt. Sehr einfach ausgestattete Zimmer, WLAN gratis.

Preiswert in Strandnähe – **La Chaumière de la Mer:** 3, chemin du Mur du Roy, Penvins, Sarzeau, Tel. 02 97 67 35 75, www.chaumiere-de-la-mer.fr, April–Sept., 15 Zimmer, DZ 69–74 €. Haus mit Garten und Parkplatz, knapp 1 km zum Strand. Einige Zimmer besitzen einen Balkon, die Einrichtung entspricht leider nicht ganz den Erwartungen. Durchschnittliches Restaurant (Menü um 25 €).

Mein Tipp

Gezwitscher – in der Réserve Naturelle Marais de Séné ▶ H 6
Rund 10 km südlich von Vannes erstrecken sich beim Dorf **Falguérec** 220 ha ehemaliger Salzgärten. Hier finden Tausende einheimischer und Zugvögel in himmlischer Abgeschiedenheit ein Zuhause. Von einem modernen Besucherzentrum aus kann man die Feuchtgebiete auf angelegten Wegen besichtigen und den Vögeln von vier Beobachtungstürmen aus mit dem Fernglas aufspüren, ohne zu stören (Febr.–März, Anf.–Mitte Sept. tgl. 14–18, April–Juni tgl. 14–19, Juli, Aug. tgl. 10–13 und 14–19 Uhr, 5 €, geführte Rundgänge nach Voranmeldung unter Tel. 02 97 66 92 76, www.reservedesene.bzh).

Erlebnisreiches Campen – **An Trest:** 1, chemin du Treste, Sarzeau, Tel. 02 97 41 79 60, www.campingletreste.com, Okt.–März geschl., 185 Plätze, Stellplatz für zwei Personen mit PKW ab 20 €. Das bewaldete Gelände befindet sich 800 m vom Strand entfernt und besitzt eine große Badelandschaft mit überdachtem und beheiztem Pool. Tanzabende, sportliche Wettkämpfe, Animation für Kinder, Boule und Volleyball sorgen für einen kurzweiligen Aufenthalt. WLAN gratis.

Aktiv

Vergnügliche Bootsfahrten – **Navix:** La Criée, Port Navalo, Arzon, Tel. 08 25 13 21 20, www.navix.fr. Golfkreuzfahrten (24–26 €, Menü an Bord 25–31 €), Touren zur Île d'Arz und Île aux Moines (ab 20 €). Ausflüge auf die Belle-Île (ab 25 €).

Abends & Nachts

Für den Spieltrieb – **Joa Casino:** Rond-Point du Crouesty, Arzon, Tel. 02 97 53 99 44, bis 2/3 Uhr nachts geöffnet. Blackjack, Texas Hold'em Poker, Automaten, Bar und Restaurant erwarten den Gast im kleinen Casino von Arzon.

Infos & Termine

Office de Tourisme: Rue du Père J. M. Coudrin, 56370 Sarzeau, Tel. 02 97 53 69 69, www.rhuys.com.
Bus: Arzon–Sarzeau–Vannes.
Personenfähre: Port Navalo–Locmariaquer, www.passeurdesiles.com, April–Sept., auch Radmitnahme.
Fête de la Mer: An zwei Sonntagen im Juli und Aug. im Hafen St-Jacques, Sarzeau, ein Fest mit Spielen im Wasser und mit einem Feuerwerk.
Spectacles historiques nocturnes: Im Juli und Aug. jeweils Mi oder Do Mittelalterspiele im Château de Suscinio, Reserv. über das Office de Tourisme.

Im Westen von Vannes

Questembert ▶ J 6

Auf dem Friedhof des Ortes, bei der Chapelle St-Michel, steht ein Kalvarienkreuz, das an einen Sieg über die Normannen im Jahre 888 erinnert. Die Kapelle und einige der umliegenden Granithäuser entstammen dem 16. Jh. In diese Zeit, exakt ins ▷ S. 280

Auf Entdeckungstour: Mit dem Fahrrad zu Abélard – Abbaye St-Gildas-de-Rhuys

Für leidenschaftliche Kilometerfresser ist die Radtour von Vannes zur Halbinsel Rhuys ein Vergnügen. Geruhsamer geht es mit der Fähre ab Locmariquer und entlang der Küste zu dem versteckten Kulturschatz im Golfe de Morbihan.

Reisekarte: ▸ H 7

Planung: April–Sept. Fähre ab Locmariaquer nach Port Navalo, www.passeurdesiles.com; Mieträder bei Station Élan, 1, route de Kerpenhir, Locmariaquer, Tel. 02 97 57 32 52, http://localoc.free.fr
Öffnungszeiten: Sakristei der Abteikirche Mo–Do 10–12, 14–17, So 14–17 Uhr, 2 €
www.abaelard.de: Infos zu Leben und Werk Abélards
Dauer: 4–5 Std. ab Locmariaquer

Es gehört viel dazu, seine Autobiografie »Historia calamitatum« (Geschichte meines Unheils) zu nennen. Der Philosoph und Theologe Pierre Abélard (1079–1142) tat genau das. Sein größtes Elend fand er »an des Ozeans donnernden Wogen, wo das Ende der Erde mir keine weitere Flucht gewährte«. Gemeint ist das Kloster von **St-Gildas-de-Rhuys**, 536 gegründet und damit das älteste der Bretagne.

Auf dem Radweg ins Mittelalter

Außerhalb der Saison stellt sich hier leicht das Gefühl ein, ins Abseits geraten zu sein. Der Eindruck verstärkt sich, wenn man von Vannes aus die 30 km lange Fahrt um den Golf auf sich nimmt, um auf fast leeren Straßen an die Pforten der Abteikirche zu gelangen. Man kann die Reise abkürzen, indem man samt Fahrrad in **Locmariaquer** die Fähre nach **Port Navalo** besteigt, von wo es auf gut markierten Radwegen entlang der Küste nach **St-Gildas** geht (ca. 10 km).

Wahrheit oder Wahn?

Fünf Texttafeln vor der Kirche beschreiben die Ereignisse um den hl. Gildas, die Rettung seiner Reliquien vor den Normannen und die Rückführung der Gebeine in ein neues Gotteshaus. Diese ehemalige Abtei- und heutige Pfarrkirche ist alles, was sich vom Kloster erhalten hat. Touristen besuchen zwar gerne den Markt von St-Gildas, haben aber kaum ein Auge für das bedeutende Bauwerk. Kein Wunder, denn der Ort blickt skeptisch auf seinen berühmtesten Abt Pierre Abélard.

Gründe für die Zurückhaltung finden sich in Abélards Texten: »Das Land war mir fremd, die Landessprache mir unbekannt, die schändliche und zuchtlose Lebensweise der dortigen Mönche fast allen sattsam bekannt, die übrige Bevölkerung roh und unkultiviert.« Heute glaubt man gern, was der kluge Kopf berichtete. Gleichwohl könnte man auch vermuten, dass er an einem Wahn litt. »O wie oft suchten sie mich durch Gift zu beseitigen«, schrieb er über die Mönche.

Der Verdammte der Halbinsel

Das archaische Fischgrätmuster an der Südapsis weist noch auf das frühe 11. Jh. hin, als die bretonischen Herzöge die Reliquien des hl. Gildas an den Ort seines Wirkens zurückholten. Die sterblichen Überreste befinden sich in kostbaren Reliquiaren, die in der Sakristei verwahrt werden. 1128 nahmen die Herzöge auch Einfluss auf die Wahl Abélards zum Abt. Warum sie das taten, bleibt ein Rätsel, denn dieser Mann besaß keinen guten Ruf. In Paris hatte er seine 16-jährige Schülerin Heloïse geschwängert und war zur Strafe kastriert worden. Heloïse zog sich ins Kloster zurück, während Abélard Verfolgungstheorien entwarf und ein erstes Mal als Abt scheiterte. An die ferne Geliebte schrieb er Briefe, und da sie diese nicht erwidern durfte, verfasste er selbst die Antworten.

Seltsamerweise hatte sich das Kloster, dem Abélard Unmoral und Niedergang bescheinigte, kurz vor seiner Wahl zum Abt einen umfassenden Neubau geleistet. Der Chor mit Umgang und fein gearbeiteten Kapitellen gilt gar als einer der größten romanischen Kunstschätze der Bretagne. In diesem Chorraum hielt Abélard das Hochamt, als ihm Mönche einen Kelch mit vergiftetem Wein gereicht haben sollen. Doch der Abt starb nicht hier, wo heute die Grabsteine seiner Vorgänger und Nachfolger aufgereiht sind, sondern 1142 auf einer Reise nach Rom.

Jahr 1552, datiert auch die 55 m lange Markthalle, die Questemberts ganzer Stolz ist.

Übernachten

Romantisch – **Le Quatorze:** 14, rue Cadoudal, Tel. 06 79 78 52 33, www.chezchandler.fr, 4 Zimmer, DZ 54–85 €. Chambres d'hôte in einem zentral gelegenen Haus aus dem Jahr 1920. Familiäre Atmosphäre bei einem Künstlerehepaar, das von Guernsey stammt. Der Garten besitzt einen Hauch vom Flair der Kanalinseln.
Rustikal – **De la Gare, Restaurant Ste-Anne:** 19, av. de la Gare, Tel. 02 97 26 11 47, lesainteanne@wanadoo.fr, neun Zimmer, DZ 67–73 €. Das einfache Logis de France verfügt über einen Garten, Parkplatz und Zimmer, die den alten Charme Frankreichs verströmen. Im Restaurant werden Hummer, geräucherter Fisch, Gänseleberpastete und hausgemachtes Eis serviert (Menü 15–40 €).

Einkaufen

Wochenmarkt – **Marché hebdomadaire:** Mo 9–13 Uhr in und um die Markthalle allerlei Verkaufsstände. An jedem ersten Mo im Monat wird daraus die *Grande Foire,* ein besonders großer Markt. Bauernmarkt zudem Mi ab 17 Uhr unter dem Dach der Halle.

Aktiv

Fahrräder mieten – **Mécadom:** 36, av. de la Gare, Tel. 02 97 26 63 06, www.mecadom.com. Gute Auswahl an Rädern (7 €/halber Tag, 50 €/Woche). Als schöner autofreier Radweg bietet sich die ca. 50 km lange *Voie verte* von Questembert nach Mauron an.
Reitunterricht – **Les Écuries du Vieux Puits:** Le Bertino, Route de Vannes, Tel. 02 97 26 69 28. Auf einem 45 ha großen Gelände, ca. 3 km außerhalb von Questembert, wird Reitunterricht für Anfänger und Fortgeschrittene erteilt. Kurse ab ca. 25 € pro Stunde.

Infos

Office de Tourisme: 15, rue des Halles, 56230 Questembert, Tel. 02 97 26 56 00, www.rochefortenterre-tourisme.bzh.
Bahn: Questembert ist Halt an der Bahnlinie Vannes–Redon.
Bus: Questembert liegt an der Buslinie Vannes-Rochefort-en-Terre, von dort Verbindungen nach Redon.

Rochefort-en-Terre ▶ J 6

Ein wahres Musterdorf, mit blumengeschmückten Schiefer- und Granithäusern des 16.–18. Jh. sowie der Wallfahrtskirche **Notre-Dame-de-la-Tronchaye** aus dem 12.–16. Jh., erwartet den Reisenden in Rochefort-en-Terre.

Der von den Römern gegründete Ort erhielt im frühen 12. Jh. eine erste Wehranlage, die jedoch während der Französischen Revolution zerstört wurde. Im Jahre 1907 erwarb der amerikanische Porträtmaler Alfred Klots das **Château** und ließ eine Restaurierung durchführen. Heute ist in dem Gebäude das **Naïa Museum zur fantastischen Kunst** untergebracht (14, rue du Château, Tel. 02 97 40 12 35, www.naiamuseum.com, Juli, Aug. tgl. 10.30–19, Febr., März, April–Juni, Sept. tgl. 14–18, Nov., Dez. So, So 14–18 Uhr, 6 €).

Übernachten

Charme alter Zeiten – **Le Pélican:** pl. des Halles, Tel. 02 97 43 38 48, www.hotel-pelican-rochefort.com, Mitte

Jan.–Mitte Febr. geschl., sechs Zimmer, DZ 134–138 € (mit Frühstück und Abendessen). Das charmante, mit schönen alten Möbeln eingerichtete Logis de France befindet sich in einem Haus aus dem 16.–18. Jh. Zimmer können nur mit Halbpension gebucht werden. Das gute Restaurant empfiehlt sich aber auch für auswärtige Gäste (So abends und Mo geschl., Menü 23–58 €).

Essen & Trinken

Der Atmosphäre wegen – **Les Ardoisières:** 4, pl. St-Michel, Tel. 02 97 43 47 55. Menü ab 15 €. Das sehr hübsche Haus aus Ziegeln und Bruchstein war im frühen 20. Jh. das Lieblingscafé des Schweizer Malers Marius Borgeaud. Er ist für seine Stimmungsbilder der Bretagne bekannt und wählte auch diese Gaststätte mehrmals als Motiv. Serviert wird einfache traditionelle Küche.

Infos & Termine

Office de Tourisme: 7, pl. du Puits, 56220 Rochefort-en-Terre, Tel. 02 97 26 56 00, www.rochefortenterre-tourisme.bzh.
Bus: Strecke Vannes–Questembert–Rochefort-en-Terre, von dort weiter nach Redon.
Pardon: Am dritten So im Aug. Wallfahrt zur Kirche Notre-Dame-de-la-Tronchaye.

Malestroit ▸ J 6

Häuser der Gotik und der Renaissance, teils mit Schnitzwerk, findet man rund um die Église St-Gilles in Malestroit. Am Südportal der Kirche aus dem 12.–16. Jh. sind die Evangelistensymbole zu entdecken – Stier und Adler werfen im Sommer gegen 15 Uhr einen Schatten, der angeblich dem Profil Voltaires entspricht.

Musée de la Résistance bretonne
Les Hardys Béhellec, St-Marcel, westlich von Malestroit, Tel. 02 97 75 16 90, www.resistance-bretonne.com, Mitte Juni–Mitte Sept. tgl. 10–18.30, April–Mitte Juni, Mitte Sept.–Ende Okt. Mi–So 10–18.30, Nov.–März Do–So 10–18 Uhr, 7,70 €
Das Museum widmet sich dem bretonischen Widerstand gegen die deutsche Okkupation. Interessant ist die Nachbildung einer typisch französischen Straße während des Zweiten Weltkriegs.

Brasserie Lancelot ▸ J 5
Site de la Mine d'Or, Le Roc-St-André, 9 km nordwestlich von Malestroit, Tel. 02 97 74 74 74, http://brasserie-lancelot.bzh, Führungen Mo–Fr Sommer 11 und 15, sonst 15.30 Uhr, Eintritt frei
Kein Alkopop, sondern ›Altercola‹ – Breiz'h Cola ist ein patriotisches Getränk. Die Brauerei Lancelot produziert die braune Limo in Flaschen mit Bügelverschluss und ist regional auch mit Bieren vertreten, die klangvolle Namen tragen, etwa Duchesse Anne, Morgane Bio oder Lancelot.

Übernachten

Charmant mit Tücken – **Manoir de la Combe:** La Combe d'en Haut, 56140 Pleucadeuc, Tel. 02 97 49 99 50, DZ 80–188 €. Herrenhaus in einem 3 ha großen Park. Von jedem der acht großzügigen, teils leider stark modernisierungsbedürftigen Zimmer kann man den Blick ins Grüne genießen. Das Haus serviert seinen Gästen recht gute Speisen nach einer Karte mit bescheidener Auswahl (Menü 19,50–57 €).

Essen & Trinken

Satt werden – **Le Canotier:** 11 bis, pl. du Dr. Queinnec, Tel. 02 97 75 08 69, Mo geschl., Menü 17–29 €. Das recht ansprechende Haus bietet einfache, aber sättigende Küche, vor allem Grillgerichte, und besitzt eine kleine Terrasse.

Einkaufen

Frische Lebensmittel – **Marché:** Am ersten Do im Monat 9–13 Uhr großer Markt in Malestroit.

Infos

Office de Tourisme: 17, pl. du Bouffay, 56140 Malestroit, Tel. 02 97 75 45 35, http://villedemalestroit.bzh.

Josselin und Umgebung ▸ J 5

Der Ort gruppiert sich um das majestätisch am Fluss Oust gelegene **Château,** das einst von der Familie Rohan gegründet wurde.

Ein zweiter Glanzpunkt von Josselin ist die **Pfarrkirche Notre-Dame-du-Roncier,** in der Olivier de Clisson und seine Gattin Marguerite beigesetzt wurden. Ihr Grabmal stammt aus dem 15. Jh. Im Chor sind noch einige Spuren der romanischen Ursprungskirche zu entdecken, das Übrige entstand in spätgotischer Zeit. Ein angeblich wundertätiges Marienbildnis, das ein Bauer im 9. Jh. gefunden haben soll, wurde 1789 verbrannt, jedoch sind spärliche Reste vorhanden, die weiterhin verehrt werden. Zum Abschluss lohnt ein Blick vom mächtigen Glockenturm auf das Städtchen.

Château und Museum
Placede la Congrégation, Tel. 02 97 22 36 45, www.chateaudejosselin.com, April–Mitte Juli tgl. 14–18, Mitte Juli–Ende Aug. tgl. 11–18, Sept. tgl. 14,90–18 Uhr, 14,50 € (Château und Garten 9,20 €)
1168 von den Engländern zerstört, war das Schloss schon bald wieder aufgebaut und unter Olivier de Clisson im späten 14. Jh. um neun Rundtürme erweitert worden. Die harten Zeiten des Spätmittelalters gingen nicht spurlos vorüber, es folgten erneut schwere Verwüstungen und eine Restaurierung zur Regierungszeit von Anne de Bretagne. Aus dieser Ära stammt die beeindruckende Flamboyant-Fassade (1490–1505), die zur Hofseite weist.

Da die Rohans enge Beziehungen zu den Hugenotten unterhielten, wurde das Schloss 1629 ein weiteres Mal unter dem Katholiken Richelieu geschleift. Ab 1860 fand eine umfangreiche Sanierung statt. Ein Zweig der Rohan-Familie lebt noch heute im Château, und so kann im

Mein Tipp

Lockruf der Motoren – Manoir de l'Automobile ▸ L 5
Für eingefleischte Automobilisten kann es in der Bretagne nur ein Ziel geben: **Lohéac.** Der Ort liegt auf halber Strecke zwischen Rennes und Redon (D 177) und beherbergt in einem ehemaligen Herrenhaus das Manoir de l'Automobile. In dem Museum können rund 400 bestens gepflegte Kraftfahrzeuge, vor allem Sport- und Luxuskarossen bewundert werden (Lohéac, Tel. 02 99 34 02 32, www.manoir-automobile.fr, Juli, Aug. tgl. 10–19, sonst Di–So 10–13, 14–19 Uhr, 10 €).

Innern nur das Erdgeschoss besichtigt werden. In den ehemaligen Stallungen (3, rue des Trente) ist ein Museum mit etwa 500 Puppen des 17.–20. Jh. aus Frankreich und Europa untergebracht.

Übernachten

Schöne Lage – **Du Château:** 1, rue Gén. de Gaulle, Tel. 02 97 22 20 11, www.hotel-chateau.com, Ende Nov.–Ende Jan. geschl., außerhalb der Saison So abends und Mo geschl., 35 Zimmer, DZ 89–110 €. Logis de France mit sehr einfachen, nicht gerade adrett ausgestatteten Zimmern. Dafür entschädigen der günstige Preis und die schöne Lage am Fluss mit Blick auf das Schloss. Mit Parkplatz. Durchschnittliches Restaurant (Mo, Sa mittags, So abends geschl., Menü 22–48 €).
Erholsam und preiswert – **Le Relais de l'Oust:** Route de Pontivy, Le Bouvray, Tel. 02 97 75 63 06, www.aurelaisdeloust.com, außerhalb der Saison So abends geschl., 27 Zimmer, DZ 82–138 €. Sehr ruhig an einem Kanal. Einige Zimmer mit Terrasse zum Garten hin. Parkplatz, WLAN gratis. Durchschnittliches Restaurant (Menü 22–32 €).

Essen & Trinken

Bodenständig – **La Duchesse Anne:** 8, pl. de la Duchesse Anne, Tel. 02 97 22 22 37, So abends und Mo geschl., Menü 13–29 €. Einfache bretonische Küche für bescheidene Ansprüche.

Einkaufen

Wochenmarkt – **Marché hebdomadaire:** Sa 8.30–14 Uhr in Josselin.

Aktiv

Paddeln – **Roncier:** Quai Fluvial, Tel. 06 73 50 62 82. Im Juli und August vermietet der Club Kanus und Kajaks für Fahrten auf dem Fluss Oust. Pro Stunde ab 12 €.

Infos & Termine

Office de Tourisme: 4, rue des Remparts, 56120 Josselin, Tel. 02 97 22 36 43, www.josselin-communaute.fr.
Bus: Verbindung zwischen Josselin und Ploërmel sowie weiter nach Rennes bzw. Vannes und Lorient.
Festival médiéval: Am 14 Juli, dem Nationalfeiertag, blickt Josselin mit einem Mittelalterfest auf seine lange Geschichte zurück. Den Besucher erwarten ein Mittelaltermarkt, eine große Parade mit glänzenden Kostümen und ein Feuerwerk. Am Vorabend findet bereits ein Bankett statt.
Pardon: Am 8. Sept. Wallfahrt zur Kirche Notre-Dame du Roncier in Josselin.

Domaine de Kerguéhennec ▸ H 5

Bignan, 20 km südwestlich von Josselin, Tel. 02 97 60 31 84, www.kerguehennec.fr, Park ganzjährig tgl. 8–21 Uhr geöffnet, Schloss und Stallungen Ende Juni–Mitte Sept. tgl. 11–13, 14–19, März–Juni. Mitte Sept.–Anf. Nov. Mi–Sa 14–18, So 11–13, 14–18 Uhr, Eintritt frei
Das Schloss Château de Kerguéhennec wurde Anfang des 18. Jh. für einen Kaufmann der Ostindienkompanie errichtet, heute sind hier Ausstellungen und im Sommer Konzerte, Theater- und Ballettaufführungen zu sehen. Der 170 ha große Park beherbergt eine bedeutende Sammlung von Skulpturen zeitgenössischer Künstler – dabei sind Namen wie Tony Cragg, Maria Nordmann, Ulrich Rückriem, Richard Long oder Giuseppe Penone.

Sprachführer Französisch

Allgemeines

Guten Morgen/Tag	bonjour
Guten Abend	bonsoir
Gute Nacht	bonne nuit
Auf Wiedersehen	au revoir
Entschuldigung	Pardon
Hallo/Grüß dich	salut
bitte	de rien/ s'il vous plaît
danke	merci
Ja/Nein	oui/non
einverstanden	d'accord
bis später	à plus tard
Wie bitte?	Pardon?
Wann?	Quand?

Unterwegs

Haltestelle	arrêt
Bus	bus/car
Auto	voiture
Ausfahrt/-gang	sortie
Tankstelle	station-service
Benzin	essence
rechts	à droite
links	à gauche
geradeaus	tout droit
Auskunft	information
Telefon	téléphone
Postamt	poste
Bahnhof	gare
Flughafen	aéroport
Stadtplan	plan de ville
alle Richtungen	toutes les directions
Einbahnstraße	rue à sens unique
Eingang	entrée
geöffnet	ouvert/-e
geschlossen	fermé/-e
Kirche	église
Museum	musée
Strand	plage
Brücke	pont
Platz	place
Hafen	port
hier	ici
dort	là

Zeit

Stunde	heure
Tag	jour
Woche	semaine
Monat	mois
Jahr	année
heute	aujourd'hui
gestern	hier
morgen	demain
morgens	le matin
mittags	le midi
nachmittags	l'après-midi
abends	le soir
früh	tôt
spät	tard
vor	avant
nach	après
Montag	lundi
Dienstag	mardi
Mittwoch	mercredi
Donnerstag	jeudi
Freitag	vendredi
Samstag	samedi
Sonntag	dimanche
Feiertag	jour de fête
Winter	hiver
Frühling	printemps
Sommer	été
Herbst	automne

Notfall

Hilfe!	au secours!
Polizei	police
Arzt	médecin
Zahnarzt	dentiste
Apotheke	pharmacie
Krankenhaus	hôpital
Unfall	accident
Schmerzen	douleur
Zahnschmerzen	mal aux dents
Panne	panne

Übernachten

Hotel	hôtel
Pension	pension

Einzelzimmer	chambre individuelle
Doppelzimmer	chambre double
Doppelbett	grand lit
Einzelbetten	deux lits
mit/ohne Bad	avec/sans salle de bains
Toilette	cabinet
Dusche	douche
mit Frühstück	avec petit-déjeuner
Halbpension	demi-pension
Gepäck	bagages
Rechnung	note
Preis	prix

Einkaufen

Geschäft	magasin
Markt	marché
Kreditkarte	carte de crédit
Geld	argent
Geldautomat	guichet automatique
Bäckerei	boulangerie
Lebensmittel	aliments
teuer	cher/chère
billig	bon marché
Größe	taille
bezahlen	payer

Zahlen

1	un	17	dix-sept
2	deux	18	dix-huit
3	trois	19	dix-neuf
4	quatre	20	vingt
5	cinq	21	vingt et un
6	six	30	trente
7	sept	40	quarante
8	huit	50	cinquante
9	neuf	60	soixante
10	dix	70	soixante-dix
11	onze	80	quatre-vingt
12	douze	90	quatre-vingt-dix
13	treize	100	cent
14	quatorze	150	cent cinquante
15	quinze	200	deux cent(s)
16	seize	1000	mille

Die wichtigsten Sätze

Allgemeines

Sprechen Sie Deutsch/Englisch?	Parlez-vous allemand/anglais?
Ich verstehe nicht.	Je ne comprends pas.
Ich spreche kein Französisch.	Je ne parle pas français.
Ich heiße …	Je m'appelle …
Wie heißt Du/ heißen Sie?	Comment t'appelles tu/vous appellez-vous?
Wie geht's?	Ça va?
Danke, gut.	Merci, bien.
Wie viel Uhr ist es?	Il est quelle heure?

Unterwegs

Wie komme ich zu/nach …?	Comment est-ce que j'arrive à …?
Wo ist bitte …?	Pardon, où est …?
Könnten Sie mir bitte … zeigen?	Pourriez-vous me montrer … ?

Notfall

Können Sie mir bitte helfen?	Pourriez-vous m'aider?
Ich brauche einen Arzt.	J'ai besoin d'un médecin.
Hier tut es weh.	Ça me fait mal ici.

Übernachten

Haben Sie ein freies Zimmer?	Avez-vous une chambre de libre?
Wie viel kostet das Zimmer pro Nacht?	Quel est le prix de la chambre par nuit?
Ich habe ein Zimmer bestellt.	J'ai réservé une chambre.

Einkaufen

Wie viel kostet das?	Ça coûte combien?
Ich brauche …	J'ai besoin de …
Wann öffnet/ schließt …?	Quand ouvre/ ferme …?

Kulinarisches Lexikon

Zubereitung/Spezialitäten

à point	medium gebraten
bien cuit/-e	gut durchgebraten
braisé/-e	geschmort
chaud/-e	heiß
civet de …	Ragout von …
confit de …	Eingelegtes/Eingekochtes von …
cru/-e	roh
en croûte (de sel)	im (Salz-)Mantel
farci/-e	gefüllt
froid	kalt
glacé/-e	gefroren, geeist
grillé/-e	gegrillt
nature	in Salzwasser gekocht, ohne Gewürze
petits farcis	verschiedene junge Gemüse mit Füllung
rouille	Knoblauchmayonnaise mit Chili
saignant	blutig/roh

Fisch und Meeresfrüchte

coquilles St-Jacques	Jakobsmuscheln
coquillage	Schalentier
cotriade	Fischsuppe mit Brot
crevettes	Garnelen
daurade	Dorade, Goldbrasse
étrille	kleiner Taschenkrebs
gamba	Garnele
homard	Hummer
huître	Auster
langouste	Languste
langoustine	Langustine
lotte de mer	Seeteufel
maquereau	Makrele
morue	Stockfisch
moule	Miesmuschel
raie	Rochen
rouget	Rotbarbe
sardine	Sardine
saumon	Lachs
seiche	Sepia (Tintenfisch)
thon	Thunfisch
tourteau	großer Taschenkrebs

Fleisch

agneau (pré salé)	Lamm (von Salzwiesen)
andouillette	Schweinedarmwurst
bœuf	Rind
boudin blanc	Weißwürste
brochette	Spießchen
carré (d'agneau)	(Lamm-)Rücken
côte de …	Rippenstück vom …
entrecôte	Zwischenrippenstück
escargot	Schnecke
escalope	Schnitzel/Schnitte
gigot (d'agneau)	(Lamm-)Keule
porc	Schwein
veau	Kalb
tripes	Kutteln

Geflügel und Wild

foie gras	Stopfleber
gésier	Geflügelmagen
lapin	Kaninchen
lièvre	Hase
magret de canard	Entenbrust
pigeon	Taube
poule	Huhn
poulet	Hähnchen
sanglier	Wildschwein

Gemüse und Kräuter

ail	Knoblauch
artichaut	Artischocke
avocat	Avocado
basilic	Basilikum
câpre	Kaper
cèpe	Steinpilz
champignon de Paris	weißer Champignon
courgette	Zucchini
fenouil	Fenchel
oignon	Zwiebel
patatez gan ougnon	Kartoffeln mit Zwiebeln
poireau	Lauch
poivron	große Paprika
potée aux choux	Kohlsuppe
thym	Thymian

Obst

abricot	Aprikose
cerise	Kirsche
figue	Feige
fraise (de forêt)	(Wald-)Erdbeere
framboise	Himbeere
griotte	Sauerkirsche
marron	Esskastanie
melon	Honigmelone
pêche	Pfirsich
poire	Birne
pomme	Apfel

Käse

brebis	Schafskäse
cabécou	kleiner Ziegenkäse
chèvre	Ziegenkäse
fromage blanc	Quark, Frischkäse

Nachspeisen und Gebäck

brioche	süßes Hefebrot
charlotte	Dessert aus Löffelbiskuits und Cremefüllung
coupe de glace	Eisbecher
crème anglaise	Vanillecreme
crème brûlée	Speise aus Sahne, Milch und Eigelb mit einer Karamellkruste
crème chantilly	Schlagsahne
crêpe	dünner Pfannkuchen
far	fester Pudding
fruits confits	kandierte Früchte
galette	dünner Buchweizenpfannkuchen
gâteau breton	Mürbeteigkuchen mit viel Butter
île flottante	Dessert aus Eischnee in Vanillecreme
kouign amann	trockener bretonischer Hefekuchen
meringue	weiches Baiser
profiterolles	mit Vanilleeis gefüllte Windbeutel in Schokoladensauce
tarte tatin	heiße Apfeltarte

Getränke

bière (pression)	Bier (frisch gezapft)
cidre	Apfelwein
brut/doux	trocken/süß
couchen	Met
eau de vie	Schnaps, Obstbrand
eau mineral gazeuse non-gazeuse	Mineralwasser mit/ohne Kohlensäure
fine armorique	Erdbeerlikör
jus	Saft
kir breton	Kir mit Cidre
lait	Milch
lait baratté	Buttermilch
thé	Tee
tisane/infusion	Kräutertee
vin blanc/rouge	Weiß-/Rotwein
vin mousseux	Sekt

Im Restaurant

Ich möchte einen Tisch reservieren.	Je voudrais réserver une table.
Die Speisekarte, bitte.	La carte, s. v. p.
Weinkarte	carte des vins
Die Rechnung, bitte.	L'addition, s. v. p.
Appetithappen	amuse bouche
Vorspeise	hors d'œuvre
Suppe	soupe
Hauptgericht	plat principal
Nachspeise	dessert
Beilagen	garniture
Tagesgericht	plat du jour
Gedeck	couvert
Messer/Gabel	couteau/ fourchette
Löffel	cuillère
Glas	verre
Flasche	bouteille
Salz/Pfeffer	sel/poivre
Zucker/Süßstoff	sucre/saccharine
Kellner/Kellnerin	serveur/serveuse

Der Autor: Manfred Görgens, geboren 1954 im Ruhrgebiet, hatte bereits mehrere Reiseführer geschrieben, war Lektor, Fotograf, Übersetzer und Verleger gewesen, hatte Reisen durch Asien, Afrika und Europa unternommen, als er erstmals in die Bretagne kam und sofort von der Region begeistert war. Der neuen Liebe zur Bretagne erwuchs ein erstes Buch, dem später – abermals für DuMont – ein zweites folgte. Manfred Görgens lebt als Buchautor, Fotograf und Journalist in Wuppertal.

Abbildungsnachweis
Bilderberg, Hamburg: S. 47 (Engler)
DuMont Bildarchiv, Ostfildern: S. 8, 9, 10, 11, 13 u. re., 21, 31, 42/43, 44, 50, 61, 64/65, 82 li., 97, 119, 145, 163, 183 li., 202, 207 li., 225, 230 li., 236/237, 244/245, 249, 252 re., 253 li., 255, 261, 267 (Heeb)
Manfred Görgens, Wuppertal: Umschlagklappe vorn, S. 6, 12 u. re., 12 o. re., 12 o. li., 13 o. li., 13 u. li., 13 o. re., 53, 55, 58/59, 63, 72, 74, 82 re., 83 li., 92, 95, 98, 102/103, 110 li., 110 re., 114, 120/121, 124/125, 142 re., 142 li., 148/149, 152, 156/157, 164, 172/173, 186, 206 li., 214/215, 218/219, 230 re., 240, 252 li., 264, 278, 292
laif, Köln: S. 26 (Jonkmanns); 182 li., 182 re., 185, 193 (Meyer); 16/17, 23 (Le Figaro Magazine); 85, 130 (Linke); 111 li., 113, 231 li., 250 (hemis.fr/Rieger); 143 li., 181 (Rigaud); 106 (Steinhilber)
Look, München: S. 139 (Age/fotostock); 80/81 (Frei); 7 (Wohner)
Mauritius, Mittenwald: S. 129 (Pigneter); 68 (Vidler)
picture-alliance, Frankfurt a. M.: S. 37 (Bechard/MAXPPP NANTES); 67 (Lissac/GODONG); 77 (MAXPPP Jp Prevel/ PHOTOPQR/OUEST_FRANCE); 134 (A de Roll/MAX PPP);70 (Angelo/Leemage); 209 (Surel/ PHOTOPQR/LE DAUPHINE LIBERE); 12u. li., 206 re., 228/229 (Avers/dpa)
Schapowalow, Hamburg: S. 233 (Atlantide); Titelbild (SIME/Carovillano)
WaterFrame, München: S. 78/79

Kartografie
DuMont Reisekartografie, Fürstenfeldbruck
© DuMont Reiseverlag, Ostfildern

Umschlagfotos
Titelbild: Fahrradfahrer an der bretonischen Küste in Meneham (Côtes d'Armor)
Umschlagklappe vorn: Grasnelken wachsen in einer Felsspalte an der Côte de Granit Rose

Hinweis: Autor und Verlag haben alle Informationen mit größtmöglicher Sorgfalt geprüft. Gleichwohl erfolgen alle Angaben ohne Gewähr. Bitte schreiben Sie uns! Über Ihre Rückmeldung und Ihre Verbesserungsvorschläge freuen wir uns: **DuMont Reiseverlag,** Postfach 3151, 73751 Ostfildern, info@dumontreise.de, www.dumontreise.de

5., aktualisierte Auflage 2018

Redaktion/Lektorat: Petra Juling, Marianne Bongartz
Bildredaktion: Sylvia Pollex
Grafisches Konzept: Groschwitz/Blachnierek, Hamburg
Printed in China

MIX
Papier aus verantwortungsvollen Quellen
FSC® C124385